Bernd Isert
Die Kunst schöpferischer Kommunikation

Unser Leben ist die Geschichte unserer Begegnungen.

- Anton Kner

Bernd Isert

Die Kunst
schöpferischer Kommunikation

Denen, die mit mir lernten.

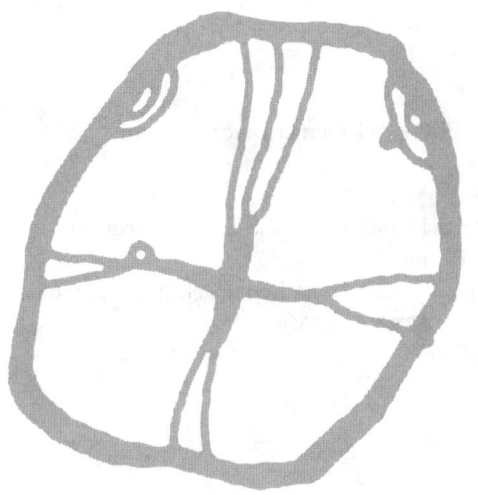

 **Junfermann Verlag**
Paderborn 1996

(c) Junfermannsche Verlagsbuchhandlung, Paderborn 1996
Covergestaltung und Illustrationen: Andreas Alapfy und Bernd Isert
Layout: Alapfy László, Budapest

Druck: PDC - Paderborner Druck Centrum

Die Deutsche Bibliothek - CIP-Einheitsaufnahme
Isert, Bernd:
Die Kunst schöpferischer Kommunikation / Bernd Isert. - Paderborn: Junfermann 1996.
      ISBN 3-87387-316-8
NE: GT

ISBN: 3-87387-316-8

Inhalt

Geleitwort

Als ich Bernd Isert vor Jahren zum ersten Mal in seiner Arbeit erlebte, war ich erstaunt und fasziniert von seiner ebenso direkten wie einfühlsamen Art, mit Menschen umzugehen, zu lehren und scheinbar getrennte Aspekte des Lebens zu verbinden.

In der Welt der Kommunikation und Persönlichkeitsentwicklung - allen voran im nlp - habe ich eine Vielzahl von Menschen und Persönlichkeiten kennengelernt: die Magier, die ihre Klienten verzaubern, die Entdecker und Forscher, die in neue Räume vordringen, die Geschäftstüchtigen, die neue Marktnischen besetzen, die Macher, die sich und anderen versprechen, sämtliche Probleme zu lösen, die Frohnaturen, die einen optimistischen Grundtenor verbreiten, die Handwerker, die solide Arbeit im Alltag leisten, leider auch die Scharlatane, die andere blenden und in die Irre führen und - mittendrin, aber gleichzeitig außerhalb - einzelne Künstler, die nicht mit üblichen Maßstäben gemessen werden dürfen. Bernd Isert ist einer von ihnen.

Nun ist die Kunst des Bernd Isert nicht einfach abgeschlossen und abgehoben, nein, sie wagt sich mitten hinein in das Werdende, in die ganz normalen Lebenssituationen, den uns selbstverständlich erscheinenden Umgang miteinander. Nicht zufällig lautet der Titel dieses Buches „Die Kunst schöpferischer Kommunikation". Kunst und Kommunikation - zwei Begriffe, die im ersten Moment gar nicht zueinander zu gehören scheinen, als hätten sie einander vergessen. Jedoch eröffnet gerade diese Spannung zwischen dem selbstverständlichen, allgegenwärtigen Informationsaustausch auf der einen und der transzendierenden Kraft der Kunst auf der anderen Seite einen Blick auf den schöpferischen Prozeß, der aus ihrer Mitte heraus entsteht.

Wenn es um Kommunikation geht, verdient der Gebrauch der Sprache ein besonderes Augenmerk. Bernd Isert läßt mehr als ein Ahnen davon entstehen, daß die Wahl der Worte mit all ihren offenen und versteckten Tücken und Fallstricken nicht nur ein Transportmittel für Bedeutungen und Inhalte darstellt, sondern daß sie bei der Konstruktion unserer Wirklichkeit eine wesentliche Rolle spielt und unser Denken, Fühlen und Handeln entscheidend formt und beeinflußt.

Der naive Gebrauch der Sprache fällt leicht der Illusion zum Opfer, man könne sich völlig außerhalb von ihr stellen, sich unabhängig von ihr definieren und sie dann benutzen - ein erster Schritt, sich von der Sprache verhexen zu lassen, wie es Wittgenstein nannte. Es ist gerade die Sichtweise des Künstlers, die es ermöglicht, sich durch die Oberfläche hindurch von jenen Täuschungen und Verhexungen befreien zu können und die Magie der Sprache gleichzeitig zu nutzen und aufzulösen.

Mit spielerischem Ernst erinnern die Beispiele dieses Buches daran, daß unser Verständnis- und Ausdrucksvermögen unentwegt mit unseren sozialen Beziehungen spielt, daß wir gänzlich sein Spielball bleiben, wenn wir nicht selbst das Spiel mitgestalten.

Bernd Isert zeigt Entwicklung durch Kommunikation - was liegt da näher als die Form des Dialogs, die prozeßhaft die groben Fallen und zarten Nuancen von Austausch sichtbar macht und so viele Erkenntnisse über das Wesen von Kommunikation erschließt. Mit feinem Humor hinterfragt er im Frage-Antwort-Spiel immer wieder allzu einfache Kategorisierungen und Anwendungen.

Seine Kunst bleibt dabei stets vielseitig nutzbar. Schritt um Schritt und Satz für Satz führt er Leser und Leserin in die wesentlichen Strukturen des nlp ein und darüber hinaus - was eine Fülle von Lernmöglichkeiten und Anwendungen mit sich bringt.

Und gleichzeitig ist die „Kunst schöpferischer Kommunikation" kein bloßes Lehrbuch. Immer wieder wird der Betrachtungsrahmen verändert und erweitert, zuweilen ganz verlassen, Struktur beginnt, über sich selbst hinaus zu wachsen, so daß wir einen Blick auf das erhaschen können, was sie uns sonst verstellt.
Diese praktische Nutzbarkeit auf der einen und die transzendierende, existentielle Sichtweise auf der anderen Seite tragen ganz erheblich zum Wert und Reiz dieses Buches bei.

Ich lade Sie ein, dieses Buch mit seinen feinen Nuancen, der Weisheit, dem Humor und der Menschlichkeit, die durch die Zeilen schimmern, einfach zu genießen.

Nürnberg im September 1996
Martin Haberzettl

Zur Vorbereitung

> *„Der Dialog, nicht der Monolog, ist die*
> *Grundlage des zivilisierten Lebens."*
> *- Saul Bellow*

Dies ist ein Reiseführer durch die Welt der Kommunikation und ihres liebsten Kindes, der Sprache, jene ebenso selbstverständliche wie geheime Welt, in der wir unser Leben verbringen.

Er wendet sich an Menschen, denen eine bewußte Kommunikation für eine auch in die Tiefe reichende Verständigung am Herzen liegt - sowohl an jene, die damit erst beginnen, wie auch an solche, die professionell im Bereich der Kommunikation tätig sind. Mögen beide auf individuelle Weise ihre bereits vorhandenen Erfahrungen durch neue Inhalte und Zusammenhänge vertiefen und erweitern. Ebenso mögen sich Leserinnen und Leser angesprochen fühlen, denen daran liegt, persönliche Entwicklungsprozesse und das Veränderungspotential, welches bewußte Kommunikation in sich trägt, kennenzulernen.

Die ersten drei Teile des Buches sind in Dialogform aufgebaut. Die Gesprächspartner Annelie (A) und Bernard (B) verstehen sich als Gastgeber, die Sie durch verschiedene Landschaften und Formen verbaler Kommunikation begleiten. Beide Personen sind frei erfunden - Ähnlichkeiten mit real existierenden Personen oder auch mit Anteilen meines Wesens sind gerade deshalb nicht ganz auszuschließen. Ihre Dialoge bilden den Rahmen für eine Verbindung von Theorie und Praxis, von Abstand, Reflexion und aktiver Beteiligung.

Der erste Teil, „Ausdruck und Erfahrung", befaßt sich mit den Grundlagen wirksamer Kommunikation, der Sprache und des Verstehens. Dazu gehören Themen, wie das Verhältnis von Sprache und innerem Erleben oder Möglichkeiten, sich sinnlich nachvollziehbar auszudrücken. Unter anderem zeigen Annelie und Bernard, wie wir durch passende Fragen die Erfahrungen hinter den Worten unserer Gesprächspartner herausarbeiten können.

Im zweiten Teil, „Austausch und Veränderung", geht es um fortgeschrittene Formen des Hinterfragens, das Meta-Modell der Sprache, und um die Veränderung einschränkender Denkweisen durch die Kunst des Umdeutens. Ein daraus abgeleitetes Rhetorikmodell bildet das Rüstzeug für flexible Argumentation und das Vermitteln neuer Einsichten. Darauf aufbauend lernen wir, wie wir in uns selbst und in anderen heilsame Erfahrungen auslösen und Energiequellen zugänglich machen können.

Im dritten Teil, „Sprache und Sinn", geht es um die Kunst des offenen, unspezifischen Ausdrucks, um hypnotische Formen des Sprachgebrauchs sowie um das Erzählen von Metaphern und Geschichten. Dieser Teil zeigt, wie wir andere auf bildhaft sinngebende Art erreichen und sensibel durch innere Erfahrungswelten begleiten können.

Im vierten Teil, „Wachstum durch Sinn-fonik", endet die bisherige Dialogform. Hier erwartet Sie eine Auswahl weiterführender Lernprozesse und Beispiele zur Entwicklung vielseitiger Wahrnehmungs- und Kommunikationsfähigkeiten sowie für das persönliche Wachstum - eine Auswahl, die unterschiedliche Ansätze, Anregungen und Erfahrungen in sich vereint. Diese Form des methodenübergreifenden Lernens nenne ich „Sinn-fonik", was soviel heißt wie: Sinn gebendes Zusammenspiel. Gemeint ist die Einbeziehung sich ergänzender methodischer Bausteine zur Integration von Erleben, Denken und Handeln. Zu den einbezogenen Bausteinen gehören bekannte und neue nlp-Strukturen ebenso wie Elemente der Gestalttherapie, der systemischen Therapie, der Ausdrucksimprovisation oder der Energiearbeit. Zum Leben erwachen die Sinn-fonik-Prozesse ganz besonders dann, wenn sie nachvollzogen und angewendet werden.

Im fünften Teil, „Strukturen der Neuro-Linguistik", werden verschiedene Bereiche des Entwicklungsmodells nlp (Neurolinguistisches Programmieren) in vier Beiträgen zusammenfassend dargestellt und kritisch hinterfragt. Der Teil beginnt mit der Vorstellung verschiedener Entwicklungsebenen der Persönlichkeit, setzt sich mit einer Gesamtdarstellung des nlp fort und wird durch nachdenklich-konstruktive Reflektionen vertieft.
Vielleicht haben Sie bemerkt, daß ich die Abkürzung nlp, anders als sonst in der Literatur üblich, in diesem Buch mit Kleinbuchstaben schreibe. Damit möchte ich diesen Begriff symbolisch von einem großen, abstrakten Hauptwort, welches das Schriftbild dominiert, zu einem zarteren, beweglichen Prozeß werden lassen, welcher sich als bereichernder Teil in das Gesamtbild einfügt.

In diesem Sinne habe ich in allen Teilen des Buches eine Vielzahl der grundlegenden und fortgeschrittenen Modelle und Methoden, die im nlp gelehrt werden, in Anwendungsbeispielen dargestellt - und um mir wichtige Zusammenhänge erweitert. Daher finden Interessierte hier gleichzeitig eine reflektierte Einführung in alle wesentlichen nlp-Inhalte. Anwender dieser Methoden haben die Möglichkeit, ihr bisheriges Wissen in neuen Zusammenhängen zu wiederholen und zu ergänzen. Auf abstrakte Fachbegriffe habe ich in den Texten zugunsten allgemeinverständlicher Worte weitgehend verzichtet.

Im sechsten Teil, „Nach innen hinaus", illustrieren drei ausgewählte Phantasiereisen und zahlreiche Gedichte aus der eigenen Werkstatt verschiedene der zuvor dargestellten sprachlichen Gestaltungs- und Anwendungsmöglichkeiten.

Unter den Verzeichnissen am Ende des Buches finden Sie neben Literaturangaben eine Zusammenstellung wichtiger Kategorien des Wahrnehmens und Erlebens, sowie eine Übersicht der Prinzipien und Methoden, die in den jeweils angegebenen Abschnitten des Buches beschrieben oder angewendet werden. Sie können erkennen, daß darin auch nahezu die gesamte nlp-Palette vertreten ist und haben die Möglichkeit, über dieses Verzeichnis die Verbindung zwischen den Fachbegriffen und den Beschreibungen und Beispielen herzustellen.

„Die Kunst schöpferischer Kommunikation" entstand nicht am Reißbrett aus einem Guß, sondern als eine Synthese, die sich zusammensetzte, als verschiedene sich ergänzende Bestandteile unterschiedlicher Herkunft zusammentrafen: Dialoge, die ich für eine Kassettenserie über die Kommunikation entwarf, Veröffentlichungen über Einzelthemen, Seminartranskripte, zwölf Jahre Erfahrung als Seminarleiter, Gedichte aus frühen Jahren und immer wieder neue, verbindende Ideen. Es entstand auf Reisen, am Abend nach Seminaren, in Cafes oder in der Natur. Somit sind zahlreiche Aspekte meines Lebens in die Kapitel mit eingeflossen - auch die Würdigung der Unvollkommenheit, welche Raum für Veränderung und Weiterentwicklung läßt.

Es ist mein Anliegen, Ihnen, liebe Leserinnen und liebe Leser, das Zusammenwirken unterschiedlichster Modelle und Methoden der Kommunikation und ihres hörbaren Ausdrucks, der Sprache, deutlich zu machen - und Ihnen wichtige Wahlmöglichkeiten und Gestaltungsmöglichkeiten für deren Gebrauch bewußt zu machen. Dabei möchte ich Sie mittels der Dialoge und Reflektionen nicht nur für die Möglichkeiten, sondern auch für die erforderlichen Voraussetzungen und Grenzen der dargestellten Modelle und Methoden sensibilisieren. Die Kommunikation mit anderen kann nur so gut sein, wie die Kommunikation mit sich selbst. Was wir mit oder für andere erreichen können, baut darauf auf, was wir für uns selbst verarbeitet und entwickelt haben. Deshalb bilden die innengerichteten und die außengerichteten Anwendungsbeispiele eine Einheit.
Nicht alles, was mir wichtig ist, steht augenfällig im Vordergrund. Auch Nebensätze, das, was in den Beispielen geschieht oder die Beziehung, innerhalb derer eine fruchtbare Kommunikation gedeihen kann, gehören dazu.
Damit verbinde ich vor allem die Intention einer solchen förderlichen Beziehung zu Ihnen, der oder die Sie dieses Buch in den Händen halten.

Dies ist ein Kennen-Lern-Buch, nicht jedoch ein klassisches Lehrwerk - es will und kann keine fundierte Ausbildung in Anwendungsbereichen professioneller Kommunikation ersetzen. Das betrifft insbesondere die verschiedenen Felder der Psychotherapie, wie etwa die Gesprächstherapie oder die Hypnotherapie. Gerade hier braucht der Weg vom Kennen zum Können viel Zeit, gute Wegbegleiter und persönliche Erfahrung.

Es ist nicht neu: Sprache kann ein Werkzeug der Verführung oder Manipulation sein. Und in unserer Welt wird nicht wenig davon Gebrauch gemacht. Hier will das Buch aufklärend wirken. Wenn wir uns manipulativ verwendeter Strukturen bewußt werden, kann uns dies mündiger und freier werden lassen - und uns die Wahl erleichtern, unsere Sprache in einer Weise einzusetzen, die dem Leben dient: dem eigenen, dem anderer Menschen - und den Beziehungen, die wir miteinander gestalten.

13

Die einzelnen Kapitel dieses Sprachbegleiters enthalten neben dem Rahmendialog zahlreiche Beschreibungen und Beispiele, die sich in der Textgestaltung absetzen. Zu den Beispielen gehören Sketche, Geschichten und Phantasiereisen, welche ihre eigene Verarbeitungszeit brauchen. Bitte stellen Sie sich vor, daß alle Texte Raum für beliebige Pausen haben - solche, die Ihnen Zeit für die Verarbeitung und Reflektion geben. Wann immer und für wie lange Sie Ihre Pausen setzen, bestimmen Sie selbst.

Und vielleicht ahnen Sie es schon: Nicht alle Beispiele sind von absolut ernster Natur. Wenngleich die angesprochenen Themen und Schlußfolgerungen weit mehr als nur Unterhaltung bewirken mögen. Deshalb wünsche ich Ihnen als aufgeschlossene Leserinnen und Leser viel Spernst.

Köln im August 1996
Bernd Isert

Kommunikation

Bezugserfahrungen

ZIELE

Partnerschaft

SINNE

Sprache

Landkarten

Teil I
Ausdruck und Erfahrung

Teil I: Ausdruck und Erfahrung

1. Eröffnung

A: Unsere Tour beginnt. Proviant habe ich mitgebracht, gute Laune und Zeit und mich.
Wer ist wohl noch dabei?

B: Hier ist Ihr Platz, willkommen liebe Mitreisende! Am besten können wir dieses Land zu Fuß erkunden. Miteinander werden wir mehr darüber erfahren, welche Strukturen und Möglichkeiten sich in unserer Kommuniation verbergen - und wie wir sie sinnvoll anwenden können. Und ich glaube, einer der wirksamsten Wege zu gelungener Kommunikation und zu Wachstum liegt in der sinnvollen und bewußten Verwendung der Sprache.

A: Zuerst aber stelle ich mich vor: Ich heiße Annelie, bin Studentin und interessiere mich sehr dafür, wie ich mit meinen Worten andere, die mir wichtig sind, besser erreichen kann. Aber auch dafür, wie ich lernen kann, sie besser zu verstehen. Ich werde Bernard Fragen stellen, Dialoge mitgestalten und eigene Erfahrungen beisteuern.

B: Ja, ich bin Bernard, und ich freue mich über diese Herausforderung. Ich habe schon mehrere Berufe im Leben ausprobiert, reise gern, gebe Seminare - und manchmal schreibe ich Gedichte - und ich mag Menschen. Deshalb finde ich es schade, wenn sie sich mißverstehen, bloß weil sie nicht genug voneinander wissen. Umso lieber erlebe ich fruchtbaren Austausch, und deshalb möchte ich hier etwas dafür beitragen.

A: Laß uns unser Anliegen noch genauer beschreiben, Bernard.

B: Vielleicht so: Wir möchten untersuchen, wie verschiedene Formen der Kommunikation uns selbst, andere und unsere Beziehungen fördern können.

A: ... ob im privaten Bereich oder im Beruf.

B: Manche Berufe leben von der Kommunikation.

A: Da fallen mir viele ein, zum Beispiel Lehrer, Berater, Therapeuten, Geschäftsleute, Dienstleistende, Künstler...

B: Und sie alle haben die gleichen sprachlichen Muster und Formen zur Verfügung.

A: Dennoch entwickelt jedes Gebiet seine ganz eigenen Stile, die zu den speziellen Inhalten und Denkweisen passen.

B: Und zu den jeweiligen Zielen oder Bedürfnissen. Im privaten Bereich ist es ähnlich. Mal sind wir Freund, Partner, Elternteil, verliebt, zusammen oder getrennt - und überall wird kommuniziert und mehr oder weniger sinnvoll miteinander gesprochen.

2. Grundlagen des Sprachgebrauchs

Vom Sprechen über die Sprache

A: Laß uns mit den Grundlagen beginnen, Bernard, was ist Sprache eigentlich?

B: Spontan sehe ich Sinnbilder: eine Pforte zwischen innen und außen... ein Gewebe des Geistes, aus dem Rohstoff des Lebens... oder Brücken von Mensch zu Mensch.

A: Klingt gut, Bernard, aber kannst Du es nicht ein bißchen wissenschaftlicher formulieren?

B: Dann darf ich dazu keine Worte benutzen. Denn Worte sind Angehörige der Sprache und also von ihr beeinflußt, mit den gleichen blinden Flecken und Unaussprechlichkeiten, die ihre Sprachfamilie hat. Wie könnten sie wirklich objektiv etwas über ihre eigene Familie sagen? Wissenschaft braucht unabhängige Zeugen.

A: So habe ich das noch gar nicht betrachtet, es hilft mir aber nicht weiter. Mag sein, daß Worte beschränkt sind - aber vielleicht könnten sie ja auch über ihre Grenzen hinauswachsen?

B: Ich glaube, Annelie, das können sie. Denn Worte sind von Natur aus mehr als sie selbst, sie sind Repräsentanten der Welt, die sie beschreiben - und das kann jede Welt sein, die ein Mensch aus irgendeiner Position erleben oder denken kann. Vielleicht mit den Augen einer Künstlerin, oder mit denen eines Forschers oder eines Lernenden. Und jede Position hat eigene Worte für das, was es von dort aus zu beschreiben gibt.

A: Und wenn es dafür keine Worte gibt?

B: Wir haben die Wahl: Wir können auch schweigend sprechen, können bekannte Worte kombinieren, oder neue Worte erfinden - davon wächst die Sprache, das ist ihre Nahrung.

A: Können wir eigentlich etwas denken, noch bevor es Worte dafür gibt?

B: Es ist natürlich leichter, nachzuvollziehen, was bereits gesagt wurde. Aber auf Dauer ist das unbefriedigend. Hattest Du als Kind einen Spielkasten aus Holzbausteinen?

A: Klar doch.

B: Konntest Du aus Deinem Holz-Spielbaukasten ein Phantasiehaus bauen, das noch kein anderer gebaut hat? Konntest Du vielleicht sogar neue Spielbausteine erfinden?

A: Klar konnte ich das, Mädchen können das! Und die neuen Spielbausteine waren aus Knetmasse.

B: Hättest Du damit auch ein Modell unseres Planetensystems bauen können?

17

A: Kann ich auch heute noch. Ich nehme runde Bausteine und lege sie in ihre Umlaufbahnen. Der große rote Stein in der Mitte steht für die Sonne, und die anderen stehen für die anderen Planeten. Ganz einfach!

B: Und kannst Du mit Deinem Baukasten auch ein Modell Deines Baukastens bauen?

A: Das ist eine komische Aufgabe. Das beste Modell des Baukastens ist ja der Baukasten selbst, weil nur der mit dem Original voll identisch ist.

B: Wenn aber Dein Baukasten unendlich groß wäre und Du ein kleineres Modell davon auf einer Tischplatte anordnen solltest, was dann?

A: Dann nehme ich einen Baustein und lege ihn auf den Tisch und sage: Der symbolisiert jetzt alle Bausteine und den ganzen Kasten - genial, oder?

B: Ja, das ist durchaus schon ein Modell. Und wenn das Modell etwas anschaulicher werden soll, für diesen oder jenen Zweck?

A: Dann breite ich Beispiele aus, etwa so: Das da ist ein typischer viereckiger Stein und das da ein typischer Pyramidenstein - und wenn ich den auf den anderen setze, habe ich ein Haus mit Pyramidendach. Das erkläre ich nicht nur, das zeige ich auch.

B: Das ist sehr gut, aber Beispiele sind nicht wissenschaftlich.

A: Dann sage ich (hab ja schließlich studiert): Dieser blaue Stein dort steht für die Klasse aller Steine. Dieser Rote da ist die Klasse aller zulässigen Operatoren zwischen den Steinen, und der Gelbe da symbolisiert die Energie und die Intelligenz, die sie bewegt...

B: Das ist toll - und sogar philosophisch. Merkst Du, Annelie, jedes Modell hat seine eigenen Stärken und Schwächen, erfüllt seinen eigenen Zweck.

A: Und unsere Sprache ist auch so etwas wie ein Baukasten?

B: Genau - nämlich der, mit dem wir Abbilder, Modelle der Welt schaffen, kleine wie große, praktische oder theoretische, kluge und einfältige.

A: Und sogar Abbilder der Sprache selbst.

B: Auch wenn die nie vollständig sein können, denn das ist ja nur das Original.

Sprache als Informationsträger

A: Hast Du noch eine andere Antwort darauf, was Sprache eigentlich ist?

B: Diese zum Beispiel: Sprache ist ein Kommunikationsmedium, anders gesagt, ein Mittel zur Verpackung und Übermittlung von Informationen. Diese werden in Abfolgen von Tönen und Lauten übersetzt, die dann von Mensch zu Mensch weitergegeben und nach Möglichkeit verstanden werden.

A: Was für Informationen sind das denn?

B: Uns steht alles frei. Es kann sich um Personen, Beziehungen, inneres Erleben, Handlungsanleitungen, Überzeugungen, Erfahrungen, Schlußfolgerungen, Einverständnis oder Zusammenhänge jeder Art handeln. Es kann auch die Bitte um Informationen sein, nämlich das Nachfragen.

A: Probieren wir es doch mal aus. Stell Dir vor, wir kennen uns noch nicht und treffen uns in einer Bar. Und ich beginne mit der Bitte um Informationen:

> *Darf ich Dich fragen, wie Du heißt?*

B: Es folgen Informationen zu einer Person (zu mir):

> *Gern, ich heiße Bernard.*

A: Und jetzt Informationen zu Beziehungen (unsere):

> *Ich finde Dich sympathisch.*

B: Nun zum inneren Erleben:

> *Oh, das macht mich verlegen.*

A: Handlungsanleitungen:

> *Da helfen drei tiefe Atemzüge und ein Glas Wein.*

B: Überzeugungen:

> *Das hilft? Alkohol ist doch sehr ungesund!*

A: Erfahrungen:

> *Kommt drauf an. Ich hab schon viel Schönes damit erlebt.*

B: Schlußfolgerungen:

> *Mit Dir zusammen überprüfe ich das gern.*

A: Einverständnis:

> *Gut, bestellen wir uns zwei Gläser.*

B: Wir sprechen auch davon, daß es sich um Informationen auf der Sachebene und auf der Beziehungsebene handelt, je nachdem, welcher Aspekt damit angesprochen werden soll.

A: Ich empfand unser Gespräch persönlich. Ich glaube übrigens, Kommunikation läuft meist auf beiden Ebenen gleichzeitig ab. Laß uns nun wieder der Sachebene zuwenden. Sag mal, Bernard, woher kommt unsere Sprache eigentlich?

B: Die Menschen haben die Sprache vor Urzeiten erlernt. Es begann damit, daß sie verschiedenste Laute und Klänge, die sie erzeugen konnten, mit Menschen, Tieren, Pflanzen, Erfahrungen und Tätigkeiten aus ihrem Leben verbanden. In den Sprachen verschiedener Völker haben sich bis heute bestimmte klangliche Urformen erhalten:

> *... vom „oh, äh, ah, uh, au" für Gefühle zu „njam, mam" für Nahrung oder „gal" für die Liebe.*

Damit schufen unsere Vorfahren die ersten Worte und aus der Verknüpfung der Worte ganze Sätze, mit denen sie die Geschehnisse ihres Lebens beschreiben konnten.

A: Laß mich mal probieren...

... ah oh njam äh gal au mam.

B: Manchmal waren sich nicht alle darüber einig, wie die Worte zu verknüpfen sind und was sie dann bedeuten. Aber sie verständigten sich und entwickelten Regeln für den Aufbau der Sätze, irgendwann malten oder meißelten sie sogar Schriftzeichen auf Unterlagen - um alles zu speichern.

A: Und die Schriftzeichen bildeten Alphabete...

a b c d e f g...

B: Verschiedene Völker taten all dies, spätestens seit dem Turmbau zu Babel, auf recht unterschiedliche Weise. Und jedes Volk gab die überlieferte Bedeutung der Worte und Sprachformen an die eigenen Kinder weiter. In jeder Generation - und mit jeder neuen Lebenserfahrung - kamen neue Worte hinzu.

Was neu war, fand besonders bei den Jüngeren meist großen Anklang. Sie fanden es modern, angesagt oder affengeil.

Prinzipien der Kommunikation

A: Sag mal, was geschieht eigentlich zwischen Menschen, wenn sie miteinander sprechen?

B: Soll ich das vollständig beantworten? Was alles geschehen kann, ist genauso vielfältig wie das Leben selbst. Ich versuche trotzdem eine Antwort.
Immer treten beim Kommunizieren zwei oder mehr Menschen miteinander in Beziehung und in Austausch, so als würden sie etwas von Hand zu Hand weitergeben, nur daß es in diesem Fall keine Dinge, sondern Informationen sind - und daß das auch über Distanzen hinweg geht. Was eine Person weitergeben will, verpackt sie in Worte und Ausdruck - was sie empfangen hat, packt sie wieder aus. Jede ist mal Senderin, mal Empfängerin. Was wir senden, beeinflußt das, was wir empfangen werden. Was wir empfangen haben, beeinflußt das, was wir senden werden.
Im Idealfall kommt das, was von einem „Ich" abgesendet wird, beim „Du" auch so an - und das „Du" ist dann um ein Stück aus der Welt des Absenders bereichert. Falls es die Botschaft so deuten kann, wie sie gemeint war.

A: Manchmal deute ich die Botschaften nicht, wie sie gemeint sind, sondern auf meine Art - weil ich ganz andere Erfahrungen mit den Worten verbinde.

B: Dazu hab ich neulich in Köln einige Beispiele gehört:

Klaus: *Ich gehe gern Tauchen. Irre, dieses Versinken in der Tiefe.*

Birgit: *Ich wohne am Rhein. Wir haben jedes Jahr Hochwasser, ich kenne das Versinken - auf meine Art.*

Jede Person hat also ihre ganz persönliche Erfahrungswelt, aus der sie berichtet und in die sie das Gehörte wieder aufnimmt.

Wilfried:Ich komme aus dem Osten, bei uns war das Leben ziemlich anders.

Sabine: *Und ich war damals dabei, 68, da haben wir auch gegen das Establishment gekämpft, ganz genau so wie ihr.*

Wilfried: Ganz genauso?

Wenn sich ein „Ich" und ein „Du" gut verstehen, dann wächst bei beiden mit dem Austausch der Anteil des gemeinsamen Wissens, und eine gemeinsame Erlebniswelt entsteht, aus der heraus das „Wir" gedeiht.

Sabine: *Wie sieht es wohl heute in Berlin aus?*

Wilfried: Ich war vor einer Woche dort.

Sabine: *Ich kenne es nur von früher, was hat sich verändert?*

Wilfried: Erzähl mir doch erst, wie es früher war, denn damals habe ich es nie besuchen können.

A: Erst wenn zwei voneinander wissen, gibt es eine Chance, daß sie etwas miteinander anfangen können.

B: Zum Beispiel kenne ich Deine Kreativität, Annelie, und Du kennst meine Ordnung - auf dieser Basis können wir sehr gut gemeinsam Seminare gestalten.

A: Du kennst meine Ordnung noch nicht, warte ab! - Außerdem sind wir jetzt dran, uns mehr über die verschiedenen Erfahrungswelten zu berichten, in denen wir leben.

B: Jede Erfahrungswelt besteht aus einer inneren Welt, zu der die Erinnerung und die Phantasie gehören - und einer äußeren Welt, der aktuellen Lebenssituation, die uns hier und jetzt umgibt.

Innere Welt (Erinnerung):
> *Wie lag doch damals alles wild durcheinander, in unserem Büro!*

Äußere Welt:
> *Und wie ordentlich sieht es jetzt hier aus.*

Innere Welt (Phantasie):
> *Mit etwas Kreativität werden wir diesen traurigen Zustand aber schon bald beenden!*

Beide Welten nehmen wir über die Sinne wahr: wir sehen, hören, fühlen, riechen, schmecken und sprechen - äußerlich wie innerlich. Das geschieht natürlich höchst individuell und situationsabhängig.

A: Mit der Sprache aber können wir es beschreiben und mitteilen.

> *Klaus:* *Ich habe da ein Bild vor Augen, ein lohnendes Ziel - und sage mir, daß sich das gut verwirklichen ließe. Aber irgendwie ist da ein komisches Gefühl. Als hörte ich eine andere Stimme, die mich an etwas erinnert. Ja, es ist meine Tochter, der ich viel mehr gemeinsame Zeit versprochen hatte. Ein warmes Gefühl, wenn ich daran denke, bei ihr zu sein.*
>
> *Eva:* *Jetzt kann ich nacherleben, wie es Dir geht, Klaus.*

B: In der inneren Welt geschieht unendlich viel. Wir verarbeiten Informationen, filtern, verknüpfen, werten aus. Diese Prozesse geschehen bewußt oder unbewußt, bildhaft oder eben sprachlich. Das bewußte sprachliche Verarbeiten nennen wir Denken.

A: Was habe ich da gehört, wir filtern? Ich nicht, bin doch keine Kaffeemaschine. Mich haben sie nämlich früher immer zum Kaffee kochen abgestellt.

B: Aha, Du hast Deine ganz eigenen Bezugserfahrungen zu dem Wort.
Ich möchte mit „filtern" etwas anderes sagen: Wir kümmern uns nicht um alles, nehmen nicht alles auf, sondern sortieren bewußt oder unbewußt die Spreu vom Weizen.

A: Leider sind wir dabei nicht fehlerfrei - und manchmal kriegen wir dann statt des Weizens die Spreu, statt der Hauptsache das Nebensächliche.

> *Lutz:* *Was hast Du gesagt?*
>
> *Rita:* *Daß ich heute später komme, weil ich so viel zu tun habe.*
>
> *Lutz:* *Aber ich liebe Dich doch und will Dich deshalb bei mir haben. Also sag mir, wieviel Minuten?*
>
> *Rita:* *Das weiß ich nicht, ich bin total überfordert mit der vielen Arbeit. Wenn Du herkommst und mir hilfst, bin ich früher fertig.*
>
> *Lutz:* *Das würde ich gern, aber dafür ist mir meine Zeit zu schade. Sag mal, für wieviel Minuten Liebe mit Dir müßte ich wieviel Arbeitszeit investieren?*

B: Wir stellen uns Fragen und Aufgaben, formulieren, verallgemeinern, kombinieren. Manchmal ist uns dann nur noch die Sprache bewußt, während die Erfahrungen, Gefühle und Vorstellungen, um die es ursprünglich ging, in den Hintergrund treten. Jenes fortlaufende Gespräch mit sich selbst nennen wir den inneren Dialog.

Rolf zu Rolf:

> *Soll ich im Internet werben? Aber was kostet das und wer liest das? Dennoch, ich höre es von immer mehr Leuten. Das sind aber alles nicht meine Kunden. Ich werde Michael fragen. Außerdem kann ich ja klein anfangen. Nur eine Werbeseite veröffentlichen und herausbekommen, wie oft sie gelesen wird. Aber so eine Seite muß auch attraktiv sein. Das kann Marion am besten.*

Relevanz und Werte

A: Wenn zwei miteinander reden, dann haben sie ja meistens auch ein bestimmtes Thema. Und manche Themen fesseln die Aufmerksamkeit, andere sind zum Gähnen.

B: Das hängt nun einmal davon ab, wofür sich die beiden interessieren, was ihnen wichtig ist. Wenn das Gesprochene dazu paßt, nennen wir es relevant, wenn es daran vorbeigeht, ist es irrelevant, und wenn sich Bekanntes wiederholt, heißt es redundant.

Natürlich können beide auch ganz unterschiedliche Themen haben, die ihnen wichtig sind - so daß, was für ihn relevant ist, für sie irrelevant sein mag.

> *Agnes:*   *Weißt Du, Franz, diese Reise war einfach faszinierend.*
>
> *Franz:*   *Und was hat sie gekostet?*
>
> *Agnes:*   *Die Naturgewalten in Hawaii, die Brandung des Meeres - und diese vulkanische Kraft.*
>
> *Franz:*   *Hast Du jetzt noch was auf dem Konto?*
>
> *Agnes:*   *Und dann diese Eingeborenen - und dieses Huna-Ritual.*
>
> *Franz:*   *Kannst Du darüber einen Artikel veröffentlichen?*

A: Viele Menschen reden ganz schön aneinander vorbei.

B: Ja, sie können sich zum Beispiel stundenlang unterhalten, ohne zu bemerken, daß jeder ein völlig anderes Thema hat und ohne wahrzunehmen, was der andere sagt. Sie halten Monologe in Gesellschaft.

Aber wenn sie mitbekommen, wo sich der Gesprächspartner innerlich befindet und darauf reagieren, wird aus zwei Monologen ein Dialog - und das ermöglicht, daß zwischen beiden ein Austausch entsteht. Es heißt auch, daß die Themen des Partners innerlich mit den eigenen in Beziehung gesetzt werden - so daß, was gesprochen wird, beide betrifft.

> *Agnes:*   *Worüber könnte ich wohl einen Artikel veröffentlichen?*

Franz: Über Huna-Rituale - ist doch in.
Agnes: Ach, das wäre auch für andere interessant?
Franz: Sag ich doch. Eigentlich sogar für mich. Und ein Artikel in GEO bringt was ein.
Agnes: Dafür muß ich noch viel mehr über das Thema lernen. Und tolle Fotos besorgen.
Franz: Das kostet ja schon wieder Zeit und Geld.
Agnes: Du hast recht, es ist ein Dilemma. Übrigens, ich habe mich mit Hawaii tatsächlich übernommen, aber ich wollte das nicht wahrhaben.
Franz: Entschuldige, ich hatte mir nur einfach Sorgen um Dich gemacht.
Agnes: Gut, daß ich einen unbestechlichen Partner habe.
Franz: Erzähl mir mehr von Deinen Erlebnissen.
Agnes: Laß uns erst mal über unsere Arbeit reden.

A: Was einem Menschen wichtig ist, kommt sicher nicht von ungefähr. Ich glaube, das hängt mit seiner ganzen Lebenssituation, seiner Entwicklung und seiner Zugehörigkeit zusammen. Nur wenn ein in bezug darauf wichtiges Thema angesprochen wird, wird jeder seine ganze Aufmerksamkeit parat haben.

B: Das entspricht meiner Erfahrung. Wir sagen auch, daß jeder Mensch ein ganz persönliches Wertesystem hat, innerhalb dessen es eine Hierarchie gibt - geordnet nach Wichtigkeit. Ein allgemeineres hierarchisches Wertesystem bildet zum Beispiel die Bedürfnispyramide nach Abraham Maslow. Natürlich kann bei jedem von uns in bestimmten Situationen auch ein höchst banales biologisches Bedürfnis den höchsten Wert einnehmen, wenn es unerfüllt blieb. Bitte entschuldige mich einen Moment...

A: ... Sicherlich ist für alle Menschen das Überleben am wichtigsten, außerhalb dessen gibt es dann natürlich viele Unterschiede darin, worauf es ihnen im Leben ankommt: für die einen ist es die Familie, für die anderen Geld, andere suchen Lust und für wieder andere ist die Gesundheit das höchste Gut.

B: Auch das eigene Überleben ist nicht für alle das höchste Gut. Viele setzen ihr Leben ein, wenn es um die Rettung anderer geht. Manche sogar für eine Idee. Doch Du hast recht, daß in jedem Menschen aufgrund seiner Entwicklung ganz eigene Bedürfnisse und Werte wachsen. Gleichzeitig lassen sich die meisten menschlichen Werte in unserer Kultur um drei Grundkategorien herum gruppieren, welchen sich viele zentrale Begriffe zuordnen lassen:

- *Verbundenheit zu anderen Menschen:* Liebe, Gemeinschaft, Partnerschaft, Zugehörigkeit
- *Entfaltung der eigenen Persönlichkeit:* Identität, Wachstum, Macht, Rolle, Position
- *Entwicklung der Lebensbedingungen:* Leistung, Funktion, Erreichen von Ergebnissen

Auch andere Bereiche, die wichtig für Menschen sind, wie zum Beispiel Beruf, Familie, Sex, Kunst, Kommunikation, Sport, Erfolg oder Freiheit, lassen sich diesen Kategorien zuordnen.

A: Eigentlich brauche ich alle drei Säulen: Ohne Verbundenheit zu anderen kann ich auch keinen sinnvollen Platz im Leben finden, in dem ich auch so viel Einfluß habe, daß ich etwas bewirken kann - und nur wenn das, was ich bewirke, für andere nützlich ist, werde ich auch davon leben können.

B: So sollte es sein, leider ist in unserer Welt nicht alles im Lot und vielen Menschen fehlt die eine oder andere der drei Säulen. - Hier liegen ihre größten Entwicklungsbedürfnisse - und häufig auch ihre Barrieren. Denn was ich nicht in positiver Art kennengelernt habe, das ängstigt mich oft, vielleicht erlaube ich es mir gar nicht.

A: Ja, wer überzeugt davon ist, daß er sich aus Rücksicht auf andere selbst nicht weiterentwickeln darf, wird es wohl auch nicht tun.

B: Hier fehlt die Erfahrung, wie eigene Entfaltung auch für andere förderlich sein kann. Umgekehrt glaubt vielleicht ein Vorgesetzter, daß er keine Rücksicht auf Mitarbeiter nehmen darf, nur damit alles funktioniert. Und diese zwei bestätigen sich gegenseitig ihre bisherige Sichtweise des Lebens.

A: Deshalb sind unsere tiefsten Bedürfnisse häufig gar nicht so leicht zu erfüllen. Erst innere Klärung und positive Beispiele öffnen uns den Weg.

B: Ich glaube, in unserer Zeit werden sich immer mehr Menschen ihrer wirklichen Werte für das Leben bewußt, gehen neue Wege und denken über bisherige Grenzen hinaus. Sie erkennen, daß wir alle als Teil einer größeren Zugehörigkeit Mitverantwortung für die Erde tragen - und damit ebenso für uns selbst. Sie lernen, jene Balance zwischen den drei Säulen zu finden und lernen Fähigkeiten zu entwickeln, um in dieser Welt etwas zu bewirken.

A: Danke Bernard, das ermutigt mich. Und gerade deshalb bin ich weiter neugierig darauf, was unsere Worte, unser Denken, und unser Handeln miteinander zu tun haben.

B: Laß uns deshalb Schritt für Schritt weitergehen.

Zwischen Erfahrung und Überzeugung

A: Mir scheint, Bernard, was wir sagen, hat rückwirkend einen sehr starken Einfluß darauf, was wir erleben.

B: Und umgekehrt. Sprechen und Erleben beeinflussen sich ständig gegenseitig. Zum einen erleben wir die Welt und beschreiben sie dementsprechend:

> A: *Du, Bernard, da draußen fliegt ein Storch!*
> B: *Ich hoffe, jetzt beschreibst Du, was Du gerade gesehen hast.*

B: Zum anderen hören wir von der Welt und erleben sie daraufhin - innerlich oder äußerlich.

> A: *Du, der Storch hat sich eben auf den Schornstein der*
> *Fabrik gesetzt.*
> B: *In der Tat, jetzt sehe ich ihn auch.*

A: Manche Menschen haben erlebt, daß ihre Worte die Tendenz haben, sich nicht nur in inneren Bildern, sondern auch in ihrem realen Leben zu bewahrheiten oder irgendwann später zu manifestieren.

B: Das kann ich mir gut vorstellen, denn Worte beeinflussen von innen nach außen unsere Wahrnehmung, unser Verhalten und die Auswahl dessen, was für uns wichtig ist. Das gilt besonders für unsere Überzeugungen und Verallgemeinerungen.
Wenn einer, der enttäuscht wurde, sich sagt, „die Welt ist schlecht", wird er wahrscheinlich neben der ursprünglichen Enttäuschung noch weitere Enttäuschungen finden, die wiederum seine Aussage bestärken. Ein anderer, der Glück hatte und sich sagt, „die Welt ist freundlich", wird mehr von dieser Erfahrung finden.

A: Es ist wie ein Kreislauf von „Erleben", „Beschreiben" und „Wiedererleben".

B: Ja, und dieser Kreislauf kann unbefriedigend sein, wenn wir damit bloß bestätigen und verstärken, was wir schon kennen und wissen. Deshalb kommt es darauf an, sowohl immer wieder neue Erfahrungen als auch neue Gedanken zuzulassen und sie mitzirkulieren zu lassen. An jeder Stelle des Kreislaufs gibt es Türen dafür:

> *Rolf:* *Keiner mag mich. Deshalb bin ich unfreundlich.*
> *Tina:* *Ich mag Deine Unfreundlichkeit.*
> *Rolf:* *Du meinst das nicht ehrlich. Ich kenne das.*
> *Tina:* *Schau mir mal in die Augen.*
> *Rolf:* *Oh, die sind ja ganz groß und ein wenig feucht.*
> *Tina:* *Und was sagt Dir das?*
> *Rolf:* *Vielleicht magst Du mich doch?*
> *Tina:* *Und wie! Und Du?*
> *Rolf:* *Jetzt fange ich auch an, mich zu mögen!*
> *Tina:* *Und Du mich?*
> *Rolf:* *Und wie! - Aber mir glaubt ja keiner!*
> *Tina:* *Doch, ich.*

A: Wenn wir neue Erlebnisse oder neue Gedanken zulassen, können sie sich also gegenseitig bereichern, anstecken wie gute Partner.

B: Solange wir sie sorgsam gedeihen lassen - ja, das kann manchen inneren Teufelskreis umkehren. Sogar einschränkende Überzeugungen lassen sich so verändern.

A: Können Erlebnisse und Gedanken nicht manchmal auch Gegner sein, oder gar nichts voneinander wissen wollen?

B: Wenn die Vernunft den einen Weg einschlägt, unsere Gefühle und Wahrnehmungen aber etwas ganz anderes empfinden, entstehen innere Konflikte.
Nicht erst seit Goethes „Faust". Und wenn eine der beiden Seiten die andere unterdrückt, wird es keinesfalls besser. Auch eine zeitliche Trennung von
Denken und erlebter Wirklichkeit - mal wird nur das eine zugelassen, mal nur
das andere - ist auf Dauer nicht allzu erfüllend.

> *Rolfs Erleben:*
> *Ich habe es gesehen, gefühlt - sie mag mich, viel-
> leicht liebt sie mich. Ich bin liebenswert!*
> *Rolfs Vernunft:*
> *Das ist Quatsch. Meine Mutter hat immer gesagt,
> Rolf, mit den Frauen das wird bei Dir nichts. Und
> bei Susanne und Gudrun und Brigitte hatte ich ja
> auch keinen Erfolg. Und meine Nase ist außerdem
> krumm.*
> *Rolfs Erleben:*
> *Hallo Vernunft, denk doch mal anders. Unsere Mut-
> ter wollte Dich bloß für sich behalten, weil Du der
> einzige Sohn warst. Und unsere Nase ist klassisch
> griechisch - hab ich neulich gehört.*
> *Rolfs Vernunft:*
> *Klingt logisch, ich werd's mal neu bedenken.*
> *Rolfs Erleben:*
> *Und ich genieße noch und sammle für Dich neue
> Erfahrungen.*

Die getrennten Anteile versöhnen sich, indem die Sprache neue Gedanken
zuläßt und die Aufmerksamkeit ihr Wahrnehmungsfeld erweitert.
In einem guten Team sollten die Beteiligten sich aufeinander beziehen und
ihre Wachstumschancen haben. Hier liegt das Geheimnis von Menschen, die
schnell aus ihren Fehlern lernen können: Ihre inneren Beteiligten formen ein
gutes Team.

3. Sich verstehen

Die Wirkung der Worte

A: Ich habe gemerkt, daß Worte sehr viel auslösen können. Wie kann ich das steuern, damit ich in anderen etwas Sinnvolles auslöse?

B: Nicht allein der Absender, auch der Empfänger bestimmt, was ankommt. Doch danach zu fragen ist für beide wichtig, denn viele Menschen achten gar nicht darauf. Die innere Intention, anderen wohlzutun, ist eine wichtige Voraussetzung dafür, daß etwas Positives ankommt, reicht aber noch nicht aus.

A: Du meinst sicherlich, es kommt darauf an, was ich wie und wann zu wem sage, aber woran erkenne ich, ob ich auf dem richtigen Weg bin?

B: Ich glaube, das merkst Du schnell. Es gibt im Gespräch keine bessere Orientierung, als sowohl auf die deutlichen, wie auch auf die subtilen Reaktionen Deines Gegenüber zu achten. Wir nennen dies das Wahrnehmen von nonverbalem Feedback.
Diese Reaktionen können Worte sein, die Mimik oder auch das Verhalten des anderen - möglicherweise umarmt er oder sie Dich oder runzelt nur die Stirn. Erst wenn Du auf dieses Feedback wirklich reagierst, ob innerlich durch neue Gedanken oder äußerlich in der Form Deines Ausdrucks, findet wirkliche Kommunikation statt. Alles andere wäre ein Monolog. Und wenn Du anhand der Reaktionen nicht interpretieren kannst, wie Deine Worte aufgenommen wurden, dann frag nach, hole Dir gesprochenes Feedback.

Sprache und Erfahrungswelt

A: Ich bin mit Deiner Antwort noch nicht zufrieden. Gibt es nicht doch ein paar Anhaltspunkte dafür, welche Vorstellungen ich mit meinen Worten auslöse?

B: Jetzt verstehe ich besser, was Du wissen möchtest, danke für Dein Feedback. Wir führen mit unseren Worten unsere Partner in unterschiedliche Bereiche der Erfahrungswelt. Mal nach innen, mal nach draußen, mal in die Phantasie, mal in Erinnerung, mal in die Vernunft. Und wir führen durch die Sinne: mal ins Sehen, mal ins Hören, mal ins Fühlen, Riechen oder Schmecken, mal hin zu inneren Worten und Dialogen. Doch auch wenn wir zu uns selbst sprechen, lenken wir unsere Aufmerksamkeit damit immer wieder in andere Sinnesbereiche. Laß uns probieren, welche Wirkungen meine Worte auf Dich haben:

> B: *Guck mal, da hinten der Baum.*
> A: *Das bringt mich zum Sehen, in meine äußere Umgebung.*
> B: *Ist meine Stimme angenehm?*
> A: *Aha, das Hören ist dran, aber auch das Fühlen, was angenehm für mich ist.*

B: *Weißt Du noch, damals, als wir uns kennenlernten...?*

A: *Klar, Erinnerung, übrigens sehe ich ein Bild.*

B: *Stell Dir vor, Du gewinnst in der Lotterie.*

A: *Jetzt bin ich in der Phantasie - und habe ein gutes Gefühl.*

B: *Wie wahrscheinlich ist das?*

A: *Äh, jetzt Vernunft, Gespräch mit mir selbst.*

B: *Und was hast Du in Deinem Leben schon alles erreicht?*

A: *Ich erinnere mich jetzt, vergleiche Zeiten meines Lebens und bekomme ein gutes Gefühl.*

B: *Dann hast Du jetzt vielleicht Lust, Dich nun etwas zu bewegen.*

A: *Jetzt bin ich immer noch bei einer angenehmen Erinnerung, aber auch in der Gegenwart bei Dir. Ich drücke mich gerade aus, spreche - und ich möchte mit Dir ein bißchen spazierengehen. Dabei können wir weiter reden.*

B: *Und ich sehe Dich dabei lächeln.*

A: Zu dem, was in uns ausgelöst wird, gehört also nicht nur das Wahrnehmen, sondern auch der eigene Ausdruck, das Sprechen, Lächeln und Handeln jeglicher Art.

B: Und das macht uns komplett, denn was wäre Wahrnehmen ohne Ausdrücken, was Denken ohne Handeln, was wäre innen ohne außen.

Bezugserfahrungen

A: Wenn Du etwas zu mir sagst, dann machen Deine Worte am meisten Sinn, wenn ich so etwas ähnliches schon mal selber erlebt habe.

B: Wir nennen dies Bezugserfahrungen. Wenn Du etwas noch nie kennengelernt hast, dann helfen Dir meine Worte auch nicht weiter. Höchstens dann, wenn sie Dich darin unterstützen, das Neue aus bereits innerlich Bekanntem zusammenzusetzen. Wie unsere Botschaften verstanden und interpretiert werden, hängt also wesentlich damit zusammen, welche Bezugserfahrungen unser Gegenüber hat. Manchmal muß ich diese durch Beispiele erst schaffen.

B: *Bitte denke mal an einen Wald.*

A: *Das ist einfach, ich kenne ganz viele Wälder, und vor meinem geistigen Auge wechsle ich jetzt von diesem zu jenem und konzentriere mich nun auf das Naturschutzgebiet vor unserer Stadt.*

B: *Du hast also aus vielen Deiner Bezugserfahrungen einen bestimmten Wald ausgewählt. Ich war neulich im Wald und habe dort Hirifongilipa gesehen.*

29

A: Wen?

B: Hirifongilipa!

A: Einen Wald habe ich vor Augen. Vielleicht nicht Deinen, aber meinen von vorhin. Aber, zum Teufel, ein Hininfonglipa suche ich vergebens.

B: So geht es uns, wenn wir keine Bezugserfahrungen haben. Übrigens, es ist freundlich, hat große blaue Augen und einen grünen Schwanz.

A: Jetzt kommt mir erstaunlicherweise ein Phantasiebild, mit Hilfe dieser drei Zutaten habe ich mir etwas konstruiert.

*B: Aber ob es genauso aussieht wie meines?
Selbst wenn unsere Zutaten die gleichen waren, mag Deine Art zu konstruieren eine ganz andere gewesen sein! Und außerdem hatte ich Dir ja noch vieles nicht gesagt!*

A: Das heißt also, daß die Vorstellungen, in die ich Deine Worte übersetze und das, was sie in mir auslösen, wesentlich von meinen Bezugserfahrungen und meiner Art des Konstruierens abhängen!

B: Genau, und dies bedeutet, daß, selbst wenn Du meine Worte verstehst, in Dir vermutlich etwas ganz anderes ausgelöst wird als das, was in meiner Vorstellung war.

A: Zu dem, was Du jetzt gesagt hast, hast Du mir mit dieser Übung eine Bezugserfahrung vermittelt. Klar, es war mein Wald und es ist jetzt auch mein Hiringfrongilipa. Übrigens mag ich ihn.

B: Wieso ihn, bei mir ist es eine „sie".

A: Aha.

A: Was also können wir zur Verbesserung des Verständnisses tun?

B: Auf vorhandene Bezugserfahrungen zurückgreifen oder neue Bezugserfahrungen schaffen - und wir sollten uns dessen bewußt sein, daß unser Partner, solange er unsere Erfahrungen nicht nachvollziehen kann, automatisch auf die eigenen Bezugserfahrungen zurückgreift. Je unspezifischer die Sprache ist, desto subjektiver ist die Interpretation.

Wenn wir die Freiheit geben zu wählen, was sich unser Partner vorstellen kann, dann wird er natürlich das wählen, was seinen momentanen Stimmungen oder Bedürfnissen am ehesten entspricht.

Wenn Bezugserfahrungen beim Partner gänzlich fehlen oder ganz verschieden von den eigenen sind, dann ist Verständnis auf einer tieferen, auch emotionalen Basis nur schwer möglich.

Deshalb fällt es Menschen aus verschiedenen Kulturen oder auch aus Ost- und Westdeutschland oft schwer, sich wirklich zu verstehen und verstanden zu fühlen: Die Worte von alten Weggefährten sind mit vielen gemeinsamen Erfahrungen verknüpft, welche Menschen, die sich neu begegnen, nun mal nicht haben. Wie es zum Beispiel war, 40 Jahre DDR von innen zu erleben, läßt sich einem Wessi durch Worte nicht verständlich machen. Es gibt einen Trost: Wenn wir lange genug zusammenbleiben, wachsen auch die gemeinsamen Bezugserfahrungen und damit die Nähe.

Je mehr eigene Bezugserfahrungen wir in unserem Leben sammeln - also auch je reifer wir werden - desto tiefer können wir andere Menschen verstehen. Jene, die unsere Sorgen selbst schon einmal erlebt haben und vielleicht überwunden haben, sind die, die uns am besten verstehen - unsere besten Freunde und Ratgeber. Und sie können uns sogar mehr geben als Mitgefühl.

Die Landkarte und das Gebiet

A: Manche Leute sprechen so, daß ich weiß, was sie meinen, andere absolut nicht. Ihre Worte sind zu abstrakt, zu lückenhaft oder auch zu sehr ausgeschmückt.

B: Wir müssen zwischen dem Inhalt, der gemeint ist, und der Form, in der wir ihn beschreiben, unterscheiden. Der interessanteste Inhalt kann in einer unpassenden Verpackung unkenntlich bleiben. Wenn wir das, worüber wir sprechen, mit einer Landschaft vergleichen, dann ist die Sprache so etwas wie eine Landkarte, ein Abbild oder ein Modell davon. Haben wir nicht schon am Anfang über Modelle gesprochen? Laß uns jetzt das Bild der Landkarte gebrauchen.

Landkarten sind nur so nützlich, wie sie uns gute Wege durchs Land zeigen. Mit Speisekarten ist das ähnlich. Sie sollen uns den Weg zu einem guten Essen zeigen, denn Karten allein machen nicht satt. Bei Speisekarten ist meist klar, was gemeint ist, bei Landkarten läßt sich auch meist der richtige Weg dazu finden, doch bei Erlebnisberichten ist diese Zuordnung oft nur sehr unbestimmt.

Klar, irgendwelche Bezugserfahrungen können wir innerlich vielleicht erfinden, aber hat der Sprecher nun dies oder etwas ganz anderes gemeint? Da hilft nur nachfragen - wir werden später verschiedene Formen lernen, gut nachzufragen.

A: Dann will ich jetzt nicht nach dem Fragen fragen, Bernard. Aber noch etwas beschäftigt mich an dieser Stelle: Es scheint so zu sein, daß verschiedene Menschen zu gleichen Themen sehr unterschiedliche geistige Landkarten haben. Wie kommt das?

B: Unsere geistigen Landkarten unterscheiden sich in vielen Aspekten: in der Feinheit und Differenziertheit der Beschreibung, in den eingezeichneten Wegen, Assoziationen und Zusammenhängen, die gesehen werden.

All diese Verschiedenheiten hängen damit zusammen, wie ihre Karten entstanden sind:

31

>   – *Welche Vorerfahrungen hat jeder einzelne Mensch zu*
>   *dem Thema gesammelt?*
>   – *Was hat er von anderen gehört, gelernt, übernommen?*
>   – *Welche persönlichen Bedürfnisse und Ziele hatte er*
>   *dabei?*

Die Wege und Orte, die mit unseren Bedürfnissen zu tun haben, werden wir in unseren inneren Karten sicher deutlicher und differenzierter einzeichnen als andere. Was uns nie betrifft, davon werden wir vielleicht auch gar nichts wissen .

> *Ein Skilehrer wird mehr als ein Dutzend verschiedene*
> *Arten des Schnees differenzieren, jedoch nach ganz ande-*
> *ren Kriterien als ein Eskimo. Für den Jamaicaner reicht es*
> *zu wissen, daß es irgendwo Schnee gibt, aber auch das*
> *ändert sich, sobald er im Bobfahren an den Olympischen*
> *Winterspielen teilnehmen möchte.*

Für jene Unterscheidungen des Denkens und Erlebens, die für eine Person wichtig sind, wird sie auch nach Entsprechungen in der Welt der Worte suchen. Wenn die bisherige Sprache diese nicht zur Verfügung stellt, dann werden neue Begriffe und Formulierungen gefunden. Schließlich hat sich dadurch die Vielfalt der Sprache entwickelt - wie anfangs beschrieben.
Diese Entwicklung vollzieht sich besonders deutlich in den Wissenschaften, in der Mathematik, den Philosophien, in psychologischen Schulen - oder in der Jugendkultur und in den Medien.

A: Oder beispielsweise auch im feministischen Sprachgebrauch. Der langen historischen Ausklammerung der Frau aus vielen gesellschaftlichen Prozessen und aus der Art, wie gesprochen wurde, wird hier entgegengewirkt, indem die weibliche Sprachform bewußt hinzugefügt wird. Und das ist, besonders im Deutschen, sprachlich gar nicht immer leicht zu lösen.

B: Vielleicht bedarf es hier auch ganz neuer Worte, damit mau und fran wissen, daß beide angesprochen und wirklich gemeint sind - und damit das selbstver-ständlich ist. Wir unter uns sprechen bezüglich der Fürworte oft noch altmo-disch deutsch, doch mit der inneren Haltung, „sie" und „ihn" zu meinen.

A: Klar, und ich merke sehr wohl jenseits der Worte, wo ich als Frau gemeint bin und wo nicht. Da kann mir auch keiner etwas vormachen.
Sag mal, was ist eigentlich mit der Sprache der Politik und der Werbung los?

B: Du kennst es ja - es gibt viele neue Wortschöpfungen - und sie haben häufig klar erkennbare Ziele, nicht aber das Ziel, mehr Klarheit zu schaffen.

32

Oberfläche und Mehrdeutigkeit

A: Wie kommt es denn, daß wir trotz allem oft nur so ungenau ausdrücken, was wir zu beschreiben haben?

B: Eine absolut vollständige Beschreibung eines Themas hat ihre natürlichen Grenzen. Wenn ich etwas beschreibe, dann kann ich nicht alle Einzelheiten in Worte fassen. Das wäre endlos. Ich lasse weg, tilge, was unwesentlich ist. Außerdem verallgemeinere ich, was ich für allgemeingültig halte und konstruiere oder phantasiere hinzu, was eine Sache ergänzt.
Linguisten sagen, die Oberflächenstruktur der Sprache, das, was gesprochen wird, unterscheidet sich von dem, was beschrieben wird.
Wenn ich das vollständige, zugrundeliegende Erlebnis in Worte kleide, entspricht dies der sprachlichen Tiefenstruktur.

A: Sicher, was wir erleben unterscheidet sich von dem, was wir später beschreiben, weil wir auf dem Weg dahin alles mögliche weglassen, hinzuphantasieren oder verallgemeinern.

B: Ja, so filtern wir den ursprünglichen Inhalt - oft ohne es selbst zu merken. Es wäre nun mal unmöglich und unendlich, wollten wir absolut vollständig sein. Sobald wir aber etwas, was wir erlebt haben, verkürzt oder verändert beschreiben, können wir rückwirkend leicht den Kontakt zu dem ursprünglichen Erlebnis verlieren oder es auch in der Erinnerung verformen.

A: Es ist in der Tat oft schwer, aus Worten auf die zugrundeliegenden Erlebnisse zurückzuschließen.

B: Schon bei unseren eigenen Worten haben wir vielfach die Verbindung zu den Ausgangserlebnissen verloren, um so mehr, wenn wir anderen Menschen zuhören. Denn wir haben nun mal nicht deren Erfahrungen im Hintergrund - und wissen dann mit den Worten vielleicht nicht sehr viel anzufangen.

A: Wenn die Sprache beispielsweise zu allgemein ist und ich nicht heraushören kann, was gemeint ist, schalte ich meistens ab - oder aber ich fülle, was mir fehlt, mit eigenen Erinnerungen und Phantasien. Und glaube dann vielleicht sogar, verstanden zu haben.

B: Ja, und das ist eine Falle. Denn das Mißverstehen bleibt unerkannt und kann später seine Folgen haben. In Beziehungen können so mancherlei später einsetzende Konflikte ihren Anfang nehmen.

A: Kenne ich. Aber wie kann ich mich davor schützen?

B: Ganz einfach - Du kannst wiederholen, was Du verstanden und interpretiert hast und nachfragen, ob Dein Partner das so gemeint hat. Oder ihn bitten, Dir mehr Informationen zu geben.

A: Selbst wenn ein Mensch alles genau in Worte kleidet, stellen uns die verwendeten Wörter noch weitere Fallen, weil sie nicht klar bestimmt sind.

B: Da kann ich ein Lied von singen. Denk nur an Worte wie „Glück", „Erfolg", „genießen" oder den berühmten „schönen Urlaub". Sehr viele Begriffe sind von sich aus unspezifisch oder mehrdeutig. Sie bedürfen näherer Erläuterung, weil jeder damit andere Erfahrungen verbindet.

A: Hier ein kleines Beispiel:

> *Wilfried:*   *Laß uns einen schönen Urlaub miteinander ver-*
> *bringen.*
> *Elisabeth:* *Ja, auf einen schönen gemeinsamen Urlaub hab*
> *ich auch Lust.*
> *Wilfried:*   *Toll, dann sind wir uns ja einig. Ich besorge die*
> *Tickets.*
> *Elisabeth:* *Was für Tickets?*
> *Wilfried:*   *Wohin möchtest Du denn?*
> *Elisabeth:* *Na hier in unserem Garten, mein Willie, ist es*
> *doch sooo schön!*
> *Wilfried:*   *Oh, wir haben ganz unterschiedliche Vorstellun-*
> *gen von einem schönen Urlaub. Aber vielleicht*
> *hast Du Lust auf einen aufregenden Urlaub?*
> *Elisabeth:* *Klar, aber erst nach dem schönen, und dann*
> *natürlich in Chicago.*
> *Wilfried:*   *Aha.*

A: Ja, mitunter sind wir uns schnell einig, aber nur im Gebrauch der Worte. Doch gerade im scheinbaren Verstehen liegt die Gefahr.

B: Erst wenn wir genauer nachfragen, verstehen wir wirklich. Ansonsten kommt, wenn wir das Besprochene in die Praxis umsetzen wollen, die böse Überraschung. Wir sollten auch immer wieder unsere Politiker fragen, was sie mit Zukunft, Freiheit, Wachstum, Standortsicherung oder Verhältnismäßigkeit meinen, vielleicht auch wann und für wen und zu welchem Preis.

Ziele der Kommunikation

A: Sind diese Vieldeutigkeiten nicht ein echtes Hindernis in der Verständigung?

B: Sie können es sein. Doch oft sind sie sogar sehr wichtig, damit der Zuhörer Raum hat, eigene kreative Vorstellungen zu entwickeln. Es kommt darauf an, was wir in der Kommunikation erreichen möchten, worum es uns also geht:

> – *Wollen wir Informationen gewinnen, geben oder austau-*
> *schen?*
> – *Geht es um Sachinformationen - oder um persönliche*
> *Beziehungen?*
> – *Geht es um Erinnerungen, um die Gegenwart oder um*
> *Phantasien?*
> – *Wollen wir selbst verstanden werden oder andere verste-*
> *hen?*
> – *Wollen wir die Gedanken und die Vorstellungswelt des*
> *Partners anregen?*
> – *Wollen wir lernen oder lehren?*
> – *Wollen uns einigen oder eigene Meinungen behaupten?*

A: Für die verschiedensten Bereiche gibt es demnach besonders geeignete Formen des Gebrauchs der Sprache - ich möchte alle kennenlernen.

B: Schritt für Schritt, wir sind auf dem Weg. Welcher Bereich liegt Dir am nächsten?

A: Am vertrautesten bin ich mir selbst. Das ist die längste Beziehung meines Lebens. Ich merke, wie ich viel zu mir selbst spreche, auch wenn ich über etwas nachdenke. Und doch: Manchmal bringt mich das überhaupt nicht weiter, sondern ich drehe mich mit mir selbst im Kreis.

Innerer Dialog

B: Unser innerer Dialog ist der zentrale Teil des Denkens. Indem wir Erfahrungen und Vorgänge in Worte kleiden, machen wir daraus Konzepte für unser Leben. Auch in uns verallgemeinern wir vieles, lassen anderes weg, schlußfolgern und phantasieren hinzu. Dieser Prozeß ist wichtig, er kann aber auch unglücklich verlaufen: wenn wir verallgemeinern, was nur in einer Situation gültig ist, wenn wir weglassen, was wesentlich war und wenn wir Phantasien mit Realitäten verwechseln. Dann sieht unsere Landkarte von der Welt traurig aus, hat viele Einbahnstraßen, Löcher und schraffierte Flächen.

A: Es kann sein, daß ein Kind, das einmal einen Fehler gemacht hat, sich deshalb jahrelang für einen Versager hält, oder eine Frau, die eine Enttäuschung mit einem Mann erlebte, von da an alle Männer meidet.

B: Deshalb lohnt es sich, unsere inneren Landkarten von der Welt immer wieder auf Gültigkeit zu überprüfen und durch Fragen zu erweitern. Kannst Du ein Beispiel geben, Annelie, für so ein Selbstgespräch, das sich im Kreise dreht?

> A: *Wenn ich unsicher auf die Bühne gehe, werden sie mich auslachen, dann fühle ich mich unfähig, und dann werde ich noch unsicherer, und sie lachen mich aus.*
> B: *Ist das vielleicht eine gar nicht zutreffende Verallgemeinerung?*
> A: *Woher soll ich das wissen?*
> B: *Gibt es Gegenbeispiele, wo Du, obwohl Du unsicher warst, nicht ausgelacht wurdest, oder wo Du ausgelacht wurdest und Dich trotzdem sicher fühltest?*
> A: *Muß ich erst mal suchen... jetzt hab ich eins von der ersten Sorte... Jetzt sogar eines, wo mir Ausgelachtwerden nichts ausmachte. Ich fand die Person nur doof.*
> B: *Gibt es wichtige Sachverhalte, die Du getilgt, d.h. vergessen hast?*
> A: *Wenn ich sie vergessen habe, kann ich sie ja jetzt auch nicht sagen.*

B: *Aber innerlich nachfragen...*

A: *Weißt Du, was mir jetzt einfällt? - Als Kind mit neun Jahren kam ich in eine andere Stadt und sprach einen anderen Dialekt. Und wenn ich vor der Klasse stand und sprach, haben sie gelacht, weil das für sie komisch klang.*

B: *Und hast Du in Deinem bisherigen Selbstgespräch etwas hinzuphantasiert, oder eine nicht wirklich überprüfte Vermutung eingebaut?*

A: *Na eben, daß die anderen mich nicht leiden mögen, obwohl das sicher gar nicht stimmte.*

B: *Und wenn Du all das weißt, kann es dann beim nächsten Mal auch ganz anders werden?*

A: *Oh ja, ich bin ja kein Kind mehr, habe oft erlebt, daß mich Leute mögen, spreche bestes Deutsch und überhaupt: Ich weiß heute längst, wer ich bin und was ich kann. Danke fürs nachfragen, Bernard.*

B: Später werden wir ausführlicher darstellen, wie wir Tilgungen, Phantasien und Verallgemeinerungen durch Fragen aus der Sprache zurückholen.

A: Es lohnt sich, das habe ich gerade bemerkt. Kann ich meine Gedanken auch alleine in dieser Art hinterfragen?

B: Klar, die Grundfragen kennst Du ja schon:

Ist das immer so? Habe ich etwas vergessen? Habe ich etwas hinzuphantasiert oder unüberprüft vermutet?

Jenseits der Worte

A: Jetzt kann ich von mir zu anderen gehen. Es ist oft so, daß die gleichen Worte von verschiedenen Menschen gesprochen bei mir sehr unterschiedliche Wirkungen hinterlassen. Also je nachdem, wer sie wann zu mir sagt und natürlich auch, wie er das sagt. Da scheint also noch viel mehr eine Rolle zu spielen als die Worte allein...

B: Gut, daß Du das ansprichst. Es ist ein zentraler Punkt, denn es geht uns in der Kommunikation um weit mehr als die Worte selbst. Es geht darum, wie Worte gemeint sind, welche Bedeutung hinter den Worten liegt.

Das, was rüberkommt, hängt zuerst davon ab, in welchem Zustand und in welcher Situation etwas gesagt wird.

Zum zweiten davon, mit welcher Absicht - und von wem zu wem. In welcher Beziehung stehen die Gesprächspartner?

Zum dritten kommt es darauf an, wie etwas gesagt wird: Stimme, Tonfall, Lautstärke, Rhythmus gehören hier ebenso dazu wie Mimik, Gestik und Körperhaltung - der nonverbale Anteil der Kommunikation.

Diese Punkte stehen in engem Zusammenhang.

A: Die Wirkung hängt sicher auch stark davon ab, in welcher Kultur oder Gemeinschaft wir uns befinden und welche soziale Position der Sprecher oder die Sprecherin darin hat.

B: Genau. Viele Faktoren geben dem, was wir sagen, eine zusätzliche oder mitschwingende Bedeutung. Eine, die darüber bestimmt, wie etwas beim Partner ankommt.

Das, was jenseits der Worte ankommt, nennen wir auch die Meta-Botschaft, also die dahinterliegende Aussage. Sie könnte zum Beispiel lauten:

- *Du bist mir wichtig.*
- *Ich respektiere Dich.*
- *Ich will etwas von Dir.*
- *Ich sage Euch, wo´s langgeht.*
- *Oder: Ich traue mich nicht.*

A: Wenn die Art, wie wir sprechen, dem, was wir sagen, widerspricht, dann wird die Aussage zweifelhaft, uneindeutig.

B: Wir sagen dazu auch inkongruent. Das heißt, wir senden mit den Worten und im Stil unseres Ausdrucks einander widersprechende Botschaften.

A: So etwas kann als bewußt eingesetztes Stilmittel durchaus sinnvolle Funktionen erfüllen, wie Provokation, Flirt und so...

B: Oder einfach darauf hinweisen, daß da noch etwas zu klären ist - und zur Vorsicht mahnen.

A: Laß uns die Wirkung der Betonung am Beispiel des Satzes „Ich mag Dich" ausprobieren. Die betonten Worte oder Satzzeichen sind fett gedruckt.

Ausdrucksform	*mit der Meta-Botschaft:*
Ich mag **Dich.**	*Du gehörst mir!*
Ich *mag Dich.*	*Ich bin der Mittelpunkt!*
Ich **maaag** *Dich.*	*Ich genieße Dich!*
Ich mag Dich!	*Mach, was ich will!*
Ich mag Dich?	*Bilde Dir nur nichts ein!*
Okay, okay, ich mag Dich ja.	*Laß mich in Ruhe.*

A: Die Sätze würden alle nicht auf mich wirken, außer vielleicht der dritte. Am meisten vertraue ich übrigens Aussagen ohne Extras, also:„Ich mag Dich."

B: Gut, das zu wissen.

A: Es gibt passende Situationen, etwas zu sagen, und ebenso unpassende. Manchen Menschen fehlt leider das Feingefühl dafür - und das wird dann sehr peinlich. Aber nicht einmal das merken sie.

B: Auch Feingefühl ist etwas, was wir aufgrund vieler Beispiele und Bezugserfahrungen gelernt haben. Statt betretener Peinlichkeit hilft in vielen Situationen allen Beteiligten oft frischer Humor und ein aufklärender Hinweis.

> Klaus: *Darf ich Ihre Hand küssen, Susanne?*
> Susanne: *Du bist wohl im falschen Film, Baby.*

A: Normalerweise wird das, was gesprochen wird, zu der Situation und der Beziehung der Beteiligten passen. Wo dies nicht der Fall ist, werden natürlich weniger die gesprochenen Worte als deren Unangemessenheit ihre Wirkungen zeigen.

B: Ich denke da an verschiedene Beispiele. Geliebte können sich nun einmal andere Dinge sagen als Fremde, der Chef kann seinen Mitarbeitern anders begegnen als diese dem Chef - und beim Mittagessen redet man über andere Themen als in der Geschäftsversammlung. Wenn der Kontext oder die Beziehung nicht stimmen, dann kommen die Worte einfach nicht an.

A: Das heißt aber auch, daß unangemessene Kommunikationsformen ein Weg sein können, um Beziehungen und Situationen zu verändern, oder um zu provozieren.

B: Manchmal erfrischt und bereichert so etwas eingeschlafene Beziehungen, manchmal beendet es sie aber auch. Auf jeden Fall verändert es, und die Beteiligten müssen sich ihrer Rollen neu bewußt werden.

A: Woran erkenne ich, was echt ist und ehrlich gemeint?

B: Eindeutig oder kongruent ist eine Botschaft, deren sprachliche und nichtsprachliche Anteile übereinstimmend das gleiche ausdrücken. Wenn die Worte, ihr Klang, die Mimik, die Gesten und die Körperhaltung das Eine sagen, wirkt das auf uns echt. Derartige Botschaften können ebenso klar aufgenommen und beantwortet werden.

A: Viele Menschen, die etwas von mir wollen, verstellen sich und tun so, als wäre alles ganz echt - aber ich merke gerade das Verstellen sehr genau.

B: Ein guter Schauspieler kann zwar Echtheit trainieren, aber es muß schon ein sehr guter sein, der ganz in seiner Rolle lebt. Auch aalglatte Perfektion ist alles andere als natürlich. Auf Zwischenfragen und unerwartete Reaktionen kann der antrainierte Darsteller weitaus schlechter reagieren als derjenige, welcher sich ganz mit der eigenen Persönlichkeit einbringt, denn der Darsteller ist mehr mit seiner Rolle beschäftigt als mit dem Hier und Jetzt.

A: Laß uns einmal ein Verkaufsgespräch spielen, eines von der aufdringlichen Sorte:

> Verkäufer: *Mit diesem Shampoo haben tausende von*
>   *Frauen ihre Selbstsicherheit wiedergefunden.*
> Kundin: *Aha.*
> Verkäufer: *Es gibt eine Tönung, die Sie zu der Frau macht,*
>   *die in Ihnen steckt.*
> Kundin: *Haben Sie mal die Uhrzeit?*
> Verkäufer: *Ich sehe Sie schon innerlich damit - und als*
>   *Mann sage ich Ihnen, was das mit mir macht.*

> Kundin: Ich sagte, die Uhrzeit.
> Verkäufer: Oh, bitte, es ist sechzehnuhrfünfzehn, wo waren wir stehengeblieben?
> Kundin: Was das mit Ihnen macht, Shampoos zu verkaufen.
> Verkäufer: Äh...

A. Wenn jemand gleichzeitig „ja" sagt und den Kopf schüttelt, oder auf mich zukommt und zurückschreckt, so was nervt mich ganz schön.

B: Mehrdeutige Botschaften kommunizieren Widersprüchlichkeit. Dies kann eine eigene, der Person innewohnende Widersprüchlichkeit sein, derer sie sich nicht einmal bewußt zu sein braucht.
Oft werden widersprüchliche Botschaften einfach nicht ernst genommen. Sie können aber auch Verwirrung oder Aggressionen bei der Empfängerin auslösen, wenn sie sich selbst nicht ernst genommen fühlt, oder wenn sie dadurch in innere Konflikte gerät.
Der beste Schutz für die Empfängerin ist die Erkenntnis, daß die wahre Botschaft „Widersprüchlichkeit" heißt - und die ist solange nicht verbindlich, bis der Absender innerlich wirklich weiß, was er will.

A: Und wenn ich selbst widersprüchliche Teile in mir spüre?

B: Dann sei zu Dir selbst und gegenüber anderen ehrlich. Was wir zu unterdrücken versuchen, kommt, auch wenn wir es selbst nicht merken, anderen umso stärker zum Vorschein. Es geht, wenn zwei Seelen in uns wohnen, nicht darum, daß die eine die andere besiegt, sondern darum, die tieferen positiven Seiten beider Anteile in Einklang zu bringen. Das kann wie ein Tanz sein.

A: Ja, beim Flirten ist dieses Vor- und Zurück wie ein Tanz - und die Widersprüchlichkeit ist sehr reizvoll, aber auch offensichtlich.

B: In anderen Bereichen ist Widersprüchlichkeit dagegen weniger erfreulich: Wenn Eltern ihren Kindern entgegengesetzte Botschaften vermitteln, dann kann dies bei denen zu großen Verunsicherungen, auch zu psychischen Störungen führen, denn ihre Orientierung im Leben wird beeinträchtigt. So entstehen Erfahrungen - die wir als double-bind, das heißt Doppelbindung bezeichnen - dadurch, daß einem Kind gleichzeitig ein Auftrag und ein Verbot für diesen Auftrag gegeben werden:

> „Entwickle Dich, aber bleib immer schön klein und abhängig von mir!"
> „Sei selbständig, aber tue immer, was ich Dir sage!" usw.

A: Indem wir uns solcher inneren Widersprüche bewußt werden und sie lösen, wird auch unsere Kommunikation klarer und eindeutiger.

B: Menschen, die nicht nur eindeutig kommunizieren, sondern das auch leben, wovon sie sprechen, nennen wir authentisch. Sie verkörpern ihre Worte in ihrer Erscheinung und in ihren Handlungen.

39

Eine Grundregel hierfür lautet im Englischen „Walk what you talk", sinngemäß „Handle, wie Du sprichst", weitergehend auch „Sei, wie Du sprichst". Was authentisch zum Ausdruck gebracht wird, hat eine kraftvolle und selbstverständliche Wirkung.

A: All die Zutaten passender Kommunikation lassen sich eigentlich mit den guten deutschen Fragen zusammenfassen:

> *Wer mit Wem? - Entsprechen Stil und Inhalt der Beziehung?*
> *Wann und Wo? - Stimmen Ort und Zeit?*
> *Wie und Was? - Passen Form und Inhalt zueinander?*

B: Und wenn all das stimmt, wird aus den Zutaten ein nahrhaftes Gericht.

Verständnis

A: Was ist eigentlich all jenen Menschen gemeinsam, die sehr gut und klar miteinander kommunizieren können? Gibt es da eine Geheimformel?

B: Interessanterweise ist es nicht ausschlaggebend, daß sie sich besonders mögen. Sicher aber ist es wichtig, daß ihre Lebenssituation zu dem, wie sie sprechen, paßt - und daß es von Relevanz für beide ist. Doch das ist nicht genug. Von entscheidender Bedeutung ist immer wieder, daß beide, was sie ausdrücken wollen, in solche Worte fassen, die der Partner auch verstehen kann. Und umgekehrt: daß sie, was sie vom Partner hören, ebenso interpretieren können. Damit aber das ankommt, was auch gemeint war, ist es wichtig, daß beide Gesprächspartner ihr Verständnis wechselseitig überprüfen und gegebenenfalls korrigieren.

A: Und was, wenn beide Partner über eine sehr unterschiedliche Ausdrucksfähigkeit oder Aufnahmefähigkeit verfügen?

B: Dann muß eine Seite in der Lage sein, der anderen das fehlende Stück entgegenzukommen. Für professionelle Kommunikatoren aus allen Berufen ist dies eine wichtige Aufgabe. Aber auch sie brauchen immer wieder Menschen, die ihnen entgegenkommen können.

A: Es ist ein tolles Erlebnis, wenn sich Menschen gut verstehen. Und darüber hinaus ist es meist auch sehr nützlich für sie.

B: Zum einen finden sie in ihrer Beziehung zueinander eine klare Orientierung - doch es wird noch mehr möglich: Die Erfahrungen und die Kreativität aller Beteiligten können sich ergänzen, vielleicht sogar multiplizieren - und jeder hat zusätzlich zum eigenen das Potential des Partners oder der Partnerin zur Verfügung.

A: Oft haben verschiedene Menschen ähnliche Ziele, die sie leichter gemeinsam als im Alleingang erreichen.

B: Im Idealfall entsteht zwischen ihnen Synergie, eine Synthese der Energien. Doch die geschieht meist nicht von heute auf morgen. Sich verständlich zu machen, zu verstehen und dann zusammenzuwirken erfordert Zeit und oft auch einen gar nicht so einfachen Lernprozeß. Mißverständnisse, wenn sie erkannt und korrigiert werden, sind dabei wichtige Lernschritte.

A: Laß uns doch mal „Verständnis" üben.

B: Gern. Das Ziel der folgenden Übung ist es, daß die gesendeten Botschaften und die empfangenen Botschaften sich annähern. Das heißt, daß ich mich so ausdrücken kann, daß Du es verstehst und daß Du Dich so ausdrücken kannst, daß ich Dich verstehe. Es geht so: Ich erzähle Dir etwas und Du sagst mir, was Du verstanden hast. Dann verrate ich Dir, ob ich das so gemeint habe und zu welchem Grad ich mich verstanden fühle.
Wenn Du mich noch nicht verstanden hast, dann sorgen wir beide dafür, daß es uns beim nächten Mal besser gelingt. Wir können schließlich beide etwas dafür tun: Ich kann mich besser ausdrücken...

A: ... und ich kann genauer nachfragen.

B: Genau, so hab ich es gemeint. Einverstanden?

A: Ja, das interessiert mich. Was möchtest Du mir denn erzählen?

> B: *Weißt Du, ich möchte da an einem neuen Projekt arbeiten. Vielleicht hast Du Lust, mitzumachen.*
> A: *Ah, ich verstehe, ich soll wieder die Schreibarbeiten erledigen. - Hab ich Dich richtig verstanden?*
> B: *Nein, das war früher mal so. Jetzt hat das ein ganz neues Niveau.*
> A: *Okay, laß mich nachfragen. Was meinst Du mit dem „neuen Niveau"?*
> B: *Es geht mir darum, etwas gemeinsam zu gestalten.*
> A: *Jetzt frage ich lieber gleich nach: meinst Du ein Seminar oder eine CD?*
> B: *Nein, das ist es nicht.*
> A: *Dann tue mal was dafür, daß ich Dich verstehe!*
> B: *Ich möchte eine Tanzschule besuchen und suche eine Partnerin.*
> A: *Waaas? In Deinem Alter? Mit mir? Das kann ich nicht verstehen!*
> B: *Weißt Du, wie schön es sein kann, nicht nur miteinander zu sprechen, sondern auch zu tanzen, zum Beispiel Tango, Mambo, Salsa?*
> A: *Klar, weiß ich.*
> B: *Weißt Du, wie ungeschickt ich tanze?*
> A: *Und ob, deshalb wundere ich mich ja!*
> B: *Und wenn ich ganz toll tanzen könnte, so daß auch Du davon begeistert wärest, ahnst Du, wie schön das für mich wäre?*

> A: *Kann ich mir vorstellen - ich weiß, wie schön es ist, sich rhythmisch und beschwingt zur Musik zu bewegen. Und wie gut, wenn das auch mit einem Partner geht.*
> B: *Genau das meine ich, jetzt verstehst Du mich.*
> A: *Und weil wir uns gut verstehen, würdest Du das am liebsten mit mir gemeinsam erleben?*
> B: *Jetzt hast Du mich noch besser verstanden.*
> A: *Jetzt bist Du dran, mich zu verstehen, und zwar sollst Du verstehen, was ich über Deine Idee mit der Tanzschule denke: Ich hab nämlich einen Freund.*
> B: *Na und?*
> A: *Du verstehst mich nicht. Ich sagte, ich habe einen Freund.*
> B: *Erzähl mal, was das für Dich bedeutet.*
> A: *Gern, aber das schreiben wir nicht in das Buch.*
> B: *Ich verstehe.*

A: Um Dich richtig zu verstehen, habe ich mich regelrecht in Deine Person hineinversetzt, aber auch meine eigenen Erfahrungen hinzugezogen.

B: Und ich, um es Dir richtig zu erklären, habe mich dabei ein Stück in Dich hineinversetzt.

A: Interessant, wie es unsere Freundschaft bereichert, wenn wir uns Zeit nehmen, uns kennenzulernen.

B: Statt einfach zu glauben, wir wüßten schon Bescheid - und alles falsch zu interpretieren.

Stile und Meta-Programme

A: Es ist nun mal so, daß verschiedene Menschen ebenso verschiedene Stile haben, in denen sie denken und auch sprechen. Dem einen kann ich leichter folgen, dem anderen nur sehr schwer, obwohl beide deutlich sprechen und freundlich wirken. Dabei geht es um gar nichts Persönliches, sondern, zum Beispiel, um einen Vortrag über gesunde Ernährung. Und ich frage mich, was es mir manchmal so schwer macht, jemanden zu verstehen - und manchmal so leicht?

B: Jeder spricht anders. Bleiben wir bei dem Vortrag über die Ernährung. Wahrscheinlich gibt es Dozenten, die erst einmal weit ausholen, allgemein über die Natur, die Zivilisation, den Menschen, den Stoffwechsel und dann erst über Ernährung im allgemeinen sprechen. Sie kommen vielleicht vom allgemeinen zum speziellen, oder sie bleiben die ganze Zeit beim allgemeinen.

A: Schlimmer sind für mich andere, die mit dem Konkreten beginnen, also mit einem Beispiel. Sie sprechen von Frau Wendland aus Wiesbaden, die früher Schweinefleisch aß und Schwierigkeiten mit ihrer Leber hatte und von ihrem

Onkel den Rat bekam, ayurvedische Kost zu versuchen. Das war gar nicht so leicht, denn ihr Mann aß auch Schweinefleisch, aber er kam zur Beratung und erzählte...

B: Genug, genug, das wird mir zu spezifisch. Oder geht es irgendwann auch ins allgemeine über?

A: In diesem Fall hättest Du lange warten können. Aber ich merke jetzt, worauf es ankommt: die richtige Mischung von konkretem und allgemeinem.

B: Manchmal brauchen wir auch nur das eine. Manchmal kennen wir schon die Einzelheiten und wollen nur den Überblick, oder wir kennen die Theorie und brauchen konkrete Beispiele, um sie anzuwenden.

A: Genau. Ich kenne nämlich schon jede Menge Einzelfälle und Arten von Diäten - und mich interessiert, welche wann angebracht ist und wie sie sich unterscheiden. Also ein bißchen mehr Zusammenfassung und Allgemeingültigkeit. Anders ausgedrückt: Mein Erfahrungsschatz ist so groß, daß ich mir die konkreten Beispiele selber schaffen kann. Aber das geht vielleicht nicht allen Menschen so.

B: Besonders dann nicht, wenn ihnen das Gebiet noch fremd ist.

A: Klar. - Und was gibt es noch für Stilunterschiede, außer „**allgemein - spezifisch**"?

B: Jede Menge, zum Beispiel die Art, wie Menschen die Themen aneinanderfügen: Die einen haben strenge logische Gliederungen, die sie dann abarbeiten, andere lassen sich von Assoziationen leiten, kommen von diesem zu jenem und manchmal wieder zurück. Viele Surfer im Internet bewegen sich auf diese Weise nachts von Homepage zu Homepage.

A: Wer surft in welchem See?

B: Da haben wir schon wieder eine Verständigungsfalle, eine ganz simple.

A: Ja, ich kenne Deine Worte nicht.

B: Da hilft nur übersetzen: Die Benutzer des Comuternetzwerks „Internet" holen sich über Telefonverbindungen von anderen Computern Daten, die andere Leute dort gespeichert haben. Die Titelseite jedes Angebots heißt Homepage.

A: Und warum lassen die Benutzer sich von Assoziationen leiten?

B: Jede Seite enthält zahlreiche unterstrichene Worte - und hinter denen verbirgt sich eine elektronische Verbindung zu einer neuen Seite, die dann auf dem Bildschirm erscheint, wenn der Benutzer ein solches Wort mit einem Zeiger auf dem Bildschirm auswählt, wir sagen auch: anklickt.

A: Interessant, aber damit ich das richtig verstehe, muß ich es erst einmal praktisch ausprobieren. Aber ich weiß, was Du mit Assoziieren meinst: Es ist dieses Anklicken, wodurch zu einem Stichwort plötzlich ganz neue Informationen kommen. Geht mir innerlich auch oft so, apropos anklicken: Neulich habe ich ein Ticket in der Straßenbahn in den Entwerter gesteckt und es blieb hängen, was meinst Du, was...

B: Ich merke, Du kennst das Assoziieren sehr gut, Annelie. Doch laß uns jetzt zurück zum Thema kommen.

A: Genau, das ist das Ungewisse beim Assoziieren, das Zurückkommen!

B: Praktisch ist sicher die Synthese: das Umfeld erkunden, aber den roten Faden mitnehmen und mit seiner Hilfe die Ausgangsstation wiederfinden. So kommt dann auch die Logik zum Zug, d.h. eine systematische Abfolge.

A: Du beschreibst also folgende Stilunterschiede: **logisch-linear, assoziierend-abschweifend** und die Mischung aus den beiden.

B: Das hast Du gut ausgedrückt. Noch etwas: Manche Menschen folgen auch einfach in der Art, wie sie denken und sprechen, ihrer **Intuition**. Das heißt, sie haben innere Empfindungen und Eingebungen dafür, was jetzt wichtig wäre zu sagen. Es muß nicht unbedingt logisch, nicht einmal assoziativ sein. Und auf diese Art können sie plötzlich ganz neue, in diesem Moment aber wichtige Aspekte ausdrücken. Zum Beispiel jetzt: Hast Du Lust auf eine Tasse Kaffee?

A: Oh, danke, das ist genau das Richtige. Wie kamst Du darauf?

B: Keine Ahnung, das kam mir eben so.

A: Gibt es noch mehr solcher Stilunterscheidungen?

B: Eine ganze Sammlung, sie werden Meta-Programme oder Meta-Kategorien genannt. Meta heißt soviel, wie hinter oder über einer Sache stehend, Programme stehen für typische innere Denk- oder Verhaltensmuster.
Wir übersetzen es einfach mit Denkkategorien und, wenn es um den Ausdruck geht, mit Sprachstilen.

A: Du hast meine Frage noch nicht ganz beantwortet, welche typischen Stile gibt es denn noch?

B: Weißt Du wie es damals war, als wir zusammen einen Tag auf dem Rheindampfer zugebracht haben? - Und heute ist es wieder so, daß wir zusammensitzen und sprechen. Und wie vertraut es ist, die Tassen auf dem Tisch zu sehen, und rechts neben dem Mund hast Du immer noch dieses Grübchen, genau wie ich meine Sommersprossen auf der Nase habe. Außerdem ist es mal wieder Frühling. Wie immer!

A: Was ist denn das für ein komischer Stil?

B: Eine berechtigte Frage, Annelie. Und eine ernsthafte Antwort darauf: Ich hab einfach, wenn auch in übertriebener Weise, alles **Bekannte** und **Ähnliche** betont, alles, was es schon mal gab, was Du schon weißt, was so ist, wie immer, was sich gleicht.

A: Das hast Du noch nie gemacht, das war was Neues, ganz anders als sonst hast Du gesprochen.

44

B: Und Du hast jetzt, und ich glaube mit Absicht, das Andersartige, **Unterschiedliche, Neue** betont.

A: Na klar, aber weißt Du, es gibt wirklich beides zwischen uns - immer was Neues und Andersartiges, aber auch immer etwas Konstantes, Ähnliches und Vertrautes. Und wenn wir etwas unternommen haben, hast manchmal Du **geführt** und ich bin Dir **gefolgt**, manchmal habe ich geführt und Du hast Dich führen lassen.

B: Was meinst Du damit?

A: Denk an unser Gespräch jetzt: Durch meine Fragen führe ich Dich oft zu bestimmten Themen.

B: Und ich führe Dich mit meinen Antworten zu neuen Fragen. Schön, bei uns bestimmt jeder die Richtung mit. Ein wechselseitiges Führen und Folgen.

A: Wenn ich mit etwas Abstand an mein Leben denke, bemerke ich die sich abwechselnden Phasen von **aktiv**- und **passiv**-sein, von **aufnehmen** und **abgeben**, sogar ganze **Zyklen**, wie wahrnehmen - verarbeiten - handeln und dann einfach genießen. Manchmal wollte ich unbedingt etwas **erreichen** oder **vermeiden**, manchmal genoß ich es einfach, **auf dem Weg** zu sein.

B: Auch all diese Kategorien können wir unseren Stilunterscheidungen zuordnen, denn sie bestimmen die jeweilige Art unseres Denkens und Verhaltens.

A: Gibt es noch weitere Kategorien?

B: Ich merke, Annelie, Dir liegt an **Vollständigkeit**. Auch das ist ein Stil. Allerdings gibt es keine endgültige vollständige Liste solcher Kategorien, weil sie sich immer wieder erweitern läßt - je nachdem, worauf wir achtgeben. Ich habe einen Persönlichkeitstest ausprobiert, das „Neuroskop", welches am Ende des Buches aufgeführt ist. Darin sind 128 solcher Kategorien in bezug auf meine Person ausgewertet worden. Das sind viel, doch es sind noch längst nicht alle.

A: Du hast Recht, Vollständigkeit braucht Zeit - und je mehr wir uns ihr nähern, desto seltener werden die noch fehlenden Stücke - wie die „blaue Mauritius" beim Briefmarkensammeln. Aber eine häufige Unterscheidung fällt mir noch ein: Wir können doch auch danach fragen, ob jemand mehr über **Menschen** oder mehr von **Dingen** redet. - Manche Leute reden immer von anderen Menschen, andere immer von Autos, Geld oder Computern.

B: Das sind zwei sehr sinnvolle Kategorien, und wenn es um Menschen geht, läßt sich das weiter unterteilen: Geht es um die eigene Person, um sich **selbst**, oder um **andere**, beschreibt jemand alles als **Beteiligter** oder als **Beobachter**. Versetzt er sich, wenn es um Menschen geht, in diese hinein, oder beurteilt er sie von außen. Beschäftigt er sich damit, was jemand **äußerlich** tut oder damit, was ihn **innerlich** bewegt...

A: Meine Tante, wenn sie uns besucht, redet die ganze Zeit nur von sich selbst.

Es ist, als würden wir gar nicht existieren - oder nur als Publikum Berechtigung haben. Danach reden wir alle, und das ist seltsam, auch nur von ihr, also in diesem Fall nicht von uns selbst.

B: Möchtest Du das ändern?

A: Klar, denn hinterher sind wir stets alle erschöpft.

B: Dann erzähle ihr, sobald sie eine Sprechpause macht, von einer Frau, die ihr sehr ähnelt - und berichte, wie sie eines Tages ganz allein war, weil keiner ihr mehr zuhören wollte. Selbst die Tante der Frau wäre weggelaufen. Doch erwähne, daß Deine eigene liebe Tante in diesem Punkt natürlich ganz anders sei.

A: Gar keine schlechte Idee. Das probiere ich. Und wenn es nicht klappt, laufe ich einfach weg. Ich habe sie dann schließlich gewarnt.

B: Etwas **aufrechtzuerhalten** oder etwas zu **verändern** gehört auch zu den typischen Unterscheidungen, auf die wir dadurch aufmerksam werden.

A: Es gibt echt viele Unterscheidungen, die kann ich mir gar nicht alle merken.

B: Brauchst Du auch nicht beim ersten Mal, zumal sie im ersten Verzeichnis am Ende des Buches alle noch einmal zusammengestellt sind. All das sind nur Anregungen dafür, daß Du im konkreten Gespräch darauf aufmerksam wirst, worüber jemand eigentlich spricht. Und was davon die Verständigung fördert, was nicht. Natürlich werden Menschen, die Deinem persönlichen Stil ähnlich sprechen, besonders leicht für Dich zu verstehen sein.

A: Und umgekehrt werde ich diese leicht verstehen. Aber sind die nicht langweilig, wenn mich gerade die Andersartigkeit reizt?

B: Merkst Du schon etwas von Deinen Lieblingskategorien, Annelie? Neu und anders scheinen dazuzugehören.

A: Es kommt bei mir immer auf die Situation an und auf ein gesundes Wechselspiel. Zu viel Andersartigkeit schafft Fremdheit.

B: Dir kommt es also auf das „**sowohl als auch**" an, die Balance - und nicht auf das „**entweder - oder**".
Auch das sind zwei wichtige Kategorien. Es wäre wirklich schade, wenn wir im Leben nur auf die eine oder andere Art denken könnten. Mag sein, daß wir Vorlieben haben, aber es hängt ganz von dem Zusammenhang, der Lebenssituation und unserem Partner ab, welche Art zu denken und zu sprechen gerade passend ist.

A: Wenn ich an **Balance** denke, dann ist das nichts Statisches, sondern wie ein hin- und herschwingen. Wenn ich zu lange auf einer Seite war, möchte ich gern auf die andere. Habe ich den ganzen Tag logisch gedacht, möchte ich auch einmal frei phantasieren, ging es zu viel um Dinge, wird es mir wichtig, mich um Menschen zu kümmern. Habe ich zu viel Allgemeines gehört, interessiert mich das Konkrete - und umgekehrt.

B: Das ist, wie die alten chinesischen Philosophen sagen, die Bewegung des Tao zwischen Yin und Yang, d.h., etwas vereinfacht ausgedrückt, die Bewegung der Lebensenergie zwischen zwei Polen, wovon sie einen weiblich und einen männlich nannten.

A: Ja, gerade die Spannung zwischen diesen beiden macht alles lebendig. Und über die Kontraste erlebe ich alles intensiver.

B: Wir können eine beliebige Eigenschaft sogar erst dann wahrnehmen, wenn wir auch die andere Seite kennen: das Helle, weil wir das Dunkle kennen, das Weiche, weil wir auch das Harte kennen, das Allgemeine, weil wir das Konkrete kennen... und umgekehrt.

A: Auch in den Emotionen geht es mir so. Ich kann nicht immer nur Glück erleben. Aber gerade weil ich auch die andere Seite kenne, kann ich das Glück viel stärker empfinden.

B: Wir berühren hier ganz persönliche Bereiche, Annelie. Ja, es ist wichtig, daß es im Leben dieses Pendel gibt. Gerade da, wo wir die andere Seite nie kennengelernt haben, fehlt uns noch eine wertvolle Lebenserfahrung. Doch alles hat seine Zeit.

A: Erzähl mir noch bitte ein paar weitere Stilunterscheidungen.

B: Vorhin sprachen wir über die Richtung der Aufmerksamkeit auf Menschen oder Dinge. Es gibt da natürlich noch andere Kategorien, zum Beispiel die Hinwendung der Aufmerksamkeit auf bestimmte **Aktivitäten** - darauf, was zu tun ist, was geschieht - oder die Orientierung auf **Informationen**: Was ist das, wie funktioniert das, wo befindet sich das, wie hängt das zusammen?

A: Ich richte die Aufmerksamkeit gern auf **Orte**. Es ist ganz wichtig für mich, wo etwas stattfindet, wo ich gerade bin, welche Ausstrahlung der Ort hat - besonders natürlich im Urlaub, aber auch die Gestaltung meiner Wohnung liegt mir am Herzen.

B: Und ich muß leider beruflich oft auf die **Zeit** achten: Reicht die Zeit?, Wie lange dauert das?, Wann ist der Termin? Aber ich genieße in den Ferien den Ausgleich, mich um gar nichts mehr kümmern zu müssen.

A: Überhaupt Ferien: Was ist Dir wichtig, wenn Du eine Reise planst: Menschen, Orte, Informationen, Aktivitäten oder Dinge?

B: Oh, das sind viele Fragen auf einmal. Ich glaube, am wichtigsten ist es mir, mit wem ich zusammen bin, also die Kategorie Menschen. Auch ob die Menschen am Urlaubsort freundlich und natürlich sind, oder nur aufs Geld aus. Dann ist mir wichtig, was ich so alles machen kann, also Aktivitäten: Zum Beispiel schwimme ich gern, tauche, wandere, möchte tanzen gehen und gut essen.

A: Gehört essen nun zu Dingen oder Aktivitäten?

B: Kommt drauf an. Für mich ist es eine Aktivität, erst wenn ich ans Bezahlen denke, gehört es zu den Dingen.

47

A: Interessierst Du Dich im Urlaub gar nicht für Dinge, Informationen oder Orte?

B: Das eine ergibt sich aus dem anderen, kommt im Urlaub aber erst an die zweite Stelle. Ich brauche natürlich, um die Aktivitäten zu erleben, mancherlei Informationen und einen geeigneten Ort - es darf auch nicht allzu teuer sein. Aber ich achte nicht vordergründig darauf, was es zu kaufen gibt - und ich weiß, das gestehe ich, auch kulturhistorisch meist nicht so genau Bescheid.

Beziehungen in Balance

A: Gut, daß Du unvollkommen bist. Ich bin's auch. Zum Beispiel komme ich nur selten an bestimmten Dingen vorbei, besonders in speziellen Schuhgeschäften. Übrigens: Ein Reisebüromitarbeiter könnte mit der Kenntnis dieser Kategorien eine tolle, individuelle Beratung fertigbringen.

B: Nicht nur der. Deshalb kaufen wir natürlich auch gern bei Menschen, die etwas mehr auf unsere Vorlieben eingehen können und zu denen wir auch Vertrauen aufgebaut haben.

A: Nicht aber bei solchen, die sich einschleichen und mir nach dem Munde reden.

B: Genau das macht den Unterschied. Die Kategorien helfen uns, wahrzunehmen, wo die Aufmerksamkeit anderer Menschen liegt. Sie helfen uns darauf zu antworten. Für eine gute Verständigung und zu beiderseitigem Nutzen.

A: Ist das nicht das Win-Win-Prinzip?

B: Ja, es besagt, daß nur solche Beziehungen wirklich stabil und entwicklungsfähig sind, in denen beide gewinnen, d.h. beide Seiten Befriedigung oder Weiterentwicklung erfahren - und das ist nicht nur materiell gemeint. Es bezieht sich bei jedem Menschen auf andere Lebensaspekte, große oder kleine - mit Dir Annelie, geht es mir zum Beispiel richtig win-win-mäßig.

A: Mir auch mit Dir, Bernard. Und sofort fallen mir jetzt noch andere Meta-Kategorien ein.

B: Laß sie mich hören.

A: Es gibt Leute, die reden lieber - und andere, die hören lieber zu. Und wenn beide das gleiche wollen, haben sie Pech gehabt und sollten sich einigen. Wenn jeder die andere Seite bevorzugt, haben sie sich gefunden und werden wunderbar miteinander auskommen.

B: Dann gilt der Satz: Gegensätze ziehen sich an. Damit diese aber nicht immer gleich verteilt bleiben, sollten sie sich mit der Zeit auch mal ändern. Damit jeder beide Seiten des Pendels erleben kann. Die Natur hilft da nach, indem sie uns ermüden läßt oder ungeduldig und aktiv werden läßt. Denn es ist ein lohnendes Ziel, über die Einseitigkeit fester Rollen hinauszuwachsen und sich neue Stile zu erschließen.

A: Ist das immer so, daß unterschiedliche Stile sich besonders anziehen?

B: Keinesfalls: Viele Menschen mit unterschiedlichen Denkstilen haben es anfangs schwer, sich zu verstehen, schließlich hat der andere eine vielleicht fremde Art, die Welt zu sehen. Es muß erst eine Brücke aus Gemeinsamkeiten gebaut werden. Je unterschiedlicher Menschen sind, desto größer ist aber auch die potentielle Bereicherung, die sich beide geben können.

A: Und um so schwieriger wird es wohl sein, die Brücke zu bauen.

B: Hilfreich ist es, wenn einer der Partner, vielleicht ist es der Erfahrenere oder der Lehrer, welcher in beiden Welten zu Hause ist und für den Anderen diese Brücke bauen kann. Das geschieht, indem er sich zunächst an dessen Denkstil angleicht, und ihn dann in den neuen Denkstil herüberführt.

A: Aber auch der Lernende kann sich in die Denkweise des Lehrers hineinversetzen.

B: Am besten, beide kommen sich entgegen. Den Weg alleine zu gehen, ist nämlich nicht leicht. Wer lernt, braucht Vertrauen, daß er es schafft und daß es sogar in Ordnung ist, dabei Phasen des Unverständnisses zu durchlaufen. Wir brauchen unsere Zeit, auf neue Art denken zu lernen. Später dann erweitern sich unsere geistigen Wahlmöglichkeiten - mehr, als würden wir nur Mundgerechtes verzehren. Auch anspruchsvolle Buchautoren bieten ihren Lesern genau diese Herausforderung.

A: Dann ist es sicher eine große Fähigkeit von Lehrern jeder Art, sich zunächst einmal in die Denkstile der Lernenden einfühlen zu können, sie dort abzuholen - ohne es ihnen aber allzu leicht zu machen.

B: Ja, das ist auch wichtig für den Umgang mit Kindern, oder auch für Therapeuten oder Führungskräfte.

A: Kinder zum Beispiel denken meist sinnlich konkreter, assoziieren viel und folgen spontanen Eingebungen. Wo bleibt da das Pendel?

B: Stimmt, es ist nicht möglich, ihnen im ersten Schuljahr abstrakte Mathematik oder Philosophie zu verabreichen.

A: Und wie bekommen sie die andere Seite, was ist mit dem Pendel?

B: Das Pendel schwingt über die Jahre und Zyklen des Lebens, ebenso wie über die einer Stunde. Vielleicht braucht es für die großen Theorien noch viele Jahre. Aber auch ein Kind hat seine Form des Wechsels und der Abstraktion. Vielleicht sind es Märchen, Gleichnisse oder eben die ersten Buchstaben. Jeder Stil wächst vom Einfachen zum Komplexeren.

A: Das heißt, wir sind im Leben nicht festgelegt auf einen Stil, aber wir haben in bestimmten Phasen durchaus unsere Vorzüge. Klar, ältere Menschen haben es viel leichter, allgemein über die Welt zu reden, weil sie schon viele Erfahrungen in sich tragen. In jeder Phase scheint es auf etwas anderes anzukommen.

49

B: Und Omas und Opas verstehen sich meist sehr gut mit den Kindern. Ist es nicht interessant, daß wir uns gern so mit solchen Menschen zusammentun, die uns in ihren Eigenschaften ergänzen? Von denen lernen wir am meisten.

A: Dabei ist es am Anfang oft nicht so leicht, eine Brücke zu einem andersartigen Menschen zu bauen - vielfach kommen beide aus unterschiedlichen Welten!

B: Nicht jede Andersartigkeit ergänzt sich außerdem. Dazu bedarf es einer bestimmten Konstellation und sinnvoller Positionen, die beide zueinander einnehmen. Damit wir in der Gesellschaft leichter wissen, wer mit wem was machen kann, geben sich die Menschen verschiedene Rollen und Positionen in der Gesellschaft, wozu unsere Berufe, sozialen Ränge und Lebensstile gehören. Von der Kleidung bis zum Doktortitel.

A: Manchmal zwingt uns die Gemeinschaft aber auch bestimmte Rollen und Stile auf, weil alle anderen schon besetzt sind, oder gar nicht zugelassen - und das hindert uns daran, das auszuleben, was wirklich in uns steckt.

B: Wenn die eigene Rolle zu eng wird, verändern wir sie meist, sobald wir können. Bis dahin sammeln wir Energie, bereiten uns vor. Sei es für beruflichen Wandel, oder auch für neue Freunde und Partner.

A: Das kann eine sanfte Evolution sein, aber auch eine kleine Revolution.

B: Es geht dabei nicht darum, daß wir alle nur möglichen Rollen in diesem Leben selbst ausleben. Denn unsere Zeit ist begrenzt, und es kommt vielmehr darauf an, das, was wirklich unserem Wesen entspricht, zu verwirklichen - und an all den Lernerfahrungen auf diesem Weg zu reifen.
Die ungezählten anderen Rollen und Positionen können wir getrost anderen Menschen überlassen, die auf diese Art ihren Weg gehen. Indem wir den Weg, die Fähigkeiten und das Wesen anderer miterleben und mit ihnen im Austausch stehen, werden wir durch sie auch sehr viel in uns selbst erfüllen und lernen. Wer liebt, empfindet den Reichtum des anderen auch als eigenen Reichtum. Nur Neid ist genau dazu nicht in der Lage.

A: Mir wird bewußt, daß ich mir im Leben immer gern solche Menschen gesucht habe, die mich ergänzt haben, sei es als Vorbilder, als Partner, als Vertraute oder einfach, weil ich so viel für sie und durch sie empfinden konnte. Jetzt verstehe ich für mich viel besser, wie viel an den beiden alten Sprichwörtern dran ist: „Gleich und gleich gesellt sich gern" und „Gegensätze ziehen sich an".

B: Am schönsten ist sicher eine Verbindung beider Formen. Zum Beispiel kann es sehr bereichernd sein, wenn Menschen ähnliche Wertvorstellungen und Ziele haben, aber unterschiedliche Fähigkeiten beisteuern können, diese zu erreichen. Und doch die gleiche Sprache sprechen können.

A: Ja, und wenn sie sich ihrer Unterschiede bewußt sind und ihre andersartigen Eigenschaften und Denkweisen kennen und achten...

B: Dann entsteht so etwas, was ich in Anlehnung an den Dichter Reiner Kunze auf poetische Art ausdrücken möchte:

> *Bauen zwei ein Haus.*
> *Die eine kundig des Handwerks,*
> *Der andere kundig der Schönheit.*
> *Wird die eine schaffen das Feste,*
> *Und der andere schaffen das Freie.*
> *Und am Ende, ganz am Ende,*
> *Wird das Haus in der Erinnerung licht sein.*

A: Das ist sehr beeindruckend für mich, wie eine alte Sehnsucht, die in mir aufkommt - ja, so könnte es sein in der Partnerschaft.

B: Es ist schön, sich darauf zu besinnen, wie es sein kann und soll. Und noch schöner, darauf zuzugehen.

A: Das erfordert Mut, denn es kann Enttäuschungen geben.

B: Sicher, aber das Zugehen auf etwas Positives heißt nicht Blindheit und Unaufmerksamkeit.

A: Auf jeden Fall ist es viel schöner, als nur vor etwas Unerwünschtem wegzulaufen.

B: Und Du fängst auch nicht bei Null an. Da ist sicher vieles, wovon Du bereits ausgehen kannst.

A. Das macht mir Mut.

B: Und noch etwas haben wir gelernt: drei wichtige Meta-Kategorien, die sich nicht nur in der Sprache, sondern in der ganzen Grundorientierung eines Menschen ausdrücken: die Bewegung **hin zu** etwas, **fort von** etwas anderem oder **ausgehend von** etwas, was schon da ist.

A: Manchmal sind alle drei in mir - und es fühlt sich stimmig an.

B: Und das ist auch gut und natürlich - denn auch hier geht es um Balance. Was aber dieses Etwas jeweils ist, darin unterscheiden sich die Menschen.

A: Vielleicht sind Menschen, deren Visionen und Ziele den meinen gleichen, meinem Herzen besonders nahe.

B: So geht es mir auch.

Fragen

A: Und doch gibt es Menschen, die mir ein Rätsel sind. Was kann ich eigentlich tun, wenn ich einfach nicht verstehe, was jemand meint, was er mir sagen will?

B: Du tust es gerade. Fragenstellen ist das Beste und sicherer als Rätselraten oder Phantasieren! Es setzt allerdings voraus, daß der Partner selbst weiß,

51

wovon er redet und daß er es auch neu formulieren kann. Sonst bekommen wir Antworten wie „das ist eben so" oder andere Formen der Wiederholung.

A: Durch Fragen kann ich natürlich auch überprüfen, ob wirklich etwas hinter seinen Worten steckt. Ich kann ihn auch einfach darum bitten, ein Beispiel zu beschreiben oder aus sich heraus konkreter zu werden. Könntest Du etwas konkretere Hinweise zum Fragenstellen geben, Bernard?

B: Gehen wir einmal davon aus, daß jemand Dir wichtige Informationen vermitteln möchte, daß aus seinen Worten aber nicht erkennbar wird, welche. Zum Beispiel sagt er:

> *Es ist einiges passiert!*

Dann bieten sich als erste Hilfe Fragen an wie:

> *Was meinst Du damit?*
> *Was willst Du mir damit sagen?*
> *Was bedeutet das für Dich?*
> *Wie meinst Du das?*
> *In welchem Zusammenhang, wann, wo, mit wem?*

Oder:

> *Beschreib doch bitte näher, was Du damit meinst!*

A: Und wenn ich innerlich nachvollziehen möchte, wovon meine Freundin spricht, was sie erlebt hat oder gerade erlebt? Sie sagt zum Beispiel:

> *Ich habe einen besonders schönen Tag verbracht.*

B: Du kannst erfragen, was sie dabei sinnlich erlebt hat?

> *Kannst Du den Tag noch einmal an Dir vorüberziehen lassen?*
> *Was siehst Du dabei? Was hast Du gehört? Was fühlst Du dabei?*
> *Was sagst Du zu Dir selbst?*

Und etwas differenzierter:

> *Ist es warm oder kühl, laut oder leise, bist Du allein oder mit anderen?*
> *Was wird gesprochen?*
> *Wo im Körper empfindest Du etwas? Usw.*

Dabei erforschen wir nicht nur, was, sondern auch wie eine Person etwas erlebt - und wir führen auch diese Person immer tiefer in ihre Erlebniswelt hinein.

A: Aber zuviel Fragen sind auch gefährlich, das könnte unserem Partner auf die Nerven gehen.

B: Es erfordert viel Feingefühl, zu wissen, welche Fragen und wieviel angebracht sind. Wir merken am Feedback, an der Reaktion unseres Gegenüber, ob sie gern angenommen werden oder eher lästig wirken. Wer will schon seziert werden? - Und nicht jede Beziehung erlaubt es, sehr persönliche Dinge zu erfragen.

A: Aber wenn es um den Weg zum Bahnhof geht, ist Nachfragen immer erlaubt.

B: Probier's mal aus. Ick bin jetzt ein Berliner, dat is meine Heimatstadt.

> A: *Entschuldigung, wo ist bitte der Bahnhof?*
> B: *Da hinten, ej.*
> A: *Wo genau, bitte?*
> B: *Da doch - zweete Ampel.*
> A: *Und dort rechts oder links, bitte.*
> B: *Ham'se keene Augen im Kopp, Lady?*
> A: *Sie meinen, da hinten sehe ich ihn.*
> B: *Und ob, Sie seh'n den jenausojut wie ick jetzt Bahnhof jehört habe.*
> A: *Das macht mir Mut.*
> B: *Na denn, nischt für unjut - und jute Reise.*
> A: *Dankeschön.*
> B: *Macht ja nischt.*

A: Später, Bernard, möchte ich noch viel mehr von Dir über das Fragenstellen erfahren.

B: Dann erzähle ich Dir etwas über das Meta-Modell der Sprache, aber eben erst später.

4. Sinnliches Ausdrucksvermögen

Erlebnisbezogene Sprache

A: Wir haben viel darüber gesprochen, was wir tun können, um besser zu verstehen. Jetzt möchte ich mehr darüber wissen, wie ich mich selbst gut ausdrücken kann.

B: Was meinst Du mit „gut ausdrücken"?

A: Na so, daß eben was rüberkommt.

B: Was soll denn rüberkommen?

A: Gefühle zum Beispiel, oder Phantasie, die Sinne sollen leuchten, die Vorstellungskraft soll Feuer fangen.

B: Jetzt hast Du's gerade selbst beantwortet. Ich habe Dich so lange gefragt, bis Du Worte gebraucht hast, mit denen ich etwas anfangen kann. Worte, welche die Sinne ansprechen.

A: Mir fallen normalerweise zu wenig solcher Worte ein.

B: Denk doch mal an ein interessantes Erlebnis, das Du hattest.

A: Das war damals in Madagaskar, weißt Du, dort war es einmalig.

B: Ich glaube, Du erlebst es gerade innerlich noch einmal - um Erlebnisse auszulösen, die Du schon kennst, brauchst Du nur eine Anregung wie diese, und schon beginnen in Dir Assoziationsketten ganz von selbst zu laufen. Wenn ich auch in Madagaskar gewesen wäre, dann hätte ich jetzt vielleicht auch meine Erinnerung herbeizitiert, aber ich war leider nicht dort. Deshalb würde ich gern mehr darüber wissen.

A: Ja, ich bin jetzt mitten in meinem Erlebnis. Wir, meine Freundin und ich, fahren mit einem Transportboot in einem entlegenen Teil der Insel entlang. Das Boot ist voll mit Kisten und Fässern beladen. Auch Dorfbewohner, die wieder nach Hause zurückkommen, sind an Bord. Die Zeit scheint stillzustehen, als wir gemächlich unter dampfenden Blätterdächern durch verwinkelte, enge Wasserwege dahintuckern. Ab und zu legen wir an, um Leute, die hier zu Hause sind, zwischen Wurzeln und Wasserpflanzen abzusetzen. Ineinander verstricktes, raschelndes Mangrovengestrüpp hat sie bald verschlungen. In dem Boot lernen wir Piere kennen. Er hat eine ruhige Art, die blitzschnell mit lustiger Verschmitztheit wechselt. Wir steigen an der gleichen Stelle an Land. Wir laufen hintereinander einen Pfad entlang, der in ein kleines Sechshüttendorf mündet. Ich verliebe mich augenblicklich in diese ländliche Idylle. Vor den strohbedeckten Hütten spielen Kinder unterschiedlicher Herkunft mit kleinen, geschnitzten Holzfiguren. Sie lachen und rufen sich etwas zu. Ein Kind ist hellhäutig mit chinesischen Mandelaugen, ein anderes, mit ebenholzfarbener Haut, hat einen afrikanischen Wuschelkopf. Zwei weitere hat-

ten wohl arabische Vorfahren. Ihre schwarzen Haare sind zu kleinen Zöpf-
chen geflochten. Völkereintracht pur. Ich kann mich an diesem harmoni-
schen Bild kaum satt sehen. Zwischen den Kindern suchen Enten und Hüh-
ner im Sand nach Körnern. Zwei Truthahnmännchen geraten aneinander.
Eine ältere Frau von nebenan führt ein grunzendes, rosafarbenes Schwein an
einem Stock spazieren. Es riecht nach reifen Ananas und Gewürznelken.

B: Ich danke Dir Annie, jetzt konnte ich ein bißchen von dem miterleben, was
Du erlebt hast. All meine Sinne wurden angesprochen: Ich habe gesehen,
gefühlt, gerochen. Und ich habe sogar innerlich gehandelt, war mit dabei.

A: Ich konnte das jetzt so beschreiben, weil ich wirklich erlebt habe, wovon ich
sprach. Vielleicht ist dies das Geheimnis wahrhaftigen Ausdrucks.

B: Sicher, das ist ein guter Weg, besonders wenn es darum geht, anderen Menschen die eigenen Erlebnisse zu vermitteln. Doch auch die Phantasie ist ein
guter Ratgeber. Nämlich dann, wenn es nicht zuerst darum geht, eigene
Erlebnisse zu vermitteln, sondern Geschichten, Märchen und Phantasiereisen
für andere zu erfinden.

Sinnesspezifische Wortwahl

A: Welche Worte sprechen eigentlich welche Sinne an?

B: Es gibt ganze Listen sinnesbezogener Worte. Laß uns ein Haus auf dreierlei
Art beschreiben:

> *Dieses Haus ist hell, die großen, ungeteilten Fenster eröff-
> nen den Blick in den weiten Park mit seinen alten Laub-
> bäumen, dem sonnigen breiten Sandweg und den gerade
> jetzt rot und gelb blühenden Rosen. Innen fällt das Auge
> auf Jugendstiltapeten mit Mustern aus langbeinigen lila-
> grünen Lilien, auf schlanke, hohe Vasen und die elfenbein-
> farbenen barocken Möbel.*

> *Dies ist ein ruhiger Ort. Von draußen hört man lediglich
> das Zwitschern der den Park bewohnenden Vögel. Ein Ort
> der Besinnung, wo die innere Stimme nicht vom Lärm der
> Zivilisation übertönt wird, wohl aber ein bis zwei Stunden
> täglich aus dem Musikzimmer die Etüden der am Klavier
> übenden Tochter zu hören sind. Manchmal, im Herbst,
> kann man durch den offenen Kamin den Gesang des Win-
> des bis ins Wohnzimmer hinein hören. Und wie angenehm
> ist es, wenn dann im Winter das Feuer knistert, wir den
> Swing hören und ruhig miteinander plaudern.*

> *In diesem Haus kannst Du Dich wohl fühlen. Es ist genug
> Raum, Dich frei zu bewegen. Das Wohnzimmer ist ein Nest*

> *der Behaglichkeit. Am Abend das urbequeme Sofa, die*
> *Wärme des Kamins, Deine Hand in meiner Hand - was*
> *kann es Angenehmeres geben? Und dazu der Geschmack*
> *des alten milden Weins und der Geruch des brennenden fri-*
> *schen Holzes.*

A: Ich habe gemerkt, erst ging es ums Sehen, dann ums Hören, und zuletzt ums Fühlen.

B: Riechen und Schmecken kam auch noch dazu. Verschiedene Menschen haben unterschiedliche Lieblingssinne. Wollen wir sie ansprechen, so empfiehlt es sich, mit ihren bevorzugten Sinnessystemen zu beginnen und dann Brücken zu anderen Sinnen zu schlagen. Dieses Brückenschlagen heißt überlappen:

> *Wenn ich mich in diesem Hause umschaue, dann wirkt*
> *diese Ruhe auf mich, und ich fühle mich geborgen. Manch-*
> *mal sehe ich die Tochter am Klavier sitzen, ihre Hände*
> *bewegen sich über die Tasten, und schon erklingt im Raum*
> *eine Etüde. Und Du, wenn Du mich so anschaust, kannst*
> *fühlen, was meine Augen Dir sagen.*

A: Das war aber schön romantisch. Ich glaube, viele Dichter sind Meister im Verknüpfen von Sinneseindrücken und schaffen dabei völlig neue Erfahrungen.

Untereigenschaften der Sinne

A: Ach bitte, Bernard, dichte doch mal etwas.

B: *Das hinabdunkelnde, schwere Blau des Abends ruft seinen*
    letzten roten Gruß in die warm sich bettende, dampfende
    Erde.

Das war spontan, am Ende des Buches, das wir gerade erschaffen, werden sicher einige andere „klassische Werke" von meinem Freund Bernd stehen.

A: Da bin ich ja gespannt. Zum lebendigen Ausdruck gehört es offenbar, passende Worte aus verschiedenen Sinnessystemen zur Verfügung zu haben.

B: Das ist ein Teil davon, deshalb laß uns einmal sammeln, welche Worte uns spontan einfallen:

> *Was es zu sehen, zu beobachten, anzuschauen gibt, ist hell*
> *oder dunkel, groß oder klein, farbig oder farblos, flach oder*
> *räumlich, bewegt oder still, schön oder häßlich, nah oder*
> *fern, verschwommen oder klar, links oder rechts, innen*
> *oder außen.*

> *Was es zu hören, zu lauschen, zu sagen, zu singen gibt, ist*
> *laut oder leise, rhythmisch oder getragen, klingt hoch oder*

tief, schnell oder langsam, voll oder dünn, besteht aus Wor-
ten oder Klängen, kommt von innen oder außen, von nah
oder fern, von oben oder unten.

A: Fast hatte ich vergessen, daß es beim Hören ja um viel mehr als Worte geht.

B: Die Worte haben schließlich auch ihre eigenen Merkmale:

Worte sind bedeutungsvoll oder bedeutungslos, klug oder
dumm, verständlich oder auch unklar - wohl hörend, daß
letzteres aus dem Bereich des Sehens herüberklingt.

A: Und das Fühlen?

Was es zu fühlen, zu spüren, zu empfinden gibt, ist heiß
oder kalt, hart oder weich, rauh oder glatt, schwer oder
leicht, stark oder schwach, eng oder weit, fest oder lose,
feucht oder trocken, grob oder zart, rund oder eckig,
bewegt oder still.

A: Auch beim Fühlen gibt es viele weitere Unterscheidungen.

B: Mal sind es innere oder äußere Körperempfindungen, mal sind es unsere Emotionen oder ein persönlicher Zustand, der glücklich oder traurig, gespannt oder gelangweilt sein kann.

A: Wenn in uns bestimmte Gefühle ausgelöst werden, dann ordnen wir sie häufig äußeren Dingen oder Ereignissen zu. Obwohl nicht die Dinge, sondern wir selbst diese Empfindungen erleben.

Das T-Shirt ist geil oder ätzend.
Die Musik ist romantisch oder entspannend.
Die Wüste ist einsam.

B: Oder die Arbeit, die anstrengend oder leicht ist - dabei ist es nicht die Arbeit in sich, sondern das eigene Gefühl, während ich sie ausübe, also das, was sie in mir auslöst.

A: Apropos Arbeit - wie ist es mit dem Handeln, dem Tun und Machen? - Wenn ich zum Beispiel laufe, arbeite, tanze, springe - gehört das alles zum Fühlen?

B: All das hat viel mit Bewegung, Motorik zu tun, und die nehmen wir genau genommen auch über Muskelempfindungen wahr, hinzu kommen verschiedenste andere Körperempfindungen, wie Temperatur, Hautkontakt - und eben das zielgerichtete Zusammenspiel aller Bewegungen, zu dem das Sehen und das Balancieren ebenso gehört, wie die innere Rhythmik oder der anleitende innere Dialog. Jedes Handeln und jedes komplexe Verhalten überhaupt, hat seine eigene Komposition von Sinnesbausteinen.

A: Dann ist es am besten, wir erklären das Handeln zu einer besonderen Kategorie, die meist körperliches Fühlen, aber auch alle anderen Sinne enthält.

B: Und viele Verben drücken die verschiedenen Aktivitätsformen aus:

> *arbeiten, laufen, schreiben, bewegen, tanzen, spielen, klet-*
> *tern, schwimmen, ordnen, führen, folgen, ruhen, erkun-*
> *den, überwinden, erreichen, aufstellen, entfalten, fliegen,*
> *kauern, machen, essen, sprechen, zeigen, gestalten, voll-*
> *bringen, erledigen...*

A: Manche Verben verraten mehr über die Art und Weise und die beteiligten Sinne, andere, wie zum Beispiel „vollbringen" oder „machen", sind reichlich unspezifisch und erfordern eine genauere Beschreibung, damit ich mir etwas Konkretes darunter vorstellen kann. Und damit kommen wir wieder zu den sinnesbezogenen Worten.

B: Ist es nicht interessant, daß es zur Beschreibung der Sinneseigenschaften (wir nennen sie auch Submodalitäten) meist Gegensatzpaare gibt?

> *hell - dunkel, süß - sauer, klein - groß, hart - weich, laut -*
> *leise, warm - kalt...*

A: Es scheint wieder so zu sein, daß wir das eine nur wahrnehmen können, wenn wir auch das andere kennen.

B: Erst die Erfahrung des Kontrastes öffnet uns das Erlebnis der Vielfalt. Und deshalb geht auch an dieser Stelle ein Gruß nach China, an Frau Yin und Herrn Yang.

Sinnesbezogene Redewendungen

A: Gerade wird mir bewußt, daß auch viele unserer Redewendungen für bestimmte Sinnessysteme stehen.

B: Zum Beispiel für das Sehen:

> *Alles klar. Ich sehe, was Du meinst. Ich nehme das unter*
> *die Lupe. Wir haben den gleichen Blickwinkel. Ich habe*
> *eine verschwommene Vorstellung. Er hat einen blinden*
> *Fleck. Das bringt Licht in die Angelegenheit. Die Zukunft*
> *ist hell. Ich habe nicht den Schatten eines Zweifels. Du bist*
> *für mich eine Augenweide.*

A: Zum Beispiel für das Hören:

> *Wir haben die gleiche Wellenlänge. Wir leben in Harmonie.*
> *Das klingt mir spanisch. Mach nicht soviel Tamtam. Ins*
> *eine Ohr rein, aus dem anderen Ohr raus. Klingt gut. Du*
> *hast den richtigen Ton gefunden. Das ist Musik in meinen*
> *Ohren. Unerhört. Wort für Wort interessant.*

B: Für das Fühlen:

> *Ich habe Kontakt zu Dir. Ich kann das begreifen. Es ging mir auf die Knochen. Eine warmherzige Frau. Ein harter Bursche. An der Oberfläche kratzen. Ich lege meine Hand dafür ins Feuer. Eine feste Basis haben. Es läuft reibungslos. Angenehm.*

A: Das Riechen und Schmecken:

> *Er hat Lunte gerochen. Eine faule Sache. Eine süße Person. Ein beißender Kommentar. Eine bittere Pille. Das Salz in der Suppe. Er hat es in der Nase. Er kann ihn gut riechen.*

Veränderung von Sinneseigenschaften

A: Wenn wir natürliche Lebensprozesse betrachten, dann ändern sich darin fortwährend die Sinneseindrücke...

B: Deshalb können wir durch die behutsame sprachliche Veränderung von Sinneseindrücken solche Lebensprozesse und Entwicklungen nachvollziehbar machen:

> *Etwas wird heller, kommt näher, geht weiter zurück, löst sich auf, verdichtet sich, wird lauter, leiser, klarer, bewegt sich von Ort zu Ort. Neue Perspektiven und Sichtweisen entstehen. Das Besteigen eines Berges gibt uns Überblick. Im Urlaub können wir Dinge aus dem Abstand betrachten.*

Oder wir können so etwas erleben:

> *Am Abend wurde die Landschaft entspannter und stiller, während uns ein Windhauch kühle Luft ins Gesicht spielte und eine geheimnisvolle Weisheit von ganz fern immer näher kam und greifbar wurde.*

Derartige Wahrnehmungsveränderungen sind nicht nur für Drehbuchautoren interessant, sondern spielen ebenso in der Therapie eine wichtige Rolle. Allein dadurch, daß wir unangenehme Erfahrungen als klein und entfernt beschreiben, angenehme aber als groß und nahe, lassen sich Probleme leichter verarbeiten und verlieren ihre einengende Macht.

A: Klar, das kenne ich. Mit mehr Abstand betrachtet, lassen sich oft Lösungen erkennen, die ich, wenn ich ganz in einer Situation stecke, nicht wahrnehme.

B: Ebenso wie der räumliche Abstand der Erfahrungen beeinflußt auch ihre zeitliche Lage und Entwicklung die Wirkung auf unser Leben sehr stark. Kein Wunder, auch Zeit erleben wir räumlich.

> *Mit der Zeit lassen wir Dinge hinter uns. Zukünftige Ereig-*

59

> nisse bauen sich vor uns auf. Wir überwinden ein Hinder-
> nis. Etwas geht vorbei wie im Fluge. Es war, es ist, es ist
> gewesen, es wird sein.

Bedeutungsgebende Worte

A: Das Bisherige war sicher nur ein ganz kleiner Ausschnitt aus dem riesigen Sinnesschatz unserer Sprache. Es lohnt sich weiterzusammeln.

B: Und es gibt jede Menge Worte, die nicht sagen, welcher Sinneskanal gemeint ist. Beim Handeln haben wir das schon festgestellt. Bei solchen Worten hat der Zuhörer bezüglich der Sinne, solange er nicht nachfragt, die freie Wahl:

> *Was es zu erleben, zu lernen, wahrzunehmen, zu ent-*
> *wickeln gibt, ist interessant oder gleichgültig, wertvoll oder*
> *billig, gut oder schlecht, zukunftsträchtig oder hoffnungs-*
> *los, konkret oder allgemein, alt oder neu, passend oder*
> *unpassend, sinnvoll oder sinnlos.*

Statt über den Sinneskanal sagen viele dieser Worte etwas über die Bedeutung einer Sache, über die betrachtete Zeit, über Veränderungen und Überzeugungen aus.

A: Die Sinne sind also nur der Einstieg. Der Sinn ist die Fortsetzung.

Hinweise zur Anwendung

A: Ist es eigentlich immer besser, die Dinge so ausführlich in allen Sinnen darzustellen?

B: Wenn der Zuhörer, die Zuhörerin, innerlich oder äußerlich genügend konkrete Bezugserfahrungen zu dem Thema hat, kannst Du durchaus kurzgefaßt sprechen. Er oder sie wird auch wenige, allgemein gehaltene Worte verstehen. Manchmal ist jedoch das, was er oder sie dann verstanden hat, etwas anderes als das, was Du gemeint haben magst.

A: Deshalb lohnt es sich nachzufragen, wie meine Worte angekommen sind.

B: In vielen Situationen geht es natürlich nicht darum, die ganze sinnliche Erfahrung anzusprechen. Da, wo nur Fakten und Daten benötigt werden, mit denen der Empfänger etwas anzufangen weiß, reichen die natürlich auch aus.

A: Oft müssen wir in der Kommunikation einfach Zeit sparen - wenn auch auf Kosten der Vielfalt des Ausdrucks oder der Beziehung.

B: Hingegen ist es oft sehr wichtig, die Sinne anzusprechen, wenn es um Pädagogik, Therapie, Kunst oder auch Marktkommunikation geht. Und natürlich in unseren persönlichen Beziehungen.

A: Ich weiß, wenn ich etwas sinnlich beschreibe, können andere es leichter nacherleben. Ganz gleich, ob ich das auch erlebt habe oder für sie erfinde.

B: Sicher, wenn sie es nacherleben wollen.

A: Wir sollten aber uns selbst und anderen Menschen gegenüber darin ehrlich sein, was unserer Erinnerung entspringt und was unserer Phantasie.

B: Wenn Deine Aufmerksamkeit bei den eigenen Erlebnissen ist, dann wirst Du einfach reden, wie es Dir kommt. Das geht unwillkürlich. Wenn es aber darum geht, Deinen Zuhörern bestimmte Erfahrungen in ihrer Vorstellung zu vermitteln, kannst Du das, was Du zu sagen hast, bewußt und phantasievoll gestalten.

A: Und dabei darauf achten, was meine Worte auslösen, indem ich die Reaktionen meiner Zuhörer beobachte oder Fragen stelle und heraushöre, was angekommen ist.

B: Sicher bemerkst Du immer wieder, daß Deine Worte erst dann angenommen und innerlich umgesetzt werden, wenn Ihr Kontakt und Vertrauen gefunden habt.

A: Vertrauen entwickle ich, wenn ich erkenne, daß sich bei einem Menschen gute Absichten mit Sensibilität und Kompetenz paaren.

B: So schützen wir uns vor jenen wortgewandten Botschaftern und Händlern, bei denen die Verpackung und der Inhalt alles andere als übereinstimmen.

5. Ziele formulieren

Vom Vermeiden zum Erreichen

A: Ich möchte andere in diesen und jenen Fällen darin unterstützen, das, was sie erreichen wollen, das heißt ihre Ziele, zu formulieren. Wie kann ich damit beginnen?

B: Es gibt eine Art zu fragen, die anderen dabei hilft, sich Ziele zu setzen oder ihre zumeist recht abstrakten Formulierungen auch sinnlich erlebbar zu machen. Denn das beeinflußt stark ihre Motivation und hilft ihnen zu überprüfen, ob sich ein Ziel auch wirklich lohnt.

> *B: Bitte nenn mir doch einmal ein Ziel, das Du hast.*
> *A: Ich möchte erfolgreich sein.*
> *B: Was verstehst Du darunter?*
> *A: Daß ich mir ein eigenes Atelier für meine Arbeit leisten kann.*
> *B: Wie wäre es, wenn Du das erreicht hast?*
> *A: Gut!*
> *B: Was erlebst Du dann, siehst Du, hörst Du, fühlst Du?*
> *A: Ich sitze in meinem Atelier, es ist Raum da für alle Bilder, die mir etwas bedeuten. Es ist hell und im Hintergrund spielt Jazz. Ich spüre aus meinem Inneren Farben und Formen aufsteigen. Ganz unwillkürlich und leicht beginne ich die Arbeit. Toll!*
> *B: Und was ist das Schönste daran?*
> *A: Das Gefühl der schöpferischen Freiheit. Traumhaft!*
> *B: Das klingt anders als der trockene Satz vom „erfolgreich sein".*
> *A: Und es motiviert mich auch ganz anders.*
> *B: Hast Du bemerkt, wie Du dieses Gefühl von Freiheit jetzt schon in Dir hast?*
> *A: Genau das ist es - und was in mir ist, will sich nach außen manifestieren. In meine Bilder.*

Manchmal, leider, gehen wir unbewußt auch den Weg der Demotivation. Es gibt viele verneinende Aussagen, die uns zwar sagen, worum es nicht gehen soll, aber keine Alternative zeigen:

> *B: Ich möchte nicht mehr unglücklich sein.*
> *A: Und was möchtest Du statt dessen?*
> *B: Na, eben Glück.*
> *A: Und was bedeutet Glück für Dich?*
> *B: Jetzt ein gutes Essen bei Sonnenuntergang mit Blick aufs Meer.*
> *A: Und sonst?*

> B: Ich weiß es, aber ich verrate es nicht.
> A: Dein Gesicht strahlt jetzt richtig.

B: Erst bei der Vorstellung des Wünschenswerten beginnt die wirkliche Motivation, denn solange wir in der Verneinung sprechen, hat unser bildliches Vorstellungsvermögen meist nur die ungewollte Vorstellung im Kopf.

> B: Versuche bitte einmal, nicht an eine rote Tomate zu denken...
> A: Verdammt, jetzt hab ich gerade die im Kopf.
> B: Streng Dich an, denk nicht an eine rote Tomate.
> A: Das „nicht" hilft nicht.
> B: Okay, dann denk bitte statt dessen an die strahlende Sonne.
> A: Jetzt hast Du mich erlöst, das geht.

A: Wenn wir zusammenfassen, was wir hier erprobt haben, lassen sich sicher bestimmte Regeln für sinnvoll formulierte Ziele aufstellen, auf die wir dann mit unseren Fragen zusteuern können.

B: Ich habe gleich ein paar solcher Regeln parat:

– Ein Ziel sollte **zum ersten** positiv formuliert sein, d.h. Verneinungen sollten in Bejahungen verwandelt werden.

– **Zum zweiten** sollte das Ziel so sinnlich konkret formuliert sein, so daß wir jetzt schon innerlich mit allen Sinnen erleben können, wie es ist, wenn das Ziel erreicht ist. Das ist ebenso wichtig für die Motivation, die Überprüfung der Qualität des Ziels, wie auch dafür, zu wissen, wann wir denn angekommen sind.

A: Denn manche Menschen haben ihre Ziele schon längst erreicht, merken es aber nicht und jagen ihnen immer weiter hinterher.

B: Und können das schon Erreichte dabei leicht wieder verlieren.

– **Zum dritten** sollte das Ziel in seinen Auswirkungen auf die eigene Person und auf andere Menschen, ja, auch auf die Natur, förderlich, nicht jedoch destruktiv sein.

A: Ich denke bei der Natur speziell an Ziele, die sich Wirtschaftsunternehmen setzen. Aber auch für mich selbst ist es wichtig zu wissen, welchen Preis die Verwirklichung eines Zieles hat - diesen möchte ich mir selbst und anderen gegenüber vertreten können.

B: Wünschenswert ist es, wenn wir alles Wertvolle, das wir bisher hatten, mit dem Erreichen eines neuen Ziels beibehalten können.

– **Zum vierten** sollte, was bisher positiv war, mit einem Ziel nicht aus unserem Leben verbannt werden, sondern in neuer Form in die zukünftige Entwicklung einfließen.

63

A: Früher erschien mir Zukunftsplanung ganz wie eine Entscheidung zwischen erneuern und bewahren. Doch ich kann ja so viel von dem, was mir bereits ans Herz gewachsen ist, kreativ in die Entwürfe meiner Zukunft einbeziehen.

B: Und was Du nicht mehr brauchst, kannst Du natürlich zurücklassen.

> *– Häufig ist es **zum fünften** außerdem sinnvoll, den Kontext, die Zeit und den Zusammenhang, in dem ein Ziel erreicht werden soll, zu beschreiben.*

A: Das läßt uns realistische Erwartungen entwickeln, schützt uns vor Traumtänzerei und stimmt uns innerlich auf einen überschaubaren Weg ein.

B: Eben deshalb ist auch der letzte Punkt wichtig:

> ***Zum sechsten** kommt es darauf an, daß es einen Weg zu dem Ziel gibt, der auch wirklich selbst begehbar ist. Ziele, deren Erfüllung uns der Himmel oder ein noch unbekannter Glücksritter ermöglichen sollen, nähren die Hoffnung, aber nicht die Wahrscheinlichkeit der Erfüllung.*

A: Es sei denn, und vielleicht ist auch das möglich, wir wüßten Wege, den Himmel gnädig zu stimmen oder den Glücksritter zu motivieren.

B: Wenn das Ziel auch noch so toll ist, den Weg dahin nimmt mir meistens doch keiner ab.

A: Vielleicht doch.

B: Es wäre aber schade, denn gerade der Weg ist es, bei dem ich am meisten erlebe und lerne. Viele Menschen sagen auch „Der Weg ist das Ziel" und sind gar nicht so auf den Endpunkt fixiert.

A: Aber Bernard, einmal getragen zu werden, kann auch ganz schön sein.

B: So gesehen hast Du natürlich recht.

Motive hinter den Zielen

A: Bernard, manche Menschen haben sehr strenge, durchaus positive Ziele, aber ich habe den Eindruck, daß dahinter auch Angst steckt, zu versagen.

B: Eine gute Beobachtung. Häufig gibt es eine andere, nicht ausgesprochene Seite hinter den Zielen. Wenn wir diese Seite ansprechen würden, könnte sich herausstellen, daß wir etwas vermeiden wollen, wie zum Beispiel: zu versagen, arm zu sein, abgelehnt zu werden, nicht dazu zu gehören. Ein Mensch, dessen oberstes Ziel Unabhängigkeit und Selbständigkeit ist, kann dahinter seine Angst vor Nähe verbergen.

A: Ein Mensch, der Macht über andere anstrebt, will vielleicht den Kontakt mit seiner eigenen Unsicherheit vermeiden.

B: So etwas ist verständlich, wird aber dann problematisch, wenn das Vermeiden schwieriger Erfahrungen der Hauptinhalt wird - und wenn wir genau das auch noch verdrängen.

A: Dann können uns unsere Ziele daran hindern, unsichere Gebiete unseres Lebens anzuschauen und zu verändern. Das bloße „aus dem Weg gehen" läßt nämlich dort meist alles beim alten.

B: Wenn wir nicht nur das Ziel, sondern auch die Ausgangssituation, aus der heraus es formuliert wird, vielleicht sogar die Vergangenheit, mitbetrachten, dann erkennen wir, daß Vorerfahrungen und Ziele eng zusammenhängen und manchmal ausgerechnet die gewählten Ziele einseitige Persönlichkeitsmuster verstärken, anstatt sie ins Gleichgewicht zu bringen. Derartige systematische Zusammenhänge zu erforschen ist die Aufgabe von Therapeuten und Beratern.

A: Es ist also gar nicht immer sinnvoll, sich Ziele zu setzen?

B: Keinesfalls. Oft ist es ebenso wichtig, sich vom Fluß des Lebens treiben zu lassen, spontanen Eingebungen zu folgen oder sich einfach auf Entdeckungsreisen zu begeben.

A: Es geht also wieder um Balance: zwischen Zielorientierung und Treibenlassen.

B: Zwischen Struktur und Intuition, zwischen Aktivität und Passivität, zwischen Führen und Geführtwerden. Erst in diesem größeren Zusammenhang finden Ziele ihren wertvollen Platz.

A: Wer unter zu großem Streß leidet, sich von Aufgaben und Terminen getrieben fühlt, für den können Ziele nur „ein mehr des gleichen" sein anstatt einer Bereicherung des Lebens.

B: Wenn ich ein Ziel nicht zu eng und konkret, sondern noch vage und offen formuliere, dann kann das sehr helfen: Es gibt dann eine Richtung, vielleicht eine Vision, aber wie und wann ich dorthin gelange, das bleibt meiner Intuition überlassen.

A: Und es ist Raum für Überraschungen und Offenheit für alles, was mir unterwegs begegnet.

Fragen

Meta-Modell *Ressourcen*

RHETORIK

Umdeuten

Austausch

Sicht der Welt

Teil II
Austausch und Veränderung

Teil II: Austausch und Veränderung

1. Das Meta-Modell der Sprache

A: Bisher haben wir viel über die sinnlich spezifische Ausdrucksweise gesprochen - auch darüber, wie wir danach fragen können, was ein Mensch sieht, hört oder fühlt. Und wie wir dadurch alles konkreter und nachvollziehbarer machen können. Gibt es noch mehr, worauf es beim Fragen ankommt?

B: Damit kommen wir schon weit. Aber eben nicht überallhin. Denn wie im ersten Teil erwähnt, ist die Sprache voller ungeprüfter Verallgemeinerungen, andere Informationen fehlen dafür und anderes, was gesagt wird, ist schlichtweg nur Vermutung oder Phantasie.

A: Konsequentes Nachfragen bedeutet dann, wie ich jetzt weiß, die vollständige Information wieder hervorzulocken, von der Oberflächenstruktur zur Tiefenstruktur zu kommen.

B: Nicht immer brauchen wir bis auf den Grund zu gehen. Es kommt darauf an, welche Informationen wir in Erfahrung bringen möchten. Dies sind in der Therapie sicher andere Zusammenhänge als wenn es um eine Wegbeschreibung geht. Denn in Beratung und Therapie geht es nicht allein um das eigene Informationsbedürfnis oder um unsere Neugier. Meist geht es zuerst darum, dem Klienten dabei zu helfen, selbst seine häufig bruchstückhaften Erinnerungen und Wahrnehmungen zu sammeln und zu sortieren.

A: Und wie lerne ich, auch in schwierigen Fällen richtig gut nachfragen zu können?

B: Hierfür gibt es ein Sprachmodell, es wird Meta-Modell genannt, und geht auf die Arbeit des Linguisten Noam Chomsky und seine Transformationsgrammatik zurück. Es enthält eine Vielzahl von sinnvollen Fragen, um konkrete Erfahrungen und Informationen zu gewinnen. „Meta" heißt wiederum, etwas aus einer dahinterliegenden Sicht zu betrachten - in diesem Fall die gesprochene Sprache. Wir ubetrachten hierbei die Beziehung zwischen dem, was gesagt wird und dem, was eigentlich inhaltlich vollständig gesagt werden könnte. Und es bleibt nicht beim Betrachten: Wir nutzen eine Vielzahl von Fragen, die es ermöglichen, fehlende Information zurückzugewinnen, Verallgemeinerungen zurückzunehmen und unüberprüfte Vermutungen zu hinterfragen. Entsprechend diesen drei Zwecken sind die Fragen gruppiert, wobei jede Gruppe wiederum mehrere Untergruppen aufweist.

A: Laß es uns an Beispielen zeigen.

B: Gleich. Wir stellen die Fragen anhand von Ausschnitten aus drei Gesprächen vor. Die Fragen sind systematisch nach Hauptgruppen und Untergruppen geordnet. Am Ende jedes Dialogs faßt die Fragestellerin die über die Fragen herausgearbeitete Tiefenstruktur zusammen.

Hauptgruppe Tilgungen

Wenn Informationen fehlen

Lauschen wir dem Gespräch der Beraterin Sabine mit der zwölfjährigen Schülerin Rita.

Untergruppe: Reine Tilgung

Es geht darum, die fehlenden Informationen hinzuzugewinnen.

Rita: *Ich freue mich...*
Sabine: *Worüber freust Du Dich?*
Rita: *Daß ich anfangen kann.*
Sabine: *Womit?*
Rita: *Mich nicht mehr zu fürchten.*
Sabine: *Wovor?*
Rita: *Zu sprechen.*
Sabine: *Wovon?*
Rita: *Von meinen Gefühlen.*
Sabine: *Zu wem?*
Rita: *Zu meinem Freund - und das tut gut!*
Sabine: *Wem?*
Rita: *Mir und ihm.*
Sabine: *Toll, es beginnt Dir also immer leichter zu fallen, zu Deinem Freund von Deinen Gefühlen zu sprechen - und das tut Euch beiden gut.*

Untergruppe: Tilgung eines Vergleichs

Wir wollen herausfinden, womit etwas verglichen wird.

Rita: *Sprechen fällt mir jetzt schon viel leichter.*
Sabine: *Als wann?*
Rita: *Als vor einem Jahr. Es ist auch interessanter.*
Sabine: *Als was?*
Rita: *Als nur zuzuhören. Die „Backstreet Boys" sind die Besten.*
Sabine: *Die Besten wovon?*
Rita: *Von allen, die ich gern höre. Sogar besser als „East 17".*
Sabine: *Überhaupt fällt es Dir schon viel leichter zu sprechen als vor einem Jahr, und das ist für Dich auch interessanter, als immer nur zuzuhören.*
Auch Musik hörst Du gerne, am besten gefallen Dir die „Backstreet Boys", sogar noch besser als „East 17".

69

Untergruppe: Unspezifische Bezugsworte

Wir wollen wissen, wer oder was gemeint ist.

Rita: *Etwas hat sich verändert.*
Sabine: *Was ist dieses „Etwas"?*
Rita: *Jemand mag mich.*
Sabine: *Wer ist denn dieser Jemand?*
Rita: *Das ist mein Freund, der hat einiges drauf.*
Sabine: *Was hat er denn drauf?*
Rita: *Musik machen und Fußballspielen. Manche Sachen machen wir auch zusammen.*
Sabine: *Welche Sachen denn?*
Rita: *Zum Beispiel Radfahren oder Eis essen.*
Sabine: *Und noch was?*
Rita: *Spazierengehen, an der Hand und sprechen.*
Sabine: *Du hast jetzt einen guten Freund, der Dich mag und der außerdem einiges drauf hat, wie Musik machen und Fußballspielen. Und Du kannst mit ihm auch einiges zusammen machen, wie Radfahren, Eis essen und Hand in Hand spazierengehen.*

Untergruppe: Unspezifische Verben

Es wird gesagt, daß etwas geschieht, aber wir möchten wissen, wie das geschieht.

Rita: *Der Deutschlehrer hat mich für meinen letzten Aufsatz gelobt.*
Sabine: *Wie hat er das getan?*
Rita: *Er hat vor der ganzen Klasse gesagt, daß ich mich am natürlichsten ausgedrückt habe.*
Sabine: *Wie hast Du Dich ausgedrückt, daß es so natürlich war?*
Rita: *Ich habe geschrieben, wie ich etwas erlebt habe.*
Sabine: *Und wie hast Du etwas erlebt?*
Rita: *Ich habe Bilder gesehen und innerlich Stimmen gehört.*
Sabine: *Was haben die Stimmen gesagt?*
Rita: *Das steht genau in dem Aufsatz, lies mal.*
Sabine: *Dein Deutschlehrer hat Dich vor der ganzen Klasse dafür gelobt, daß Du in Deinem Aufsatz so geschrieben hast, wie Du etwas erlebt hast, mit Deinen inneren Bildern und Stimmen. Das ist ja toll!*

Untergruppe: Nominalisierungen

Wir wollen wissen, welche Aktivität sich hinter einem Substantiv versteckt.

Rita: *Ich habe wieder Hoffnung.*
Sabine: *Worauf kannst Du hoffen?*
Rita: *Auf eine Lösung.*
Sabine: *Was soll sich lösen?*
Rita: *Das Problem.*
Sabine: *Was war bisher problematisch für Dich?*
Rita: *Das mit dem Erfolg.*
Sabine: *Warst Du bisher nicht erfolgreich?*
Rita: *Doch, aber durch Anpassung.*
Sabine: *Woran hast Du Dich angepaßt?*
Rita: *An die Erwartungen der Lehrer.*
Sabine: *Was haben sie von Dir erwartet?*
Rita: *Nachahmung.*
Sabine: *Was solltest Du nachahmen?*
Rita: *Die Übungsbeispiele.*
Sabine: *Welche Beispiele hatten sie Euch denn gegeben?*
Rita: *Die aus dem Buch.*
Sabine: *Und was hat sich geändert?*
Rita: *Jetzt habe ich Erfolg durch Natürlichkeit.*
Sabine: *Jetzt hast Du erlebt, daß Du nicht deshalb erfolgreich bist, weil Du alles wie in den Beispielen im Buch gemacht hast, sondern weil Du es so gemacht hast, wie Du es empfunden hast. Das heißt natürlich. Und deshalb weißt Du, daß Du auch zukünftig mit Deiner natürlichen Art erfolgreich sein kannst.*

Hauptgruppe Verallgemeinerungen

Wenn der Gültigkeitsbereich fraglich ist.

Lauschen wir dem Gespräch der Sekretärin Frau Prolog mit dem Bereichsleiter Herrn Burg in einem bedeutenden deutschen Unternehmen.

Untergruppe: Universalbegriffe

Ist im Leben alles wirklich immer so?

Herr Burg: *Sie kommen immer zu spät.*
Frau Prolog: *Wirklich immer?*
Herr Burg: *Na, jedenfalls jetzt schon das zweite Mal. Da kann ich ja gleich alles alleine machen.*
Frau Prolog: *Meinen Sie wirklich alles?*
Herr Burg: *Mir hilft ja sowieso keiner.*
Frau Prolog: *Gibt es nicht einen Menschen, der Ihnen hilft?*

71

Herr Burg: Klar, Sie helfen manchmal, haben gestern vier Überstunden gemacht. Aber mich belastet alles so.

Frau Prolog: Was ist es denn genau, was Sie belastet?

Herr Burg: Daß ich mit nichts klarkomme.

Frau Prolog: Mit gar nichts? - Womit genau kommen Sie denn nicht klar?

Herr Burg: Daß mich nie jemand versteht.

Frau Prolog: Das kann ich gut verstehen.

Herr Burg: Oh, Sie sind der erste Mensch, der mich seit Jahren versteht.

Untergruppe: Notwendigkeiten und Unmöglichkeiten

Uns interessiert, welche Absichten, Gründe und Alternativen es gibt.

Herr Burg: Wir dürfen uns keine Stillstandszeiten erlauben.

Frau Prolog: Was würde sonst passieren?

Herr Burg: Sonst könnten wir unsere Produkte nicht mehr absetzen.

Frau Prolog: Was kann uns daran hindern, dies zu tun?

Herr Burg: Die Konkurrenz wäre vor uns am Markt und würde uns das ganz Geschäft wegnehmen.

Frau Prolog: Was hindert uns daran, rechtzeitig da zu sein?

Herr Burg: Unsere Produktionskapazität ist zu gering.

Frau Prolog: Haben wir da nicht die Möglichkeit, zu erweitern?

Herr Burg: Das würde Stillstandszeiten bedeuten. Und die dürfen ja nicht sein.

Frau Prolog: Was passiert, wenn sich der Kreislauf so weiter dreht?

Herr Burg: Dann steht irgendwann alles still.

Frau Prolog: Was würde passieren, wenn wir jetzt weniger absetzen, aber erneuern?

Herr Burg: Dann sind wir im nächsten Jahr fit gegen die anderen - aber dieser Stillstand heute!

Frau Prolog: Was hindert uns, mit den anderen zu kooperieren?

Herr Burg: Unser Denken und deren Denken.

Frau Prolog: Und wenn wir darin investieren und es erneuern?

Herr Burg: Interessant!

Untergruppe: Allgemeinplätze, Zitate

Was wir von anderen übernommen haben, sitzt manchmal tief und an der falschen Stelle.

Herr Burg: *Ich bin erschöpft, aber wer rastet, der rostet.*

Frau Prolog: *Wer hat das gesagt und für wen gilt das?*

Herr Burg: *Mein Vater hat das immer gesagt. Und ich glaube, er meinte die, die sich nie bewegen.*

Frau Prolog: *Aha, dann sollten wir jetzt aber von unseren Schreibtischen weg - und endlich mal wieder ein bißchen laufen.*

Herr Burg: *Geht nicht, wir müssen zuerst alles schaffen, denn wer zuerst kommt, mahlt zuerst.*

Frau Prolog: *Wer sagt das, und für wen gilt das?*

Herr Burg: *Ich weiß nicht. Das muß was mit Korn und Mühlen und Mehl zu tun haben. Keine Ahnung, wo ich das her habe.*

Frau Prolog: *Ja, und früher, als das Essen knapp war, hat die Mutter danach angestanden. Vielleicht paßt das ja gar nicht zu unserer Sache.*

Herr Burg: *Sondern?*

Frau Prolog: *Gut Ding will Weile haben, denn wer zuletzt lacht, lacht am besten.*

Herr Burg: *Das klingt gar nicht schlecht.*

Hauptgruppe: Konstruktionen, unüberprüfte Vermutungen

Ist das wirklich so?

Hier ein Beratungsgespräch mit einer Klientin, die Beziehungskonflikte hat.

Untergruppe: Gedankenlesen

Vermuten kann jeder, aber was hält einer Überprüfung stand?

Klientin: *Paul akzeptiert mich nicht.*

Beraterin: *Woher wissen Sie das?*

Klientin: *Er schlägt immer die Augen nieder, wenn ich von meinen Ansprüchen an die Beziehung spreche.*

Beraterin: *Haben Sie schon einmal die Augen niedergeschlagen, wenn jemand Ansprüche an Sie anmeldete?*

Klientin: *Klar, weil mir das peinlich war und ich mich kritisiert fühlte.*

Beraterin: *Könnte es sein, daß es Paul auch so geht?*

Klientin:	*Oh, dann hätte das gar nichts mit dem Akzeptieren zu tun. Aber er denkt zu oft an seine erste Frau.*
Beraterin:	*Woher wissen Sie das?*
Klientin:	*Das hat er mir gesagt.*
Beraterin:	*Hat er auch gesagt, daß es zu oft für ihn ist?*
Klientin:	*Nein, nur ab und zu, sagt er, um diesmal alles besser zu machen.*
Beraterin:	*Glauben Sie ihm das?*
Klientin:	*Natürlich nicht, wahrscheinlich vermißt er sie.*
Beraterin:	*Woher wissen Sie, daß Sie ihm nicht viel lieber sind?*
Klientin:	*Weil ich ihn so viel kritisiere.*
Beraterin:	*Sagt er das?*
Klientin:	*Nein, das denke ich. Wenn ich mit jemandem zusammen wäre, der mich so viel kritisiert, würde ich am liebsten weglaufen.*
Beraterin:	*Ist er genauso wie Sie?*
Klientin:	*Zum Glück nicht, sonst wäre ich ja schon weggelaufen.*
Beraterin:	*Möchten Sie etwas anderes tun, als ihn so viel zu kritisieren?*
Klientin:	*Deshalb bin ich ja hier.*
Beraterin:	*Aha!*

Untergruppe: Bedeutungszuordnungen

Bedeutungen sind schneller zugeordnet als überprüft.

Klientin:	*Daß er so zurückhaltend ist, finde ich feige, und daß ich ihn dafür kritisiere, finde ich schlecht.*
Beraterin:	*Wie kommen Sie darauf, daß das eine feige ist und das andere schlecht?*
Klientin:	*Weil ich so traurig bin, daß es nicht klappt.*
Beraterin:	*Was sollte klappen?*
Klientin:	*Daß wir ganz ehrlich zueinander sein können.*
Beraterin:	*Dann ist Ihr Kritisieren nicht wirklich ehrlich?*
Klientin:	*Genau, denn eigentlich bewundere ich ihn.*
Beraterin:	*Wofür?*
Klientin:	*Daß er soviel aushält.*
Beraterin:	*Was bedeutet sein Aushalten denn?*
Klientin:	*Ich glaube, daß ich ihm wohl viel bedeute.*
Beraterin:	*Können Sie es ertragen, einem Mann viel zu bedeuten?*

Untergruppe: Ursache - Wirkung

Die Vorstellungen über die Mechanismen des Lebens sind oft einseitig.

Klientin: *Wenn ich jemandem viel bedeute, dann verliere ich meine Freiheit.*

Beraterin: *Wie kann denn Ihre Bedeutung für einen anderen Menschen Ihnen die Freiheit rauben?*

Klientin: *Dann erwartet der sehr viel von mir und ich muß es ihm recht machen.*

Beraterin: *Hat denn Zuneigung für einen anderen automatisch zur Folge, daß wir viel von ihm haben wollen?*

Klientin: *Mein Vater hat immer gesagt, daß er mich lieb hat und daß ich deshalb nie von ihm weggehen darf.*

Beraterin: *War seine Begründung ganz ehrlich oder hat er etwas nicht gesagt?*

Klientin: *Ja, daß er mich braucht, weil er sonst ganz alleine wäre.*

Beraterin: *Deshalb also, nicht wegen seiner Liebe zu Ihnen, sollten Sie Ihre Freiheit aufgeben.*

Klientin: *Geliebt werden und gebraucht werden sind also zweierlei! Dann werfe ich das nicht mehr in einen Topf. Mit jedem einzelnen kann ich umgehen, bloß diese automatische Verknüpfung hat mich verrückt gemacht.*

Beraterin: *Braucht Ihr Freund Sie auch so?*

Klientin: *Er könnte viele andere Frauen haben. Sogar viel hübschere. Ich hab keine Ahnung, weshalb er mich mag... Ohne Not geliebt zu werden, ist wirklich neu.*

Beraterin: *Ist es befreiend, etwas Neues zu entdecken?*

Klientin: *Und wie!*

Untergruppe: Vorannahmen

Wenn einfach etwas vorausgesetzt wird, das sich zu überprüfen lohnt.

Klientin: *Wenn er wüßte, wie schwierig Ehrlichkeit für mich ist, dann würde er es mir nicht so schwer machen.*

Beraterin: *Woher wissen Sie, daß er's nicht weiß?*

Klientin:	Äh... das war eigentlich nur eine Vermutung.
Beraterin:	Ist Ehrlichkeit wirklich jetzt noch schwer für Sie?
Klientin:	Nach dem Gespräch scheint sie wesentlich leichter zu sein.
Beraterin:	Macht er's Ihnen wirklich schwer?
Klientin:	Genau genommen hat er's mir sogar leicht gemacht. Er hielt sich zurück und hat mir den Raum und die Zeit gegeben, die ich brauchte. Irgendwie hat er mich sogar verstanden.
Beraterin:	Ich wünsche Ihnen noch viele gute Erfahrungen.

B: Soweit unsere Fallbeispiele.

A: Ehrlich gesagt, Bernard, ich habe ganz die Inhalte mitverfolgt und gar nicht auf die Fragen geachtet, die Du damit zeigen wolltest.

B: Deshalb laß uns noch einmal alle Fragen zusammenfassen:

Wir beginnen mit Tilgungen - erfragt wird das, was nicht gesagt wurde.

- *was? wann? wo? womit? wann?*
- *wer? wem? wen? von wem? mit wem? für wen?*
- *worüber? woher? wofür? wohin? wovor?*

Tilgungen des Vergleichs - erfragt wird der Vergleichsmaßstab.

- *im Vergleich wozu?*
- *mehr? besser? schöner? wertvoller... als was? als wer?*
- *in bezug worauf?*

Unspezifische Bezugsworte - erfragt wird, was damit gemeint ist.

- *was genau? wer genau? welche genau?*
- *Was meinst Du damit? Was verstehst Du darunter?*

Unspezifische Verben - erfragt wird der genaue Ablauf.

- *wie genau? Wie geschieht das? Wie erlebst Du das?*
- *auf welche Art und Weise?*
- *Was tust Du genau? Was tun andere? Wie machst Du das?*

Nominalisierungen - erfragt wird der Prozeß, der sich hinter einem Begriff verbirgt - und alles, was der Begriff über diesen Prozeß nicht sagen konnte.

- *was geschieht?* (Hier wird das jeweilige Substantiv in ein Verb verwandelt.)
- *In welcher Weise geschieht es?*

- *wofür? für wen?*
- *in welchem Zusammenhang?*

Universalbegriffe - wir wollen die Allgemeingültigkeit relativieren und Gegenbeispiele finden.

- *Ist das immer so? alle? jeder?*
- *Wann ist es nicht so?*

Unmöglichkeiten und Notwendigkeiten - erfragt wird, was hinter den scheinbaren Grenzen liegt.

- *Was würde passieren, wenn...?*
  Was hindert Dich?
- *Was wäre statt dessen möglich?*

Allgemeinplätze und Zitate - werden sie wirklich sinnvoll verwendet?

- *Wer sagt das? Für wen gilt das?*
- *Gilt das auch für Dich?*
- *Könnte das auch anders sein?*
- *Wem nutzt das?*

Gedankenlesen - wir wollen die Herkunft von Vermutungen über Menschen erkunden.

- *Woher weißt Du das?*
- *Woran erkennst Du das?*
- *Könnte dies auch etwas anderes bedeuten?*
- *Hast Du gefragt?*
- *Reagierst Du auch manchmal so?*
- *Kannst Du es bei Dir selbst anders verstehen?*
- *Wie würdest Du es an der Stelle des anderen erleben?*

Oft liegt die Herkunft in der Vergangenheit:

- *An wen erinnert Dich die Person?*
- *Was hast Du damals erlebt?*

Bedeutungszuordnungen - wir wollen die Wahl der Interpretation bewußtmachen.

- *Was bedeutet das für Dich?*
- *Könnte es auch etwas anderes bedeuten?*
- *Wer bestimmt, daß es dies bedeutet?*
- *Wie kommst Du auf diese Bedeutung?*
- *Muß das eine dem anderen entsprechen?*

Ursache-Wirkung - wir wollen die Vorstellungen von den Abhängigkeiten des Lebens erforschen.

- *Wie kommst Du darauf? Wie kann das eine das andere
  bewirken?*

77

- *Wodurch ist das eine vom anderen abhängig?*
- *Beschreib' bitte im Detail, wie das geschieht.*
- *An welcher Stelle gibt es andere Möglichkeiten?*
- *Gibt es Menschen, bei denen es anders ist?*
  Könnte es auch anders sein?
- *Was müßte sein, damit es anders wäre?*

Vorannahmen - wir wollen aufspüren, wo auf unsicherem Boden gebaut wird.

- *Wie kommst Du darauf, daß diese Vorannahme gilt?*
- *Ist das wirklich so? Hält das einer Überprüfung stand?*
- *Galt das nicht nur früher und ist heute ganz anders?*

A: Eine nützliche Zusammenfassung, zum Glück habe ich sie schriftlich. Mit der Vielzahl der möglichen Fragen habe ich natürlich die Qual der Wahl. Jeder Satz bietet mir mehrere Möglichkeiten, das eine oder das andere zu hinterfragen. Wann lohnen sich welche Fragen?

B: Im realen Gespräch werden unsere Partner die Sätze nicht in der Reihenfolge anbieten, die wir jetzt kennengelernt haben.

A: Am besten, ich besinne mich darauf, was ich jeweils erreichen möchte.

B: Voraussetzung für jedes Fragestellen ist, wie sonst auch, Vertrauen und Kontakt.

A: Auch der Wechsel zwischen Phasen des Zuhörens und des Fragestellens ist sicher wichtig.

B: Es ist nicht ausschlaggebend, jeden Satz zu hinterfragen, schon gar nicht, wenn bereits klar ist, was der Partner damit meint. Achtung und Respekt vor dem Partner gebieten das. Und in der Tat ist die Fähigkeit des Zuhörens sehr wichtig. Wir wollen den anderen weder verhören noch uns anmaßen, alles besser zu wissen. Mit diesem Vorwissen aber können wir es durchaus wagen, Fragen zu stellen. Fragen, die beide bereichern.

A: Gibt es dafür eine sinnvolle Abfolge?

B: Hier ist sie:

> **Der erste Schritt** ist es meist, zunächst einmal alle Informationen einzuholen, die Du selbst brauchst, um den Partner zu verstehen. Dazu gehören Fragen nach der Situation und nach dem Zusammenhang, von dem die Rede ist. Es ist hilfreich, wenn Du Dir hier vorstellst, Du seiest eine Journalistin, die einen genauen Bericht über das, was geschehen ist, erstellen will. Besser noch eine Filmemacherin, die all das in einem Film darstellen möchte: den Ort, die Zeit, die Beteiligten, alles, was zwischen ihnen geschieht.

Der zweite Schritt, und hier geht es um die Hintergründe des Geschehens, besteht darin, herauszufinden, was Dein Hauptdarsteller der Geschichte innerlich erlebt, denkt, konstruiert - und wie er darauf kommt.

Dadurch wird häufig verständlich, warum die Geschichte gerade in dieser Weise verläuft. Während des ganzen Prozesses wird Deinem Gesprächspartner sicherlich auch mehr von sich selbst klar, über das eigene Erleben, über das, was geschieht und über die eigenen Gedanken dazu. Hier kannst Du alles, was verallgemeinert ausgesprochen wird, auf konkrete Situationen zurückführen. Mit den konkreten Erfahrungen kommt auch hinter den Worten wieder das wirkliche Leben hervor.

Der dritte Schritt, und den sollten wir nur gehen, wenn wir auch die Erlaubnis dazu haben, besteht darin, solche und nur solche Vorstellungen des Partners stärker zu hinterfragen, die ihn in seinen Wahlmöglichkeiten für die Lebensgestaltung einschränken, mit denen er sich vielleicht im Kreise dreht. Dieses Hinterfragen besteht darin, herauszufinden, wie seine Vorstellungen entstanden sind - und neue Möglichkeiten zu zeigen, die Welt zu erforschen und zu interpretieren. Allein die Idee, „Es könnte auch anders sein", setzt schöpferisches Potential und Wachheit für die Gegenwart frei. Mit der Entdeckung der Herkunft vieler einschränkender Vorstellungen können diese in den Zusammenhängen verstanden und verarbeitet werden, auf die sie sich beziehen, und werden nicht unreflektiert auf neue Situationen übertragen. Hier öffnen sich zahlreiche Anwendungen für Beratung, Coaching und Therapie.

Noch etwas: Manchmal kann eine treffende Frage alles in ein neues Licht stellen. Aber oft sind viele Fragen und Antworten nötig, bis die entscheidende Frage gefunden ist.

A: Wo kann ich die Meta-Modell-Fragen noch gebrauchen?

B: Wir haben es bereits im ersten Teil angesprochen: Nicht nur im Gespräch mit anderen, sondern auch in unserem eigenen inneren Dialog. Im Gespräch mit uns selbst lohnt es sich oft, nachzufragen. Wie viele meiner geistigen Konzepte haben wirklich Grund und Boden - wie viele sind reine Verallgemeinerungen oder Phantasien? Welche Erfahrungen liegen meinen Gedanken zugrunde? Welche neuen Wahlmöglichkeiten habe ich, die Welt zu sehen?

A: Wichtig ist auch diese Frage: Übertrage ich unüberprüft etwas auf andere Menschen oder andere Situationen?

B: Nachfragen hilft mir auch, mich vor Manipulationen zu schützen. Zum Beispiel könnten viele Politiker, Autoritäten, Händler und Wissensbesitzer jeder Art ab und zu eine Fragestunde gebrauchen. Gute Journalisten haben ein Gefühl dafür.

A: Sogar wenn wir keine Antwort erhalten, weil die Worte aus dem Fernseher oder der Zeitung kommen, schützen uns Fragen davor, Dinge unüberprüft in uns einsickern zu lassen.

B: Besonders dann, wenn Menschen aus unterschiedlichen Motiven allzu schnell zu wissen glauben, was gut und richtig für uns ist. Denn bei den Dingen, die uns selbst betreffen, brauchen wir meist weniger die Antwort von außen als unsere eigene - von innen. Und dafür brauchen wir keine Erklärungen von anderen.

A: Das Hinterfragen mit dem Meta-Modell kann also verschiedenen Zwecken dienen, einerseits dem Herausarbeiten genauerer oder in der Sprache verborgener Informationen, aber auch dem in-Frage-stellen dessen, was da formuliert wird.

B: In beiden Fällen werden die zugrundeliegenden Bezugserfahrungen erforscht und zurückgewonnen. Im Beratungsgespräch ist es für den Klienten oft ein großer Schritt vorwärts, auf diese Art seine eigenen, in der Sprache verlorengegangenen Bezugserfahrungen wiederzuentdecken. Es ermöglicht ihm, neue Zusammenhänge zu erkennen und eingrenzende Verallgemeinerungen loszulassen.

2. Vom Zuhören, Schweigen und Werten

A: Wer fragt und Antworten erhält, sollte auch zuhören können, oder nicht? Was macht gutes Zuhören aus?

B: Ein Glück, daß Du das ansprichst, denn diese Fähigkeit wird oft übergangen - und manche schnellen Fragesteller haben nicht mal die Zeit, eine Antwort abzuwarten. Gutes Zuhören beginnt mit der Wertschätzung der Person, die zu Dir spricht, mit einem Interesse daran, was sie Dir sagen will. Neben diesen Voraussetzungen gehört zum Zuhören das Nachfragen - immer da, wo Du etwas nicht verstehst. Aber auch das kurze Wiederholen, das Paraphrasieren dessen, was Du verstanden hast, ist hilfreich. So könnt Ihr beide überprüfen, was angekommen ist.

A: Also, Du meinst, einfach mit eigenen Worten das Gehörte noch einmal kurz zu wiederholen.

B: So, wie Du es gerade getan hast, Annelie. Aktives Zuhören heißt zudem, die Worte und den ganzen Menschen auf sich wirken zu lassen - und das auch zu zeigen - so daß der Partner sich in Kontakt weiß und erkennen kann, was er auslöst. Dazu gehören Gesten, Nicken, Mimik - Sichtzeichen der Beteiligung. Ich sehe gerade, wie Du nickst, Annelie.

A: Es ist sicher auch wichtig, dem anderen genügend Raum und Zeit zu geben, sich darzustellen und auszudrücken.

B: Das erst ermöglicht Verbindung. Wir können dabei aber auch bemerken, was jemand nicht ausspricht, vielleicht weil er sich dessen nicht bewußt ist. Vielleicht gibt es auch Dinge, die jemand nicht sagt, weil das Vertrauen noch fehlt, weil die Höflichkeit oder auch eine Scheu es ihm nicht erlauben. Hier ist es keinesfalls immer angebracht, alles zu hinterfragen. Gerade diese Sensibilität macht den guten Zuhörer aus.

A: Und wenn ich jemandem nicht zuhören mag, weil er mich langweilt oder weil ich etwas ganz anderes tun will?

B: Dann hilft aus meiner Erfahrung nur eines: sei ehrlich, mache es deutlich - und zeig Deine darin liegende eigene Unvollkommenheit und Deine anderweitigen Bedürfnisse, damit er oder sie Dich versteht und sich selbst gleichzeitig okay fühlen kann. Einen Menschen zu enttäuschen ist manchmal sogar wichtig für ihn, hilft ihm, mehr zu lernen, als würde er alles gleich bekommen.

A: Manchmal ist es auch gut, einfach miteinander zu schweigen.

B: Ich kann mir vorstellen, an welche Situationen Du denkst, aber das sind nur meine Vermutungen. In einem Lied heißt es: „Meine Art, Liebe zu zeigen, ist einfach schweigen. Worte zerstören, wo sie nicht hingehören." - Und so banal es klingen mag, ist da, wo es um emotionale Tiefe und Austausch geht, Schweigen besser als jede Erklärung. Wir kommunizieren auf so vielen Ebenen - und indem die verbale verstummt, haben die anderen Raum, sich zu zeigen.

A: Umgekehrt reden wir oft wie aufgezogen, nur um nicht still sein zu müssen und das, was dann geschieht, auszuhalten.

B: Wir gehen Erfahrungen aus dem Weg, weil wir vielleicht Schönes nicht annehmen können, oder aber Spannungen und Mißstimmungen nicht deutlich werden lassen wollen. Wir zerreden, vertuschen und lenken ab - oder schweigen hilflos.

A: Schweigen kann uns auch helfen, erst einmal Abstand zu finden und etwas innerlich zu verarbeiten. Schwierig ist es nur, wenn Schweigen als Ausdruck von Beleidigtsein, von Strafe oder Ablehnung eines anderen dient.

B: Das ist ein Weg, sich dem Partner zu verweigern - nur leider erfährt er auf diese Art meist nicht, warum und wofür. Beide haben, so lange das währt, auch keine Möglichkeit, neue Wege zu suchen oder Mißverständnisse aufzuklären, sondern der letzte Konflikt schwelt innerlich weiter.

A: Damit werden dann Bewertungen und Schuldzuweisungen ausgedrückt. Warum bewerten wir uns eigentlich so oft im Leben?

B: Schuldzuweisungen und Bewertungen sind eine Form, Bedürfnisse zeigen zu können und dennoch brav und gerecht zu erscheinen. Uns wurde eingetrichtert, unsere eigenen Gefühle zu unterdrücken und statt dessen unsere Umgebung in gut oder böse, richtig oder falsch zu unterteilen. Statt von unserer Verletzlichkeit, unseren Empfindungen oder Wünschen zu sprechen, teilen wir dann lieber anderen mit, daß sie gut oder schlecht sind, richtig oder falsch liegen, so oder so sein sollten.

A: Ja, es war für mich ein langer Weg, zu lernen, von mir zu sprechen, statt andere zu bewerten. Er hat mich bescheidener, aber auch erkennbarer gemacht. Ich sage heute viel leichter: ich bin traurig..., ich freue mich..., ich bin verletzt..., ich bin zornig..., ich begehre... als vor einigen Jahren.

B: Ich kann ein Lied davon singen. In unserer Familie mußten wir immer ganz heilig sein, auf keinen Fall mal wütend oder so. Und trotzdem waren alle gereizt und der erhobene Zeigefinger war ein Standardsymbol. Es war befreiend, auch aggressiv sein zu dürfen - und gute Wege zu finden, das auszudrücken, ohne anderen zu schaden.

A: Davon hat jahrelang die Rock-Musik gelebt. Eine nächste Generation wird vielleicht die zarten Gefühle wiederentdecken.

B: Das wäre sehr schön. Ich habe nämlich später gemerkt, daß hinter Gefühlen von Zorn und Wut manchmal noch ganz andere Empfindungen liegen, wie Verletzlichkeit, Unsicherheit, Zartheit - solche, die garnicht zur geforderten Perfektion paßten, so daß ich sie zornig abwehrte. Aber erst indem ich auch sie innerlich annehmen konnte, wurden sie zu Quellen des Wachstums.

A: Was kann ich eigentlich tun, wenn ich mich von anderen bewertet und reglementiert fühle, aber auch nicht einfach weggehen möchte?

B: Darauf hören und darauf reagieren, was sie wirklich empfinden und suchen. Das ist nicht leicht, doch es lohnt. Auch andere werden sich verwandeln.

3. Kreatives Umdeuten

A: Ich habe gemerkt, daß manche Fragen, aber auch manche Antworten wichtige Lernprozesse in mir auslösen. Viele Zusammenhänge erscheinen in einem neuen Licht. Kannst Du mehr darüber sagen?

B: Gern. Dies ist der Einstieg in ein weites Feld, das sich damit befaßt, neue und verschiedene Sichtweisen auf das Leben zu ermöglichen: die Kunst des Umdeutens. Denn wenn wir Erfahrungen aus einer anderen Sichtweise betrachten, ändern sich unsere Gefühle, wir finden neue Perspektiven und Erkenntnisse. Ein Beispiel:

> B: Nenne doch mal etwas, womit Du in Deinem Leben
> unzufrieden bist.
> A: Ich bin häufig zu vorlaut.

Gut, diesmal will ich gar nicht genauer wissen, wie und wann das so passiert. Ich möchte Dich bitten, diese Eigenschaft aus verschiedenen neuen Sichtweisen zu betrachten, die ich Dir vorschlage:

> B: Könnte es sein, daß hinter Deinem Vorlautsein, auch
> wenn es Dir nicht so gut gefällt, eine wichtige gute
> Absicht steht? Daß Du damit etwas sehr Positives für
> Dich oder andere erreichen willst?
> A: Oh ja, ich möchte beteiligt sein, lebendig und spontan.
> Das sind alles tolle Sachen. Und ich bin klug, verstehe
> schnell. Da will ich natürlich nicht endlos warten. Das
> ist alles positiv.
> B: Gut, dann laß uns davon ausgehen, daß Dein Inneres
> diese guten Absichten hat und Dich deshalb häufig vor-
> laut sein läßt. Wäre es vielleicht möglich, diese gute
> Absicht auch anders zu verwirklichen als durch Vor-
> lautsein?
> A: Keine Ahnung.
> B: Laß mich Dir helfen. Wann in Deinem Leben ist eigent-
> lich das Vorlautsein besonders wichtig und auch pas-
> send?
> A: Wenn langweilige Leute endlos quatschen und mich für
> doof verkaufen wollen. Und es war auch ganz gut, als
> ich ein freches kleines Mädchen war und in der Schul-
> klasse für Stimmung gesorgt habe.
> B: Und wann ist Vorlautsein nicht so ganz das beste?
> A: Als reife Frau, noch dazu in eleganter Kleidung, wirkt
> das komisch. Noch mehr, wenn ich gar nicht weiß, wo-
> rum es geht, wenn ich damit jemandem das Wort ab-

schneide, den ich eigentlich sehr mag, oder wenn ich jemandem zu schnell sage, was ich denke, was er zu tun hat...

B: *Es gibt also Lebensumstände, in denen Vorlautsein durchaus ganz gut sein kann und andere, in denen das nun mal nicht das Beste zu sein scheint. Worauf kommt es denn in diesen anderen Umständen an?*

A: *Daß ich den anderen auch ihren Raum gebe, daß ich erst mal verstehe, dann rede - und daß ich sowas wie innere Ruhe habe. Ich hab es gar nicht nötig zu zeigen, wie klug ich bin. Ich will das ausstrahlen.*

B: *Diese Ausstrahlung würde das Vorlautsein also gut ersetzen. Weißt Du ganz tief innen, was Du kannst und was Du wert bist?*

A: *Heute durchaus, früher war ich sehr unsicher. Übrigens, ich merke, mein Inneres fängt gerade an zu lernen, worauf es ankommt. Und ich habe die Ahnung, daß ich Vorlautsein gar nicht mehr nötig habe. Danke schön.*

B: Fassen wir einmal zusammen, durch welche Fragen oder Botschaften wir Menschen zu neuen Sichtweisen verhelfen können. Das Gespräch hat einige davon enthalten:

Das erste Umdeuten:
Hinter Deinem Verhalten steckt eine gute Absicht. Als Frage formuliert: Liegt hinter Deinem Verhalten, bewußt oder unbewußt, eine gute Absicht?

Das zweite Umdeuten:
Du kannst Deine Absicht auf anderen Wegen verwirklichen. Als Frage: Kannst Du Deine gute Absicht auf andere Art und Weise verwirklichen? Hast Du kreative Ideen?

Das dritte Umdeuten:
Dein Verhalten ist oder war in bestimmten Lebensumständen sinnvoll und passend, in anderen weniger. Du brauchst es daher nur an der richtigen Stelle einzusetzen. Fragen dazu: Wann und wo in Deinem Leben hast Du das gelernt, oder wann und wo ist es das beste gewesen, was Du zur Verfügung hattest? Kannst Du heute für die anderen Bereiche, in denen es nicht ideal war, etwas Besseres finden? Hast Du etwas Passenderes zur Verfügung?

A: Das ist eine wertvolle Hilfe. Laß uns nun über ein Thema von Dir sprechen:

B: *Ich habe eine Glatze und deshalb bin ich unattraktiv.*

A: *Für mich bedeutet das gar nicht, daß Du unattraktiv*

> *bist, sondern es macht Dich sehr interessant und männ-*
> *lich. Es hat auch was Ehrliches, wie Du sie offen trägst*
> *und dazu stehst, ganz wie früher Yul Brunner, statt*
> *sich, wie Heino, zu tarnen. Und all das hat zur Folge,*
> *daß viele Frauen gern in Deiner Nähe sind.*
> B: *Oh!*
> A: *Denn sie sehen in Dir einen verwunschenen Prinzen,*
> *den es lohnt, wachzuküssen.*
> B: *Meinst Du das alles ernst?*
> A: *Schau mich doch an!*

B: Das mit dem Anschauen ist ein deutlicher Hinweis darauf, daß es nicht die Worte allein sind, die dafür sorgen, wie eine Botschaft ankommt. Der Zusammenhang, in dem sie gesprochen werden, ist ebenso wichtig, die Art und Weise, die Echtheit bestimmen, wie sie wirken.

A: Hast Du gemerkt, daß ich auch neue Formen des Umdeutens verwendet habe? Wir können sie gleich den vorherigen hinzufügen:

> **Das vierte Umdeuten:**
> *Das Ereignis hat eine ganz andere, eine positive Bedeu-*
> *tung. Als Frage: Könnte das nicht auch etwas Gutes bedeu-*
> *ten?*

> **Das fünfte Umdeuten:**
> *Der Sachverhalt hat positive Auswirkungen. Als Frage: Was*
> *wird dadurch jetzt oder später für Dich im Leben möglich?*

B: Jetzt haben wir fünf klassische Wege, etwas auf andere Art zu betrachten: die gute Absicht dahinter, neue Wege zu entdecken, passende und unpassende Kontexte erkennen, andere, positive Bedeutungen finden, positive Folgen herausfinden.

A: Am stärksten berührt mich so etwas, wenn ich selbst das Thema bin, wenn es um meine Identität oder um meine Zugehörigkeit geht. Und wenn diese plötzlich in einem neuen Licht erscheint.
Und ich glaube, auch die seelische Verarbeitung von gesundheitlichen Problemen ist ein wichtiges Gebiet, in welchem das Umdeuten viel bewirken kann.

B: Es gibt zahlreiche Bücher, die den psychischen Hintergrund von Krankheiten auf diese Art hinterfragen und unterschiedliche Antworten darauf geben. Die wichtigsten Antworten sind immer dabei jene, die aus Deinem Inneren kommen.

85

> A: *Jetzt ahne ich, was es mit meiner Migräne auf sich hat.*
> *Die kommt nämlich immer, wenn ich in dieser Abtei-*
> *lung sitze. Sie will mich vor etwas schützen.*

> B: *Wovor denn?*
> A: *Das behalte ich vorerst für mich, aber ich fasse den Mut, die Sache offen anzusprechen, und dann brauche ich die Migräne vielleicht gar nicht mehr.*

A: Gibt es noch mehr solcher Aussagen und Fragen, welche die Sichtweisen verändern?

B: Wir können all die bisherigen kombinieren und noch viele andere hinzunehmen.

> A: *Denk noch einmal an Deine Glatze Bernard und laß meine Worte innerlich wirken, ohne zu antworten:*
>
> *Nun betrachte Dich einmal mit den Augen eines anderen Menschen. Und zwar eines Menschen, der Dich liebt.*
>
> *Wie würde jemand, den Du bewunderst, damit umgehen?*
>
> *Wie wirst Du diese bisherige Schwierigkeit in 10 Jahren einschätzen, wenn Du wichtige Schritte auf Deinem Lebensweg gegangen bist?*
>
> *Vielleicht geht es Dir bei diesem Thema um etwas ganz anderes...*

B: Dein erster Satz hat schon alles in mir verändert. Die anderen konnte ich gar nicht so schnell verarbeiten.

A: Ich hab´s gemerkt, aber es war so schön, Dich dabei zu sehen, daß ich mich gar nicht bremsen konnte. Ich glaube, in der Praxis brauchen wir gar nicht viele verschiedene, sondern eine wirklich passende Umdeutungsbotschaft.

B: Besonders wenn es die richtige, das heißt zutreffende ist. Aber wir möchten unseren Lesern hier natürlich viele Wahlmöglichkeiten zeigen, wie diese eine aussehen könnte.

A: Kennst Du noch andere Umdeutungen, ich hätte da nämlich noch ein Thema. Ich bin immer ganz hilflos, wenn mir jemand einen Vorwurf macht, ich wäre nicht pünktlich, nicht ordentlich oder nicht rücksichtsvoll genug.

B: Laß es uns probieren. Aber in vertauschten Rollen. Dann kannst Du mich anklagen.

A: Endlich mal eine neue Rolle:

> A: *Bernard, Du bist furchtbar chaotisch, das geht doch nicht, Du müßtest richtig ordentlich sein und alles viel besser machen.*
> B: *Trifft das, was Du Dir von mir wünschst, auch auf Dich selbst zu?*
> A: *Natürlich, ich bin perfekt.*

> B: Ist das allgemeingültig, bist Du immer perfekt und ich immer chaotisch?
>
> A: Es ist gar nicht so leicht, in der Rolle zu bleiben: Natürlich ist das immer so.
>
> B: Gibt es kein einziges Gegenbeispiel? Ist Deine Anklage nicht auch ein bißchen ungeordnet?
>
> A: Ach weißt Du, es ist manchmal angebracht, wild zu sein.
>
> B: Finde ich auch.

A: Ich glaube, Vorwürfe machen wir immer dann, wenn wir an uns selbst etwas noch nicht zulassen, was jemand anderes sich erlaubt.

B: Das kann durchaus sein. Und Vorwürfe ändern meistens wenig, außer daß sich jemand schlecht fühlt - es aber trotzdem weiter macht.

A: Wenn ich wirklich etwas nicht zulassen will, dann ist handeln und Konsequenzen ziehen ein viel besserer Weg als ein Vorwurf.

B: Und vorbeugen ist besser als heilen: Von vornherein klären, was jeder Seite wichtig ist, was jeder erwartet - und wozu die Beteiligten in der Lage sind.

A: Es hat nämlich keinen Sinn, anderen vorzuwerfen, daß sie nicht so sind wie ich. Wenn ich aber mein eigenes Leben glücklich und erfüllt gestalte, brauche ich das auch gar nicht.

B: Und alles, was wir jetzt sprachen, waren auch sinnvolle Formen des Umdeutens.

A: Gibt es noch ganz andere?

B: In Lebensbereichen, wo es um die persönliche Weiterentwicklung, das bewußte Reflektieren der eigenen Erfahrungen geht, werden häufig die folgenden Formen angewandt.

> Er: Nun hat mich schon die vierte Frau verlassen.
>
> Sie: Was will Dir das zeigen?
>
> Er: Daß ich nicht mit Frauen umgehen kann.
>
> Sie: Was kannst Du daraus lernen?
>
> Er: Weiß nicht. Jetzt muß ich erst mal alles alleine machen.
>
> Sie: Was tut das für Dich?
>
> Er: Ich werde selbständig.
>
> Sie: Genau das ist vielleicht jetzt für Dich dran!

B: Du merkst, daß zahlreiche der Meta-Modell-Fragen von vorhin auch beim Umdeuten wieder auftauchen.

A: Können wir bestimmte Fragen und Botschaften auch einfach hintereinander stellen? - Zum Beispiel...

> Was ist Deine gute Absicht?
>
> Was ist die gute Absicht hinter dieser guten Absicht?

87

Was ist die gute Absicht hinter dieser guten Absicht? Usw.

B: Solches Fragen führt oft zu tiefgehenden Einsichten - erfordert Vertrauen und Offenheit. Ein anderes Beispiel:

Welche Folge hat das?
Was wird dadurch möglich?
Welche Auswirkungen hat dies wiederum?

A: Hast Du Vertrauen zu mir, Bernard?

B: Ja.

A: Dann laß uns einmal über etwas ganz Banales sprechen, etwas, das Du Dir aber wünschst.

B: *Ich möchte einen neuen Computer.*
A: *Was wird dadurch für Dich möglich?*
B: *Ich kann ganz komplexe Programme blitzschnell laufen lassen.*
A: *Und was ist das Gute daran?*
B: *Das bedeutet geistige Freiheit und Überblick und daß ich meine Gedanken in neuen Dimensionen darstellen kann.*
A: *Und was wird dadurch möglich?*
B: *Damit kriege ich Übersicht und Struktur in mein Leben.*
A: *Und was würde das für Dich tun?*
B: *Daß ich die richtigen Entscheidungen treffen kann, weil ich Orientierung im Leben habe.*
A: *Und wenn Dir das möglich wäre?*
B: *Dann würde ich Selbstsicherheit finden.*
A: *Und dann?*
B: *Wissen, daß ich meinen Gefühlen vertrauen kann.*
A: *Vielleicht kannst Du Deinem inneren Wissen schon heute vertrauen.*
B: *Das wäre das schönste Geschenk.*
A: *Du kannst es kostenlos bekommen. Von Dir selbst.*

B: Ist ja irre - und genau der umgekehrte Weg, den die Werbung zeigt. Was ich wirklich will, erweist sich als unabhängig vom Konsum. - Jetzt habe ich auch noch Geld gespart.

A: Ich habe einmal den Satz gehört: Du kriegst niemals genug von dem, was Du nicht wirklich willst. Das heißt, wenn die eigentliche Befriedigung ausbleibt, wirst Du sogar abhängig von etwas, versuchst es immer wieder.

B: Deshalb ist es gut, mich darauf zu besinnen, was ich wirklich will - und es mir auf viel einfachere Art zu erlauben und zu erfüllen.

4. Das Rhetorik-Modell

A: Laß uns nun die verschiedenen Möglichkeiten des Umdeutens zusammenfassen und an einem Beispiel darstellen.

B: Am besten, wir verwenden die bereits bekannten Umdeutungsformen in der gleichen Reihenfolge, wie wir sie eingeführt haben, fügen aber noch wichtige andere hinzu. Zusammen ergeben sie ein sehr hilfreiches Modell für die sprachliche Rhetorik und das dialektische Streitgespräch: Taufen wir es das Sinn-fonik-Modell. Sinn-fonik heißt für mich: Sinn gebendes Zusammenspiel. Dazu gehört auch eine Sammlung von Sprachmustern, die als „sleight of mouth-Modell" gelehrt werden, was soviel bedeutet wie „Gleitfähigkeit der Zunge".

A: Ich trage die Aussage dazu bei, anhand derer wir die Sprachmuster zeigen.

B: Es könnte eine einschränkende Überzeugung sein, die es sich lohnt, mit Hilfe des Umdeutens zu verändern.

A: Genauso eine habe ich. Sie lautet: „Wenn ich älter werde, dann werde ich auch schwächer und kränker." Das ist nicht meine Überzeugung, doch es macht mich traurig, wenn andere so denken und darunter leiden.

B: Der erste Schritt besteht darin, den Menschen, der uns diese Botschaft gibt, näher kennenzulernen und zu erfahren, in welchem Zusammenhang und wie er zu dieser Aussage kam, wie sie gemeint ist. Eine Vielzahl sensibler Fragen, Rückmeldungen und neuer Fragen mag dazu gehören.

A: Also ein Prozeß des Klärens und des Verstehens, der uns hilft, die richtige Antwort zu geben.

B: Ja, das ist eine Voraussetzung. Wir wollen uns an dieser Stelle jedoch darauf konzentrieren, welche Wahlmöglichkeiten wir haben, eine solche Aussage, sobald wir sie verstanden haben, zu beantworten. Doch erst nachdem wir verstanden haben, was sich individuell hinter einer solchen Aussage verbirgt, werden wir in der Lage sein, aus den vielen Antwortmöglichkeiten jene herauszufinden, die für unser Gegenüber hilfreich und bereichernd ist.

A: Vielleicht werden wir auch gar nichts sagen, sondern einfach Mitgefühl zeigen.

B: Ja, es ist so, daß wir für verschiedene Menschen, die uns jenen Satz sagen, verschiedene Botschaften finden müssen. Die Botschaften können auch als Fragen formuliert sein.

A: Ich möchte im Bewußtsein dieser Voraussetzungen kennenlernen, welche Möglichkeiten des Antwortens und Umdeutens mir zur Verfügung stehen. Am Anfang steht noch einmal jene für das Leben vieler Menschen eingrenzende Überzeugung:

Wenn ich älter werde, dann werde ich auch schwächer und kränker.

1. Umdeuten:

Wir wollen die gute Absicht oder die Ursache für diese Aussage erforschen.

- *Du sagst das sicher, weil Du jetzt mehr für Deine Gesundheit tun möchtest.*
- *Vielleicht empfindest Du das so, weil Du Dich gerade überlastet fühlst und möchtest, daß ich Dich unterstütze?*

2. Umdeuten:

Aufzeigen alternativer Möglichkeiten und Wege für die gute Absicht.

- *Du hast das Recht, im Alter die Mühen des Lebens loszulassen und die Früchte des Lebens zu genießen. Auch wenn Du weiterhin stark und gesund bist.*
- *Es könnte auch sein, daß Du gesünder und stärker wirst, weil Du Dich im Alter von vielen Lasten und Blockaden aus Deiner Vergangenheit befreit hast.*
- *Es gibt heute sehr viele Möglichkeiten, sich bis ins hohe Alter gesund zu halten.*

3. Umdeuten:

Herausarbeiten, für welche Lebenssituationen bzw. unter welchen Bedingungen die Aussage sinnvoll ist, für welche nicht. Kontextualisieren.

- *Das ist sicher richtig, wenn es darum geht, sich zu schonen und einen Anspruch auf Unterstützung zu haben. Wenn diese aber gewährleistet ist, dann kannst Du im Alter sehr viele, bis dahin unausgelebte Seiten Deines Wesens ausprobieren und Dir viele Bedürfnisse erfüllen. Das schafft neue Kraft und inneres Gleichgewicht.*
- *Das gilt für manche Menschen, für andere nicht. Vieles kannst Du sogar selbst dafür tun, damit es für Dich selbst und auch andere anders kommt.*
- *Im sehr hohen Alter, wenn das Leben zur Neige geht, mag das so sein, doch davor liegen viele erfüllte und gesunde Jahre - und geben dem Leben einen anderen Sinn, als Du ihn heute vielleicht siehst.*

4. Umdeuten:

Das Gesagte hat eine andere Bedeutung.

- *Wenn Du älter wirst, dann bedeutet das nicht, daß Du schwächer und kränker wirst, sondern daß Du reifer, entspannter und natürlich auch sensibler für das Leben wirst. Es kann durchaus richtig sein, daß ein feines und*

sensibel funktionierendes Laufwerk einer Uhr mehr Auf-
merksamkeit und behutsame Pflege braucht. Aber die
Feinheiten des Lebens erfaßt ein so erfahrener und sen-
sibler Organismus umso mehr.

– *Älter werden bedeutet auch einen neuen Ort im Leben*
einzunehmen, den Jüngeren das Jagen und Hasten zu
überlassen - und inneren Frieden zu finden.

5. Umdeuten:

Betrachten möglicher Auswirkungen des Gesagten.

– *Dann bekommst Du endlich vom Staat zurück, was Du*
so lange und zuviel eingezahlt hast.
– *So wird es möglich, daß Du loslassen kannst von dem*
Streß des Alltags, ganz bei Dir und den Deinen sein
kannst, um auf neue Art am Leben teilzuhaben.
– *Es zeigt Dir, daß dieses Leben endlich ist und daß die*
Zeit kommt, das Wichtige vom Unwichtigen zu trennen
und die eigene Bahn zu vollenden.
– *Das lehrt Dich, nach dem Stolz der Jugend, die Demut*
vor jedem Tag, der ein Geschenk der Schöpfung ist.
– *Es kann sein, daß lediglich Dein Pessimismus Dich im*
Alter schwächer und kränker machen würde, da Über-
zeugungen den Gang der Entwicklung stark beeinflus-
sen. Umgekehrt wirkt der Glaube an Deine Gesundheit
bis ins hohe Alter lebensspendend.

6. Umdeuten:

Es gibt Gegenbeispiele, die Aussage ist nicht allgemeingültig.

– *Ich kenne viele alte Menschen, die voll von Gesundheit,*
geistiger Frische und Schaffenskraft sind.
– *Mutter Theresa holte bis ins hohe Alter schwache und*
kranke Jugendliche von den Straßen und pflegte sie mit
ihrer Energie gesund.

7. Umdeuten:

Es geht um etwas anderes oder etwas anderes ist wichtiger.

– *Es geht nicht darum, was das Älterwerden tut, sondern*
was Du heute schon für Dich tust, damit Du ein glückli-
ches und gesundes Alter erleben kannst.
– *Es geht nicht um das äußere, sondern um das innere*
Alter. Gesundheit und Kraft sind nicht vom Alter abhän-
gig, sondern davon, wie wir mit uns selbst umgehen und
ob wir in Liebe mit anderen Menschen verbunden sind.

> – *Es geht nicht darum, wie gesund und stark wir wann sind, sondern ob wir uns selbst mit allem, was uns geschieht, annehmen können und aus jeder Erfahrung lernend weiterwachsen.*

8. Umdeuten:

Spezifizieren der Aussage.

> – *Welche Funktionen Deines Organismus hältst Du für schwach oder gefährdet? Wie genau kannst Du diese stärken?*
> – *Welche Funktionen Deines Körpers sind im Alter sogar ausgeglichener und effizienter?*
> – *Ab welchem Lebensjahr solltest Du etwas für Dein Alter tun?*
> – *In welchem Jahr genau tritt bei einem Menschen welche Schwächung auf?*

9. Umdeuten:

Ziehen von positiven Schlußfolgerungen aus der Aussage.

> – *Wenn das so ist, wie kannst Du Dich darauf vorbereiten?*
> – *In welcher Weise kann ich Dich unterstützen?*

10. Umdeuten:

Verständnis und Zuwendung.

> – *Ich verstehe nur zu gut.*
> – *Das hast Du jetzt erlebt und ich kann mir vorstellen, daß es nicht leicht für Dich ist. Auch wenn Du es jetzt so erlebst, lieben wir Dich, sogar mehr als früher.*
> – *Wir danken Dir für alles, was Du für uns getan hast.*

11. Umdeuten:

Verallgemeinerung, auch Übertreibung.

> – *Das ist also immer so?*
> – *Dann müßten ja alle alten Menschen den ganzen Tag gepflegt werden und kein Enkelkind könnte mit Oma oder Opa jemals spielen. Und fast alle Politiker gehörten in die Krankenhäuser statt auf Regierungsplätze.*
> – *Dann sind ja nur Neugeborene noch stark, danach müßte es mit allen bergab gehen.*
> – *Wenn Du lebst, dann veränderst Du Dich!*
> – *Wenn Du Dein Leben lebst, dann wirst Du also schwach und krank?*

12. Umdeuten:

Verwenden eines Gleichnisses.

- *Die Bäume, der Wein und die Landschaft werden immer einmaliger und wertvoller, je älter sie werden.*
- *Die ältesten Ginseng-Wurzeln sind über tausend Jahre lang gewachsen, unbezahlbar wertvoll und heilsam, während man die jungen Wurzeln aus dem Zuchtbeet für ein paar Mark bekommt.*

13. Umdeuten:

Hinterfragen der Herkunft der Überzeugung.

- *Wie kommst Du auf diesen Zusammenhang? Die Wissenschaft hat ermittelt, daß die Menschen zwischen 35 und 45 am meisten medizinische und psychiatrische Hilfe brauchen.*
- *Wer hat Dir das gesagt und für wen gilt das? Für alle?*
- *Viele moderne alte Menschen haben heute ganz andere Überzeugungen gewonnen und neue Zusammenhänge erkannt. Das Forschungsgebiet hierzu heißt „Geriatrie".*

14. Umdeuten:

Anwenden der Aussage auf die Aussage selbst oder auf den Angesprochenen.

- *Diese Annahme ist uralt und deshalb überholt und nicht mehr sehr standhaft. Sie zerfällt aufgrund vieler neuer Erfahrungen und Erkenntnisse, die sie ablösen.*
- *Du bist ja auch nicht mehr ganz jung, und doch hab ich Dich selten so fit erlebt, oder etwa nicht?*

15. Umdeuten:

Einnehmen einer allgemeineren Wahrnehmungsposition.

- *Alles Kommen und Gehen ist ein großer Kreislauf in einer großen Lebensspirale. Jegliches hat seine Zeit und ist zu seiner Zeit richtig. Wenn auf einer Ebene das eine geschieht, dann erlebst Du auf der anderen Ebene das Gegenteil: körperliche Schwäche, doch geistiger Friede, Verlieren des einen, Gewinnen des anderen.*
- *Wie gut zu wissen, daß andere da sind, die weitergehen und Dir die Freiheit und Ruhe ermöglichen.*

16. Umdeuten:

Umbenennen bzw. Umdefinieren einzelner Worte der Aussage, so daß daraus ein neuer Sinn entsteht.

93

- *Ich würde es anders nennen: Wenn Du reifer wirst, dann wirst Du ruhiger und empfindsamer.*
- *Wenn Du Dein Leben lebst, dann wirst Du erfahrener und sensibler.*

17. Umdeuten:

Wiederholen der Aussage als Frage, mit anderen Satzzeichen oder Ergänzen der Aussage durch einzelne Worte.

- *Wenn Du älter wirst, wirst Du schwächer und kränker?*
- *Nein, denn wenn Du älter wirst, wirst Du, wirst Du! Und das heißt alles andere als schwächer und kränker.*

18. Umdeuten:

Logisches Weiterspinnen der Aussage, welches diese in Frage stellt.

- *Das heißt also, wenn Du vom Kindergarten in die Schule kommst, wirst Du schwächer und kränker?*
- *Wenn sich ein Mensch zur Ruhe setzt, wird er also schwächer und kränker?*

19. Umdeuten:

Relativieren der Aussage durch Bedingungen für ihre Gültigkeit oder einschränkende Worte.

- *Das gilt, wenn überhaupt, erst ab 90.*
- *Manchmal ist das so und manchmal anders.*
- *Wenn Menschen mit sich selbst und in Harmonie mit der Natur leben, dann erleben sie bis ins hohe Alter Gesundheit, selbst wenn die Kraft im allerletzten Lebensabschnitt nachläßt.*
- *Was Du sagst, meint das innere Alter, nicht das nach der Anzahl der Jahre. Wer innerlich jung bleibt, der kann es auch geistig und körperlich bleiben.*

20. Umdeuten:

Sich in die Position eines anderen oder in eine andere Situation und Zeit hineinversetzen.

- *Wie oft hast Du als junger Mensch Hilfe und Verständnis bei Älteren gefunden, haben sie Dir Mut und Energie gegeben. Und die sollen schwächer und kränker als Du gewesen sein?*
- *Was würdest Du als Mutter Deinen heranwachsenden Kindern über das Älterwerden sagen?*

21. Umdeuten:

Stehenlassen der bisherigen Aussage, aber ergänzen durch eine andere Aussage.

> – *Das mag so sein, aber ist es nicht auch so, daß älter werdende Menschen dafür vieles erfahren und vollenden, was ihnen in der Jugend verschlossen war, so daß sie freier, bewußter und entspannter die Früchte des Lebens genießen können?*

A: Ich merke, daß ich selbst mit Deinen Worten viele neue Aspekte über das Älterwerden entdeckt habe. Manche der Umdeutungen haben mich weniger angesprochen, andere haben mich sehr berührt.

B: Es kommt wirklich darauf an, für jeden Menschen die individuell richtige Aussage zu finden.

A: Und das erfordert viel Einfühlungsvermögen.

B: Mit Einfühlungsvermögen können wir das Umdeuten in konstruktiver Weise zur Unterstützung von Menschen nutzen, ohne Einfühlungsvermögen können wir damit aber auch wie der Elefant im Porzellanladen wirken - und gute Freunde verlieren.

A: Ich glaube, wir könnten all diese Formen auch im Streitgespräch verwenden.

B: Wir können damit ebenso wohltun wie verletzen. Deshalb liegt der Wert dieser Sprachmuster im Herzen und in der Reife des Anwenders. Wenn wir die Muster betrachten, erkennen wir, daß eigentlich jede Aussage relativ ist, daß die Begriffe „wahr" und „unwahr" ganz davon abhängen, wer etwas aus welcher Sicht wahrnimmt. Wichtiger als Wahrheit sind deshalb Begriffe wie „lebensfördernd" oder „lebensbehindernd". Wir erkennen, daß bestimmte Überzeugungen, wenn es nicht mehr um deren doch so relative Wahrheit geht, sich nur diesem einen Maßstab zu stellen haben: Was fördert das Leben? Welches Denken macht was möglich?

A: Religiösen Fanatikern und Besitzern der Weisheit fallen solche Einsichten schwer. Sie beharren auf ihrer Sicht der Dinge.

B: Und das bringt ihnen vordergründig nicht wenig Nutzen. Manche Leute wissen sehr wohl um die Relativität der Aussagen, nutzen sie aber im Kampf gegen ihre Rivalen.

A: Ein kräftiger Streit kann für alle Beteiligten bereichernd sein.

B: Doch wo es allein um Macht geht, ums alleinige Rechthaben um jeden Preis, verkennen wir ein wichtiges Prinzip: Der andere hat genauso recht, nur eben von einer anderen Ausgangsposition her kommend.

A: Daß jemand eine Position einnimmt, hat also eine für diesen Menschen sinnvolle Intention, auch wenn sie in den Äußerungen nicht erkennbar ist.

B: Und auch, wenn die Intention auf diesem Weg nicht erreicht wird.

A: Doch erst wenn wir die zugrundeliegende Intention, vielleicht auch die damit verbundene Bedürftigkeit eines Menschen erkennen, werden wir sensibel für ihn, und haben eine Chance, selbst die richtigen Worte zu finden.

B: Das gilt auch für den Wettkampf: Der kluge Schachspieler weiß, daß sein Gegenüber ein Spielfreund ist - und daß beide aus jedem Spiel lernend und wachsend hervorgehen sollten, damit das nächste Spiel noch interessanter wird.

A: Auch die alten Römer wußten im dialektischen Streitgespräch im Senat und in ihren Reden all diese Umdeutungen zu verwenden. Von denen haben wir sie schließlich auch gelernt.

B: Im Machtkampf, im Wettbewerb, in der Politik und in Ideologien, wird das Umdeuten oft ohne diesen Respekt benutzt. Denk einmal daran, wie Politiker über ihre Gegenspieler sprechen. Schnell werden negative Absichten unterstellt, negative Bedeutungen und Folgen konstruiert.

A: Ich werde jene wählen, die fair mit ihren Gegnern umgehen, deren Qualitäten würdigen und von ihnen lernen. Denn die sind wirklich kooperationsfähig und damit besser für die Meisterung der Aufgaben in unserer Zeit gerüstet als jene, die nur Grenzen ziehen.

B: Laß uns eine Rede hören, die der Unternehmensberater Manfred Bohn schrieb, nachdem er diese Sprachmuster in einem Seminar erlernte und gleichzeitig in Deutschland das Thema Ausländerfeindlichkeit öffentlich Wellen schlug. Auch hier geht es um nicht mehr, aber auch nicht weniger als andere und neue Sichtweisen.

Die jeweils verwendeten Kategorien werde ich an Ort und Stelle hinzufügen.

An die Jugend von Köln!

... .und Köln ist überall, also: an die jüngere Generation!

„Wenn wir Ausländer ins Land lassen, dann wird es uns immer schlechter gehen." - Wenn wir Bayern ins Land lassen, dann wird es uns immer schlechter gehen. Wenn wir Hessen ins Land lassen, dann wird es uns immer schlechter gehen. Wenn wir Sachsen ins Land lassen, dann wird es uns immer schlechter gehen.

(Verallgemeinerung und Übertreibung, logisches Weiterspinnen der Aussage)

Alles wird anders sein. Es wird mehr zu tun geben, durch neue Ideen, durch Kreativität, durch zusätzliche Bedürfnisse. Wir müßten womöglich sogar, wenn wir das nicht verhinderten, Arbeitsstätten vergrößern, um mit der Mehrarbeit, die durch jeden neuen Besucher oder Bewohner ent-

stehen kann, fertig zu werden. Wir müßten Wohnungen verändern und neue bauen, um mehr Platz für größere Familien zu schaffen. Und wir müßten mehr Kindergärten bauen und Schulen hinzufügen, um mehr anleiten und ausbilden zu können. Wenn wir andere Menschen zu uns lassen würden, dann könnte das sogar zur Vollbeschäftigung führen, mit neuen Anforderungen und womöglich mit mehr Zufriedenheit für alle.

(Umdefinieren des Wortes „schlechter" in „anders" und Aufzeigen positiver Auswirkungen)

Doch wie war es damals, vor vielen Jahren, zur Zeit der Römer? Auch da gab es enorme Veränderungen. Sie kamen nicht in friedlicher Absicht, sondern mit dem Ziel, uns zu erobern. Selbst aus dieser Absicht sind Dinge entwickelt worden, die wir heute noch hier im Umfeld beobachten können. Wenn Ihr rüber geht ins Römisch-Germanische Museum, gleich dort rechts, seht Ihr Spuren der Kultur, des Fortschritts, der Künste. Trotz der damals klaren Absicht hat es Veränderungen gegeben, von denen wir heute noch zehren können. Wir sind reicher geworden.

(Aufzeigen eines historischen Gegenbeispiels)

Einige von Euch sind hier geboren, in dieser Stadt, andere im Norden oder im Süden des Landes. Wo aber kamen Eure Vorfahren her, vor hundert, vor tausend oder vor zweitausend Jahren? Waren es Deutsche? Germanen? Ausländer? Wie sieht es in Eurer Familie aus? Wo stammen denn die Babys her? Wo kommen wir denn hin, wenn wir Neugeborene in die Häuser von Eheleuten (und damit auf die Welt) ließen? (Störche werden ab sofort bestraft!)

(Anwenden der Aussage auf die Angesprochenen und ihre Vorfahren selbst. Logisches Weiterspinnen, das die Aussage in Frage stellt)

Wie war es bei Euch, als Vater und Mutter beschlossen, Euch zuzulassen, Euch in ihr Leben zu lassen? Würdet Ihr heute freiwillig auf Eure Eltern oder Geschwister verzichten wollen? Wer von Euch war noch nicht im Ausland oder zu Besuch bei Fremden und erinnert sich nicht an die Gastfreundschaft, die ihm dort begegnete? Vielleicht unter viel schwierigeren Bedingungen, als wir sie hier gewohnt sind. Und ist es Euch nicht auch schon so gegangen, daß Ihr in der Fremde Freunde gewonnen habt, im Austausch, in der Begegnung und mit Offenheit?

(Sich in andere Personen und Situationen hineinversetzen)

Jugend von Köln, laßt Vielfalt, Freiheit und Erneuerung zu, als Symbole der geistigen Jugend. Laßt Änderungen Eurer Gedanken zu, denn sie sind Eure persönliche Freiheit.

(Darstellen der positiven Bedeutung von Veränderung und alternativer Wege)

Wie geht es Euch, wenn Ihr als Fremde allein irgendwo, in einer anderen Stadt seid? Könnt Ihr Euch vorstellen, wie es ist, allein im Urwald, in einer Wüste oder in New York zu sein? Und stellt Euch bitte vor, Ihr wäret heute als Fremde hier, in dieser für Euch fremden Stadt unter Fremden.

(Sich in eine andere Position und Situation hineinversetzen)

Wenn wir das Wertvollste des anderen, nämlich ihn selbst, den Menschen, ablehnen, dann werden wir verarmen. Und wenn wir das konsequent tun würden oder wollten, dann bitte auch wirklich konsequent. Dann sollte kein fremdes Auto mehr auf unseren Straßen zu sehen sein. Wir dürften keine Freunde mehr in fremden Ländern haben, wir dürften kein Kleidungsstück tragen, was nicht seinen Ursprung hier, ja, wo denn eigentlich hat. Sollte die Baumwolle für unser Hemd, unsere Bluse hier in Köln wachsen, um nicht fremd zu sein oder sollte sie zumindestens rheinisch sein oder nur deutschen bzw. europäischen Ursprungs oder vielleicht doch auch aus Indien oder Südamerika kommen können?

(Aufzeigen negativer Auswirkungen der Aussage und logisches Weiterspinnen, das die Aussage in Frage stellt)

Ablehnung des Fremden heißt verarmen.

(Zuweisen einer anderen, hier negativen Bedeutung)

Wer von Euch war noch nicht in einem anderen Land? Wer von Euch hat bisher nur deutschen Käse gegessen? Alles wäre kleiner ohne das Fremde. Alles ist größer mit Vielfalt und anderem.

(Anwenden auf die Angesprochenen, Verallgemeinern)

Was für Nero die Christen und für Hitler die Juden waren, sind für uns ein wenig auch die Ausländer? Wovor haben wir Angst? Angst vor uns?

(Gleichnis, Ansprechen einer unbewußten positiven Absicht: die Vermeidung von Angst)

Vielleicht ist es nachvollziehbar, daß aus der Veränderung die Kraft für Eure Existenz kommt - im guten Sinne und für alle. Seid Euch dessen bewußt, Ihr seid die Bürger Kölns, Deutschlands, Europas und der Welt.

(Positive Folgen und alternative Wege)

Die Anfänge sind gemacht. Politische Systeme, über Jahrzehnte verhärtet, sind gewichen. Veränderungen finden statt. Oft mit Schwierigkeiten, Hindernissen und Problemen, aber sie ermöglichen auch neue Perspektiven. Seht das Fremde! Schaut hin, hört hin, geht hin, fühlt hin. Damit wird es Gewohnheit und ein Teil von Euch.

(Aufzeigen alternativer Wege mit positiven Auswirkungen)

Mitmachen, das bedeutet jung zu sein, und Ihr seid die Jugend, heute. Jungsein hat (vor etwa zweitausend Jahren) Marc Anton wie folgt beschrieben:

(Bedeutungszuweisungen zum Jungsein. Anwenden auf die Angesprochenen)

Die Jugend kennzeichnet nicht einen Lebensabschnitt, sondern eine Geisteshaltung; sie ist Ausdruck des Willens, der Vorstellungskraft und der Gefühlsintensität. Sie bedeutet Sieg des Mutes über die Mutlosigkeit, Sieg der Abenteuerlust über den Hang zur Bequemlichkeit.

Man wird nicht alt, wenn man eine gewisse Anzahl Jahre gelebt hat: man wird alt, wenn man seine Ideale aufgibt. Die Jahre zeichnen zwar die Haut - Ideale aufgeben aber zeichnet die Seele. Vorurteile, Zweifel, Befürchtungen und Hoffnungslosigkeit sind Feinde, die uns zur Erde niederdrücken und vor dem Tod zu Staub werden lassen.
Jung ist, wer noch staunen und sich begeistern kann. Wer noch wie ein unersättliches Kind fragt: Und dann? Wer die Ereignisse herausfordert und sich freut am Spiel des Lebens.

Ihr seid so jung wie Euer Glaube. So alt wie Eure Zweifel. So jung wie Euer Selbstvertrauen. So jung wie Eure Hoffnung. So alt wie Eure Niedergeschlagenheit.

Ihr werdet jung bleiben, solange Ihr aufnahmebereit bleibt: empfänglich für das Schöne, Gute und Große; empfänglich für die Botschaften der Natur, der Mitmenschen, des Unfaßlichen. Sollte eines Tages Euer Herz geätzt werden

> *von Pessimismus, zernagt von Zynismus, dann möge Gott*
> *Erbarmen haben mit Eurer Seele, der Seele eines Greises.*
> *Deshalb, seid jung und laßt Vielfalt zu - und Ihr werdet jung*
> *bleiben.*

(Den letzten Abschnitt habe ich aus gutem Grund nicht unterbrochen. Neben alternativen Wegen, positiver Bedeutungszuordnung und Ansprechen von Auswirkungen wird hier auch eine neue, allgemeinere Wahrnehmungsposition eingenommen. Zugleich werden positive Verallgemeinerungen getroffen.)

A: Eine interessante Rede - einige Aspekte habe ich noch nie so gesehen. Über anderes werde ich noch nachdenken.

B: Sicher ist das Thema mit diesen Worten nicht abschließend beantwortet und sicher gibt es viele schwierige Probleme zu lösen. Aber sie lassen sich vielleicht aus diesem humanistischen Hintergrund heraus mit einer anderen inneren Haltung lösen.

A: Die Worte und Sichtweisen sind schließlich nicht Selbstzweck, sondern sie sollen Menschen befähigen, ihr Leben zu meistern.

B: Als Einzelne und als Gemeinschaft.

A: Bloß mit den Kategorien komme ich noch durcheinander. Manches läßt sich auch mehrfach zuordnen, finde ich.

B: Da hast Du recht, tatsächlich überschneiden sich manche Kategorien, wenngleich jede ihre eigene Spezifität hat. Es kommt jedoch nicht darauf an, alles eindeutig einzusortieren, sondern sich eine Auswahl sprachlicher Bewegungsmöglichkeiten anzueignen. Welchen Namen diese dann haben, ist nur für Linguisten interessant.

A: Einige Möglichkeiten des Umdeutens werden sicher in mein Repertoire einfließen - und mir vielleicht auch helfen, das, was ich als richtig und wichtig empfinde, gegenüber anderen zu vertreten.

B: Laß uns zusammenfassen: Wir haben dargestellt, wie wir die Erfahrungswelt anderer Menschen erweitern können, indem wir neue Sichtweisen und Bedeutungen anregen.

A: Und wir wurden uns dabei auch der sprachlichen Werkzeuge bewußt, die Manipulatoren, Rechthaber und Verführer jeder Art einsetzen.

B: Dieses Wissen macht es uns zugleich möglich, uns vor ihnen zu schützen - und eine eigene Sicht der Dinge sprachlich darzustellen und zu vertreten.

A: Wenn wir wissen, daß viele Sichtweisen der Welt möglich sind, dann ist es natürlich auch eine schöne und friedenschaffende Aufgabe, andere nicht als Gegner, sondern als ergänzende Partner bei einer lohnenden Aufgabe zu betrachten: bei der Beschreibung des Lebens. Dadurch kommen wir vom „entweder-oder" zum „sowohl als auch" des Denkens.

B: Es geht nämlich letztlich nicht um das Widerlegen von Andersdenkenden, sondern um das Erweitern unseres Bewußtseins durch neue Einsichten. Indem wir Aussagen auf ihre Funktion und ihren Gültigkeitsbereich hin untersuchen, verlieren sie den Charakter des Absoluten und beginnen, ein wertvoller und verträglicher Teil unserer Erfahrung zu werden. So wie der Erfahrungsschatz der Kulturen und Religionen, der verschiedene Facetten des Menschseins widerspiegelt.

Alle Facetten haben das Potential, sich zu einem Ganzen zu ergänzen. Dieses Potential zu verwirklichen liegt bei uns.

A: Das heißt auch, es gibt Gott und gleichzeitig gibt es ihn nicht.

B: Die Vernunft findet das paradox - aber die denkt auch nur an eine Welt.

5. Austausch von Ressourcen

A: Wenn ich an Situationen denke, in denen ich ein Problem hatte, nicht weiter wußte oder einfach nur traurig war, haben mir andere Menschen viel geholfen, indem sie mir zuhörten, mich fragten oder mir etwas dazu sagten. Als ob in mir Energiequellen geöffnet wurden. Auch mir berichten oft Freunde, daß ich ihnen sehr geholfen habe, aber ich weiß meist gar nicht, wodurch und kann das auch nur schwer bewußt tun.

B: Jene Energiequellen, wir nennen sie auch Ressourcen, die wir uns wechselseitig öffnen, sind wahrscheinlich die wertvollsten Aspekte unserer großen und kleinen Beziehungen. Auf welche Art und Weise wir einander wohl tun können, ist sehr vielfältig.
Vielleicht hilft es bereits sehr, jemandem zuzuhören, so daß er seine Thematik nicht innerlich allein erleben muß. Vielleicht ist es die Zuwendung, das Mitgefühl oder die Freundschaft, die wir dem Partner im Zusammensein geben, die ihm Sicherheit, Selbstwert und Mut verleihen. Oder sind es gezielte Fragen, die der Freundin helfen, ihre Gedanken zu ordnen, eigene Hintergründe zu erkennen, alles auf den Punkt zu bringen? Vielleicht sind es auch unsere Meinungen, die wir mitteilen, oder unsere Einsichten, Erfahrungen und Ideen, über die wir anderen neue Wege zeigen. Wir dienen einander als Ratgeber, aber auch als Modelle für andere Verhaltensweisen, lernen voneinander - und nicht nur durch Worte, sondern indem wir erleben, wie der andere mit den Dingen des Lebens umgeht. Erst wo die Worte mit dem Handeln eines Menschen übereinstimmen, können wir sie auch wirklich annehmen.

A: In unserem bisherigen Gespräch haben wir viele dieser Möglichkeiten ausführlicher besprochen: das klärende Hinterfragen, das Zuhören oder das Vermitteln neuer Sichtweisen. Die größte Bereicherung liegt offenbar im Zusammenspiel der verschiedenen Wege - gepaart mit Achtsamkeit.

B: Dennoch hat jeder Mensch seine natürliche Art, anderen gut zu tun. Mancher braucht Dir bloß in die Augen zu schauen, ein anderer schweigt und berührt Dich, andere hören Dir zu, fragen oder sprechen in einer Art, die etwas auslöst. Keine Art ist besser oder schlechter als die andere. Allen gemeinsam aber scheint es zu sein, daß sie Dich als Gegenüber wirklich wahrnehmen und eine positive Absicht für Dich haben.

A: Manchmal hilft es mir besonders, wenn jemand ein Problem, das ich habe, selbst sehr gut kennt, es früher gemeistert hat oder ebenso wie ich noch nach einer Lösung sucht. Denn dann fühle ich mich einfach sehr verstanden und solidarisch, und diese Verbundenheit tut gut.

B: Das ermöglicht Euch, Eure Energien und Ideen zur Lösung des Problems zusammenzulegen, Euch gemeinsam auf den Weg zu machen. Das Verbundenheitsgefühl mit Menschen, die das gleiche Defizit haben, kann aber auch eine Bremse darin sein, allein und aus eigener Kraft weiterzugehen, denn wenn wir andere zurücklassen müssen, weil wir nur für uns selbst eine Lösung gefunden haben, fühlen wir uns vielleicht schuldig oder isoliert. Dabei kann das Beispiel, das wir setzen, letztendlich für alle sehr hilfreich sein - sie ermutigen und ihnen einen Weg zeigen. Solange die Verbundenheit in der gleichen Bedürftigkeit besteht, liegt ihre Kraft darin, gemeinsam Lösungen suchen zu können; wenn ein Partner bereits Lösungswege gefunden hat, geht es darum, voneinander zu lernen.

A: Jetzt fallen mir weitere Arten ein, durch welche wir füreinander Energiequellen sein können. Zum Beispiel, indem viele Dinge in der Gemeinschaft überhaupt erst möglich werden - oder zumindest mehr Spaß machen: Fußball spielen, Tanzen, Singen, Reden, Spielen, Arbeiten, Küssen, Lieben...

B: Ich denke auch an die vielen Geschenke des Lebens, die wir erst durch das Miteinander erhalten können: etwas über sich selbst erfahren, von Wert sein für andere, einen Platz im Leben finden, Aufgaben und Herausforderungen meistern, Verantwortung übernehmen.

A: Doch manchmal ist es für mich sehr schön, allein zu sein, um zu meditieren, zu träumen, sich zu besinnen, ein Buch zu lesen - oder in stillen Kontakt mit der Natur zu treten.

B: Unsere Beziehungen sollten uns auch dafür Raum geben. Sie basieren nicht nur auf physischer Nähe, sondern wirken innerlich in uns weiter, auch wenn wir eigene Wege gehen. Ebenso können uns problematische Beziehungen, auch wenn wir allein sind, in unseren Gedanken und Gefühlen die Ruhe rauben. Dann ist es wichtig, sie zu klären oder neu zu bestimmen.

A: Ja, wenn es darum geht, daß etwas Wichtiges nicht ausgesprochen wurde oder daß ich einen Menschen in seiner Rolle nicht akzeptieren konnte, daß ich mich verletzt oder unbeachtet fühle. Oder daß Vorwürfe zwischen uns Mauern errichten.

B: Dann hilft es, zunächst innerlich mit der betreffenden Person zu sprechen, auszudrücken, was Du wirklich sagen möchtest, zu hören, was der andere Dir wirklich zu sagen hat. Du brauchst nicht zu mögen, wie ein anderer sich verhält, aber vielleicht kannst Du hinter seinem Verhalten eine Bedürftigkeit oder eine gute Absicht erkennen, die es Dir möglich macht, anders darauf zu reagieren. Vielleicht geht es auch darum, klar Deine eigenen Grenzen zu definieren und auszudrücken, den angemessenen Abstand zu finden. Oder ganz einfach zu erkennen, was Ihr Euch geben könnt und was nicht. Jenes „was nicht" lohnt sich nun einmal nicht bei einem Partner zu suchen, der es einfach nicht hat - allenfalls könnt Ihr Euch gemeinsam auf den Weg machen, es anderswo zu finden.

A: Hat mein innerer Dialog, in dem ich mit einem Menschen spreche, denn Auswirkungen auf die reale Beziehung?

B: Gern kannst Du das ausprobieren - und vielleicht merkst Du, daß ehrliche Worte, auch wenn sie innerlich gesprochen werden, die Tür für eine Veränderung der Beziehung öffnen. Ich habe irgendwann meinem Vater verziehen, was er mir so alles angetan hat, habe mir gesagt, daß es meine Aufgabe ist, das, was er mir nicht geben konnte, selbst im Leben zu lernen und zu verwirklichen. Habe erkannt, was er selbst suchte und brauchte. Und letztlich habe ich ihn als meinen Vater angenommen und ein Gefühl von Dankbarkeit und Verbundenheit empfunden. Gleichzeitig habe ich gespürt, wie ich plötzlich viel mehr Energie hatte, so als hätte auch er mir nun seine wirkliche Kraft zur Verfügung gestellt. Mein Verhältnis zum realen Vater hat sich danach sehr geändert, ich bin ihm ganz anders begegnet, ohne Ansprüche und Vorwürfe - und merkte, daß wie durch ein Wunder auch er anders auf mich wirkte.

A: Ich würde das gern mit einem bestimmten Menschen tun, aber er hat mir zu weh getan - und ich habe das Gefühl, er würde es wieder tun, wenn ich nicht den Abstand bewahrte.

B: Wir können erst vergeben, wenn uns ein anderer nicht mehr weh tut. Sei es, daß wir freier und stärker geworden sind, sei es, daß wir in der Erfüllung unserer Bedürfnisse nicht mehr davon abhängig sind, was dieser Mensch tut. Deshalb hat die Phase der Abgrenzung ebenso ihren Sinn. Sag, Annelie, was ist es, was Du zuerst brauchst und für Dich im Leben erreichen müßtest, bevor Du diesem Menschen vergeben könntest.

A: Was ich bräuchte, ist die Sicherheit, daß ich liebenswert bin, auch wenn der Trottel es nicht bemerken konnte, daß er mich sozusagen verpaßt hat, jetzt habe ich statt dessen immer noch das Gefühl, daß mit mir etwas nicht in Ordnung ist, denn er hat mich so viel kritisiert.

B: Und wenn Du das wüßtest, daß Du sehr liebenswert bist und völlig okay, wie könntest Du ihn dann betrachten?

A: Als einen armen Kerl, der unter ziemlichem Druck steht, alles richtig zu machen und perfekt zu sein, weil er denkt, sonst ist er selbst nichts wert.

B: Deshalb konnte er Dir die Anerkennung, die Du Dir wünschtest, wahrscheinlich nicht geben. Es ist sicher auch nicht Deine Aufgabe, ihn von seinen Defiziten zu heilen. Aber vielleicht verliert sein Verhalten jenen Stachel, den es für Dich hatte - und Du kannst, was Dich schmerzte, innerlich loslassen.

A: Bin ich denn wirklich liebenswert, Bernard?

B: Frag mal nach innen, Annelie, bist Du es für Dich selbst? Und bitte schau Dir mal innerlich das kleine Mädchen an, das Du einmal warst, das unsicher danach geforscht hat, was andere zu ihm sagten und über es wohl dachten. Das Mädchen, das unter negativen Botschaften von anderen Menschen litt, die zu dieser Zeit leider ziemlich überfordert waren.

A: Meine Augen sind feucht geworden und ich habe sehr viel Mitgefühl und Liebe für dieses Mädchen.

B: Genau wie ich, denn ich weiß, dieses Mädchen ist in Dir. Bitte Annelie, wenn Du magst, nimm es doch einfach in den Arm und sage ihm, daß es sehr, sehr wertvoll ist... und alles, was Du ihm sagen möchtest.

A: Das tut dem kleinen Mädchen und mir sehr gut - und das Erstaunlichste ist: Jetzt merkt es auch meine Mutter und sie nimmt mich in die Arme und ich bin ihr so dankbar dafür.

B: Das ist eine wertvolle Erfahrung, durch die Du innerlich eine Ressource wachsen lassen kannst, die Dir in vielen späteren Beziehungen emotionale Sicherheit und Selbstwert verleiht - auch wenn andere Menschen manchmal unvollkommen und blind sind. Und es hilft Dir, jene zu finden, die Dir in einer Art begegnen, die Dich fördert. Mit jeder positiven Erfahrung, die Du dadurch machst, wird diese Ressource wachsen.

A: Es hilft mir auch, andere zu fördern, die jene Zuwendung und Anerkennung brauchen.

B: Doch fürs erste, Annelie, genieße es, selbst etwas zu bekommen. Denn erst, wenn eigener Vorrat da ist, kannst Du ihn auch verschenken.

A: Ich glaube, das gilt für alles, was Menschen einander auszutauschen haben. Sie müssen es erst einmal erhalten oder in sich besitzen, um es weiterzugeben zu können.

B: Und wir alle tragen schon viele Schätze in uns - so daß genug da ist, auf allen möglichen Gebieten in Austausch zu treten. Da sind Fähigkeiten, die es auszutauschen gilt, da ist Zuwendung, da ist Erfahrung, da ist Kraft, Schönheit, ebenso wie Reife und Sensibilität. Und da ist auch Geld und Gut, das in geschäftlichen Beziehungen eine durchaus berechtigte Rolle einnimmt.

A: Ich denke gerade daran, was Menschen verschiedener Kulturen einander an Bereicherung geben könnten, auch Arme und Reiche, was sie voneinander lernen und aneinander entdecken könnten. Auch zwischen Ost und West wäre da nach der Wende viel mehr möglich gewesen, als realisiert wurde.

B: Ja, Austausch erfordert Offenheit in beide Richtungen, erfordert Ebenbürtigkeit, nicht nur einen Fluß in eine Richtung, nicht falschen Stolz oder alleiniges Verlangen. Niemand fängt bei Null an, was entstanden ist, hat bereits seinen Wert und kann nur erweitert werden. Jedes erlernte Verhalten hatte in einem bestimmten Zusammenhang einen Sinn. - Leider aber, liebe Annelie, sind wir oft blind für das, was wir einander zu geben hätten, lehnen es ab, weil es uns verboten erscheint und weil wir uns manche Erfüllung selbst nicht erlauben wollen. Schließlich sind wir wohlerzogen und haben das Leben so eingerichtet, daß es gut funktioniert. Die Sehnsucht nach manch Andersartigem haben wir unterdrückt, das war nicht leicht - und deshalb unterdrücken wir das Andersartige auch, wenn wir es außen sehen: in anderen Menschen.

A: Manche wollen es sogar beseitigen, nur um eine vielleicht schmerzhafte oder unerlaubte eigene Bedürftigkeit zu unterdrücken.

105

B: Schon Bedürftigkeit gehört ja in unserer Gesellschaft zu den Tabus, denn wir würden ja schwach erscheinen. Nur Therapeuten gegenüber ist das erlaubt.

A: Ich entscheide mich jedenfalls für den Weg der Offenheit - und lasse meine wirklichen Sehnsüchte zu. Es wär doch schade drum - das Leben ist zu kurz, als um nur in festen Rollen zu bleiben. Und ich weiß, daß emotionale Bedürftigkeit nicht durch materielle Sicherheit aufgewogen werden kann.

B: Im Austausch kommt es darauf an, daß beide Seiten das erhalten, was sie auch wirklich suchen. Wir bekommen nie genug von dem, was uns nicht wirklich nährt oder was wir nicht wirklich wollen. Denn da es nicht zur Sättigung kommt, nehmen wir mehr und mehr, werden dabei aber hungriger und hungriger... und nehmen noch mehr...

A: So entstehen Abhängigkeiten und Süchte, kann ich mir vorstellen.

B: So ist es, ich habe es gerade erlebt, als ich mit dem Computer arbeitete und er wieder einmal nicht richtig funktionierte. Je mehr ich probierte, um so verfahrener wurde es. Von Befriedigung keine Spur, aber je weniger es klappte, um so verbissener hing ich jede Nacht vor dem Gerät. Es war ein Suchtzustand, denn meine Partnerin und alles andere war plötzlich unwichtig geworden und meine Müdigkeitssignale bemerkte ich nicht mehr... erst als sie schließlich kam, mich bei der Hand nahm und wegzog, kam ich los. Und dann erlaubte ich mir, die Sache mit Abstand zu betrachten, während ich ganz andere Dinge tat.
Und siehe da, nach einigen Tagen kam ich auf die Idee, daß der Druckertreiber offenbar nicht die neueste Version sein konnte, bestellte einen neuen Treiber - und es funktionierte.

A: Abhängigkeit macht blind, Eifersucht ist ja auch eine Form der Sucht. Das kenne ich gut und ich weiß, daß ich das Glück in diesem Zustand nicht gerade dort suche, wo es auch zu finden ist. Vielleicht liegt es sogar in mir!

B: Häufig ist allein diese Einsicht alles, was wir brauchen, um unser Verhalten zu ändern. Manchmal ist mehr nötig, ein anderer Mensch oder professionelle Beratung und Therapie.

6. Therapeutische Arbeitsweise

A: Sag mal Bernard, wie machst Du es, jene Erfahrungen anzusprechen, die einem anderen Menschen auch helfen. Zum Beispiel im Bereich der Beratung. Ich habe das in vielen Deiner Beispiele bemerkt.

B: Als erstes, Annelie, kann ich das auch nur, wenn ich selbst nicht auf dem gleichen Gebiet große Defizite oder Bedürftigkeiten habe. Deshalb ist das eigene Lernen und die Arbeit an mir selbst eine wichtige Voraussetzung. Dann frage ich mich, welche Erfahrung wohl ein Mensch benötigt, um selbst neue Möglichkeiten für sein Leben zu finden. Und in welcher Art ich sie vermitteln kann. Denn manchmal ist die Art der Vermittlung von entscheidendem Einfluß. Sie sollte in sich eine Energiequelle sein.

A: Du meinst, wenn jemand darunter leidet, daß ihn alle Leute zu viel fragen, wirst Du ihn nicht unbedingt auch mit Fragen traktieren.

B: Genau. Und wenn jemand darunter leidet, daß die Umwelt so kühl und distanziert ist, werde ich Anteilnahme und Wärme zeigen, jedoch nur, wenn ich sie auch wirklich empfinden kann. Wenn ein anderer sich gehetzt fühlt, werde ich mir Zeit für ihn nehmen, wenn eine Frau negative Erfahrungen mit Männern hat, werde ich als Mann danach fragen, ob sie meine Unterstützung dennoch annehmen kann.

A: Und wenn jemand Dich absolut nicht mag - Du ihm aber dennoch helfen möchtest?

B: Das ist schwer, zumal dieser Mensch wohl kaum direkt zu mir kommen wird. Generell, besonders aber in diesem Fall, kommt es darauf an, von der betreffenden Person nicht emotional abhängig zu sein - das heißt, es ist notwendig, daß ich meinen Selbstwert, meine Sicherheit und mein Wohlergehen innerlich und aus anderen Lebensbereichen beziehe. Daß aber die betreffende Person mich nicht mag, ist bereits eine wichtige Information, die ich reflektiere, um herauszufinden, welche Erfahrungen diese Person wohl gemacht hat, was wohl in meinem Verhalten diese Reaktionen auslöst, was wir ineinander sehen, in uns hineinprojizieren und was davon überprüft ist. Und eben dies bemühe ich mich offen anzusprechen. Wenn es geklärt werden kann, entsteht oft bereits eine wesentliche Veränderung - indem ich für den anderen zu einer positiven Erfahrung werde, relativiert er auch seine bisher vorherrschenden negativen Verallgemeinerungen und lernt Neues.

A: Und wenn die Beziehung und der Stil wirklich stimmen - wovon sprichst Du dann?

B: Bevor ich allzuviel spreche, bemühe ich mich zu verstehen, stelle Fragen, suche nach geistigen Mustern, Überzeugungen oder Erfahrungen, die meinen Partner in bestimmten Lebensbereichen behindern können.
Dabei sinne ich nach, durch welche Erfahrungen sich diese behindernden

Muster verändern würden. Sind es neue Gedanken, ist es eine positive Erfahrung in unserer Beziehung im Hier und Jetzt, ist es das Aufsuchen früherer Erlebnisse und ihre Neubewertung, sind es andere, positive Erlebnisse aus der eigenen Erfahrungswelt des Klienten? Oder kommen diese Erfahrungen aus der Welt der Phantasie oder der Metapher? Was ich herausfinde, teste ich, indem ich es kurz ausprobiere, in seiner positiven Wirkung. Vielleicht entdecke ich dabei, daß eine fruchtbare Kommunikation noch an andere Voraussetzungen gebunden ist: Daß wir mehr Zeit brauchen, um Vertrauen aufzubauen, daß es sinnvoll ist, den Klienten in einen Zustand tiefer Entspannung zu führen oder daß noch wichtige Informationen fehlen.

Nach dieser Vorarbeit führe ich den Partner regelrecht in seine eingrenzende Erfahrungswelt und lasse ihn diese Muster noch einmal erleben, jedoch nur so stark wie nötig, um sich ihrer noch einmal bewußt zu werden. Ich kann die Intensität regulieren, indem ich den Klienten bitte, die Dinge seines Lebens aus einem angemessenen Abstand heraus zu betrachten, sich dabei sicher und wohl behütet auf dem Stuhl in meiner Praxis zu wissen. Wer aber von Natur aus alles aus zu großem Abstand betrachtet, den lasse ich die Erfahrungen intensiver und deutlicher durchleben.

Dabei kommen auch bisher unterdrückte Gefühle von Hilflosigkeit, Trauer oder Ärger auf - manchmal ist es sehr wichtig, sie zu zeigen, reinigende und lösende Tränen zu weinen oder laut auszudrücken, was bisher heruntergeschluckt wurde. Es kann sein, daß darin bereits eine Lösung liegt.

In jedem Fall geht es nun darum, neue Erkenntnisse und Erfahrungen zu vermitteln, etwas aus anderen Perspektiven zu erleben und Ressourcen zu finden. Dies kann so etwas sein wie die Begegnung mit Deinem inneren Kind, welche wir vorhin erlebten, es kann eine Märchengeschichte sein oder die Besinnung auf Energiequellen, Fähigkeiten und Erfahrungen, die der Klient in ganz anderen Lebensbereichen und zu ganz anderen Zeiten in sich hat.

Ich führe ihn ganz in diese positiven Erfahrungen hinein, lasse ihn alles Wertvolle daran erleben und bitte ihn, diese Ressourcen zur Relativierung und Veränderung der einschränkenden Erfahrung heranzuziehen und zu nutzen. Manchmal geht es auch darum, anderen beteiligten Personen aus der Erfahrungswelt des Klienten solche Ressourcen zu vermitteln.

A: Das klingt schon in der Beschreibung nicht leicht - und ich stelle mir vor, daß in der Praxis weit mehr dazu gehört. Woher weißt Du eigentlich, welche Zustände ein Klient jeweils gerade erlebt und wie die Verknüpfung der Ressourcen mit den Defiziten gelingt?

B: Im therapeutischen Bereich des nlp gibt es diesen Weg: Die ganze Zeit über nehme ich sehr genau jede Reaktion meines Klienten wahr, lerne, welche Körperhaltung, Atmung, welcher Gesichtsausdruck, welche Augenbewegung mit welchem inneren Zustand verbunden ist. Erst, wenn diese Signale sich wiederholen, kann ich davon ausgehen, daß er sich innerlich wieder in dem gleichen Zustand befindet, wie zuvor. Mit diesen Anhaltspunkten bitte ich nun den Klienten, mehrfach sowohl in eine Defizit- als auch in eine Ressourceerfahrung hinein- und wieder herauszugehen. Dabei unterstütze ich ihn mit Hilfe der Sprache, aber auch über zusätzliche Signale, sogenannte Anker, die ich in Verbindung mit jedem Zustand auslöse. Das kann der Klang meiner Stimme sein, eine Berührung oder eine Geste. Nachdem der Klient auf diese Art sowohl die defizitäre Erfahrung als auch die Ressourceerfahrung nacheinander und abwechselnd erleben konnte, bitte ich ihn in der Integrationsphase, beide Erfahrungen gemeinsam zu erleben und löse die unterschiedlichen Signale, die ihnen zugeordnet sind, gleichzeitig aus. Das kann zunächst zu Verwirrung oder einer Phase der Neuorientierung führen, doch danach erlebt der Klient die bisherigen Schwierigkeiten kraft der Ressource auf neue Art - und weiß: So also kann es sein. Ich bemerke in seinem Ausdruck etwas Neues, das die Merkmale der beiden bisher getrennten Zustände harmonisch verbindet.

A: Diese Ressourceerfahrungen, in denen unsere Energiequellen schlummern, können sicher auch symbolhaften Charakter haben.

B: Ja, viele der im nächsten Hauptteil besprochenen Metaphern und Sinnbilder gehören dazu, zum Beispiel die Besinnung auf einen Baum, einen Fluß, auf alles, was die Natur uns zeigt und lehrt. Auch Farben und Licht oder Musik spielen eine große Rolle. Sie sind so etwas wie natürliche Auslöser, also Anker für energiereiche Zustände. Manchmal tut es sehr gut, eine schwierige Situation innerlich in heilendes Licht zu tauchen, einen weisen alten Mann zu befragen oder aus einer belebenden Quelle zu schöpfen. Unsere tiefsten und kraftvollsten Zustände, oft sind es spirituelle Erfahrungen, erleben wir meist in symbolhafter Form - und die ist von äußeren Bedingungen weit unabhängiger und stabiler als eine konkrete Darstellung. Manchmal lasse ich den Klienten auch einfach selbst in seinem Unbewußten nach der geeigneten Ressourceerfahrung suchen und begleite ihn mittels einer hypnotischen Sprache in einem entspannten Zustand durch die innere Welt.
Ganz andere Wege können Körpertherapeuten gehen, indem sie einem Klienten auch körperlich solche Bezugserfahrungen vermitteln, die ihm eine neue Quelle von Energie sind - bis in die Tiefen der Muskulatur.
In anderen Bereichen leisten Kunst, jede Art von Ausdrucksimprovisation oder auch Sport ähnliches. - Solange sie in diesem Bewußtsein genutzt werden.

A: Für mich ist das Symbol eines Kelches eine besonders wichtige Kraftquelle. Sogar wenn ich Tulpen sehe, wird diese Energie in mir wach - jetzt verstehe ich, was Anker sind. Kann es sein, daß ich in einem früheren Leben ein Ritter am Hof von König Artus war?

B: Warum nicht. Ich glaube zwar nicht, daß es sich hier um Wahrheit im üblichen Sinne handelt, aber ich weiß, daß unser Geist im positiven wie im negativen viele Erfahrungen hervorbringt, die wir so deuten und auch für unser Leben nutzen können. Und diese Erfahrungen machen Sinn.

A: Wenn wir innerlich Ressourceerfahrungen wiedergewinnen, sind häufig noch nicht alle Probleme gelöst, denn schließlich haben wir uns ja das Leben vorher manchmal recht schwierig eingerichtet.

B: Das ist sozusagen unser Karma aus diesem Leben, also von gestern und vorgestern. Und es kostet sicherlich Mühe, was wir eingerichtet haben, zu verändern. Aber es ist möglich, indem wir unsere Aufmerksamkeit auf die neuen Wege lenken.

Nachdem ich in der beschriebenen Form mit einem Klienten gearbeitet habe, überprüfe ich, ob ihm die neue Erlebnisweise gut getan hat. Ich hinterfrage, was sich innerlich verändert hat, welche Auswirkungen es nach sich zieht, oder ob noch etwas anderes erforderlich ist. Wir nennen dies den Ökologie-Test. Später beginnen wir gemeinsam damit, den Weg in die Zukunft anzuschauen. Gehen und meistern muß ihn der Klient selbst. Es gibt keine Veränderung aus der Dose. Denn erst, was sich auch in einer Änderung der Gestaltung des Lebens ausdrückt, hat meiner Erfahrung nach wirklichen Bestand. Hier liegt der Prüfstein. Was sich bewährt, wird beibehalten, was nicht ausreicht, muß verstärkt werden, was fehl am Platze war, muß erneut verändert werden.

A: Ich weiß, daß ich nicht in dieser Weise professionell arbeiten werde, aber vieles von den Ideen hilft mir auch im privaten Bereich, wenn ich Freunden zu mehr Lebensenergie, Mut und neuen Ideen verhelfen möchte. Und sogar mir selbst.

Zum Beispiel kann ich die kraftvolle Energie, die ich habe, wenn ich an jenes innere Kind denke, sehr gut nutzen, wenn ich von innen heraus im Gleichgewicht sein will, auch wenn andere es nicht sind. Und die Kraft, die ich habe, wenn ich tanze und springe, hilft mir auch im Studium, genau an der richtigen Stelle da zu sein und sogar spielerisch meine Arbeit zu meistern. Traumatische Erfahrungen und richtige Therapie aber überlasse ich den Profis.

B: Und dafür danke ich Dir.

METAPHERN

Milton-Modell

Hypnotische Muster

Geschichten

Angleichen und Führen

UNBEWUSSTES

Teil III

Sprache und Sinn

Teil III: Sprache und Sinn

1. Einleitung

A: Es gibt Menschen, deren Ausdrucksweise so ist, daß ich dabei innerlich sehr gut mitgehen kann und dabei eigene innere Erfahrungen und Vorstellungen verarbeite, von denen die Sprecher gar nichts zu wissen brauchen.

Es geht mir dann auch nicht darum, alles genau zu hinterfragen. Ich genieße es einfach zuzuhören, und was sie sagen ergibt Sinn für mich. Auch dann, wenn sie sich sehr allgemein ausdrücken.

B: Menschen, die so sprechen, können häufig einer ganzen Gemeinschaft von Zuhörern etwas vermitteln.

Andere sind Therapeuten und sprechen zum Inneren eines Klienten, um dort neue Vorstellungen und innere Prozesse zu unterstützen. Auch der Bereich der Phantasiereisen gehört dazu.

Und natürlich verwenden auch Pastoren, Politiker, Verkäufer oder Schlagersänger eine Form der Sprache, welche die Vorstellungskraft möglichst vieler Menschen erreichen soll.

2. Unspezifischer Ausdruck

A: Was ist all diesen Sprachformen gemeinsam, was ist das Geheimnis hinter dieser Art zu sprechen?

B: Sie konzentrieren sich zuerst auf das, was von dem Zuhörer oder dem Auditorium nacherlebt werden kann.

> *Du sitzt hier, wir sind zusammengekommen, um über die Sprache zu sprechen. Es ist interessant, sich manchmal diese Zeit zu nehmen. Es gibt vieles, worauf wir dabei aufmerksam werden. Vielleicht wie bei einer Entdeckungsreise.*

A: Ja, kann ich gut annehmen, hat alles gestimmt und gibt mir ein gutes, bestätigendes Gefühl.

B: Die Worte, die wir hier verwenden, Du hast es sicher erkannt, sind allgemein und unspezifisch. So allgemein, daß Deine Vorstellungskraft oder Deine Erinnerung angeregt wird und Du, ohne Fragen zu stellen, die allgemeinen Worte mit Deinem konkreten Inhalt ergänzt.

A: Das war leicht, weil ja alles gerade erst passiert ist und zutrifft. Nur jener Ausdruck „Es gibt vieles, worauf wir dabei aufmerksam werden" - da hatte ich ganz eigene Dinge, an die ich dachte. - Deine Worte waren angenehm, es gibt aber auch Menschen, die sehr allgemein sprechen, mich aber kalt lassen, sogar Ablehnung auslösen.

B: Gut, daß Du diesen Unterschied wahrnimmst, denn die Worte sind auch hier nicht allein. Vielleicht kennst Du andererseits auch Menschen, die eine tiefe und echte Botschaft zu verkünden hatten.

A: Ja, die haben irgendwie von innen heraus gesprochen, die Worte kamen vom Herzen - und das war spürbar für alle, die sie hörten.

B: Viele Menschen sind hierfür im positiven Sinne berühmt geworden, seien es Freiheitskämpfer wie Martin Luther King, Nelson Mandela, der Dalai Lama, Politiker wie vielleicht Richard von Weizsäcker - oder berühmte Therapeuten wie der Hypnotherapeut Milton Erickson.

A: Aber ich kenne auch die großen und kleinen Verführer. Und lerne zu unterscheiden.

3. Hypnotischer Sprachgebrauch

A: Ich möchte lernen, die Sprache so zu nutzen, daß ich andere Menschen durch innere Lernprozesse führen kann.

B: Das geht nicht von heute auf morgen. Doch die Grundprinzipien kannst Du hier kennenlernen. Dazu gehört das Sprachmodell nach Milton Erickson, einem legendären Hypnotherapeuten.

A: Vorher haben wir das Meta-Modell kennengelernt. Es ging darum, genaue, konkrete Inhalte aus dem, was gesprochen wurde, herauszuarbeiten.

B: Da waren wir Fragesteller, wollten nicht auf phantasierte Interpretationen angewiesen sein, sondern die fehlenden Informationen vom Gesprächspartner einholen.

A: Ich weiß noch: was genau, wie genau, woher weißt Du das, was hindert Dich usw.

B: Ja, es ging darum, möglichst wenig hinzuzufügen oder zu interpretieren. Diesmal ist es unser Anliegen, so zu sprechen, daß die Worte für die Zuhörer einen ganz persönlichen Sinn machen, so daß diese gar nicht nachzufragen brauchen. Wir wollen, daß sie die Worte mit Inhalten aus ihrer eigenen Erfahrungswelt oder Phantasie füllen, mit eigenen Bezugserfahrungen.

A: Also Vorstellungen anregen, die Sinn ergeben, aber von Mensch zu Mensch sehr individuell sein können.

B: Ja, und auf diese Weise wollen wir Menschen durch individuelle Lernprozesse führen.

> *Während Du mir jetzt zuhörst, hat vielleicht ein innerer*
> *Teil von Dir schon mehr verstanden als Deine Vernunft.*
> *Denn wir lernen auf vielerlei Wegen.*
> *Und Dein Inneres kann Dir hierbei all das unbewußte Wissen und all Deine Erfahrungen genau in der Art zur Verfügung stellen, die gut für Dich ist.*

Wenn wir so sprechen, dann bleiben wir nur in jenen Bereichen konkret, die uns bekannt sind, darüber hinaus aber sprechen wir in Verallgemeinerungen, Tilgungen und Vermutungen.

> *Du weißt, was das Thema unseres Gespräches ist.*
> *Du kannst meine Worte gut verstehen.*
> *Die Temperatur hier ist angenehm.*
> *Und gleichzeitig weißt Du, daß etwas in Dir auf seine ganz eigene Art sehr viel lernt. Nicht nur von außen, sondern auch von innen.*

114

A: Mein Inneres sieht gerade einen Zusammenhang: Können wir das Milton-Modell als Umkehrung des Meta-Modells auffassen?

B: So ist es. Alles, was wir dort gelernt haben, begegnet uns jetzt in anderer Form wieder. Wenn wir im Milton-Modell sprechen, kommt es darauf an, daß wir unsere Zuhörer schrittweise führen. Wir gleichen uns zunächst sprachlich an die Erlebniswelt und den Zustand der Hörer an, bevor wir einen weiteren Schritt gehen. So ermöglichen wir Kontakt und Vertrauen.

A: Da ich als Zuhörerin gar nicht sprechen möchte, sondern nur alles innerlich nachvollziehen, ist es für mich wichtig zu wissen, daß Du trotzdem auf mein inneres Erleben reagierst, mich wahrnimmst und achtest.

> *Ich habe gesehen, daß Du mich jetzt anlächelst. Vielleicht ist das ein Gruß von jenem inneren Teil - und ich bedanke mich. Und jetzt verabschiede ich mich von ihm - denn alles weitere wird ganz natürlich und von selbst geschehen.*

A: Das war eine schöne Kombination aus Vernunft und Nicht-Vernunft. Ich habe wirklich das Gefühl, daß ich sehr viel intuitives Wissen habe, durch das ich mehr lerne, als mir gerade bewußt ist - und auch mehr, als Du gerade sagst. Jetzt möchte ich etwas für mein Bewußtes tun und noch weitere Beispiele hören, am besten etwas, das ich distanziert höre, damit ich die Struktur dahinter besser verstehe.

B: Gern, das nächste Beispiel eignet sich sehr gut zur Distanz. Es ist nicht gerade nachahmenswert, aber es zeigt das wahre Leben - eine politische Rede. Um die Beziehung zum Meta-Modell zu verdeutlichen, bitte ich Dich, Annelie, wichtige Publikumsfragen in die nachfolgende Ansprache einzubauen, Fragen, die früher (leider) viel zu wenig gestellt wurden.

A: Unerwünschte Zwischenfragen stelle ich immer gern. Du kannst sie mitten in die Rede schreiben. Ich werde sogar dazusagen, welche Meta-Modell-Kategorie ich jeweils hinterfrage.

B: Dies ist die politische Tischrede des Vorsitzenden der neuen Partei APV, Allgemeine Positions Vertretung. Ort der Handlung: weit im Westen der USA.

> *Liebe Freunde!*
>
> *Wir haben uns heute hier in diesem wunderschönen Saal versammelt, und Sie sehen mich hier vor Ihnen stehen.*
>
> A: *Vorannahme: Sind wir Freunde? Im übrigen wird das gegenwärtige Erleben angesprochen: Erlebnislesen also.*
>
> *Sie fragen sich vielleicht, wie soll es weitergehen in diesem unserem Lande? Ihre Sorgen über das, was Sie täglich mit ansehen müssen, wenn Sie nur das Fernsehgerät einschalten, Ihre Sorgen und Ihr Verantwortungsgefühl haben Sie hierher gebracht, haben uns zusammengebracht. Ich bin sicher, daß Sie an unsere gemeinsame Zukunft denken und sich fragen: Wohin?*

115

A: *Viel Gedankenlesen: Woher weißt Du eigentlich, was wir uns fragen und denken, und was uns hierher - und keinesfalls zusammen – gebracht hat?*

Allein, daß Sie jetzt hier sind und mir zuhören, beweist aber, daß unser Land noch hoffen kann, beweist, daß es noch Männer, Verzeihung, Frauen und Männer gibt, die weiterdenken.

A: *Bedeutunggeben: Wie kommst Du darauf, daß unser Hiersein dies beweist? Tilgungen: Worauf kann unser Land hoffen, in welche Richtung glaubst Du, daß wir weiterdenken?*

Und daß ich jetzt zu Ihnen spreche, zeigt Ihnen, daß da ein Mann ist, der sich Gedanken gemacht hat, genau wie Sie. Der gelitten hat genau wie Sie. Der aber darüber hinausgegangen ist, genau wie Sie darüber hinausgehen werden.

A: *Bedeutunggeben: Daß, und vor allen Dingen, wie Du zu uns sprichst, zeigt uns etwas ganz anderes. Gedankenlesen: Wie kommst Du auf die unterstellten Ähnlichkeiten zwischen Deinen Aussagen über Dein Leben und unserem Lebensweg?*

Denn, meine Freunde, wenn wir noch länger zögern, dann kommt unsere Stimme zu spät, dann vergehen die nächsten Wahlen ohne uns, und wenn das geschieht, dann vergeht auch unser Land. Wenn wir uns aber auf unsere Kraft besinnen, dann können wir etwas ändern.

A: *Tilgungen: Zögern womit? Zu spät wofür? Ursache-Wirkung: Wie kann unser Zögern solche Wirkungen nach sich ziehen? Unspezifische Worte: Auf welche Art vergeht wohl unser Land? Was genau können wir wie ändern?*

Ganz gleich, auf welche Art wir das meistern, ob wir gleich oder erst morgen jene Erklärung verabschieden, wie auch immer wir unsere Einigkeit zum Ausdruck bringen werden.

A: *Unspezifische Worte: Was meistern? Vorannahmen: Woher weißt Du, daß wir heute, morgen oder überhaupt dieses Etwas meistern, daß wir jemals eine Erklärung verabschieden, daß wir einig sind?*

Es ist gut, daß wir zusammengekommen sind.

A: *Allgemeinplatz: Für wen ist es gut und wofür? Woher weißt Du das?*

So viele engagierte und begeisterungsfähige Menschen.

116

Jeder hier ist an der richtigen Stelle, jedes Wort ist hier Wahrheit.

A: Universalbegriffe: Sind wir alle gleich? Jeder? Absolut jedes Wort ist Wahrheit? Unspezifische Worte: Was meinst Du mit „richtiger Stelle"? Vorannahme: Wie kommst Du drauf?

Wir können und dürfen nicht länger zögern, wir haben die Kraft, die Zukunft zu gestalten - wir müssen unsere kleinen Bedenken überwinden.

A: Möglichkeit, Unmöglichkeit: Was hindert uns, Dir gegenüber zu zögern? Was würde passieren, wenn wir unsere Bedenken Dir gegenüber verstärken? Vorannahme: Wie kommst Du darauf, daß wir, noch dazu mit Dir, die Kraft haben? Unspezifische Worte: Was soll zukünftig wie gestaltet werden?

Alles wird gut, wir kennen den Weg.

A: Universalbegriffe: Alles? Vorannahme: Woher weißt Du das? Nominalisierung: Welcher Weg und wohin soll er gehen?

Vertrauen ist der Schlüssel.

A: Nominalisierungen: Vertrauen worin, Schlüssel wofür und in wessen Händen?

Ich erkläre Ihnen jetzt die Zusammenhänge, die nur wir erkannt haben: Die Wachstumskorrelation korrespondiert mit der Insuffizienz herkömmlicher Systemkomponenten intrazirkulär. Die Regenerationsschwelle ist bereits überschritten. Wenn wir jetzt die Kulminationssubstanz intrapolieren, dann erreichen wir Interferenz.

A: Viele Nominalisierungen: Was bedeutet jedes einzelne Wort für Dich, welche Prozesse beschreibst Du damit?

Deshalb, und ich sehe, daß Sie mich alle verstehen, wird es besser werden - mit uns - es wird sich entwickeln - mit uns.

A: Ursache-Wirkung: Wie kommst Du darauf? Unspezifischer Satzteil: Was wird besser? Und wer verbirgt sich hinter dem Wort „uns"?

Einige Dinge in diesem Land, Sie verstehen, werden sich ändern.

A: Unspezifische Satzteile: Welche Dinge genau? Unspezifische Verben: Auf welche Art ändern?

Laßt uns anfangen...

117

A: Reine Tilgung: Womit?

Weiter... besser... und vor allen Dingen freier soll es werden...

A: Tilgung des Vergleichs: Weiter... besser... freier als wer
   oder was - und für wen?

Und ich bitte Sie: Denken Sie an unser Land, so wie Sie es
sich wirklich wünschen, wie es gedeiht und blüht.

A: Anweisung: Müssen wir das? Wir denken lieber über
   Dich nach.

Und ich frage Sie, bitte schauen Sie mir dabei in die Augen:
Wollen Sie, daß unser Land so wird?

A: Unspezifische Worte: Wie genau? Und wenn Deine
   Augen gemeint sind, ist die Antwort nein, denn wir würden dem Land gern viele andere Farben wünschen.

Ich danke für Ihr Vertrauen.

A: Gedankenlesen: Woher weißt Du, daß wir ausgerechnet
   Dir vertrauen? Unausgesprochene Vorannahme: Wie
   kommst Du darauf, daß unsere und Deine Vorstellungen
   etwas miteinander gemein haben?

B: Danke, Annelie. Das war eine interessante, wenn auch nicht allzu nachahmenswerte, politische Form des Gebrauchs hypnotischer Sprachmuster - und
der Weg, sie durch Fragen aufzulösen.

4. Das Milton-Sprachmodell

A: Jetzt möchte ich aber etwas Wohltuendes hören.

B: Laß uns die Sprache für genau diesen Zweck nutzen. Schritt für Schritt.
Wir wollen dabei zugleich das Hypnosemodell nach Milton Erickson besser kennenlernen. Es beschreibt die Struktur des hypnotischen Sprechens. Mit hypnotisch meine ich hier die Wirkung, den Zustand des Hörers so zu verändern, daß ihm ein Zugang zu eigenen unbewußten Erfahrungen und verborgenem Wissen möglich wird - jenseits des Alltagsbewußtseins.
Es geht in der Praxis zumeist darum, dem Hörer oder der Hörerin Entspannung und Regeneration zu ermöglichen. Doch das ist nur ein Anfang, sinnvolle Lernprozesse sind die Fortsetzung.
Zuerst spreche ich nun für Dich, Annelie, und unsere Leser, den Text einer kleinen Entspannungsreise, die aber vielleicht bereits mehr als das ist. Später werden wir diesen Text wiederholen, uns dann aber die verwendeten Sprachmuster bewußt machen.

A: Ich bin bereit, Du kannst beginnen.

B: *Du hast Dir die Zeit genommen, zuzuhören, hier, an diesem Ort. Du weißt, welcher Tag heute ist und welche Tageszeit.*
Du siehst, was Dich in Deiner Umgebung umgibt.
Du hörst meine Stimme.
Es kann sein, daß der eine oder andere Gedanke Dich begleitet.
Wir sind hier zusammengekommen, um gemeinsam einen Weg zu gehen. Vielleicht spürst Du, wie sich Dein Körper anfühlt. Und auch, wie Dein Atem geht. Während Du weiter meine Stimme hörst und Deinen Atem wahrnimmst, hast Du möglicherweise auch Lust, Dich ein wenig bequemer hinzusetzen oder auszustrecken.
Und vielleicht tut es Dir gut, Dich auf diese Weise zu entspannen. Dabei kannst Du spüren, wie Dein Körper Kontakt mit der Sitzfläche oder mit der Unterlage hat.
Kannst wahrnehmen, welche Temperatur Dich umgibt.
Nur Du weißt, wie sich das anfühlt und ob es einen Bereich Deines Körpers gibt, der noch ein wenig mehr Raum einnehmen möchte.
Es ist gut, all Deinen Empfindungen eine sanfte Aufmerksamkeit zu schenken. Denn das bedeutet, daß sie wertvoll für Dich sind und ein freundliches Vertrauen zwischen Deinem Geist und Deinen Empfindungen wächst.
Dabei brauchst Du gar nichts zu tun als einfach nur wahrzunehmen, was in Dir ist. Denn so kann es Dir noch viel leichter fallen, Dich zu entspannen.
Ganz gleich, welche Art der Entspannung für Dich die sinnvollste ist, kannst Du Dir erlauben, diesen Weg lächelnd zu gehen.

119

Und fortfahren, zu entdecken, wie Lächeln ein natürlicher Zustand Deines Wesens sein darf. Wie irgendwann auch früher.
Während meine Stimme Dich immer weiter dabei begleitet...
Und jeder Atemzug nährt Dich auf Deinem Weg zu Deiner Mitte, dort, wo Du mit Dir im Einklang bist.
Vielleicht fühlst Du Dich jetzt irgendwie anders - und das ist ein gutes Zeichen, denn immer, wenn wir auf dem Weg zu unseren Quellen sind, verändert sich die Landschaft.
Vielleicht wird Dein Atem dabei tiefer, Dein Körper freier oder Dein Geist offener. Manchmal geschehen Dinge miteinander.
Jede Zelle Deines Körpers ist eingeladen, dabeizusein - denn gar nicht so weit entfernt gibt es jenen Ort, der sie alle erwartet. Gerade heute. Denn etwas in Dir hat sich oft gewünscht, Dich an diesen Ort zu führen. Und ich frage mich, ob Du in Deinem Inneren das heute wohl erlaubst...
Weiter spürst Du Deinen Atem. Jeder Atemzug ist ein behutsamer Schritt zu dieser Quelle. Mit jedem Einatmen nimmst Du frische Energie auf und gibst, was Du nicht mehr brauchst, beim Ausatmen ab.
Du kannst dabei immer mehr loslassen, zulassen, weiter-, näherkommen. Wissen, daß Du hier sicher und geschützt bist - und die Vorboten der Quelle wahrnehmen, vielleicht ein Symbol, oder den Klang von Wasser, oder eine Farbe.
Du darst einfach Dein Inneres bitten, Dir zu zeigen, was es Dir zeigen möchte.
Es ist gut, von innen zu empfangen. Von dort kommt das Vertrauteste.
Wie ein alter Freund oder eine alte Freundin ist das Innere für uns. So reift für Dich die Zeit, anzukommen an diesem Ort, in Kontakt zu treten mit jener Quelle, in welcher Form auch immer Du ihr begegnen möchtest. Alles, was Du dazu brauchst, ist ein Ja zu Dir, zu Deinem Wesen, und wenn Du dieses Ja innerlich spürst, kommst Du an.
(längere Pause)
Du kannst aufnehmen, was für Dich da ist.
Ist da ein besonderes Wasser? Ein Symbol, oder ein Licht?
Oder ganz etwas anderes?
Möglicherweise gibt es hier auch Klänge.
(Pause)

Und alles, was es zu tun gibt, ist einfach nur aufnehmen.
Jede Zelle Deines Körpers darf sich regenerieren. Dir gehört die Zeit.
(längere Pause)
Langsam vollendet sich Dein Aufenthalt an diesem Ort.

Es ist Zeit, Abschied zu nehmen.
Du kannst nachfühlen, welche Energie Du mitnimmst. Und welche
es auch ist, Du hast die Gewißheit, immer wieder hierher zurück-
kommen zu können, um jedesmal etwas sehr Persönliches zu erle-
ben. Du kennst den Weg.
Auch den Weg zurück in die äußere Welt, den Du jetzt gehst.
Spürst dabei Deinen Atem, das Gefühl in Deinem Körper - und Du
wirst Dir auch wieder stärker meiner Stimme bewußt, die Dich die
ganze Zeit begleitet hat.
Vielleicht hast Du Lust, Dich ein wenig zu strecken. Und umherzu-
schauen, ob alles so ist, wie Du es kennst. Und Du kannst, wenn Du
magst, Dir nun einfach noch weitere Zeit für Dich gönnen. (Pause)

A: Das hat mir sehr gut getan.

B: Darüber freue ich mich. Nun laß uns das ganze noch einmal hören und auf
die verwendeten Sprachmuster aufmerksam machen.
Wir beginnen mit dem, was im Meta-Modell Gedankenlesen heißt. Hier
bedeutet es, unserem Partner zu beschreiben, was er oder sie erlebt, also
Erlebnislesen. Zunächst in der realen Gegenwart. Dies ist ein **Angleichen**
der Worte an die aktuelle Erfahrungswelt des Hörers.

Du hast Dir die Zeit genommen, zuzuhören, hier, an die-
sem Ort. Du weißt, welcher Tag heute ist und welche Tages-
zeit. Du siehst, was Dich in Deiner Umgebung umgibt.
Du hörst meine Stimme.
Es kann sein, daß der eine oder andere Gedanke Dich
begleitet. Wir sind hier zusammengekommen, um gemein-
sam einen Weg zu gehen. Vielleicht spürst Du, wie sich
Dein Körper anfühlt. Und auch, wie Dein Atem geht.

A: Du bist dabei durch verschiedene **Sinneskanäle** gegangen, hast mit äußeren
Wahrnehmungen begonnen, bewegst Dich von da aus weiter zu inneren
Wahrnehmungen und Gedanken.

B: Zusätzlich können wir die einzelnen Sätze durch **Verbindungsworte** *ver-*
knüpfen wie „und", „während", „nachdem", „bevor", „indessen" und unsichere Aussagen mit Worten wie „vielleicht", „möglicherweise", „oder auch
nicht" relativieren. Es geht darum, daß möglichst viele Aussagen beim Hörer
Bestätigung finden können.

Während Du weiter meine Stimme hörst und Deinen Atem
wahrnimmst, hast Du möglicherweise auch Lust, Dich ein
wenig bequemer hinzusetzen oder auszustrecken. Und viel-
leicht tut es Dir gut, Dich auf diese Weise zu entspannen.

A: Wieder habe ich bemerkt, wie das Erlebnislesen, **von außen** kommend, später **nach innen** geht, d.h. innere Empfindungen anspricht.

B: Wir gehen vom reinen Angleichen an das Bekannte zum **Führen** in bisher nicht wahrgenommene Erfahrungen über. Dabei kommt es darauf an, ob dies auch in Übereinstimmung mit dem Erleben des Hörers geschieht. Falls nicht, und das erkennen wir oft an subtilen Reaktionen, kehren wir wieder zum Angleichen zurück. Wir reagieren also auf das nonverbale **Feedback** des Partners. So wechseln sich Angleichen und Führen also immer wieder ab.

> *Dabei kannst Du spüren, wie Dein Körper Kontakt mit der Sitzfläche oder mit der Unterlage hat.*
> *Kannst wahrnehmen, welche Temperatur Dich umgibt. Nur Du weißt, wie sich das anfühlt und ob es einen Bereich Deines Körpers gibt, der noch ein wenig mehr Raum einnehmen möchte.*

Wir fügen weitere Sprachformen hinzu, indem wir dem, was erlebt wird, positive Bedeutungen geben und wünschenswerte Auswirkungen formulieren.

A: Laut Meta-Modell ist dies also das **Bedeutunggeben** und die **Ursache-Wirkungs-Beziehung**.

B: *Es ist gut, all Deinen Empfindungen eine sanfte Aufmerksamkeit zu schenken. Denn das bedeutet, daß sie wertvoll für Dich sind und ein freundliches Vertrauen zwischen Deinem Geist und Deinen Empfindungen wächst.*
    Dabei brauchst Du gar nichts zu tun als einfach nur wahrzunehmen, was in Dir ist. Denn so kann es Dir noch viel leichter fallen, Dich zu entspannen.

A: Hier sind wieder andere Sprachformen hinzugekommen.

B: Das Vermitteln von **Möglichkeiten** und von **Erlaubnis**. Worte wie „können", „dürfen", „erlauben", „nicht mehr brauchen" etc. Im Meta-Modell war dies die Kategorie Notwendigkeit-Unmöglichkeit.
Es geht weiter, jetzt kommen **Vorannahmen** hinzu, d.h. es wird auf verschiedene Art vorausgesetzt, daß bestimmte Aussagen zutreffen oder bestimmte Ereignisse eintreffen.

> *Ganz gleich, welche Art der Entspannung für Dich die sinnvollste ist, kannst Du Dir erlauben, diesen Weg lächelnd zu gehen. Und fortfahren, zu entdecken, wie Lächeln ein natürlicher Zustand Deines Wesens sein darf. Wie irgendwann auch früher. Während meine Stimme Dich immer weiter dabei begleitet...*
> *Und jeder Atemzug nährt Dich auf Deinem Weg zu Deiner Mitte, dort, wo Du mit Dir im Einklang bist.*

A: Die Sprachformen wechseln sich ab, verweben sich ineinander. Ich entdecke neue Kategorien:

- **Universalbegriffe**: alles, immer, jedes
- **Vergleiche**: mehr, weiter, tiefer, besser, leichter
- **Nominalisierungen**: Mitte, Vertrauen, Zustand, Entspannung, Einklang
- **Persönlichkeitsanteile**: Bewußtes, Unbewußtes, Körper, Wesen

B: Ich staune, was Du alles wahrnimmst, Annelie. Sogar differenzierter, als es das Meta-Modell ausgedrückt hat - denn Persönlichkeitsanteile würden dort nur unter Nominalisierungen fallen. Laß uns den nächsten Abschnitt hören:

> *Vielleicht fühlst Du Dich jetzt irgendwie anders - und das ist ein gutes Zeichen, denn immer, wenn wir auf dem Weg zu unseren Quellen sind, verändert sich die Landschaft. Vielleicht wird Dein Atem dabei tiefer, Dein Körper freier oder Dein Geist offener. Manchmal geschehen Dinge miteinander.*
> *Jede Zelle Deines Körpers ist eingeladen, dabeizusein - denn gar nicht so weit entfernt gibt es jenen Ort, der sie alle erwartet. Gerade heute. Denn etwas in Dir hat sich oft gewünscht, Dich an diesen Ort zu führen. Und ich frage mich, ob Du in Deinem Inneren das heute wohl erlaubst...*

Auch **Fragen**, die innerlich beantwortet werden, sind Teil des Führens, sie geben uns anhand der äußerlich erkennbaren Reaktionen sogar Hinweise darauf, wo unser Partner sich innerlich befindet. Denn nur wenn wir in Kontakt bleiben und uns immer neu an das Erleben des Partners angleichen, dann können wir auch führen.

A: Wer führt eigentlich: Ich Dich oder Du mich?

B: Das ist eine gute Frage: Für beide ist es ein **Führen** und **Folgen**.

A: Du hast noch weitere Sprachformen verwendet: **Sinnbilder** und **Gleichnisse, Metaphern** wie „der Weg zur Quelle", „die sich verändernde Landschaft", „an einen Ort führen".

B: Und was kanntest Du noch aus dem Meta-Modell?

A: **Unspezifische Bezugsworte** und **unspezifische Verben**: „etwas in Dir", „Dinge, die geschehen", „einladen", „führen", „verändern".

B: *Weiter spürst Du Deinen Atem, jeder Atemzug ist ein behutsamer Schritt näher zu Deiner Quelle. Mit jedem Einatmen nimmst Du frische Energie auf und gibst, was Du nicht mehr brauchst, beim Ausatmen ab. Du darfst immer mehr loslassen, zulassen, weiter-, näherkommen. Wissen, daß Du hier sicher und geschützt bist - und die Vorboten der Quelle wahrnehmen, vielleicht ein Symbol, oder den*

123

Klang von Wasser, oder eine Farbe.
Du kannst einfach Dein Inneres bitten, Dir zu zeigen, was
es Dir zeigen möchte.
Es ist gut, von innen zu empfangen. Von dort kommt das
Vertrauteste. Wie ein alter Freund oder eine alte Freundin
ist das Innere für uns.
So reift für Dich die Zeit, anzukommen an diesem Ort, in
Kontakt zu treten mit jener Quelle, in welcher Form auch
immer Du ihr begegnen möchtest. Alles, was Du dazu
brauchst, ist ein Ja zu Dir, zu Deinem Wesen, und wenn Du
dieses Ja innerlich spürst, kommst Du an.
(längere Pause)
Du kannst aufnehmen, was für Dich da ist. Ist da ein beson-
deres Wasser? Ein Symbol, oder ein Licht? Oder etwas
ganz anderes? Möglicherweise gibt es hier auch Klänge.
(Pause)
Und alles, was es zu tun gibt, ist einfach nur: Aufnehmen.
Jede Zelle Deines Körpers darf sich regenerieren. Dir
gehört die Zeit.
(längere Pause)

B: Auch die Sprachformen sind gemeinsam angekommen.

A: Ich fand es vorhin sehr schön, daß Du an einigen Stellen längere **Pausen** gemacht hast, durch die ich Zeit hatte, innerlich alle Prozesse auf meine eigene Art zu vollenden. Du hast genau gemerkt, wann es Zeit war, weiterzusprechen.

B: Das ist das A und O in dieser Arbeit. Neben jenen Sprachformen, die dem Inneren Raum geben.

A: Jetzt waren noch einige hinzugekommen - **die reinen Tilgungen**: „loslassen", „zulassen", „näherkommen" und **Allgemeinplätze** über das Leben: „es ist gut, von innen zu empfangen", „Dir gehört die Zeit".

B: Nach dem Hinweg und wirklich ausreichender Zeit, die Erfahrungen auch zu sammeln, begleiten wir in ähnlicher Weise den **Rückweg,** der jedoch meist kürzer als der Hinweg gehalten werden kann, da die beschriebenen Erfahrungen bereits in der umgekehrten Richtung durchlaufen wurden.

Langsam vollendet sich Dein Aufenthalt an diesem Ort.
Es ist Zeit, Abschied zu nehmen.
Du kannst nachfühlen, welche Energie Du mitnimmst.
Und welche es auch ist, Du hast die Gewißheit, immer wie-
der hierher zurückkommen zu können, um jedesmal etwas
sehr Persönliches zu erleben. Du kennst den Weg. Auch
den Weg zurück in die äußere Welt, den Du jetzt gehst.

> *Spürst dabei Deinen Atem, das Gefühl in Deinem Körper -*
> *und Du wirst Dir auch wieder stärker meiner Stimme*
> *bewußt, die Dich die ganze Zeit begleitet hat. Vielleicht hast*
> *Du auch Lust, Dich ein wenig zu strecken. Und umherzu-*
> *schauen, ob alles so ist, wie Du es kennst. Und Du kannst,*
> *wenn Du magst, Dir einfach noch weitere Zeit für Dich gön-*
> *nen.*

A: Jetzt verstehe ich, wie man so sprechen kann und auch, was den Unterschied zum „normalen" Sprechen ausmacht. Es waren natürlich eine gehörige Menge Sprachformen dabei. Laß uns jede Form noch einmal in Erinnerung rufen, in der Reihenfolge, in der wir sie in den Beispielen verwendet haben.

B: Hier sind sie:

- Erlebnislesen und Gedankenlesen:
  Du siehst, hörst, fühlst, erlebst, empfindest...
  erst die äußeren Wahrnehmungen, dann innere Empfin-
  dungen und Zustände.
- Bedeutunggeben:
  und das bedeutet, das heißt...
- Ursache-Wirkung:
  deshalb, das bewirkt, hat zur Folge.
- Vorannahmen:
  ob auf diese oder jene Art, früher oder später.
- Universalbegriffe:
  jeder Atemzug, immer, alle Zeiten.
- Möglichkeit, Erlaubnis:
  Du kannst Dir erlauben, brauchst nicht.
- Allgemeinplätze:
  So ist es im Leben. Viele Menschen sind so.
- Nominalisierungen:
  Liebe, Verständnis, Freiheit, Glück, Bereitschaft, Erfah-
  rung, Problem, Lösung.
- Unspezifische Verben:
  es entwickelt sich, Du erfährst, erlebst...
- Unspezifische Satzteile:
  gewisse Dinge, etwas in Dir, es.
- Tilgungen des Vergleichs:
  besser, weiter, tiefer.
- Tilgungen:
  Du kannst loslassen... hoffen... anfangen.

125

A: Ich glaube, ich werde jetzt weitaus sensibler dafür sein, wie andere sich aus-drücken - und auch dafür, wie ich selbst es tue.

5. Metaphern und Geschichten

A: Besonders mag ich es, Bernard, Du hast es vorhin gezeigt, wenn ich etwas sinnbildlich ausdrücken kann, als Metapher oder Geschichte. Es ist, als ob dann das Kind in mir lebendig wird. Darüber möchte ich noch mehr wissen.

B: Wir können fast alles auf vielerlei Arten ausdrücken: ganz direkt und konkret oder eben indirekt, bildhaft, gleichnishaft. Das eine scheint mehr unsere Vernunft anzusprechen und klare, bewußte Informationen zu geben, die andere Art spricht unsere bildhafte Phantasie, unser Gefühl und unsere unbewußten Prozesse an.

A: Manche Wissenschaftler ordnen beide Bereiche auch der linken und der rechten Hirnhälfte zu.

B: Ja, laß es mich einmal bildhaft ausdrücken:
Wenn Menschen sprechen, dann ist es, als ob sie mit einer Lampe Licht auf ein vorher dunkles, d.h. unbekanntes Terrain scheinen lassen. Einige werfen ihr Licht direkt auf das Lebensgebiet, welches sie zeigen wollen, und beschreiben, was es dort zu sehen gibt. Sie sagen, sie beschreiben die Realität.
Manchmal aber reicht dieses Licht nicht aus, um den Hintergrund der Dinge zu erkennen, und manchmal verwirrt die Vielzahl der Einzelheiten das Auge. Wie oft, in der Realität, sehen wir den Wald vor Bäumen nicht oder der Blick auf die Zusammenhänge, Ursachen und Wirkungen ist uns versperrt.
Deshalb erschaffen weise Menschen, wenn sie über die Dinge des Lebens sprechen, gern eine andere Welt; die kommt aus dem Reich der Phantasie oder der Erinnerung. Sie ist keinesfalls beliebig, sondern irgendwie der Realität sehr ähnlich. Aber nicht in allem, nur in jenen Aspekten, die gezeigt werden sollen. Und wenn das Licht der Sprache auf diese fällt, dann werden bestimmte Aspekte hier viel deutlicher, können noch dazu aus einem neuen Blickwinkel heraus erlebt werden.

A: Was wir in der Phantasiewelt erkennen, können wir später also auch in der Realität wahrnehmen?

B: Darum geht es - wir werden sowohl für die Bäume als auch für den Wald sensibel, sogar für die ganze Landschaft oder das Miteinander der Pflanzen und Tiere.
Viele Völker haben ihr Wissen und ihre Eingebungen über das Leben in dieser Phantasieform von Generation zu Generation weitergegeben. Dazu gehören Geschichten, Fabeln, Märchen, Mythen, vielleicht sogar die geschriebenen Formen der Religionen.

A: Eine Religion möchte ich nicht verfassen, aber viele Dinge ein bißchen bildhafter ausdrücken.

B: Laß uns mal sammeln, was Du metaphorisch ausdrücken möchtest und gleich ein paar Metaphern dazu suchen.

A: Ich möchte zum Beispiel sagen: „Komm zur Ruhe."

B: Weißt Du, wie es ist, wenn der Wind nachläßt, irgendwann gar kein Windhauch mehr zu spüren ist und ein kleiner See ganz still im Abendhimmel glitzert? Die Oberfläche des Wassers ist dann wie ein glatter Spiegel und Du kannst Dich selbst darin sehen... (Pause)

A: Das macht mich sonderbar still. Aber ich möchte noch mehr ausdrücken, zum Beispiel: „Hilf Dir selbst!"

B: Wenn Du hungrig bist, dann hilft es Dir nicht viel, wenn ich Dir jetzt einen Fisch gebe, viel besser ist es, wenn Du von mir lernst zu fischen.

A: Und andersherum ist es auch wichtig: „Helft Euch gegenseitig."

B: Ich sah eine Gruppe von Menschen um einen Tisch zusammensitzen. Sie sahen sehr hungrig aus, obwohl ein großer Suppentopf auf dem Tisch stand. Jetzt erkannte ich ihr Problem. Jeder hatte einen Löffel für die Suppe, aber der Stiel des Löffels war so lang, daß niemand mit seinem Löffel den eigenen Mund erreichen konnte, denn ihre Arme waren viel zu kurz dazu. Aus ihrer Unzufriedenheit heraus gifteten sie sich gegenseitig an. Auf dem Tisch stand ein Schild: die Hölle.
Dann sah ich eine Gruppe fröhlicher Menschen um einen Tisch sitzen, der genauso aussah wie der erste. Auch hier stand ein Suppentopf in der Mitte, auch hier hatte jede und jeder einen Löffel mit einem sehr, sehr langen Stiel in der Hand. Doch einen kleinen, aber entscheidenden Unterschied gab es: jede und jeder führte den eigenen Löffel, gefüllt mit Suppe aus der Schüssel, zum Mund des nächsten oder übernächsten. Das ging sehr gut. Auf dem Tisch stand ein Schild mit der Aufschrift: der Himmel. (Pause)

A: Das geht wirklich tiefer als die bloße sachliche Beschreibung. Offenbar kann man fast alles metaphorisch ausdrücken.

B: Genau so viel, wie Dein Vorstellungsvermögen erlaubt.

A: Was bedeutet eigentlich das Wort „Metapher"?

B: „Meta" steht für das, was dahinterliegt, also für das oberflächlich vielleicht nicht sichtbare Wesen einer Begebenheit. Eine Metapher ist ein Sinnbild für das Dahinterliegende, ein Gleichnis, das tiefere Zusammenhänge vorstellbar macht.

A: Ich glaube, Metaphern sind in vielen Erzählformen enthalten.

B: Genau, da ist das Stimmungsbild für einen Zustand, das Sprichwort für eine Weisheit, die Parabel oder Lehrgeschichte, die Fabel, das Märchen, die kleine oder große Erzählung, die Trancereise oder Phantasiereise, aber auch das Schauspiel und der Film. Auch selbst vollzogene Rituale gehören dazu.

A: Rituale?

B: Das sind solche Handlungen, denen eine innere Bedeutung zugemessen wird, die über das äußere Geschehen hinausgeht. Vom Hissen einer Flagge, Anzünden der Kerzen auf der Geburtstagstorte bis zu persönlichen Entwicklungsritualen, wie sie Gemeinschaften, Religionen und natürlich auch moderne Therapien zur Verfügung stellen. Doch das ist ein großes, anderes Thema.

A: Du hast recht, laß uns hier weiter im Reich der Sprache und der Geschichten bleiben - und hören, was sich so alles metaphorisch ausdrücken läßt:

B: Zum Beispiel Zustände:

A: Wie wär's mit „neugierig sein"?

B: Wie ein Kind, das kurz vor der weihnachtlichen Bescherung durchs Schlüsselloch des Wohnzimmers lugt.

A: Oder „sich entspannen".

B: Den Flug einer näherkommenden, kleinen weißen Wolke am blauen Abendhimmel verfolgen, die sich irgendwann herabsinkt, dann von ihr umhüllt werden und sich in ihr wiegen.

A: „Vertrauen haben".

B: ... wie ein Kind, das auf einer langen Zugfahrt in den Armen des Vaters einschläft.

A: Wie ist es mit „in Kontakt sein"?

B: ... wie Reiter und Pferd, die, blitzschnell aufeinander reagierend, einen schmalen Waldweg entlanggaloppieren.

A: Es ist interessant, wie jeder Zustand durch verschiedene Metaphern beschreibbar ist, und jede verleiht ihm sehr individuelle Züge, eine besondere Qualität, die Du damit ausdrückst.

B: Nicht nur Zustände, sondern auch ihre Veränderungen lassen sich gut in Sinnbildern ausdrücken.

A: Wie kann ich die Stimmung ein und desselben Erlebnisses in meiner Vorstellung verändern?

B: Laß es Tag oder Nacht werden, Sommer oder Winter - vielleicht tut auch ein Gewitter gut, oder eine ganz bestimmte Landschaft?

A: Ich möchte einige Erfahrungen mit mehr Abstand betrachten.

B: Du kannst wie ein Vogel hoch aufsteigen und die ganze Landschaft überblicken, in der auch diese Erfahrungen liegen. Du kannst auf einen Berg steigen und von oben hinunterschauen. Oder Du kannst die Dinge auf Video in einem kleinen Fernsehgerät betrachten.

A: Mir fällt noch etwas Schönes ein: alles in der Glaskugel einer Wahrsagerin anschauen. Übrigens: Es gibt auch Dinge, die möchte ich echt hinter mir lassen.

B: Vielleicht, als würdest Du in einem Schnellzug sitzen, der den Ausgangsbahnhof längst verlassen hat und nun beim Blick aus dem Fenster Wiesen, Wälder und Ortschaften vorbeiziehen sehen.

A: Manchmal möchte ich wissen, was in meinem Chef so vor sich geht.

B: Dazu brauchst Du bloß in seine Schuhe zu schlüpfen, durch seine Brille zu schauen und seinen Weg zu laufen. Ein indianisches Sprichwort sagt: Urteile niemals über einen Indianer, bevor Du nicht 1000 Schritte in seinen Mokassins gelaufen bist.

A: Ich möchte mich an etwas Vergangenes erinnern.

B: Dann ist es gut, auf dem Lebensweg zurückzugehen, oder sogar mit einer Zeitmaschine zu reisen. Vielleicht findest Du auch irgendwo den richtigen Schlüssel zu einem besonderen Raum, oder einen geheimen inneren Wegweiser.

A: An jenem Wegweiser liegt mir sehr viel. Deshalb möchte ich mit meinem Inneren kommunizieren.

B: Möglicherweise wirst Du an einem einsamen Strand einer sonderbar vertrauten Person begegnen, vielleicht eine Quelle finden, der Du eine Frage stellst, vielleicht spricht auch ein Tier zu Dir, oder ein Spiegel...

A: Metaphern können, wie ich spüre, Geheimnisse und wichtige persönliche Erfahrungen beschreiben. Ich würde zum Beispiel häufig gern den Kern einer Sache finden.

B: Du kannst ein vielfach geschnürtes Paket langsam auspacken. Oder magst Du die ineinander liegenden Schalen einer besonderen Frucht schälen?

A: Ich möchte innere Energiequellen entdecken.

B: Wie in der Entspannungsreise vorhin angedeutet, kannst Du den Weg eines Baches bis zur Quelle zurückverfolgen und von dieser Quelle trinken. Oder auch unter Wasser tauchen, bis auf den Grund, und dort eine einzigartige, schimmernde Muschel finden.

A: Wie kann ich metaphorisch verborgene Weisheiten finden?

B: Zum Beispiel in einem alten Buch eine Seite aufschlagen, darin lesen. Oder jemanden fragen, ein Orakel, einen Baum, einen Weisen...

A: Hast Du ein Bild dafür, was es bedeutet, zu wachsen, sich zu entwickeln?

B: Ich denke da an einen Baum, der tief verwurzelt, aus einem festen Stamm heraus, die Krone in Richtung Himmel öffnet.

A: Übrigens: Ich habe Lust, Geige spielen zu lernen.

B: Du möchtest also die Saiten Deines Lebens zum Klingen bringen.

A: Ich merke, wie diese Metaphern nicht nur Zustände, sondern ganze innere Prozesse beschreiben. Wenn ich ihren Bildern folge, dann geschieht etwas in mir und ich erhalte etwas geschenkt, auf das ich mit der Vernunft gar nicht gekommen wäre. Aber dafür kann ich noch viel mehr Zeit gebrauchen. Und die schenke ich mir heute abend.

B: Es gibt Gleichnisse, die begleiten uns über Jahre.

A: Jetzt bin ich neugierig, mir anzuschauen, welche Symbole in all den Metaphern am häufigsten auftreten. Die könnten mir helfen, selbst Gleichnisse zu entwickeln, meine eigenen Lebenserfahrungen in Worte zu kleiden.

B: Es gibt eine Vielzahl überlieferter Symbole, die tief in unserer Erfahrungswelt verwurzelt sind. Die größte Quelle metaphorischer Beschreibungen ist und bleibt die Natur:

> *Da sind die verschiedenen Pflanzen mit ihren Blüten und*
> *Früchten, da sind der immer wiederkehrende Baum, der*
> *Wald, der Berg, das Tal, das Gras, die Sonne, der Mond,*
> *die Erde, der Fluß und das Meer, die Tages- und Jahreszei-*
> *ten, all die Spielarten des Wetters, Feuer, Erde, Wasser,*
> *Luft.*
> *Und natürlich die Tiere: die Schlange, der Fuchs, der Bär,*
> *der Adler, die Gans, der Frosch, der Delphin, der Löwe, das*
> *Pferd...*

Alle symbolisieren sie bestimmte Qualitäten, die unterschiedliche Menschen dennoch in ähnlicher Weise deuten. Hinzu kommen all die Dinge, die der Mensch geschaffen hat:

> *das Haus, der Weg, die Brücke, Mauern, Tunnel, Brunnen,*
> *der Turm, der Wagen, der Schlüssel, das Schwert, Gold*
> *und Silber, Brot und Wein.*

Und all die sozialen Positionen:

> *Könige, Prinzen, Prinzessinnen, Bauern, Soldaten, Richter,*
> *Hexen, Jäger, Narren, Zauberer, das Kind, der Held, die*
> *Weise. In uns finden wir Körper, Seele, Geist.*

Doch es gibt noch viele andere Wesenheiten - die wir als Menschen innerlich oder auch äußerlich erleben:

> *Das höheres Selbst oder unseren Schutzengel nennen wir*
> *jene, die uns helfen und führen. Dämonen, Vampire oder*
> *umherirrende Seelen bedrohen uns. Elfen, Zwerge oder*
> *Meerjungfrauen zeigen uns geheime Welten. Wir können*
> *das ganze Reich der antiken Mythologie mit ihren Göttern*
> *und Halbgöttern hinzunehmen, oder etwa die Symbolwel-*
> *ten des Tarot und der Astrologie.*

A: Welche Bedeutung haben die Symbole denn im einzelnen?

B: Im Zweifelsfall jene, die sie in Dir auslösen. Und sie tun dies häufig auf einer unbewußten Ebene, so daß der Verstand zunächst keine klare Antwort bekommt. Es gibt aber durchaus überlieferte Bedeutungen, die einzelnen Symbolen zugeordnet werden.

A: Laß uns gemeinsam einige Beispiele zusammentragen.

B: Da ist der Baum, Wachstum und Körperlichkeit verkörpernd, von dem aus ein weißer Vogel sich in die Luft, in die Freiheit erhebt, um sich auf die Suche zu machen. Er überfliegt einen Berg, den ein Mensch besteigen will, was eine schwere Aufgabe darstellt, doch wenn er oben ist, wird auch er dort Weite und Übersicht erleben, vielleicht auch ein Feuer entzünden, das für seelische Energie, Reinigung und Transformation steht. Unten im Tal zieht sich ein Fluß entlang, wie der Lauf des Lebens, bis weit hin zum Meer, wo es in den Ursprung des Lebens und die große Einheit zurückfließt und wie alles Wasser unsere unbewußte psychische Energie in sich trägt.

A: Im Innern des Berges gibt es vielleicht eine Höhle, in der vor alten Zeiten Geburt und Tod ihren Platz hatten. Vielleicht ist der Eingang zu der Höhle aber durch einen großen Stein, ein Hindernis, verstellt.

B: Und Wald ist an den Hängen, der das Unbewußte beherbergt und auch verschiedene Gefahren in sich tragen kann. Gefährlicher aber ist jener Abgrund auf der anderen Seite - nur dem weißen Vogel macht er nichts aus.

A: Ich stelle mir vor, überall im Tal ist fruchtbares Land - die mütterliche Erde, die Wandel und Wachstum hervorbringt. Vielleicht haben Menschen irgendwo einen Garten angelegt, ihre persönliche Umgebung, für die sie Verantwortung tragen, der wächst und gedeiht. Und Wiesen sind da, die Stimmung und ursprüngliche Lebendigkeit vermitteln.

B: Der weiße Vogel ist noch viel weiter geflogen, wonach er wohl sucht? Sogar eine Wüste hat er überquert, wo Einsamkeit und Stillstand wohnen, ein Ort, der vielen Menschen ein Warnsignal ist. Dann wurde es wieder grün, lebendig, und er landete auf einem besonderen Haus, das vielleicht der inneren Struktur eines Menschen entspricht.

A: In dem Haus wohnt ein Kind, das all die kreativen Möglichkeiten des Lebens und neues Bewußtsein verkörpert.
Und es gibt auch einen Kleiderschrank, der die Verwandlungsmöglichkeiten, Rollen und Masken des Lebens beherbergt.

B: Auch ein unbekannter Mann ist da, der die noch unerschlossene und deshalb vielleicht unheimliche männliche Triebenergie in sich trägt.

A: Und eine unbekannte Frau für die weibliche Triebenergie. Außerdem sehe ich noch eine Person, die weder jung noch alt ist, weder männlich noch weiblich - vielleicht eine Zauberin, welche die Gegensätze in einer neuen Bewußtseinslage zu integrieren weiß. Sie trägt eine Kristallkugel in den Händen, die alles ordnet, reinigt und zusammenführt.

131

B: Ich sehe all diese Menschen miteinander tanzen - ihre physische Energie ausdrücken und einfach in Bewegung sein. Nur einer steht still in einiger Entfernung und schaut: Es ist der Tod, Symbol für Wandlung, Veränderung und einen neuen Lebensabschnitt.

A: Vor dem Haus ist ein Brunnen, der bis zu einer unterirdischen Quelle hinuntergegraben wurde, aus dem derjenige, der daraus trinkt, Stärkung und Reinigung des Unbewußten erfährt.

B: Und auf dem Dachboden liegt ein besonderes Buch, das verborgenes Wissen und natürliche Bewußtseinsveränderung vermittelt. Außerdem gibt es besondere Treppen in dem Haus. Wer sie schrittweise hochsteigt, erfährt dabei eine immer größere Bewußtwerdung über viele Aspekte seines Lebens, wer hinuntersteigt, sucht verborgene frühere Erfahrungen auf oder begibt sich in einen tieferen Trancezustand. Ganz oben fällt sehr viel Licht in das Haus und begleitet die Bewußtwerdung.

A: Ich erkenne, daß dieses Haus zu einem Dorf gehört - Symbol der Gemeinschaft, und das Dorf liegt zu Füßen einer Burg, die den Bewohnern Sicherheit und Festigkeit gibt. Bei Gefahr sammeln sich alle Bewohner hier, wo sie sich gut verteidigen können. Sie besitzen Speere, die ihre Tugenden symbolisieren.
Die Burg ist auch deshalb unangreifbar, weil sie auf einem Felsen steht, der unveränderliche Stabilität verkörpert.

B: Aber nicht alle Menschen wohnen dort. Viele sind unterwegs, manche auf einer Reise, wie die Reise ihres Lebens - oder die Suche nach dem, was ihnen wirklich wertvoll ist. Vielleicht ist es eine Pilgerreise, der Suche nach dem eigenen Selbst gewidmet. Andere Menschen befinden sich vielleicht zur gleichen Zeit in einem Labyrinth, wo sie mit Hilflosigkeit, Verwirrung und Problemen konfrontiert sind. Und noch anderswo steht jemand an einer Kreuzung, hat eine wichtige Entscheidung für sein Leben zu treffen.

A: Ich sehe noch Menschen bei ganz anderen Beschäftigungen. Da ist ein See und sie nehmen ein Bad - ich glaube, das gibt ihnen Reinigung und Erneuerung.
Und dort versammeln sie sich im Kreis, erleben Übereinstimmung, vielleicht gemeinsamen Glauben und Hoffnung. Zwei aber sind nicht dabei. Sie stehen zu zwei Seiten eines Flusses, rufen und gestikulieren, aber können sich nicht verstehen. Das geht eine ganze Weile so, doch dann bauen sie nach und nach eine Brücke über den Fluß, als Symbol für Kommunikation und Integration.

B: So ist der Kreis unseres Lebens voller Symbole, die in uns ursprüngliche Bedeutungen auslösen, als wären sie natürliche Hinweisschilder für bestimmte Erfahrungen. Und sie werden von Generation zu Generation weitergegeben.

A: Die Symbole, die wir genannt haben, sind sehr alt. In unserer Zeit ist sicher einiges hinzugekommen.

B: Erstaunlicherweise weniger, als wir zunächst vermuten. Die alten Quellen waren nun einmal näher am Kern des Lebens. Beträchtliches aber bietet die neue Symbolwelt im Bereich der Werkzeuge und der Fortbewegungsmittel:

> *Maschine, Kamera, Computer, Rakete, U-Boot, Raum-schiff, Flugzeug, Roboter. Aus dem Reich der Fiktion kommen Ufos und Außerirdische hinzu, oder Mutanten, Supermänner und Spinnenfrauen.*

Verschiedene Formen der Psychotherapie schufen neue innere Wesenheiten:

> *das Bewußte, das Unbewußte, das Es, das Ich, das Über-Ich, das innere Kind - oder, ganz einfach, der eine oder der andere Teil.*

Und natürlich gibt es neue soziale Rollen:

> *Prinzen und Prinzessinnen sind heute Stars und Models, Helden siegen bei den Olympischen Spielen. Bösewichter handeln mit Plutonium, Verführer mit Drogen. Politiker, Geheimdienstler, Manager, Unternehmer, Angestellter sind neue Berufe. Big Boss, kleiner Mann, Lieschen Müller oder auch Bodo Ballermann heißen andere soziale Rollen der modernen Welt.*

A: Für gut und böse, einfältig oder weise, stark oder schwach, machtvoll oder machtlos hat also auch unsere Zeit eine Vielzahl neuer Symbole vorrätig. Und präsentiert sie in den Medien werbewirksam dem zu unterhaltenden Publikum.

B: Leider liegt hier nur selten ein Weg für wirkliche individuelle Lernprozesse.

A: Wie kann ich diesen Weg finden?

B: Laß es mich in eine Metapher fassen:

> *Stell Dir vor, daß jeder Mensch von der Natur innerlich einen großen Garten geschenkt bekommen hat, einen Garten, der unendlich reich und fruchtbar ist, aber auch hier und da aufmerksamer Pflege bedarf. Jedoch haben die meisten Menschen bisher nur einen kleinen Teil ihres Gartens kennengelernt und dort alles nach bestem Wissen und Können gehegt und gepflegt. Manchmal auch zu stark gehegt, so daß einige Pflanzen gar nicht in Ruhe wachsen konnten - oder als Unkraut gerupft wurden.*
> *Und obgleich die Menschen viel Gutes in dem bekannten Teil des Gartens fanden, blieben sie doch unzufrieden, denn es mangelte ihnen an Früchten und vielerlei schönen*

133

Blumen, von denen sie erfahren hatten, die sie in ihrem Garten aber nicht fanden.

*Deshalb suchten die Menschen Rat bei den **Gartenge-schichtenerzählern** - und je nachdem, zu wem sie kamen, erfuhren sie interessante Dinge.*

Die einen handelten im Hauptberuf mit Steinplatten und erzählten ihnen, daß es darauf ankäme, viele Wege mit vielen Steinplatten anzulegen. Und daß es verboten sei, den Fuß irgendwo hinzusetzen, wo noch keine Steinplatten verlegt seien.

Die anderen handelten mit Scheinwerfern und erzählten ihnen, wie wichtig es sei, den Garten Tag und Nacht zu beleuchten. Und daß es darauf ankäme, alles zu wissen und zu beobachten.

Wieder andere handelten mit Früchten und erzählten, daß es darauf ankomme, die fehlenden Früchte hinzuzukaufen. Je mehr, je besser.

Eines Tages kam eine Geschichtenerzählerin, die keinen Hauptberuf hatte. Dafür hatte sie ihren eigenen Garten, auch die entlegeneren Winkel, sehr gut kennengelernt. Das war nicht an einem Tag geschehen, sondern in vielen Jahren. Sie hatte dabei viele Früchte und sehr schöne Blumen gefunden, die ihr ein strahlendes, warmes Lächeln schenkten. Und sie sprach von der Schönheit und dem Reichtum eines jeden Gartens.

Wenn die Menschen sie hörten, war es, als ob sie dabei auch in ihrem eigenen Garten neue Wege entdeckten. Vielleicht waren es gar keine neuen Wege, sondern uralte, die sie nur lange vergessen hatten. Und die Menschen entdeckten ihre eigenen Früchte und ihre eigene Schönheit.

Wie konnte die Frau solche Wirkungen hervorrufen, fragten sich viele.

A: Ich dachte, Du erzählst mir das Geheimnis, statt daraus eine Frage zu machen.

B: Manchmal sind Fragen die besseren Antworten.

A: Ja, dann suche ich die Antworten in mir selbst. Und was diese Frau betrifft... Vielleicht hat sie diese Wirkung, weil sie selbst verkörperte, wovon sie sprach, oder weil sie an den schönen Garten in jedem Menschen glaubte, oder weil sie keine Nebeninteressen verfolgte.

B: Ich habe später noch mehr über sie erfahren.

Die Frau hatte irgendwann auch die Kunst erlernt, Fragen zu stellen und zuzuhören. Danach fand sie für jeden Men-

schen ganz eigene Worte. Zum Ausgangspunkt nahm sie das, was dem anderen vertraut und bekannt war, was sie erfahren hatte. Doch sie beschrieb es mit neuen Worten, transportierte es in eine andere Welt, ins Reich der Imagination.

Mal sprach sie von alten Kulturen, mal von der Natur, mal von persönlichen Schicksalen anderer Menschen, mal von sich selbst. Immer aber sprach sie dabei auch von denen, zu denen sie sprach. Und die merkten dies oft erst viel später. Doch in dem, was sie erzählte, ging sie manchmal einen kleinen, manchmal einen großen Schritt in bisher unbekanntes Land: der vertraute Teil des Gartens war der Ausgangspunkt, von dem aus sie ihre Zuhörer in jene Bereiche führte, die sie vorher nicht zu betreten gewagt hatten. Hier aber, im Reich der Phantasie, war das nun möglich.

A: Aha, sie beherrschte die Kunst des Angleichens und Führens, die wir schon im Zusammenhang mit dem Milton-Modell kennengelernt haben.

B: Und zwar in ihrer sinnvollsten Form: Sie führte die Menschen über einschränkende Überzeugungen, die sie irgendwann gewonnen hatten, hinweg, auch über Unsicherheiten und Ängste - und all das in einer Atmosphäre des Angenommenseins und des Vertrauens.

A: Ich erkenne dahinter ein **Prinzip für die therapeutische oder beratende Arbeit** mit Menschen - können wir das noch einmal mit anderen Worten zusammenfassen?

B: Vielleicht so: **Zuerst** finde heraus, was der andere Mensch erlebt, wie er denkt, wie sein Leben verläuft. Der Weg, dies zu tun, heißt Wahrnehmen, Fragen, Zuhören und immer wieder Überprüfen, ob Du richtig verstanden hast.

A: Im zweiten Teil unserer Reise haben wir viel über das Fragen gelernt.

B: Genau, **als Zweites** finde eine sinnbildliche Welt, in welche Du all das übertragen kannst. Eine phantasierte oder erinnerte Welt, die ganz anders ist, dennoch aber dem Erleben des Klienten entspricht.

A: Nämlich dadurch, daß die Situationen und Personen mit ihren Handlungen von sonderbarer Ähnlichkeit denen sind, die der Klient aus seinem eigenen Leben kennt.

B: **Zum Dritten** geht es darum, herauszufinden, was dem Klienten in seinem Leben bisher verborgen geblieben ist, was ihn hindert, sich zu entwickeln, welchen Teil seines Gartens er bisher nicht angeschaut hat. Und eben dies zu entdecken wird nun der Inhalt der Geschichte.

Vielleicht müssen die Helden in jener Phantasiewelt ganz bestimmte Erfahrungen machen, vielleicht erleben sie Wunder oder entdecken neue Fähig-

135

keiten. Irgendwann haben sie ihre bisherigen Einschränkungen überwunden und damit auch Lösungen für die ursprüngliche Problematik des Klienten gezeigt.

A: Ich glaube, es ist oft wichtig, daß dieser Weg auch durch Bereiche führt, die der Klient bisher ängstlich vermieden hat - oder die er nicht zu denken wagte. Bereiche, die er nun in der Geschichte zu erkennen und zu meistern lernt.

B: Oder es werden Entwicklungen deutlich gemacht, denen ein Mensch rechtzeitig vorbeugen kann: Zu diesem Zweck werden in einer Geschichte oft jene kleinen oder großen Verluste und Katastrophen dargestellt, auf die das bisherige Verhalten der Beteiligten hinauslaufen würde, wenn sie ihre Einstellungen und Verhaltensweisen nicht ändern. Ihr bisheriges Zusammenspiel mündet dementsprechend in **heilsame Katastrophen**, die dann aber zu Quellen der Neubesinnung, des Neuanfangs oder des Wandels werden.

A: Manches gute Schauspiel, mancher gute Film, in welchem ich mich mit einer Person stark identifizieren konnte, hat mir auf diese Art schon neue Wege, Lösungen und Einsichten vermittelt. Und die Spannung gehörte dazu.

B: Sicher ist genau das, schon seit dem antiken Drama, ein wichtiges Prinzip von Kunst überhaupt. Und sicher gibt es, neben den ganz individuellen Themen, sehr viele, die eine große Anzahl von Menschen, vielleicht eine ganze Kultur betreffen. Ich glaube, es gibt Gebiete unseres Gartens, die fast alle Menschen unserer Kultur nicht zu betreten wagen oder vergessen haben. Umgekehrt gibt es Erfahrungen, die sehr viele Menschen einer Kultur im Laufe ihrer Entwicklung in vergleichbarer Weise durchlaufen.

A: Erzählst Du noch eine Geschichte, Bernard?

B: Eine, in der es auch dramatisch sein darf?

A: Das gehört dazu, klar, aber schön soll sie auch ein.

B: Speziell für Dich, Annelie?

A: Nicht speziell, aber auch. Und für unsere ganze Kultur. Am besten eine Geschichte über die Liebe, oder über die Schönheit.

B: Oder über beides?

A: Das wäre toll.

B: Genau so eine habe ich, zum Abschluß. Nun, liebe Leserinnen, lieber Leser, machen Sie es sich bequem und erfahren Sie, was damals geschah.

136

Vor langer Zeit, im alten China, lebte in der kleinen Stadt zu Füßen des Königspalastes der arme Musikant Trojanus. Er spielte viele Instrumente und sang dazu, am bezauberndsten aber spielte er die Flöte. Er war jedoch nicht nur arm, sondern auch alles andere als stattlich von Statur. Obwohl er sehr schöne Augen und ein weiches Gesicht hatte, war er von Natur kleinwüchsig und bucklig gewachsen und hinkte leicht. Aufgrund dieser Behin-

derungen war er tagsüber meist zu scheu, um aus seinem Haus zu gehen.
Sobald es aber am Abend dunkel geworden war, nahm er seine Flöte und
lief durch die Straßen der Stadt, die wunderschönsten Melodien spielend.
Die Leute öffneten dann ihre Fenster, lauschten und warfen ihm verschiedene Geschenke ins Dunkel hinein zu.

Irgendwann begann der Musikant, seinen Weg auch auf das Gelände um den
Königspalast auszudehnen und auch hier seine Melodien zu spielen.

Im Palast lebten der König und seine Gemahlin, aber auch ihre wunderschöne Tochter, die Prinzessin Mondtau. Doch beim Gedanken an Mondtau
waren alle von Trauer erfüllt. Denn sie, die später die Krone des Landes tragen sollte, war in früher Jugend aus unerklärlicher Ursache erblindet. Sie
war nun schon 20 Jahre alt geworden, schöner denn je - und viele Fürsten
und Ritter bewarben sich trotz ihrer Blindheit um ihre Hand. Doch all das
interessierte sie nicht, und die meiste Zeit verbrachte sie allein in ihrem Zimmer, das immer beleuchtet war und dessen Fenster hoch über dem Weg in
die Stadt aus der Palastmauer hervorschauten. Meist war sie in Gedanken
versunken oder träumte vor sich hin.

Eines Tages aber, ihr Fenster war der frischen Luft wegen geöffnet, vernahm
sie zum erstenmal da draußen das Flötenspiel des armen Musikers Trojanus,
der langsam den Weg zu Füßen des Palastes entlangkam. Es war ihr, als ob
ein zarter, warmer Schauer durch ihren Körper ging, sie zitterte leicht und,
um besser zu hören, stellte sie sich ans Fenster. Dort konnte auch Trojanus
sie sehen, auch ihn überkam ein zarter Schauer, er hielt inne und es war
ihm, als ob nun auch viele wunderbare Melodien in seinem Inneren entsprangen, die sich im Spiel der Flöte Ausdruck verschafften.

Die Prinzessin fühlte sich innerlich tief berührt und es war, als empfände sie
innerlich das Spiel wundersamer Farben. Nach einer Weile zog der Musiker
weiter, denn er wagte es nicht, allzu lange vor dem Fenster der Prinzessin
zu verweilen.

An nächsten Abend zur gleichen Stunde aber kam er wieder hier vorbei, und
wieder sah er die in weiß gekleidete Prinzessin am offenen Fenster sitzend,
als hätte sie ihn erwartet.

Und in der Tat hatte sie das, ihr Herz klopfte, als sie die Melodie näherkommen hörte, sie genoß es zutiefst zuzuhören, und als der Musiker sich
langsam wieder entfernen wollte, faßte sie sich ein Herz und rief ihm zu:
„Bleib noch, es ist so wundervoll, Dich zu hören. Es ist, als ob zum erstenmal ein Mensch mir nahekommt, bleib noch." Und er verweilte länger und
spielte.

Später fragte sie nach seinem Namen und sagte, wie gern sie ihn sehen
würde, denn er müsse ein wunderschöner Mensch sein. Zu diesen Worten
schwieg er, aber Abend für Abend kam er wieder und sie sprachen in den
Pausen zwischen den Melodien viel miteinander.

Manchmal sang er und manchmal sang auch sie.

Es kam die Zeit, daß die Prinzessin ihm gestand, daß sie ihn aus tiefstem

Herzen liebe. Er konnte es nicht fassen, doch auch er fühlte eine nie gekannte Verbundenheit mit ihr.

Sie sprachen über viele Dinge des Lebens, auch über Mondtaus Hoffnung, eines Tages wieder sehen zu können. Nie aber sprach er über seine Behinderung.

Eines Tages, viele Monate waren wie im Traum vergangen, sah er die Prinzessin am Abend ganz besonders fröhlich und ausgelassen im Fenster sitzen. Kaum war er nahe genug, rief sie ihm zu:

„Geliebter, meine Gebete wurden gehört. Meine Eltern haben weit entfernt in Indien einen weisen Doktor gefunden, der meine Krankheit heilen kann. Es ist eine besondere Operation. Schon sehr vielen Menschen hat er geholfen. Gleich morgen werde ich mich mit meinen Bediensteten auf die weite Reise machen. Es wird einen Monat dauern, bis ich dort bin, einen Monat bin ich bei dem Doktor, und im dritten Monat reise ich zurück. Dann aber werden wir uns wiederbegegnen und ich bin so glücklich, denn dann, Geliebter, möchte ich, daß Du mein Mann wirst."

Fassungslos schaute er hinauf, und noch einmal spielte er all die Melodien, die ihre geworden waren. Dann nahmen sie Abschied, mit einem zarten Gefühl von Trauer, er versprach ihr, innerlich auf der ganzen Reise an ihrer Seite zu sein und wünschte ihr allen Segen für die Operation.

Am nächsten Tag blieb das Fenster der Prinzessin dunkel, sie war schon abgereist, doch der Musiker kam Abend für Abend vorbei, spielte, nur jetzt mit einem Gefühl von Wehmut, seine Melodien.

Ein Monat verging, ein zweiter und nun auch ein dritter. Voller Sehnsucht, aber auch Bangigkeit kam Trojanus Abend für Abend vorbei, doch das Fenster war noch immer dunkel. Im vierten Monat begann er, sich Sorgen zu machen. Ob Mondtau wohl etwas geschehen ist? Ob wohl die Operation gelungen ist?

Der fünfte Monat verging, im sechsten Monat waren die Melodien des Musikers voller Schwermut und Sehnsucht. „Habe ich wirklich gewünscht, daß sie das Augenlicht wiederbekommt und mich dann sehen kann?" fragte er sich und begann sich Vorwürfe zu machen, daß er ihr vielleicht nicht genügend gute Wünsche mit auf den Weg gegeben habe. Am Ende des sechsten Monats hatte er nur noch den einen Wunsch in seinem Herzen, daß Mondtau geheilt zurück käme - ganz gleich, was das für ihn bedeuten möge.

Und es kam, daß einige Tage später tatsächlich wieder Licht im Zimmer der Prinzessin leuchtete.

Er konnte es schon von weitem sehen und sein Herz hüpfte vor Freude und Erregung.

Er kam näher, seine Lieder spielend, die Nacht war dunkel, aber dort, im geöffneten Fenster, sah er die vertraute Gestalt von Mondtau.

Sie rief ihm zu: „Endlich, ich habe mich so nach Dir gesehnt. Nun endlich, Geliebter, kann ich Dich sehen. Meine Reise hat viel länger gedauert, als wir alle dachten, aber sie war ein großer Erfolg. Ich kann wieder sehen wie in

meiner frühesten Jugend." Er spielte jetzt noch einmal ihr liebstes Lied, war aber stumm. Nach einer Weile rief sie:
„Komm jetzt, Geliebter, ich habe für Dich viel Bettzeug zusammengeknotet zu einem Seil, das ich jetzt aus dem Fenster lasse. Daran kannst Du Dich emporziehen, hoch in mein Zimmer, ich möchte Dich sehen und in die Arme schließen." Und sie warf das Seil hinunter, knotete es oben fest und rief noch einmal „Komm!".
Langsam ging er hin und faßte das Seil, die Flöte im Gürtel verschnallt, und begann, sich - mit sehr viel Mühe und bangem Herzen - emporzuziehen. Er war auf die Kraft seiner Arme angewiesen, denn in den Beinen hatte er keine Energie zum Klettern. Doch nach und nach kam er höher, wo er fröhlich trällernd die Stimme der Prinzessin hörte. Sie sang eines ihrer alten, gemeinsamen Lieder. Jetzt erreichten seine Hände die Fensterbank, und die Hände der Prinzessin streckten sich ihm entgegen. Er faßte ihre Hände und konnte sich jetzt leichter das letzte Stück emporziehen. Das Licht aus dem Zimmer fiel auf sein Gesicht, und ganz nahe sah er nun die leuchtenden Augen von Mondtau. Eine weitere Anstrengung, und auch sein Oberkörper war nun über die Fensterbrüstung gelangt und vom Licht des Zimmers erhellt. Jetzt sah er, wie die Augen der Prinzessin sich plötzlich veränderten, auch ihr Mund öffnete sich.
Noch eine Ruck, und auch seine kümmerlichen Beine waren jetzt oben und ganz im Licht.
In diesem Moment rief die Prinzessin mit erschrockenem Gesicht: „Iii, Du bist ja häßlich", zuckte zurück und ließ seine Hände los, die sie gerade noch gehalten hatte. Das Herz schien ihm stehen zu bleiben. Er verlor den Halt und konnte sich gerade noch mit den Beinen am Seil aus Wäsche festklemmen, während er hart und schnell zu Boden glitt. Schmerzhaft zerschunden fiel er auf den Boden, und, noch immer die Flöte bei sich, kroch er, so gut er konnte, fort.
Oben im Zimmer war die Prinzessin auf ihr Bett gestürzt, schluchzte, das Gesicht in die Hände vergraben. Alles um sie schien dunkel zu werden, und eine tiefe, innere Leere breitete sich aus. Jenes wunderbare Gefühl, das mit dem Klang der Flöte verbunden war, schien fortzufließen. Statt dessen breitete sich ein Gefühl von Schmerz in ihr aus.
Am nächsten Tag wurde sie zu Hofe geholt, sie sah den prächtig geschmückten Innenhof des Palastes und begab sich zu Vater und Mutter in den Empfangssaal.
Doch wie betrübt waren alle, als sie das blasse, unbewegte Gesicht der Tochter sahen, die noch vor einem Tag so strahlend aus Indien zurückgekehrt war.
Heute waren die edelsten Prinzen des Landes zusammengekommen, um sie zu begrüßen und ihr ihre Aufwartung zu machen. Doch sie sprach kaum ein Wort, und keiner von ihnen fand ihre Sympathie.
Am Abend, wieder allein in ihrem Zimmer, wartete sie vergebens auf das

vertraute Spiel der Flöte. Ihre Gedanken waren jetzt voller Sorge um das Schicksal Trojanus. Immer mehr wurde sie sich dessen bewußt, welchen Schmerz sie ihm zugefügt haben mußte. Und sie merkte, daß ihr Gefühl für Trojanus keinesfalls erloschen war - im Gegenteil. Allein ihre Vorstellung aus der Zeit ihrer Blindheit entsprach nicht seiner äußeren Erscheinung. Jetzt hingegen umgab sie Schönheit und Pracht im ganzen Palast. Und doch versank sie Tag für Tag in größere Traurigkeit.

Was auch immer die Eltern aufboten, um sie zu unterhalten, blieb wirkungslos.

Am dritten Tag war ihr Kummer um Trojanus so groß geworden, daß sie beschloß, ihren Vater um Hilfe zu bitten. Sie erzählte ihm die ganze Geschichte und bat ihn, alles zu tun, um Trojanus zu finden.

Der ließ in der Stadt nach ihm suchen, schickte Bedienstete ins Land, doch sie kehrten unverrichteter Dinge zurück. Niemand hatte Trojanus seit jenem letzten Abend gesehen. Keine Spur.

Nach diesen drei Tagen wußte Mondtau, daß nur sie Trojanus finden konnte. In der Nacht ließ sie das Seil aus dem Fenster und ließ sich daran hinabgleiten. Keiner durfte es bemerken. Sie lief vom Palast durch die jetzt menschenleere Stadt, ohne zu wissen, wohin ihre Füße sie trugen, bald, schon außerhalb der Stadt, lief sie auf schmalen Wegen. Der beginnende Neumond leuchtete schwach, doch es war ihr, als ob sie dem Lauf ihrer Füße vertrauen könnte. Plötzlich vernahm sie von ganz fern und ganz leise den wohlbekannten Klang einer Flöte und lief weiter in diese Richtung, über eine Wiese auf einen Wald zu.

Der Klang des Instruments wurde deutlicher, als sie in den dunklen Wald hineinlief, wohin das Mondlicht nicht reichte. Nur von diesem Klang angezogen, tastete sie sich weiter, genauso sicher von ihrem Gefühl geführt wie damals, in der Zeit ihrer Blindheit. Immer klarer wurde der Klang, und auch der Wald begann lichter zu werden. Das Mondlicht schimmerte hindurch und sie konnte eine Vielzahl nie zuvor gesehener Blumen erkennen. Es schien, als bewegten sie sich mit der Melodie der Flöte. Jetzt war die Musik ganz laut, in unmittelbarer Nähe zu hören. Beim nächsten Schritt erreichte sie eine Lichtung, umgeben von Wald. Hier war das Zentrum der Musik, aber niemand war zu sehen. Nur eine wunderschöne rote Blume stand in der Mitte der Lichtung. Von ihr fühlte sich Mondtau überaus angezogen. Sie näherte sich ihr und kniete sich nieder, um ihren zarten Duft einzuatmen. Als sie schließlich die Blüte mit den Lippen berührte, überkam sie eine solche Müdigkeit, daß sie gleich neben der Blume ins Gras sank und in Schlaf fiel.

140

Hier, träumend, empfing sie ihren Geliebten ganz, in einer Weise, die nur die beiden wissen. Und es war, als hörte sie eine innere Stimme zu sich sagen: Du siehst nur mit dem Herzen gut. Am nächsten Tag erwachte sie, als die Sonne schon im Zenit stand. Sie fühlte sich erfüllt und vollständig, wie sie es vorher nicht kannte. Und sie öffnete die Augen, um jene Blume zu sehen - und wie staunte sie, daß dort jetzt zwei Blumen gewachsen waren, einander wie Liebende spielerisch umschlingend.

Mondtau wußte, daß sich ihre Liebe erfüllt hatte. Und sie sprang fröhlich auf und lief zurück zum Schloß, wo sie mit Erstaunen und ebensolcher Erleichterung aufgenommen wurde.

Am späten Nachmittag hatten sich wieder Prinzen angesagt, die ihre Aufwartung machen wollten. Mondtau empfing sie heiter und scherzend. Und dann warte da draußen noch einer, hieß es, der sich gar nicht, wie die anderen vorher, angemeldet habe. Mondtau ließ auch ihn hereinbitten.

Seine Kleidung war einfach, seine Augen blickten ruhig und tief.

Er ging aufrecht, nur eine leichte Unsicherheit beim Bewegen eines Beins war da. An der Brust trug er die Flöte.

Mondtau schaute ihm in die Augen, während sie sich erhob und langsam auf ihn zuging.

Was bleibt noch zu erzählen?

Sie wurden, anders als Romeo und Julia, ein lebensfrohes Paar. Und schenkten später dem Land noch weit mehr als ihre Melodien.

A: Das war wirklich eine schöne Geschichte. Ich habe sogar geweint.

B: Eigentlich war es ein Märchen.

A: Ich werde alles einfach wirken lassen.

B: Und deshalb geht hier, mitten im Leben, unsere Reise zu Ende. Es war schön, mich mit Dir auszutauschen, Annelie.

A: Es war schön, dies für Sie, unsere Leserinnen und Leser, tun zu können.

B: Unsere unsichtbaren, aber fühlbaren Partner.

A: Wir haben unterschiedliche Häuser mit unseren Sprachbausteinen errichtet.

B: Und dabei viel über die Bausteine selbst und ihr Zusammenspiel gelernt.

A: Vieles in mir hat sich bewegt und ordnet sich neu.

B: In mir auch.

A und B: Auf Wiedersehen.

A: Und viel Spernst in den weiteren drei Teilen dieses Buches - in Gedanken sind wir weiter mit dabei.

B: Vielleicht hören Sie ja innerlich manchmal unsere Fragen und Kommentare.

WAHRNEHMEN

Entfalten

Ausdrücken

Praxis

Lernen

Beziehung

Positionen

Team

Teil IV
Wachstum durch Sinn-fonik

Teil IV: Wachstum durch Sinn-fonik

1. Vorbereitung

Vor rund hundert Jahren trieben nur wenige Menschen Sport als körperlichen Ausgleich für eine einseitige Lebensweise und einen Mangel an Bewegung. Heute ist Sport selbstverständlich. - Im psychischen Bereich leben wir mittlerweile ähnlich einseitig. Traditionelle Zugehörigkeiten, ob Familiensysteme, Religionen oder die soziale Einbettung der zunehmend Einzelnen lösen sich auf und können durch unpersönliche Medien nicht ersetzt werden. Deshalb gewinnt die psychische Selbstentwicklung und das bewußte Entfalten vernachlässigter Bereiche ebenso an Bedeutung wie die Entwicklung neuer Kommunikationsfähigkeiten für die Gemeinschaften der Zukunft. So belebend wie heute Sport.

In diesem Teil finden Sie Anregungen und Strukturen für Kommunikationsprozesse, die Sie in Ihren Wahrnehmungs-, Ausdrucks- und Beziehungsfähigkeiten bereichern mögen. Ich nenne sie „Sinn-fonik"-Lernprozesse und meine damit ein Zusammenspiel, das Sinn gibt, eine „Sinn-fonie" verschiedener Methoden und Lernprinzipien. Zu den methodischen Bausteinen gehören Ansätze aus der Gestalttherapie, der systemischen Therapie, der Gesprächstherapie, dem nlp und der Rollenimprovisation ebenso, wie Prinzipien der Energiearbeit oder der Meditation. Und natürlich die praktische Vertiefung der Inhalte, die uns Annelie und Bernard in den ersten drei Teilen dieses Buches zeigten.
Neben der methodischen Vielfalt gehört zur Sinn-fonik eine innere Haltung von Achtsamkeit sich selbst und anderen gegenüber. Sie betrachtet Kommunikation nicht als Mittel der Dominanz oder der einseitigen Beeinflussung anderer hin zu vorgegebenen Zielen, sondern als Prozeß des Austauschs, in welchem alle Beteiligten lernen und wachsen - zu sich selbst hin. Dabei spielt die Balance innengerichteter und außengerichteter Kommunikation eine besondere Rolle.

Anstelle formaler Übungsanleitungen, stelle ich die Prozesse als Erfahrungsberichte unterschiedlicher Menschen dar: in einer Form, die Sie, liebe Leserinnen und Leser, wie Protokolle oder Geschichten lesen, aber ebenso gern für sich selbst nutzen, nachvollziehen oder variieren können. Ob in Teilen oder als Ganzes. Sie können wählen, was Ihrem Wesen und Ihrer Lebenssituation und gegenwärtig entspricht, denn es gibt kein Patentrezept für alle.
Die Personen, welche hier von ihren Erfahrungen berichten, habe ich erfunden, doch erinnern sie an reale Menschen, denen ich in meiner Arbeit und in meiner Freizeit begegnet bin: einzigartig und durchaus ein bißchen verückt, wie so viele es in unserer Zeit sind. Jede aus ihrer Sicht beschriebene Serie von Lernerfahrungen hat ihren eigenen Themenkreis, der jeweils anfangs im Überblick dargestellt wird. Den hierzu gehörenden umfangreicheren Einzelprozessen sind weitere Kurzbeschreibungen vorangestellt. Darin werden auch Brücken zu Fachbegriffen und Methoden aus dem nlp oder anderen Modellen gebildet.

Möge Ihr bester Lehrer Ihr eigenes Erleben sein - beim Ausprobieren.

2. Verknüpfen der Sinne

Überblick: *Dies sind Übungen, welche die für eine sensible Wahrnehmungsfähigkeit sehr wertvollen Verbindungsmuster zwischen den Sinnen entwickeln. Diese Verbindungen werden auch Synästhesien genannt.*

Ich heiße Klaus, bin Studiomusiker und in meiner Freizeit genieße ich das Zusammensein mit meinem kleinen Sohn Franz und mit meiner Frau Elisabeth. Ich sammle immer wieder gern Erfahrungen über die natürliche Verknüpfung meiner Sinne, über die nach innen gerichteten, wie über die nach außen gerichteten. Das macht mein inneres Kind lebendig, inspiriert mich beim Improvisieren und Komponieren und hilft mir, die einzelnen Lernschritte meines Sohnes zu verstehen und zu fördern.

Vom Sehen zum Fühlen

Hier gebe ich Ihnen einige Beispiele von meinen Erfahrungen. Zuerst geht es um die Verbindung von außengerichtetem Sehen und Fühlen:

> *Ich bewege mich in der Natur langsam auf einen Baum zu.*
> *Ich strecke meine Arme nach vorn, so daß ich meine Hände und den näherkommenden Baum sehe.*
> *Langsam gehe ich immer weiter zum Stamm des Baumes, ganz darauf konzentriert, im Vordergrund meine Hände und im Hintergrund den Stamm zu sehen.*
> *Schließlich berühren und umfassen meine Hände den Baumstamm, ich sehe, wie meine Hände das tun und fühle es zugleich.*

Von äußerer zu innerer Wahrnehmung

Hier habe ich noch einige weitere Erfahrungen zusammengestellt, die mir geholfen haben, meine äußere Wahrnehmung mit meinem inneren Sehen, Hören und Fühlen zu verknüpfen:

> *Ich höre eine CD mit meiner Lieblingsmusik. Ich schließe die Augen und lasse zu der Musik Farben, Bilder, Phantasien oder Erinnerungen als Bilder vor dem geistigen Auge erscheinen. Gleichzeitig nehme ich meine Gefühle und Empfindungen wahr.*

> *Ich betrachte ein interessantes Gemälde - und ich frage mich... Wenn es eine Musik gäbe, die dazu paßt, welche kann es wohl sein? Wenn es ein Gefühl gäbe, das davon*

ausgelöst wird, wie fühlt es sich an? Wenn es einen Duft gäbe, der dazu paßt, woran erinnert dieser Duft? Wenn es Worte gäbe, die das Bild beschreiben, welche sind es?

Ich höre die Stimme eines Sprechers im Radio - und ich frage mich... Wenn es ein Gesicht gäbe, das dazu paßt, wie mag es wohl aussehen? Wenn es einen Händedruck gäbe, der zu dem Gesicht paßt, wie mag er sich anfühlen? Wenn es eine Kleidung gäbe, die der Mensch gern trägt, welche mag es wohl sein?

Nach jeder Übung bedanke ich mich bei mir selbst für die gewonnenen Assoziationen.

Ähnlich können Sie sich selbst viele weitere Erfahrungen für die Wechselwirkung von Sinneswahrnehmungen kreieren und dabei Ihre „nervlichen Querverbindungen" herausfordern und entwickeln.

Sinnliches Wahrnehmen eines Partners

Kurzbeschreibung: *Hier wird die sensorische Sensibilität für andere Menschen, auch für ihre subtile Ausstrahlung (Aura) erfahrbar gemacht und gefördert. Die inneren Vorstellungen werden über Feedback mit den äußeren Wahrnehmungen abgeglichen.*

Den folgenden Prozeß habe ich mehrmals mit meiner Frau ausprobiert - und das war sehr gut für unsere Beziehung, für die Sensibilität, mit der wir einander wahrzunehmen lernten. Ich beschreibe, wie Sie sehen werden, diese Übung nur in einer Richtung, wir haben natürlich beide ausprobiert. Es geht um das Verknüpfen von äußerem und innerem Sehen und Fühlen:

***Zuerst** bitte ich Elisabeth, in einiger Entfernung vor mir zu stehen und zu mir über ihr Leben zu sprechen. Es bleibt ihre Wahl, ob sie auch von Themen spricht, die unser Zusammenleben betreffen. Für mich kommt es darauf an, mich währenddessen auf verschiedene Weise ganz auf Elisabeth einzustellen, sie zu erfahren, ohne selbst zu agieren oder zu sprechen. Zuerst schließe ich meine Augen und höre ihre Worte. Ich nehme wahr, was ich dabei empfinde und stelle mir vor, wie sie dabei aussieht, ihre Mimik, ihre Augen, ihre Haltung - alles, was mir in den Sinn kommt. Nach einigen Minuten öffne ich die Augen und vergleiche ihr jetziges Aussehen mit meiner inneren Vorstellung. Sie spricht weiter. Ich schließe daraufhin erneut die Augen und stelle mir ihr Bild erneut vor. Danach vergleiche ich meine Vorstellung erneut mit ihrem aktuellen Aussehen, indem ich meine Augen öffne.*

146

Im zweiten Teil spricht Elisabeth nur noch lautlos weiter, bewegt dabei aber die Lippen nach wie vor mit den Worten. Ich schaue sie an und stelle mir vor, dennoch ihre Stimme und ihre Worte zu hören, wahrzunehmen was sie sagt.

Dann bitte ich Elisabeth, wieder laut zu sprechen und vergleiche ihre Worte mit meiner Vorstellung von dem, was sie gesagt hätte.

Wir wiederholen auch dies, so daß ich mein inneres Hören erneut mit dem äußeren Hören abgleichen kann.

Im dritten Teil habe ich erneut die Augen geöffnet und sehe Elisabeth vor mir. Ich bitte sie, ganz langsam, aber wie bisher sprechend auf mich zuzukommen, mir eine Hand entgegenzustrecken und mich schließlich auf ihre Art zu berühren. Ich erlebe das mit allen Sinnen. Danach entfernt sie sich wieder und begibt sich in die ursprüngliche Position. Wir wiederholen diesen Weg nun, doch diesmal halte ich die Augen geschlossen. Ich erspüre ihre jeweilige Nähe und vielleicht kann ich den Moment ihrer Berührung um den Bruchteil einer Sekunde im voraus wahrnehmen, innerlich darauf eingestellt.

Wenn wir möchten, wiederholen wir diesen Teil noch einmal, indem sie diesmal - wie im zweiten Teil - nicht hörbar, sondern lautlos spricht, so daß ich mit geschlossenen Augen gleichzeitig ihr Näherkommen wie auch ihre Stimme innerlich wahrnehme. Manchmal ist es, als könne ich die Bewegung ihres Energiekörpers, also ihrer Aura spüren.

Abschließend tauschen wir uns über unsere Empfindungen und Erfahrungen aus - auch darüber, was sich in unserer Beziehung verändert hat. Und wir tun das nicht nur mit Worten.

3. Flexible Kommunikation

Überblick: *In diesem Abschnitt finden Sie zahlreiche Übungen und Bei-spielprozesse zur Anwendung und Vertiefung der in den ersten drei Teilen dieses Buches vorgestellten Kommunikationsprinzipien und Sprachmuster, wie Feedback, Umdeuten, Meta-Modell, Sinnfonik-Sprachmodell, Milton-Modell u.a.*

Wir sind eine typische europäische Familie: Mutter Elfriede, die eine Massage-praxis hat, Vater Kurt, der als freier Journalist für verschiedene Zeitungen schreibt, mein Bruder Carlo, der gerade ins Gymnasium gekommen ist, meine Schwester Magdalena, die zur Zeit das Abitur macht - und ich, Elisabeth, eine Medizinstudentin.

Nur in einem Punkt sind wir nicht typisch: Wir haben Spaß daran, miteinander zu reden und Rollenspiele zu erproben - einzig und allein dafür kommen wir immer wieder gerne zusammen. Wir können mittlerweile schon so anregend miteinander kommunizieren, daß wir damit auch viele andere unterhalten könn-ten. Vielleicht eröffnen wir gemeinsam noch mal ein kleines Kabarett.

Ganz nebenbei sind wir, jeder auf seine Weise, flexibel und selbstsicher in der Kommunikation geworden - und das tut jedem von uns sehr gut, ob in der Schu-le, beim Studium oder im Beruf. Und wenn zum Beispiel Vater einen wichtigen Beitrag entwirft, redet er erst einmal mit uns über das Thema. Dann weiß er Bescheid.

Ich stelle Ihnen hier einige unserer kleineren Kommunikationsspiele vor, viel-leicht tun sie Ihnen auch so gut.

Nonverbalen Ausdruck deuten

Kurzbeschreibung: *Wege zur Verfeinerung der Wahrnehmung des nonver-balen Ausdrucks. Das Wiedererkennen von inneren Zuständen (Kalibrieren) anhand des äußeren Verhaltens.*

Wir haben gemerkt, wie wichtig es ist, die Erlebniswelt, in welcher sich jeder von uns befindet, nicht erst durch Worte, sondern bereits anhand des Gesichtsaus-drucks, der Mimik, der Haltung, der Klangfarbe der Stimme oder anderer Merk-male zu erkennen. Natürlich reagieren wir in der Familie seit eh auf diese Sig-nale und wissen aus Erfahrung:

> *Wenn Mutter **so** guckt, sollten wir sie besser in Ruhe lassen.*
> *Wenn Vater mit **dieser** Stimme spricht, ist es gut, ihn um etwas zu bitten.*
> *Wenn Magdalena **auf diese Art** lächelt, ist sie skeptisch.*
> *Wenn sie ganz große Pupillen bekommt, ist sie glücklich.*

Manches also wissen wir aus Erfahrung, doch meist haben wir bewußt keine Ahnung davon, was dabei wirklich im anderen vor sich geht, sondern nur davon, welche Reaktionen zu erwarten sind und wie wir dann am besten mit ihm umzugehen haben. Wir haben eine ganze Reihe von Gebrauchsanweisungen füreinander gelernt und die sind sehr nützlich. Um ein bißchen tiefer vom äußeren Ausdruck auf unser inneres Erleben und den inneren Zustand schließen zu können, nutzen wir manchmal ganz bewußt eine spielerische Art von Wahrnehmungsübungen, die uns den Zusammenhang zwischen äußerem Ausdruck und innerem Erleben bewußter machen.

Die Variante für den Alltag besteht einfach darin, daß wir gelernt haben, einander gern und offen mitzuteilen oder uns bei Bedarf danach fragen, was wir innerlich erleben, in welchem Zustand wir sind, was uns gerade beschäftigt oder wichtig ist. Dadurch sind wir nicht nur auf Vermutungen angewiesen, sondern haben eine bessere Orientierung im Umgang miteinander, lassen uns in Ruhe, wenn es darauf ankommt, nehmen es weit weniger persönlich, wenn jemand ein komisches Gesicht macht, werden uns dessen bewußt, wie wir aufeinander wirken und wie wir förderlich aufeinander wirken können. Bei uns ist es so, daß jeder die Verantwortung für sein eigenes Wohlergehen zuerst bei sich selbst sucht, daß wir nicht erwarten, die anderen mögen uns alles recht machen. Natürlich wissen wir schon, daß wir uns auch sehr viel zu geben haben. Das sind eben die zusätzlichen Geschenke des Lebens. Und dafür, daß es ein sinnvoller Austausch und keine gegenseitige Behinderung ist, haben wir es als wirklich hilfreich erlebt, mehr darüber zu wissen, wo der andere sich innerlich befindet. Mutter scheint das übrigens bei uns Kindern von Natur aus drauf zu haben. Sie braucht wirklich nicht zu fragen, sie erkennt jede subtile Regung im Gesicht.

Nun beschreibe ich jene Wahrnehmungsübung, über die wir noch bewußter den Zusammenhang zwischen Ausdruck und Erleben erforscht haben.
Ich habe die Idee dazu aus einem Kommunikationsseminar, das ich besucht habe, mitgebracht.

> *Einer von uns, zum Beispiel unser Vater Kurt, setzt sich so, daß viel Licht auf ihn fällt, wir anderen sitzen im Kreis drumherum. Dann bitten wir Kurt, still an ein bestimmtes Erlebnis zu denken, das wir auswählen, zum Beispiel wenn er zufrieden ist und angeln geht. Sobald er das Erlebnis innerlich hat, gibt er uns ein Handzeichen und bleibt in seiner Vorstellung dabei. In dieser Zeit beobachten wir ihn aufmerksam: Wie ist seine Mimik, wie bewegen sich seine Augen, welche Muskelspannungen und welche Hauttönung beobachten wir, wie ist die Atmung, die Haltung usw. Es ist so, als würden wir innerlich ein Foto von diesem Zustand von Kurt machen, uns darauf eichen. Das Fremdwort dazu heißt kalibrieren - es bedeutet, diesen Ausdruck von Kurt*

149

innerlich seinem uns bekannten inneren Erleben zuzuordnen.

Nun ermuntern wir Kurt, sich wieder ganz der Gegenwart bewußt zu werden, sprechen kurz mit ihm und lassen ihn sich strecken. Als nächstes soll er jetzt an eine ganz andere Erfahrung denken, zum Beispiel daran, wie es ist, wenn er am Computer sitzt und schreibt. Sobald er innerlich dabei ist, gibt uns Kurt wieder ein Handzeichen und wir nehmen all die Unterschiede wahr, die hierzu gehören: Die Haltung ist anders, die Atmung, die Augen, die Gesichtsfarbe usw. Danach holen wir ihn wieder in die Gegenwart und ermuntern ihn erneut.

Nun kann Kurt innerlich eine von den beiden Erfahrungen auswählen und daran denken, doch an welche, das sagt er uns nicht. Unsere Aufgabe ist es, anhand seines nonverbalen Ausdrucks herauszufinden, welche der beiden Erfahrungen das wohl ist.

Wir sagen dann, was wir vermuten und Kurt teilt uns mit, ob wir richtig gelegen haben. Das wiederholen wir, d.h. Kurt wählt weiter innerlich eines der beiden Erlebnisse, bis wir ziemlich sicher im „Gedankenlesen" geworden sind und eine hohe Trefferquote auch dann erreichen, wenn Kurt sich Mühe gibt, keine Miene zu verziehen.

Von dieser Übung gibt es viele Varianten. In jedem Fall erleben wir erst ein Beispiel und „raten" anschließend anhand von Indizien des Ausdrucks.

In einer Variante, diesmal ist Carlo unser Probant, bitten wir ihn, erst an eine Person aus seinem Schulumfeld zu denken, die er mag, dann, nach der bekannten Unterbrechung, an eine Person, die er nicht mag. Wir eichen uns jeweils auf seinen zugehörigen Ausdruck. Dann stellen wir eine Frage, die ihn dazu bringt, an eine der beiden Personen zu denken, ohne daß wir wissen, welche es ist, zum Beispiel: Welche Person hat dunklere Haare? Welche ist älter? Welche wohnt näher? Welche hat wahrscheinlich mehr Geld? Welche ist dicker, größer, kräftiger, braungebrannter...?

Wir raten jeweils, an welche Person er gerade denkt und er klärt uns darüber auf, ob wir richtig gelegen haben. Zum Schluß bitten wir ihn, an die angenehme Person zu denken, damit er sich gut fühlt.

Eine andere Variante, diesmal mit Mutter Elfriede, ist unser Lügendetektor-Spiel. Wir fragen sie nach etwas, wozu sie mit Bestimmtheit ja sagen kann, etwa: Heißt Du

Elfriede? Bist Du eine Frau und Mutter von drei Kindern?...
Während sie mit ja antwortet eichen wir uns auf ihren
gesamten Ausdruck beim Jasagen. Dann machen wir uns
bewußt, wie sie beim „Nein" auf uns wirkt, indem wir sie
nach eindeutig zu verneinenden Antworten fragen:
Du heißt Johanna? Du kommst aus Ulan Bator? Wir schrei-
ben 1982?
Wieder eichen wir uns auf ihren Ausdruck beim Neinsagen.
Jetzt können wir ihr beliebige andere Fragen zu Gott und
der Welt stellen und sie bitten, uns lediglich ein Zeichen zu
geben, wenn sie sich für eine Antwort entschieden hat. Wir
raten, ob es ein Ja oder ein Nein war und lassen uns jeweils
über die Wahrheit aufklären.

Apropos Wahrheit: Spannend ist es auch, jemand erst
wahre Begebenheiten erzählen zu lassen, sich auf seinen
Ausdruck und seine Stimme zu eichen, ihn anschließend
lügen zu lassen, und sich auf die Veränderungen zu eichen.
Dann kann er beliebige Dinge erzählen, und unsere Aufga-
be ist es, herauszufinden, ob er lügt oder die Wahrheit
spricht. Hier spielt neben dem, was wir im Gesicht und am
Körper sehen, auch der Klang seiner Stimme eine große
Rolle, auf den wir bisher noch nicht geachtet hatten.

Eine besondere Form des unbewußten Ausdrucks sind unsere Augenbewegungen. Es lohnt sich, diese zu beobachten, besonders in der Phase, wenn ein
Mensch nach Informationen sucht, sich Erlebnisse zugänglich macht - oder
innerlich denkend alle möglichen Sinne abfragt.
Es gibt im nlp ein Modell, wonach Augenbewegungen nach oben damit verbunden sind, daß wir innere Bilder herbeiholen, horizontale Augenbewegungen mit
innerem Hören zu tun haben und der Blick nach unten rechts mit dem Zugang
zu Gefühlen. Unten links liegt danach die Vernunft oder der innere Dialog.
Die Bilder und das Gehörte können wiederum der Erinnerung oder der Phantasie entspringen - meist erleben wir Erinnerungen auf der linken Seite, Phantasi-
en auf der rechten. Zumindest bei Rechtshändern scheint das so zu sein. Ich
weiß nicht, ob diese Zuordnung von Augenbewegungen wirklich verallgemeiner-
bar ist oder nicht, deshalb haben wir es in unserer Übungsfolge überprüft. Wir
haben einander gebeten, an bestimmte Sinneseindrücke zu denken und dabei
darauf geachtet, wie sich die Augen bewegten, etwa so:

Mutter, wie sah ein Weihnachtsbaum in Deiner Kindheit
aus? (erfragen erinnerter Bilder)
Kannst Du Dir vorstellen, welch schöne Märchenfiguren
sich in verschiedenen Wolkenbildern verstecken? (phanta-
sierte Bilder)

> *Welcher Hit hat Dir besonders gefallen, als du achtzehn*
> *warst und wie klang die Melodie? (erinnerte Klänge)*
> *Kannst Du Dir Deinen Lieblingssong als Vogelgezwitscher*
> *vorstellen? (phantasierte Klänge)*
> *Wie fühlt es sich an, in einer warmen Wanne mit Schaum*
> *zu baden? (Gefühl)*
> *Bitte überschlage mal Deine Einnahmen und Ausgaben in*
> *diesem Monat. (Logik,Vernunft)*

Zu überprüfen, ob das obige Modell wirklich stimmt, ist nicht so ganz einfach. Mutter zum Beispiel ging mit den Augen fast immer nach oben links, das würde bedeuten, daß sie also immer zuerst erinnerte Bilder suchte, auch wenn es um die Badewanne ging. Aber vielleicht ist das genau ihre Art, erst mal zu schauen und dann zu fühlen, also ihre Zugangsstrategie.

Wenn ich mit jemandem spreche, ist es für mich immer ein gutes Zeichen, wenn der die Augen in eine der Richtungen bewegt. Es heißt für mich, daß er innerlich beteiligt ist und in seinen Sinnen mitspielt. Ich finde es für das Verständnis behindernd, wenn es nur darauf ankommt, sich immer starr in die Augen zu schauen.

Alles in allem habe ich erlebt, daß sich meine Sensibilität für das, was Menschen innerlich erleben, durch derlei Übungen sehr entwickelt hat. Wenn ich einmal den Zusammenhang zwischen Erleben und Ausdruck hergestellt und ihn überprüft habe, brauche ich dann auch nicht mehr allzu viel nachzufragen.

Manchmal habe ich gestaunt, weil das innere Erleben eines Menschen ganz anders aussah, als ich es äußerlich vermutet hätte; was ich zum Beispiel für Unfreundlichkeit hielt war dort Hilflosigkeit. Es war sehr wertvoll, von nun an auf dieses innere Erleben reagieren zu können, als auf das, was ich zuvor aufgrund des äußeren Verhaltens interpretiert hatte.

Diese bewußte Wahrnehmung anderer hat mir auch sehr dabei geholfen, darauf zu achten, was meine Worte in anderen auslösen, wenn ich mit ihnen kommuniziere oder ihnen bestimmte Erlebnisse vermitteln möchte. Früher war es für mich meist ein Gückstreffer, das rüberzubringen, was ich beabsichtigte. Heute bemerke ich rechtzeitig ihre Reaktionen und kann dementsprechend das, was ich ausdrücken möchte, so beschreiben, daß es auch ankommt.

Ganz zu schweigen davon, daß ich viel sensibler mitbekomme, aus welchem Zustand andere heraus kommunizieren. Denn viele Ausdrucksformen, die ich in der Familie erlebt habe, finde ich auch bei anderen Menschen wieder. Ich bin sogar sensibler dafür, wie ehrlich jemand ist, wie angestrengt oder wie wohlgesonnen. Da ich im Alltag aber nicht jeden Menschen fragen kann, ob meine Interpretationen auch zutreffen, bleibt eine Unsicherheit und eine Neugier - und das ist gut so.

Wechselnde Sichtweisen

Kurzbeschreibung: *Praxis in kreativem Umdeuten (Reframen)*

Jetzt sind wir bei Übungen, die uns helfen, flexibel und natürlich mit Spaß und Spiel beweglich zu kommunizieren. Zuerst geht es uns darum, ein Thema abwechselnd aus immer neuen Sichtweisen anzusprechen, wobei die jeweils vorhergehende Sicht keinesfalls abgestritten, sondern nur durch die nächste ergänzt wird. Ein Beispiel sagt mehr.
Das typisches Thema ist unser Kanarienvogel Kalle. Einer von uns beginnt, eine Aussage über Kalle zu treffen:

> *Elfriede:*   *Unser Kanarienvogel singt so schön.*

Nun kann jeder fortsetzen, dem etwas einfällt, wobei er zunächst die vorhergegangene Aussage bestätigt und dann eine neue Aussage hinzufügt, die möglichst eine ganz entgegengesetzte Position ausdrückt. Es ist auch erlaubt, dabei zu einem neuen Thema zu gelangen.

> *Carlo:*   *Ja, das stimmt, Mutter, aber dann kann man sein eigenes Wort nicht mehr verstehen.*
>
> *Magdalena:* *Ja, das stimmt, Carlo, aber ist es nicht sehr erholsam, manchmal zu schweigen?*
>
> *Carlo:*   *Ja, das stimmt, Magdalena, aber aus dem Vogelkäfig stinkt es dabei gar nicht erholsam.*
>
> *Kurt:*   *Ja, das stimmt, Carlo, aber ich habe ja schon immer gesagt, wir sollten ihn freilassen.*
>
> *Elisabeth:* *Ja, das stimmt, Vater, aber er ist an diese Umwelt nicht angepaßt und kann nur bei uns leben.*
>
> *Elfriede:*   *Ja, das stimmt, Elisabeth, deshalb fühlt er sich hier auch wohl und singt so schön.*
>
> *Magdalena:* *Ja, das stimmt, Mutter, aber er singt immer das gleiche und das kenne ich schon.*
>
> *Carlo:*   *Ja, das stimmt, Magdalena, aber wirkliche Hits kann man nicht oft genug hören. Ich summe sie ständig in der Schule.*
>
> *Elisabeth:* *Ja, das stimmt, Carlo, aber dann kannst Du gar nicht hören, was die Lehrer sagen.*
>
> *Carlo:*   *Ja, das stimmt, Elisabeth, aber deshalb erhole ich mich auch in der Schule sehr gut.*

So geht es weiter, so lange wir Lust haben. Und oft kommen ganz interessante Sachen dabei heraus. Ausgangsthema ist natürlich nicht nur immer unser Kanarienvogel. Auch ernstere Themen eignen sich, sowie allgemeine Aussagen über die Welt oder über unsere Familie, z.B.:

> *Wir müssen mehr sparen.*
> *Wir müssen uns mehr leisten.*
> *Sport ist das allerletzte.*
> *Computer sind so erholsam.*

Und was auch immer uns so einfällt.

Zwischen spezifisch und allgemein

Kurzbeschreibung: *Kommunikationsbeispiele für das Zusammenwirken von Meta- und Milton-Sprachmodell*

Wir haben gelernt, wie sich spezifische und allgemeine Ausdrucksweise unterscheidet. Wir kennen sogar das Meta-Modell und das hypnotische Milton-Modell der Sprache. Es macht Spaß, damit zu spielen. Ein typisches Rollenspiel ist zum Beispiel ein Bewerbungsgespräch.

Magdalena bewirbt sich um eine Stelle. Carlo ist der Personalchef der Firma und führt ein Einstellungsgespräch mit Magdalena. Wer von den beiden gerade die Fragen stellt, der möchte alles ganz genau wissen, gebraucht dabei auch alle ihm bekannten Fragemöglichkeiten des Meta-Modells. Wer antwortet, möchte eher vage und ungenau bleiben, um ja nichts Falsches zu sagen, möchte aber eventuell etwas vertuschen und stets einen guten Eindruck zu machen. Ein Beispiel:

> *Personalchef:* *Guten Tag, Frau Magdalena. Nehmen Sie Platz. Rauchen Sie?*
>
> *Bewerberin:* *Guten Tag, Herr Carlo. Was das Rauchen betrifft, so habe ich dazu eine gesunde Einstellung gefunden.*
>
> *Personalchef:* *Also nicht. Sagen Sie, was haben Sie bisher getan?*
>
> *Bewerberin:* *Nun, ich habe sehr viel gelernt und mir viele wichtige Tätigkeitsfelder erschlossen.*
>
> *Personalchef:* *Welche genau?*
>
> *Bewerberin:* *Immer solche, versteht sich, in denen ich gebraucht wurde und mein Bestes geben konnte.*
>
> *Personalchef:* *Und welche waren das?*
>
> *Bewerberin:* *Eben die, auf die es auch hier ankommt, Sie verstehen...*
>
> *Personalchef:* *Aha, und woher haben Sie von unserer Firma gehört?*
>
> *Bewerberin:* *Große Namen sind in aller Munde.*

Später geht es andersherum:

> *Bewerberin:* *Sagen Sie, was verdiene ich bei Ihnen?*

> Personalchef: Wir haben ein sehr angemessenes Entloh-
> nungssystem, das Sie sicher zufriedenstellt.
> Bewerberin: Wieviel genau?
> Personalchef: Genau so viel, wie es richtig für Sie und für
> uns ist.
> Bewerberin: Und was sind meine Arbeitsaufgaben?
> Personalchef: Das, worauf es ankommt, umzusetzen, wei-
> terzuentwickeln und zu katalysieren.
> Bewerberin: Das ist ja genau das, was zu meinen Vorer-
> fahrungen paßt...

Wieder gibt es viele interessante Themen: Ein Politiker, der unspezifisch spricht und von seinen Wählern (dem Rest der Familie) befragt wird, ein Verkäufer und ein Kunde, die zwar viel wissen aber nichts preisgeben wollen, ein Guru, der eine Heilslehre verkündet und nur ungern von Details spricht usw.

Träumen, Denken, Handeln

Kurzbeschreibung: *Teamkommunikation mit charakteristischen Rollen (Rollenimprovisation, Disney-Rollen)*

Manchmal diskutieren wir über ein Thema und geben uns verschiedene Rollen, zum Beispiel die des creativen Träumers, die des klugen und kritischen Denken-den und die des aktiven, realistischen Handelnden. Wir haben herausgefunden, daß sich die drei besonders gut ergänzen. Das hat auch Walt Disney so beschrie-ben, sogar, wie diese drei Typen in ihm selbst zusammenwirken.
Und so sieht es zum Beispiel bei unserer Urlaubsplanung aus: Mutter ist Träu-merin, Vater ist Denker und Carlo ist Handelnder. Magdalena und ich fahren sowieso nicht mehr mit und reden hierbei ausnahmsweise auch nicht mit.

> Träumerin: Ich möchte einmal ganz weit weg, und mal
> richtig verwöhnt werden.
> Denker: Weißt Du, was das kostet, Mutter? Und wer
> kann uns schon so gut verwöhnen wie Du?
> Handelnder: Verwöhnen ist nicht wichtig, ich kann mir
> alleine helfen, wohin ist auch egal, ich möch-
> te einfach bald los.
> Denker: Moment, was meinst Du mit „ganz weit
> weg", Mutter. Und Du, Carlo, wirst Du dort
> auch gut den so wichtigen Haushalt führen?
> Träumerin: Ich meine den Abstand vom Alltag, von den
> Klienten, den Verantwortungen, der Arbeit.
> Handelnder: Ich habe überhaupt keine Lust auf Haushalt,
> ich will mich in der Natur bewegen.

155

Denker:	*Es gibt Berghotels in Österreich, da werden wir absolut verwöhnt und können tagsüber hoch in die Berge ziehen.*
Träumerin:	*Schaffen wir es auch bis ganz oben, wo wir das ganze Land überblicken können?*
Denker:	*So hoch hinauf, das könnte zu anstrengend werden.*
Handelnder:	*Das müssen wir ausprobieren. Und wenn wir wollen, machen wir blau, oder Ihr Älteren zumindest.*
Träumerin:	*Am schönsten wäre es, oben auf dem Gipfel blau zu machen. Da ist der Himmel auch ganz nah.*

Die Themen und die Rollen können wechseln. Manchmal erzählen wir nur Blödsinn. Manchmal spielt auch einer von uns einen Moderator oder Vermittler zwischen den Rollen, erteilt das Wort, schlichtet, stellt Fragen, faßt zusammen, fragt nach Einwänden und neuen Ideen, bis alle zufrieden sind. Das ist eine Aufgabe für Fortgeschrittene, die wir noch geheimhalten.

Argumentieren

Kurzbeschreibung: *Praktische Rhetorik im Dialog unter Anwendung verschiedenster Kategorien des Umdeutens (Reframing, sleight of mouth, Sinn-fonik-Modell)*

Wir üben mitunter richtige Streitgespräche, das ist sehr aufschlußreich. Wir nehmen uns Themen, die wir besser und differenzierter verstehen wollen und tun so, als würden wir zwei entgegengesetzte Positionen vertreten.
Jede Position argumentiert für ihre Seite und benutzt all die Umdeutungsformen des Rhetorik-Modells, das wir kennengelernt haben.
Unsere Themenauswahl ist vielfältig:
Die Wirkung von Tekkno, für und wider die Abtreibung, der Papst im Zwielicht, Schulmedizin oder alternative Medizin, Subventionen ja oder nein, die Chancen der deutschen Mannschaft...
Was die Nachrichten irgendwann bringen und was bedeutende Persönlichkeiten später zum besten geben, haben wir zu jedem Thema schon viel früher gesagt und ausdiskutiert.
Und so geht es, am Beispiel Tekkno:

156

Vater:	*Tekkno macht krank und blöd.*
Carlo:	*Das sagst Du, weil Du nie ein richtiger Raver warst. Raver sagen Dir: Tekkno macht lebendig und frei.*

Vater:	*Für einen Moment vielleicht, aber hinterher sind die Kids ausgelaugt und stumm.*
Carlo:	*Nicht ausgelaugt und stumm, sondern ganz bei sich, in ihrem eigenen Space.*
Vater:	*Ich kenne ein Mädchen, das in psychiatrische Behandlung mußte.*
Carlo:	*Nicht wegen tekkno, sondern weil sie Knatsch mit ihrer Familie hatte. Ich kenne viele, die sich frei tanzen von ihren Problemen.*
Vater:	*Aber sie lösen die dadurch nicht, sie verschieben sie bloß.*
Carlo:	*Bewegung, Rhythmus und Gemeinschaft sind die ältesten schamanischen Heilweisen der Menschen.*
Vater:	*Die Industrie will doch nur das große Geld machen.*
Carlo:	*Die Industrie kam später, Tekkno kommt aus dem Underground und ist echt.*
Vater:	*Aber es gefällt mir einfach nicht.*
Carlo:	*Als Du vor dreißig Jahren volle Pulle die Stones gedudelt hast, hat Deinen Eltern die Musik auch nicht gefallen.*
Vater:	*Eins zu null, jetzt verstehe ich meine Eltern von damals. Aber trotzdem finde ich die Art, wie sie heute loslegen, viel zu unnatürlich und technisch.*
Carlo:	*Der Jugend gefallen die unnatürlichen und technischen Lebensbedingungen auch nicht, die ihr die ältere Generation übergeben hat.*
Vater:	*Mir auch nicht, deshalb sollten wir gemeinsam die Welt lebenswerter machen.*
Carlo:	*Dafür machen die Raver ihre love-parade.*
Vater:	*Da werden zu viele Drogen genommen.*
Carlo:	*Sie haben zu viel Energie, die raus will.*
Vater:	*Es gibt zu wenig lohnende Aufgaben für ihre Energie.*
Carlo:	*Es gibt zu wenig Liebe und zu wenig Zukunft.*
Vater:	*Darum geht es, mein Junge, und dafür laß uns etwas tun.*
Carlo:	*Es wird Zeit.*
Vater:	*Danke, Carlo.*

Die Argumente aus dem Sinn-fonik-Modell, welche wir verwenden, lassen sich auch als Fragen formulieren, zum Beispiel:

> *Was ist die Folge von dem Gesagten?*
> *Was möchte der Sprecher damit erreichen?*
> *Was ist die Ursache von dem Gesagten?*
> *Was ist die gute Absicht des Sprechers?*
> *Gibt es alternative Wege, jene gute Absicht zu erfüllen?*
> *Wie kann man etwas mit einem anderen Wort ausdrücken?*
> *Wo gilt es, wo jedoch nicht?*
> *Worum geht es wirklich?*
> *Welche andere Bedeutung hat das Gesagte?*
> *Was ist wichtiger?*
> *Gibt es ein Gegenbeispiel oder eine Beispielgeschichte?*
> *Wie sieht es im Detail aus?*
> *Wie sieht es im Großen und Allgemeinen aus?*
> *In welcher Eingeschränktheit befindet sich der Sprecher?*
> *Wie kommt der Sprecher auf die Aussage?*

Manchmal lassen wir uns von diesen und anderen Wahlmöglichkeiten anregen, gehen sie sogar systematisch durch, manchmal sagen wir einfach das, was uns im Moment kommt. Es geht uns nicht darum, ernsthaft gegeneinander zu gewinnen, aber wir spielen auch gern mit dem Wettbewerbscharakter. Anschließend wissen alle mehr und verstehen eine Angelegenheit tiefer.

Umdeuten im Halbkreis

Kurzbeschreibung: *Veränderung blockierender Erfahrungen oder Einstellungen durch kreatives Umdeuten im Kreis (verbales Reframen, sleight of mouth, Sinn-fonik-Modell)*

Wenn einer von uns ein leichteres Problem hat oder einfach mal mit der Welt oder mit sich selbst nicht klar kommt, kann er von uns allen neue Sichtweisen, Ideen und Interpretationen seiner Situation bekommen. Wir bilden hierzu einen Halbkreis und das Sorgenkind setzt sich in die Mitte, so daß es uns alle sehen kann. Dann fragen wir: Was bedrückt Dich? Und das Sorgenkind faßt sein Problem in einem Satz zusammen. Jeder von uns geht daraufhin in sich und fragt sich, auf welche Art wohl das, was das Sorgenkind sagte, in einem ganz anderen Licht zu einer wichtigen konstruktiven, guten Erfahrung für das Sorgenkind werden kann, durch die es sich wieder in ein selbständiges, lebensbejahendes Familienmitglied verwandeln kann.

Natürlich geben wir nicht alle Antworten gleichzeitig, sondern warten, bis die vorausgegangene Botschaft beim Empfänger in der Mitte angekommen ist und verstanden wurde. Erst wenn der uns ein Zeichen gibt, darf die nächste Antwort kommen. Wer eine Antwort geben möchte, spricht zuvor das Sorgenkind vorher noch einmal persönlich an, nennt es beim Namen und fragt:

> *Was hast Du gesagt?*

Dann kann das Sorgenkind noch einmal formulieren, wie es seine Schwierigkeit jetzt in einem Satz ausdrücken würde. Dabei nimmt es Kontakt mit demjenigen auf, der eine Antwort angemeldet hat. Auf dieser Basis teilt dieser dem Sorgenkind nun seine neue Interpretation der Schwierigkeit mit.

Das kann auch eine heilsame Provokation sein, die aber immer in einen guten Kontakt und eine vertrauensvolle Beziehung eingebettet sein sollte.

Hier ein Beispiel. Das Sorgenkind ist diesmal Magdalena.

> *Magdalena:* *Ich bin traurig darüber, daß ich so dick geworden bin.*
> *Elfriede:* *Magdalena, was hast Du gesagt?*
> *Magdalena:* *Daß ich traurig darüber bin, jetzt so dick zu sein.*
> *Elfriede:* *Als ich in Deinem Alter war, ging es mir genauso, ich kann Dich deshalb gut verstehen.*

Im weiteren gebe ich nicht mehr den ganzen Dialog, also die Frage und die Wiederholung der Aussage von Magdalena an, sondern konzentriere mich auf all die verschiedenen Umdeutungen, die wir damals für Magdalena zusammengetragen haben.

> *Elisabeth:* *Dick werden ist eine Leistung Deines Körpers. Er wertet jede Kalorie für Dich aus und legt Vorräte für schlechtere Zeiten an. Daran siehst Du, welch guter Freund Dein Körper für Dich ist.*
> *Carlo:* *Ich glaube, Du hast Angst, mit den vielen Verehrern nicht fertigzuwerden und willst sie durchs Dicksein ein bißchen auf Abstand halten. Aber das klappt nicht, Magdalena, die Jungs steh'n in Wirklichkeit sehr auf runde Formen.*
> *Kurt:* *Ich danke Dir Magdalena, Du gibst mir das stolze Gefühl, meine Familie ernähren zu können.*
> *Elisabeth:* *Vielleicht hat Dein Inneres mit dem Dicksein eine noch tiefere gute Absicht für Dich?*
> *Elfriede:* *Wenn Marilyn Monroe wie eine Stange ausgesehen hätte, wäre nie etwas aus ihr geworden.*
> *Elfriede:* *Willst Du damit sagen, Dein Wert als Mensch ist nur eine Frage des Gewichtes und der Maße?*
> *Carlo:* *Nach Deinen Maßstäben magst Du Dich als dick bezeichnen, nach den meinen empfinde ich Dich als viel zu mager.*
> *Kurt:* *Wenn Du glaubst, Du bist zu dick, dann solltest Du verschiedene Wege kennenlernen, etwas dagegen zu tun.*

Elfriede:	*Zu dick wofür oder für wen? Und wer sagt das eigentlich?*
Elisabeth:	*Gut, daß Du innerlich merkst, was Dein Ideal-gewicht ist und so lebst, daß Du es erreichst.*
Carlo:	*Manchmal ist es wichtig, ein dickes Fell zu haben.*
Kurt:	*Gut, daß mal eine junge Frau gegen die Dikta-te der Modezaren rebelliert und wagt, sie selbst zu sein.*
Carlo:	*Hungere Du nur, dann kriege ich mehr ab und kriege auch so viel Kraft wie Du.*
Elfriede:	*Es gibt noch viele andere Formen, zu sich selbst gut zu sein, als das Essen.*
Kurt:	*Es ist Dein gutes Recht, Raum einzunehmen.*
Elisabeth:	*Manchmal fressen wir etwas in uns hinein, doch dann kommt auch die Zeit, es wieder her-auszulassen.*
Carlo:	*Du bist mir wichtig und ich bin stolz auf Dich, weil Du eine von uns bist.*

Magdalena konnte gar nicht genug bekommen. Es tat ihr auch sehr gut, in der Mitte zu sitzen. Wir konnten bemerken, wie einzelne Botschaften in ihr etwas auslösten, andere spurlos an ihr vorübergingen. Als sie schließlich doch genug hatte, gab sie uns ein Zeichen. In den nächsten Wochen wurde sie erst einmal noch fülliger - mit dem Unterschied, daß sie es jetzt genoß. Dann schien sie etwas besseres gefunden zu haben, das Thema spielte keine Rolle mehr und jetzt erscheint sie uns und sich selbst einfach ideal.

Die verschiedenen Arten des Umdeutens gleichen denen in der vorhergehenden Übung, also den Mustern des Rhetorik-Modells „Sinn-fonik". Besonders wichtig war es hier, daß die erste Botschaft der Mutter an Magdalena gar kein Umdeu-ten im engeren Sinne war, sondern einfach hieß: Ich verstehe Dich. Jenseits der gesprochenen Worte haben wir sicherlich auch viele Botschaften auf der Bezie-hungsebene an Magdalena gegeben, ihr etwas davon gezeigt, was sie uns bedeu-tet. Das erst, so glaube ich, macht die positive Wirkung all der anderen Boschaf-ten möglich.

Zwischen Wahrnehmen und Interpretieren

Kurzbeschreibung: *Differenzierung der eigenen Wahrnehmungen und Aussagen für eine klare Kommunikation*

Das, worauf wir uns im Kontakt miteinander beziehen, hat unterschiedliche Quellen. Da sind reine äußere Wahrnehmungen, aber dazu gehört auch, was wir innerlich hinzufügen: Interpretationen, Erinnerungen, Wünsche, Empfindungen, Vermutungen und mehr. Sie alle sind wichtig und wertvoll, doch sie sollten nicht miteinander verwechselt werden, sonst kann das ein heilloses Durcheinander ergeben. Die Welt wird unklar für mich und andere, wenn ich all meine Empfindungen für äußere Wahrnehmung halte, Erinnerungen und Wünsche verwechsle, Interpretationen empfangenen Botschaften gleichsetze. All diese Kategorien wirken aufeinander und haben viel miteinander zu tun, aber es ist wertvoll, sie manchmal ganz bewußt zu trennen. Dazu haben wir die folgende Übung ausprobiert:

> *Wir sitzen uns zu zweit gegenüber, diesmal Magdalena und ich. Ich nehme Magdalena wahr, ihren Ausdruck, ihre Haltung, ihre Reaktionen. Dann gebe ich ihr aus verschiedenen Kategorien meiner Erlebniswelt, die ich wohl sortiere, je eine Botschaft:*
>
> *Magdalena, ich **nehme wahr**, wie Du aufrecht sitzt, Dein Gesicht entspannt ist, Deine Wangen leicht gerötet sind, Deine Augen sich nach rechts oben und zurück bewegen.*
> *Magdalena, ich **interpretiere**, daß Du ausgeglichen und aufmerksam bist und Dir eben eine bildliche Vorstellung von etwas Interessantem geholt hast.*
> *Magdalena, ich **empfinde** Dir gegenüber viel Wärme und Sympathie und merke, welche beruhigende Ausstrahlung Du auf mich hast.*
> *Magdalena, ich **erinnere** mich an unsere gemeinsamen Ferien von vor zwei Jahren und wie heiter und gelassen wir mit den Jungs umgegangen sind.*
> *Magdalena, ich **vermute**, daß Du auch Lust hast, mal wieder mit mir zu verreisen.*
> *Magdalena, ich **wünsche** mir, daß wir das mal wieder machen.*
>
> *Danach wechseln wir die Richtung.*

Wir kommen uns dabei in vielen Bereichen näher, ohne unser Innenleben und die äußere Realität zu verwechseln. Wohl aber bekommen unsere Wünsche die Chance, sich in Realität zu verwandeln, indem durch diese Offenheit etwas zwischen uns in Bewegung kommt.

Persönliches Feedback

Kurzbeschreibung: *Eine Struktur für persönliches, wechselseitiges Feedback in Gruppen*

Eine andere sehr wichtige Form, voneinander zu sprechen, nennen wir persönliches Feedback:

> *Wir bilden gemeinsam Zweiergruppen. Da wir fünf sind, bleibt jedes Mal einer übrig, diesmal bin ich es. Vater und Carlo sowie Mutter und Magdalena sitzen sich gegenüber. Dann sagen sie sich nacheinander, was sie sich mit folgenden Sätzen mitzuteilen haben:*
>
> *Ich erlebe Dich als...*
> (liebenswerten Chaoten, starken Baum, blühende Landschaft...)
>
> *Das bewirkt in mir...*
> (Freude, Vergnügen, daß ich etwas lerne, Sehnsucht, Inspiration...)
>
> *Ich wünsche Dir...*
> (Ruhe, immer frische Energie, Unterstützung, gutes Gelingen...)

Während Carlo zum Vater spricht, spricht gleichzeitig Magdalena zur Mutter. Für jede Richtung haben wir uns dazu drei Minuten Zeit gegeben.
Ich achte auf die Zeit und bitte sie nach drei Minuten, andersherum zu sprechen, d.h. Vater in Richtung Carlo, Mutter in Richtung Magdalena.
Nach weiteren drei Minuten wechseln die Paare, Carlo und Mutter, Vater und Magdalena sind dran. Wenn diese in beiden Richtungen fertig sind, kommt die letzte Runde, in der Vater und Mutter, Magdalena und Carlo miteinander dran sind. Ich habe dann beim nächsten Mal die Gelegenheit, wenn ein anderer auf die Zeit achtet. Oder ich tausche mich ganz formlos im nachhinein aus.

Gerade diese Übung hat uns einander sehr viel näher gebracht und wir konnten uns Dinge sagen, die wir uns sonst vielleicht nie bewußt gemacht hätten.

Beziehungsgeographie

Kurzbeschreibung: *Räumliche Darstellung des Beziehungsgefüges einer Gruppe und Austausch (Familienaufstellung)*

Manchmal machen wir uns unser Beziehungsgefüge noch auf andere Art und Weise bewußt. Wir stellen uns im großen Zimmer so auf, als wollten wir damit zeigen, wie wir die Nähe oder den Abstand und die Richtung des Austauschs untereinander empfinden.

> *Das kann heißen, Mutter und Magdalena stehen sich vielleicht eng gegenüber, Vater mehr abseits, zur Mutter schauend, Carlo steht zwischen Vater und Mutter und ich stehe hinter Magdalena. Wir probieren so lange, bis wir die Verteilung erreicht haben, die jeder für die Darstellung seiner Position als stimmig empfindet. Dann fragen wir uns, wie wir uns in dieser Position fühlen, was wir uns vielleicht wünschen oder sagen wollen.*
> *Und genau das drücken wir aus, nacheinander, versteht sich.*
> *Wir drücken auch aus, wo wir mehr Nähe oder Abstand suchen, sogar, wo wir vielleicht eifersüchtig sind oder mehr Aufmerksamkeit möchten.*
> *Das hat eine bewegende Wirkung auf uns.*
> *Manchmal machen wir dann erst einmal eine Pause, in der jeder Zeit hat, in sich zu gehen und das Erlebte zu verarbeiten. Nach der Pause stellen wir uns noch einmal auf - und zwar so, wie wir es uns am meisten wünschen, um uns wohl zu fühlen. Unsere Positionen ändern sich.*

Mit dieser Übung verbindet unsere Familie ganz wichtige Entwicklungsschritte. Ich glaube, es war sehr wichtig, daß ich irgendwann später nicht hinter meiner Schwester stand, sondern neben ihr.

Noch etwas: Wir praktizieren diesen Prozeß nicht in akuten Konfliktsituationen, die es auch manchmal gibt, sondern dann, wenn wir froh und entspannt miteinander sind. Wir können auf diesem Weg aber durchaus im nachhinein eine frühere Konfliktsituation nachstellen, auswerten und verändern, indem wir, was damals nötig gewesen wäre, heute ausdrücken oder tun. Für eine solche Arbeit ist es gut, den festen, sicheren Boden einer guten Vertrauensgrundlage in der Gegenwart zu haben.

163

4. Kommunikation im Team

Überblick: *Diese Prozesse vermitteln weitergehendes methodisches Rüstzeug für eine konstruktive Kommunikation und partnerschaftlichen Austausch. Hierzu gehören das Vertiefen und Überprüfen der Verständigung, das Erarbeiten gemeinsamer Ziele und Visionen, das Wechseln von Positionen, der Umgang mit Gefühlen und das Verhandeln. Methodisch werden unter anderem die Prinzipien des Feedback, der Wahrnehmungspositionen, der Verhandlungstechnik einbezogen.*

Mein Name ist Joseph, meine Partner heißen Inge und Wolfgang. Wir betreiben zusammen ein Designstudio. Wolfgang ist der kreative Träumer unter uns, ich bin mehr der sachlich-kritische Denker und Inge ist die aktive, geschickte Handelnde, die alles umsetzt. Ja, wir sind sehr unterschiedlich - und deshalb ist es wichtig, daß wir gut und klar miteinander kommunizieren.

Wir möchten uns wechselseitig ergänzen und ein kreatives, leistungsfähiges Team sein, mit einem klaren Profil, gemeinsamen Zielen und Visionen. Eines, das auch Schwierigkeiten meistert und daran wächst. Als ein solches Team stellen wir uns schließlich auch gegenüber unseren Kunden dar - und das soll nicht nur äußerer Schein sein.

Klar, wir haben Sympathie und Wertschätzung füreinander, aber dennoch gibt es mitunter Konflikte. Doch wir wissen, daß gerade in Schwierigkeiten sehr wertvolle Lernchancen für unser Miteinander liegen. Und wir haben Wege gefunden, diese Chancen auch wirklich wahrzunehmen und uns dadurch tiefer verstehen zu lernen - was sich wiederum auf unser Zusammenspiel in der Arbeit auswirkt. Hier möchten wir Ihnen vorstellen, auf welche Art wir das für uns erreichen:

> *Einmal in der Woche treffen wir uns an einem Abend, wie andere vielleicht zum Skat, um strukturiert miteinander zu kommunizieren. Jedesmal haben wir ein Thema und ein Anliegen. Jedesmal lernen wir uns auf neue Art kennen.*
> *Manchmal geht es um gemeinsame Ziele, manchmal um besseres Verstehen dessen, was wir meinen, manchmal um die Bearbeitung von Konflikten usw.*
> *Das Tolle daran ist, daß uns die Erfahrungen, die wir an diesen Abenden miteinander machen, auch helfen, besser mit anderen Menschen kommunizieren zu können, seien es Kunden, Geschäftspartner - oder auch unsere Freunde und Familienangehörige.*

Hier nun eine Auswahl unserer Methoden, strukturiert, das heißt nach Regeln zu kommunizieren - und dabei voneinander zu lernen.

Verstehen lernen

Kurzbeschreibung: *Es werden Prinzipien und Lernstufen für zwei Gesprächspartner zur Vertiefung ihrer Verständigung vorgestellt: Das Überprüfen des Verstandenen durch Feedback, der sinnlich erfahrbare Ausdruck, das Hinterfragen und Auslösen von Bezugserfahrungen.*

Wir möchten mit dieser Übung überprüfen, ob und wie gut wir den Partner verstehen - und herausfinden, was wir tun können, um das zu verbessern.
So geht es:

> *Zwei Übende sitzen sich gegenüber, zum Beispiel Inge und Wolfgang. Inge berichtet von einem Erlebnis, das sie hatte, möglichst eines, das sie wirklich beeindruckt hat, und ihr - zumindest aus heutiger Sicht - etwas Positives bedeutet. Wolfgang wiederholt, was er verstanden hat und drückt aus, wie er das, was Inge meint, nachempfinden kann.*

> *Inge beurteilt daraufhin, wie gut sie sich von Wolfgang verstanden fühlte: zu hundert Prozent? gar nicht? zu sechzig Prozent? Sie achtet dabei nicht nur auf den Sachinhalt, sondern auch auf die Erlebnisqualität, die Gefühle, die Bedeutung, die das Erlebnis für sie hat und fragt sich, ob Wolfgang auch diese Qualitäten nachempfinden konnte. Wenn sich Inge noch nicht wirklich verstanden fühlt, kann sie selbst etwas dafür tun, besser verstanden zu werden, und dabei ihre Ausdrucksfähigkeit entwickeln.*

> *Inge drückt sich noch einmal aus, vielleicht mit anderen Worten, vielleicht indem sie ihre Empfindungen offener zeigt, andere Sinneswahrnehmungen anspricht, vielleicht indem sie Beispiele anführt, die auch Wolfgang aus seinem Leben heraus leicht verstehen kann. Sie kann verschiedene Wege ausprobieren und herausfinden, welcher am meisten dazu beiträgt, daß sie besser verstanden wird.*

> *Anschließend gibt Wolfgang erneut wieder, wie er Inge diesmal verstanden hat, zeigt deutlicher, wie er ihr Erlebnis jetzt nachempfinden kann und bittet um ein zweites Feedback: Wie gut hast Du Dich jetzt verstanden gefühlt? Ist die Prozentzahl gestiegen?*

Das ist das Prinzip der Übung - und es gibt viele weitere Variationsmöglichkeiten dafür, in denen natürlich auch Wolfgang seine Fähigkeit, wahrzunehmen und zu verstehen, erweitern kann.

> *Zum Beispiel kann Wolfgang Inge viel besser verstehen, wenn er ihr Fragen zu ihrem Erlebnis, dessen Bedeutung*

*und seinen Hintergründen stellt. Er kann auf verschiedene
Sinnessysteme achten und innerhalb der Sinnessysteme
herausfinden, was Inge wahrnimmt: Ist es hell oder dunkel,
süß oder sauer, schwer oder leicht, bewegt oder still? Und
wenn es ein Symbol dafür gäbe, welches Symbol wäre das?
Alles, was er hört, kann er selbst in sich nacherleben, wenn
er in seiner Phantasie die Vorstellungen in seinen Körper
aufnimmt: die gleichen Farben, Sinnesempfindungen, Symbole. Vielleicht ist ihm all das von anderswo aus seinem
eigenen Leben vertraut?*

*Vielleicht erfährt er auch mehr über das Empfinden von
Inge, wenn er näher zu ihr kommt oder aber einen weiteren
Abstand einnimmt. Wie ist es, wenn er sich neben Inge
stellt und ihr die Hand reicht? Es kann für beide ein guter
Weg sein, sich zu berühren. Doch jede Veränderung der
Distanz erfordert ein zumindest nonverbales Einverständ-
nis von Inge, das Wolfgang zuvor einholen muß.*

*Inge wiederum kann ganz neue Ausdrucksformen ent-
wickeln, etwa eine kleine Pantomime - und sie kann auch
ausprobieren, Wolfgang das Erlebnis, das sie gehabt hat,
einfach zu verschaffen, indem sie ihn spielerisch hinein-
führt, ihn erleben läßt, was sie erlebt hat.*

*Beide können auch vereinbaren, ihr Erleben und ihr Ver-
ständnis rein symbolhaft zu vergleichen: An welche Farbe
denkt Inge bei dem Erlebnis, an welche denkt Wolfgang?
Welche Musik fällt Inge dazu passend ein, welche Wolfgang?*

*Aber vielleicht kann es sich Wolfgang dennoch nicht vor-
stellen. Dann hilft nur, daß er es irgendwann einmal selbst
erlebt, vielleicht nimmt Inge ihn mit.*

Was die beiden in der einen Richtung probiert haben, probieren sie natürlich
auch in der anderen Richtung aus: Wolfgang erzählt ein Erlebnis und Inge probiert, wie gut sie ihn verstehen kann. Und wieder wählen die beiden solche
Variationsmöglichkeiten, die sie mögen.

*Es kann in dieser Übung sogar passieren, daß vielleicht
Inge den Wolfgang besser und tiefer versteht, als dieser
sich selbst. Denn von uns selbst ist oft vieles unserem
Bewußtsein verborgen, was andere sofort bemerken. Deshalb ist es hier sehr wichtig, respektvoll miteinander umzugehen und beim Partner die Erlaubnis einzuholen, sich
auch über Hintergünde auszutauschen, Interpretationen
und Vermutungen zuzulassen. Ihre Brauchbarkeit beurteilt
der Partner, den sie betreffen, später über sein Feedback.*

> *Es sollte auch möglich sein, die Übung auch an jeder Stelle wieder zu beenden. Nämlich dann, wenn ein Partner das Gefühl hat, unvorbereitet zu viel von sich preiszugeben - oder sich taktlosen Interpretationen ausgesetzt fühlt.*

In dieser Übung lernen wir viel darüber, was andere Menschen mit ihren Worten wirklich meinen. Und wir lernen auch, behutsam damit umzugehen. Nur wenn wir das, was wir wahrnehmen und erfahren auch wie ein Geschenk wertschätzen, werden wir dem Vertrauen gerecht, das uns unser Gegenüber gegeben hat, indem er von sich berichtete. Dies ist wichtiger als die „Wahrheit" von Interpretationen, Ratschlägen oder Werturteilen. Es geht einfach darum, das zu empfangen, was ein anderer von sich zeigen wollte.

Bezüglich unserer Arbeit ist es erstaunlich, wie viel sensibler wir jetzt die Wünsche vieler unserer Kunden verstehen. Denn wir bieten Design an - und da kommt es darauf an, auszudrücken, was der Kunde wirklich will. Es geht dabei nicht primär um seine Erlebnisse, sondern auch um seine Absichten und Ideen, manchmal um den Ausdruck seiner ganzen Persönlichkeit. Zwar läuft die Kommunikation in der Praxis nicht so strukturiert wie in jener Übung ab, aber das Prinzip ist das gleiche:

> *So, wie wir einen Kunden verstanden haben, werden wir uns ihm gegenüber verhalten, ihm Angebote und Entwürfe machen - und wie der Kunde darauf reagiert, das ist unser Feedback dafür, ob wir verstanden haben, worum es ihm ging. Dieses Feedback wiederum ist unsere Informationsquelle dafür, ob wir auf dem richtigen Weg sind, oder noch mehr vom Kunden lernen müssen.*

Unsere Grundhaltung heißt: Wir sind es, die vom Kunden zu lernen haben.

Überprüfter Dialog

Kurzbeschreibung: *Vorgestellt wird die Methode des überprüften Dialogs, welche sicherstellt, daß ein Gespräch sich auf der Grundlage wirklichen Verstehens des Partners entwickelt, nicht auf der Basis von Vermutungen oder Interpretationen.*

In Abwandlung der obenstehenden ausführlichen Übung zum Verstehen gibt es eine Form, die sicherstellt, daß ein vielleicht schwieriger Dialog erst dann fortgesetzt wird, wenn jede Seite sich von ihrem Gegenüber auch wirklich wahrgenommen und verstanden fühlt. Es geht, an einem Beispiel erklärt, so:

> *Wolfgang und ich sprechen über ein Thema, zu dem wir unterschiedliche Vorerfahrungen und Ideen haben, etwa darüber, wie wir uns ein Angebot vorstellen, das wir einem potentiellen Kunden unterbreiten möchten.*
> *Wolfgang stellt seine Ansicht dar, ich höre zu. Anschließend*

> *äußere ich nicht etwa wie sonst üblich gleich meine Mei-
> nung, sondern wiederhole mit eigenen Worten, was ich von
> Wolfgang verstanden habe. Wenn er sich ausreichend ver-
> standen fühlt, gibt er mir sein okay - und das bedeutet, daß
> ich jetzt von meiner Sichtweise sprechen kann.*

Wenn ich Wolfgang nicht ausreichend verstehen konnte, vollziehen wir eine
Kurzfassung der vorhergehenden Übung, d.h. wir tun beide etwas dafür, daß ich
Wolfgang besser verstehen kann: Ich frage nach, er drückt sich ausführlicher
oder deutlicher aus, findet neue Wege, mir seine Sichtweise verständlich zu
machen.

> *Wenn ich zeige, was ich inzwischen verstanden habe und
> zugleich von Wolfgang das okay bekomme, daß es das ist,
> was er gemeint hat, bin ich an der Reihe, nun meine eige-
> ne Sichtweise auszudrücken. Dabei bemerke ich manchmal,
> daß ich das, was ich von Wolfgang erfahren habe, bereits in
> die eigene Sicht integriert habe und somit eine erste Phase
> einer Synthese begonnen hat.*
> *Sobald ich meinerseits ausgedrückt habe, was ich zu sagen
> hatte, ist Wolfgang dran, mit seinen Worten zu wiederho-
> len, was er verstanden hat. Ich gebe mein okay, sobald ich
> mich ausreichend verstanden fühle.*

In dieser Weise setzen wir unseren Dialog fort - und wir bemerken, wie sich unsere unterschiedlichen Positionen bald ergänzen und wie jeder die Erfahrungen des
anderen in die eigenen Aussagen mit einbeziehen kann.

Übrigens geht das nicht nur zu zweit, sondern auch zu dritt oder in ganzen Dis-
kussionsrunden, wenn genügend Zeit dafür da ist. Dort kommt es dann darauf
an, daß derjenige, der sprechen möchte, zuvor die Aussage der Person mit eigenen Worten wiedergibt, die zuvor gesprochen hat und von ihr die Bestätigung
erhält, sie verstanden zu haben.

Ich glaube, die meisten Mißverständnisse haben damit zu tun, daß wir annehmen, schon verstanden zu haben, dies aber nicht überprüfen. Deshalb ist es fair
und respektvoll, daß derjenige, welcher etwas gesagt hat, selbst entscheiden darf,
wie es gemeint war und wann er sich verstanden fühlt.

Wenn ich an politische Diskussionen denke, bemerke ich auch die gegenteilige
Strategie: Da unterstellen sich die Kontrahenten böse Dinge, die der andere
jeweils gemeint haben sollte - am liebsten, wenn er nicht dabei ist.

Gemeinsame Ziele und Visionen finden

Kurzbeschreibung: *Hier wird gezeigt, wie in einem Teamprozeß zunächst Einzelziele und auf der Grundlage wechselseitigen Wissens voneinander gemeinsame Ziele gefunden werden können, wobei sich die Ausrichtung der Aufmerksamkeit von den Wahrnehmungspositionen „ich" zum „Du" zum „wir" bewegt und auf einen sich ergänzenden Austausch der vorhandenen Potentiale angelegt ist. Es kommt darauf an, daß die in jeder Position erarbeiteten und eingebrachten Inhalte tragfähig sind. Sie sollten der Situation und den wirklichen Interessen der Beteiligten entsprechen und von ihnen mit einem inneren Gleichgewicht, d.h. kongruent vertreten werden können. Ein ungewöhnlicher physischer Balancetest gibt Hinweise über das körperliche Gleichgewichtsvermögen, welches deutlich mit dem inneren Gleichgewicht korrespondiert.*

Manchmal sitzen wir zusammen und fragen uns: Was ist der nächste Schritt für unser kleines Unternehmen, was wollen wir, persönlich und als Gemeinschaft. Dann nutzen wir die folgende Form strukturierter Kommunikation, die uns schon bei der Gründung unserer Firma sehr dabei geholfen hat, unsere gemeinsame Unternehmensvision zu finden und zu formulierten. Eine Vision, hinter der wir drei heute noch voll stehen können. Wir haben sie damals so formuliert:

> *Wir wollen, was da ist, zur Wirkung bringen.*
> *Wir bilden mit unseren Kunden ein Team.*

Aber nicht jedesmal geht es um so eine Grundsatzaussage, es können neue, aktuelle Themen sein, zu denen wir eine gemeinsame Haltung suchen, wie die weitere Wegbestimmung für unsere Arbeit, Ziele, der Stil unserer Zusammenarbeit, oder etwa die Strategie für ein gemeinsames Projekt.
Wir wählen ein Thema, das jeden von uns und uns alle gemeinsam angeht.
Diesmal heißt es ganz offen formuliert:

> *Wie wollen wir weitermachen?*

Dann stellt sich jeder von uns vier Fragen und zieht sich damit fünfzehn Minuten zurück, in welchen er die Antworten auf ein Blatt Papier schreibt. Die folgenden Fragen haben sich besonders bewährt:

> *1. Was möchte ich erreichen?*
> *2. Wie möchte ich das erreichen?*
> *3. Was kann ich dazu einbringen?*
> *4. Was benötige ich dazu?*

Wolfgang schreibt zum Beispiel so etwas, wie...

> *1. Ich möchte mehr Sicherheit und langfristige Perspektiven für mich und uns alle, statt dieser ständigen spontanen Kleinaufträge.*

169

> *2. Ich möchte das erreichen, indem ich sehr gute Angebote für größere Unternehmen mache und hier langfristige Geschäftsbeziehungen aufbaue.*
> *3. Ich habe die Kraft und die Energie, etwas gründlich auszuarbeiten und kann mich gut auf neue Situationen einstellen.*
> *4. Ich habe aber keine Erfahrungen mit großen Unternehmen, den dortigen Strukturen, Bedürfnissen und ihrer Art, zu kommunizieren.*

und Inge schreibt vielleicht...

> *1. Ich möchte mehr Kontakt zu Euch haben und mehr gemeinsam erleben, nicht nur unsere Kommunikationsrunde donnerstags.*
> *2. Ich kann mir vorstellen, daß Projekte, an denen wir gemeinsam arbeiten, eine gute Sache wären, es kann auch mal ein Ausflug dazugehören.*
> *3. Ich kenne die Wirtschaft, weiß, wo was los ist, wo wir was anzetteln können, aber auch, wo wir mehr als nur ein Designerteam sein können.*
> *4. Ich hab aber keine Lust alleine loszuziehen und ich brauche das Wissen, daß Ihr auch wirklich gerne mitmacht.*

Was ich an dieser Stelle geschrieben habe, verrate ich hier nicht.
Übrigens ist es interessant, wie es in unserem Team, in jedem anderen wohl auch, immer wieder zwei Arten von Absichten und Interessen gibt: Die einen beziehen sich auf Sachinhalte und Ziele, die anderen auf unseren Umgang miteinander, die Beziehung und den Austausch.

Jeder von uns hat nun sein ganz eigenes Blatt. Wir legen es vor unseren Stuhl, so daß die anderen es sehen können, lesen es aber nicht vor. Wir schauen zu den anderen Blättern, lesen still, was da steht. Dann denken wir wieder an das eigene Blatt und jeder fragt sich:

> *War das ehrlich? Kann ich dazu stehen?*

Um das zu überprüfen, haben wir einen ganz besonderen Test entwickelt. Ich weiß, daß in einer Methode namens Kinesiologie Muskeltests verwendet werden, um körperlichen wie auch psychischen Streß deutlich zu machen. Wir haben aber etwas viel Besseres entdeckt, womit wir leicht herausfinden können, was unser inneres und körperliches Gleichgewicht fördert, was nicht: den Gleichgewichtstest. Einige werden sagen, so ein Quatsch, aber wir haben ihn schätzen gelernt, nicht als Pflicht, sondern als Kür, die uns das gewisse Etwas bringt - und natürlich auch Spaß.

> *Die Voraussetzung dazu ist, daß wir im ruhigen Zustand freihändig eine gewisse Zeit auf einem Bein stehen können.*

*Das können wir im Team alle, wir haben es ausprobiert.
Dann ziehen wir uns die Schuhe aus, erheben uns von unseren Stühlen und stellen uns aufrecht hin. Nun heben wir das linke Bein an, stehen nur noch auf dem rechten. Wir probieren, wie hoch wir das Bein mit angewinkeltem Knie heben können, so daß es nicht mehr allzu leicht aber auch nicht unmöglich für uns ist, auf dem rechten Bein zu stehen. Das war die Vorübung.*

Jetzt stellen wir uns so, daß wir mit dem linken Fuß auf unserem gerade beschriebenen persönlichen Zielpapier stehen, mit dem rechten daneben. Der Test besteht darin, daß wir das linke Bein über dem Blatt hochheben und in dieser Position eine ganze Weile, etwa zwanzig bis dreißig Sekunden lang, auf dem rechten Bein stehen bleiben. Wir wollen dabei herausfinden, ob wir durch unsere Gedanken an das, was wir geschrieben haben, und was jetzt unter uns liegt, in dieser Haltung zunehmend stabiler oder wackliger werden. Wir stellen uns vor, daß von dem geschriebenen Blatt eine unsichtbare Kraft ausgeht. Sie wirkt stabilisierend und unterstützend, wenn darauf etwas steht, was für uns richtig ist. Sie wirkt verunsichernd und störend, wenn auf dem Blatt etwas steht, womit wir innerlich nicht einverstanden sind, was uns nicht entspricht.

Während wir so auf einem Bein stehen und das andere über unserem Blatt schwebt, zählen wir ruhig innerlich von eins bis zwanzig. Dabei denken wir die ganze Zeit an unser Blatt und seinen Inhalt. Wenn wir während dieses Zählens gut und stabil auf einem Bein stehen können, vielleicht sogar immer besser, betrachten wir das, was auf dem Blatt stand, als gut und stabilisierend für uns - wir haben etwas Sinnvolles geschrieben. Wenn wir wacklig gestanden haben oder sogar kippten und mit beiden Beinen auf den Boden mußten, heißt das: Da ist noch etwas auf meinem Blatt zu korrigieren. Also geht die betreffende Person los und überdenkt noch einmal, ob dies oder jenes auf ihrem Blatt fehlen könnte, ergänzt oder korrigiert es. Danach wird der Test wiederholt. Das Ganze ist sicher nicht objektiv, aber wir kommen dabei auf viele interessante Assoziationen.

Wir nehmen unseren Test nicht tierisch ernst, wissen, daß es ein Spiel ist, aber komischerweise hat der Körper oft sehr sinnvoll und weise reagiert, als wäre er von unserem Unbewußten gesteuert - obwohl wir alle sportlich recht fit sind und normalerweise unseren Körper bewußt gut unter Kontrolle haben.

171

Anstelle dieses Testes können wir uns natürlich auch einfach Zeit für eine ehrliche und selbstkritische Selbstreflektion geben:

> *Ist das, was ich da geschrieben habe, das, was ich wirklich ausdrücken will? Fehlt noch etwas Wichtiges? Sollte ich etwas weglassen?*

Es geht also wörtlich darum, daß jeder zu dem, was er geschrieben hat, auch stehen kann. Denn erst wenn das, was wir als Einzelne einbringen, auch echt und sinnvoll ist, kann daraus etwas Gemeinsames geschaffen werden. Und das wollen wir im nächsten Schritt tun. Wir sitzen wieder auf unseren Stühlen, jeder hat sein Blatt vor sich, vielleicht ist es aufgrund des Testergebnisses korrigiert.
Nun teilt jeder den anderen mit, was er auf seinem Blatt geschrieben hat, vielleicht auch, wie er das meint, was es für ihn bedeutet oder was auch immer er noch dazu sagen möchte. Das tun wir nacheinander, damit jeder unsere ganze Aufmerksamkeit hat. Denn wir alle möchten wissen und nachempfinden, was jedem von uns wichtig ist - das heißt verstehen und verstanden werden.
Wenn jeder sich ausgedrückt hat, folgt eine meditative Phase des inneren Erlebens, in welcher wir uns in die Position unserer Partner hineinversetzen.

> *Wir tauschen die Stühle und setzen uns auf den Platz eines Partners. Wir verweilen hier einige Minuten und stellen uns vor, ganz in der Rolle dieses Partners zu sein, erleben in seiner Position, was für ihn zählt, was er einzubringen hat, was er sich wünscht. Gleichzeitig sind wir uns noch der eigenen Identität bewußt. Vielleicht entdecken wir auf diese Art, daß wir den Partner in dem was er sucht, leicht unterstützen können. Vielleicht finden wir, daß dieser Mensch etwas hat, was uns selbst in den eigenen Anliegen und Bedürfnissen unterstützen kann. Vielleicht lernen wir etwas von ihm, während wir still auf seinem Stuhl sitzen. Wir tauschen erneut die Stühle, um auch die Position des anderen Partners in dieser Art zu erfahren und innerlich mit ihm in Austausch zu treten. Dann geht es wieder zurück auf den eigenen Platz.*

Nun stellen wir uns vor, wir wären einzelne Atome, die eine geeignete Form finden wollen, um gemeinsam ein Molekül zu bilden. Und diese Form suchen wir, indem wir eine gemeinsame Antwort auf die folgenden drei Fragen suchen:

> *1. Was möchten wir gemeinsam erreichen?*
> *2. Wie möchten wir das erreichen?*
> *3. Was können wir dazu einbringen?*
> *4. Was benötigen wir dazu?*

Um diese gemeinsamen Antworten zu finden, können wir verschiedene Wege gehen.

Wir rücken enger zusammen und tauschen aus, was uns einfällt. Vielleicht kommen einem von uns jetzt ganz von selbst spontan Worte, denen die anderen voll zustimmen können.

> *Möglicherweise ist es Wolfgang, daß er für alle spricht, weil er die Anliegen und Potentiale aller in sich aufgenommen, zu einer Synthese verarbeitet hat.*
> *Vielleicht findet sogar jeder von uns Worte und Antworten, die für uns alle passen und in denen sich die anderen vertreten können.*
> *Wenn das der Fall ist, brauchen wir nur die Früchte einsammeln, also das, was gesagt wurde und für alle gilt, zusammenfassen und sinnvoll formulieren.*
> *Wir können aber auch schrittweise vorgehen, zum Beispiel die früheren Einzelaussagen zu jeder Frage aneinanderreihen und probeweise einfach ein „und" zwischen die Aussagen setzen. Dann können wir uns fragen: Welche Form gibt es, in der sowohl das Eine als auch das Andere enthalten ist - gibt es einen Begriff, ein Beispiel oder ein Symbol dafür? Gibt es vielleicht sogar etwas, das mehr ist als die Summe der Teile?*
> *Manchmal scheinen wir vor einem „Entweder-oder" zu stehen, aber das ist nicht das letzte Wort, denn wir können uns fragen, welche tieferen Wünsche wohl hinter den Einzelwünschen liegen. Denn wenn wir mit den tieferen Wünschen arbeiten, und nicht mehr darauf beharren, daß diese nur auf eine bestimmte Weise erfüllt werden dürfen, sind wir auf dem besten Wege zu einem „Sowohl als auch".*

Besinnen wir uns noch einmal der vier Fragen, die wir uns gestellt haben:
Bei den ersten drei Fragen finden wir bald eine reiche Sammlung, die wir nur noch zusammenzufassen und prägnant zu formulieren haben. Bei der vierten Frage merken wir, daß das, was wir als Einzelne brauchten, von den anderen im Team meist schon mit eingebracht worden war, daß uns, wenn wir die im Team vorhandenen Ressourcen austauschen, also kaum noch etwas fehlt. In unserem Team jedenfalls ist das so. Und das, was wirklich noch fehlt, können wir mit vereinten Kräften finden.
Für uns kam aus diesem Prozeß so etwas heraus, wie...

> 1. *Wir möchten gemeinsam größere Projekte angehen, in denen wir nicht nur unsere designerischen Fähigkeiten einsetzen.*
> 2. *Es soll Spaß machen und wir wollen dabei auch das eigene Studio verlassen, zu Organisationen und Unternehmen gehen und vor Ort auf ganz neue Art beratend tätig werden.*

173

3. Wir haben Kontakte, die wir aufnehmen und ausbauen können, haben den Mut und die Aufnahmefähigkeit, können Angebote unterbreiten und verstehen, nicht zuletzt durch unsere Übungen, verdammt viel von guter Kommunikation. Wir können klar denken, kreativ Phantasieren und kraftvoll handeln. Wir haben einen unter uns, der jahrelang in Unternehmen tätig war - in der Druckindustrie - und weiß, was dort Not tut.
4. Wir haben alles, was wir dafür brauchen, in uns und unter uns. Jetzt fehlt nur noch ein bißchen Geduld und eine konkrete Strategie. Letztere erarbeiten wir morgen.

All das haben wir auf ein sehr großes Blatt Papier geschrieben und in die Mitte des Raumes gelegt.

Es kann, wie gesagt, eine Weile dauern, bis wir solche gemeinsamen Aussagen formuliert haben. Dabei ist es wichtig, daß keiner über die anderen dominiert oder aber sich selbst aus Freundlichkeit unterordnet. Das Gemeinsame trägt nur dann, wenn auch die Einzelinteressen sich darin wiederfinden. Und ob es trägt, können wir nun wieder körperlich erproben - mit dem Gleichgewichtstest. Das geht natürlich nur in Teams, die, wie wir, körperlichen Ausdruck akzeptieren und möglichst auch Spaß daran haben:

> Wir nehmen hierzu unser ursprüngliches persönliches Blatt mit und legen es jeweils an verschiedene Seiten oder Ecken unseres gemeinsamen Blattes. Wir sind immer noch auf Strümpfen. Nun stellen wir uns mit einem Bein auf unser eigenes Blatt, mit einem Bein auf das große gemeinsame Blatt, sind uns also auch physisch durchaus nahe. Zum Test heben wir das Bein, welches auf dem gemeinsamen Blatt steht, hoch und stehen auf dem anderen Bein - unsere Vorannahme ist es, daß, wenn das gemeinsame Ergebnis für uns ein gutes zweites Standbein ist, es für uns leicht sein wird, auf dem anderen Bein ruhig stehen zu bleiben und bis zwanzig zu zählen. Wenn nicht, werden wir kippen und das heißt, daß wir an dem gemeinsamen Blatt noch etwas zu verändern, hinzuzufügen oder wegzulassen haben.
> Die Prozedur sieht sicherlich komisch aus, aber wir tun es ja unter uns. In dem beschriebenen Beispiel hat es Wolfgang nicht geschafft, auf einem Bein stehen zu bleiben.

So testen wir körperlich, ob noch etwas fehlt. In unserem Beispiel war es Wolfgang, der die bisherigen Aussagen konkretisieren wollte. In einer Weise, die sich für uns alle als eine Bereicherung herausstellte, denn es ging darum, konkreter werden zu lassen, was wir anderen Unternehmen zu bieten haben:

> *Wir wollen Unternehmen darin unterstützen, ihr Selbstver-*
> *ständnis, die Corporate Identity und ihre Unternehmensvi-*
> *sion zu finden, zu formulieren, auf verschiedenen Ebenen*
> *zu leben und in der Selbstdarstellung auszudrücken. Hier-*
> *zu wollen wir all die Kommunikationserfahrungen nutzen,*
> *die wir schon haben. (Ob wir aber unseren geheimen*
> *Gleichgewichtstest weitergeben, das sei noch dahingestellt.)*

Nach diesen Ergänzungen haben wir alle wunderbar auf einem Bein gestanden und bis zwanzig gezählt, das heißt, alles okay.

Übrigens funktioniert der beschriebene Prozeß auch hervorragend für nur zwei Personen. Ich habe ihn mit meiner Lebenspartnerin ausprobiert, als es darum ging, gemeinsame Ziele zu finden, von der Urlaubsplanung bis zur Wahl des Wohnorts.

Für vier und mehr Personen läuft es in dieser Weise nicht mehr ganz ideal, weil zu viele gleichzeitig den gemeinsamen Entwurf mitgestalten wollen. Da hilft es, einzelne Zwischenstufen einzufügen:

> *Die Einzelnen finden zunächst einen Partner, mit dem sie*
> *ein Zweierteam bilden und eine gemeinsame Vorstellung*
> *für diese Zweiergruppe erstellen, sie überprüfen und gege-*
> *benenfalls korrigieren.*
>
> *Zwei Zweiergruppen erarbeiten dann aufgrund ihrer bereits*
> *gefundenen beiden Ausgangspositionen die gemeinsame*
> *Zielvorstellung der Vierergruppe, welche sie bilden. So*
> *kann es in sinnvollen Zwischenschritten immer weiter*
> *gehen, bis zur tatsächlichen Gruppengröße.*
>
> *Wenn die Moleküle, die sich zu größeren Molekülen zusam-*
> *menfinden, sehr groß sind, d.h. wenn eine Gruppengröße*
> *von vielleicht acht oder mehr Personen erreicht ist, können*
> *die Untergruppen Repräsentanten wählen, welche in*
> *gemeinsame Foren eintreten und einbringen, was ihrer*
> *jeweiligen Untergruppe wichtig ist - um als Repräsentanten*
> *die Ziele und Visionen der Gesamtgruppe zu erarbeiten.*
> *Dieses Ergebnis ist dann wieder vor den Untergrupppen zu*
> *vertreten. War so nicht Demokratie gemeint?*

Bei diesem Prozeß entsteht aus dem Chaos der Einzelatome auf kreative Weise über Moleküle und Zellen ein Organismus. Ein schönes Modell für Selbstorgani-sation, für Demokratie und für die Möglichkeit von Frieden zwischen den Menschen. Und all das heißt kurzgefaßt:

> *1. Bringe Dich ein, so daß Du dazu stehen kannst.*
> *2. Erkenne und würdige, was andere einzubringen haben.*
> *3. Erkennt, was Euch gemeinsam ist, wo Ihr Euch ergänzt.*
> *4. Findet eine Ausdrucksform für dieses „wir".*

Ich nenne das: *Wege vom Ich zum Du zum Wir.*

Natürlich geht es nicht allein um Gemeinsamkeit. Es gibt immer noch genug Dinge, die ich gern alleine oder ganz für mich selbst tue. Ich gehöre auch gleichzeitig verschiedenen Gemeinschaften an. Das eine schließt das andere nicht aus. Und ich weiß aus eigener Erfahrung, daß es privat und beruflich viele Teams gibt, in denen Einzelne sich nicht einbezogen fühlen, nicht einzubringen vermögen oder ihre Entwicklungsbedürfnisse nicht berücksichtigt finden. Dann ist es für sie wichtig, sich dessen bewußt zu werden, was sie wirklich wollen und für ihre Bedürfnisse tun können, also im übertragenen Sinne ihr eigenes Blatt Papier zu schreiben. Vielleicht wird es ihnen dadurch möglich, ihre Anliegen auszudrücken und mit den anderen in Dialog zu treten, um ihre eigenen Potentiale und Intentionen in die Gemeinschaft einbringen zu können.

Vielleicht ist gerade hier aber kein Platz dafür - dann geht es darum, daß sie für die Entfaltung ihrer Lebensbedürfnisse eigene Wege gehen, andere Partner finden, oder ergänzende Gruppen.

Am weitesten hat mich persönlich der Weg geführt, für mich selbst einzutreten und in fairer Auseinandersetzung mit anderen eine neue Form des Zusammenspiels zu finden, eine, die allen gerecht wird.

Konfliktintegration und Positionswechsel

Kurzbeschreibung: *Dieser Prozeß dient dazu, unterschiedliche Ansichten, Auseinandersetzungen oder Meinungsverschiedenheiten auf strukturierte Art zu verarbeiten - und bisher gegensätzliche Positionen zu integrieren (wechselnde Wahrnehmungspositionen, Meta-Position, Ressourcen).*

Die Ausgangssituation ist ein Konflikt zwischen zweien von uns.

> *Ich verrate nur grob, worüber wir uns uneins waren: Es ging um die Kritik eines alten Kunden an einer Werbebroschüre, die wir für ihn entworfen hatten. Denn ich hatte diesem Kunden zuvor etwas ganz anderes versprochen, als das, was Inge für ihn anfertigte. Wolfgang hatte das auch bemerkt, blieb aber neutral. Und wer ist Schuld? Oder ging es um etwas anderes?*

Wir arbeiten zu dritt, d.h. Inge, Wolfgang und ich. Und wir stellen hierfür drei Stühle auf: der rote Akteur-Stuhl (das ist meine erste Position), ihm gegenüber der gelbe Akteur-Stuhl (das ist die erste Position von Inge) und entfernt stehend der blaue Beobachter-Stuhl (dort sitzt in der ersten Runde Wolfgang).

Auf dem roten Stuhl sitzend führe ich mit Inge im gelben Stuhl ein Streitgespräch über das Thema, zu dem wir eine deutlich unterschiedliche Meinung vertreten - und natürlich auch persönlich betroffen sind. Wolfgang im blauen Stuhl beobachtet dieses Gespräch aus einiger Entfernung, findet heraus, welche Energie wir brauchen und gibt uns darüber in der Mitte der Zeit sein Feedback. Wir haben vier verschiedene Kommunikationsrunden vereinbart, die sich daraus ergeben, daß wir zyklisch im Uhrzeigersinn die Plätze wechseln und aus anderen Positionen heraus agieren.

Jede Runde dauert etwa fünfzehn Minuten, doch das kann im konkreten Ablauf variieren. Der Beobachter achtet auf die Zeit.

> ***In der ersten Runde*** *vertritt jeder der beiden Streitpartner, d.h. ich im roten Stuhl und Inge im gelben Stuhl seine ursprüngliche eigene Meinung, d.h. ich konzentriere mich auf meine Argumente und meine Ansichten und Absichten. Das kann spielerisch geschehen, aber auch ernsthaft und authentisch. Ich drücke auch meine Gefühle aus. Und ich reagiere aus meiner Position heraus auf die Worte und Ausdrucksformen von Inge, die in gleicher Weise ihre Position vertritt. In dieser Weise kommunizieren wir zunächst etwa fünf Minuten.*
>
> *In einiger Entfernung nimmt Wolfgang als wohlwollender Beobachter wahr, wie unser Gespräch verläuft, in welchem Zustand wir dabei sind, wo wir uns im Kreise drehen oder aneinander vorbeireden etc.*

Er fragt sich, was wohl unsere jeweilige gute Absicht und unser Bedürfnis ist, um das es uns in dem Gespräch geht - und ob wir das, was wir wirklich wollen, wohl auch ausdrücken und „rüberbringen" können. Auch ob wir empfangen, was von der anderen Seite kommt. Wolfgang fragt sich auch, was uns gut tun würde, um aus diesem Streitgespräch etwas für beide Bereicherndes werden zu lassen, um neue Lösungen zu finden und uns sogar besser zu verstehen als vorher. Vielleicht erkennt Wolfgang, welche Voraussetzungen, Energiequellen oder Erfahrungen uns helfen würden, unsere Intentionen zu verwirklichen. Es mögen Fähigkeiten, Haltungen oder Einstellungen sein, wie Toleranz, Achtung, Flexibilität, Humor, Zeit, Vertrauen oder Selbstvertrauen. Als wohlwollender Beobachter wünscht er uns einfach von Herzen, daß wir diese Ressourcen finden, mehr noch, er schickt sie uns sogar in der Vorstellung als Geschenkpakete, Symbole, Farben oder Lebenserfahrungen zu. Etwa so, wie Künster und Sportler moralische Unterstützung von ihren echten Fans bekommen.

Nach etwa fünf Minuten bittet uns Wolfgang, unser Gespräch zu unterbrechen. Er teilt uns in kurzer Form mit, wie er unseren bisherigen Dialog wahrgenommen hat, was ihm aufgefallen ist, und was er uns beiden gemeinsam gewünscht hat. Er hat vielleicht darüber hinaus noch ganz persönliche Mitteilungen für jeden von uns. Um uns die zu überbringen, kommt Wolfgang von seinem Platz herüber und hockt sich zuerst neben Inge, der er zuflüstert, was er speziell ihr wünscht und vielleicht auch schon in Gedanken zugeschickt hat. Anschließend hockt er sich neben mich und flüstert mir zu, was er mir sagen möchte.

Inge und ich haben die Freiheit, Wolfgangs Wünsche und Ideen anzunehmen oder auch abzulehnen, wenn wir sie nicht als hilfreich empfinden. Doch wir tun dies innerlich, treten darüber in keinen Dialog mit ihm ein. Erst in der Feedbackrunde am Ende des Gesamtprozesses teilen wir einander mit, was für uns wichtig und unterstützend gewesen ist. Wolfgangs Mitteilungen an dieser Stelle benötigen insgesamt etwa fünf Minuten.

Danach begibt er sich wieder auf seinen blauen Stuhl und wie vorher treten nun wieder Inge und ich in unser Streitgespräch ein, setzten es für weitere fünf Minuten fort, während er beobachtet, was sich verändert und uns weiterhin in seiner Vorstellung Ressourcen sendet. Vielleicht zeigen die Botschaften von Wolfgang positive Wirkungen und das Gespräch verläuft jetzt anders. Vielleicht wird manches deutlicher, der Ausdruck ehrlicher, vielleicht finden wir auch stärker zueinander. Was es auch ist, wichtig ist, daß wir es als echt und stimmig empfinden. Wenn wir bereits völlig versöhnt sind und unsere Positionen sich zu einem größeren Ganzen integriert haben, können wir an dieser Stelle natürlich auch den Prozeß beenden und nur noch die weiter unten beschriebene Feedbackrunde bestreiten. Aber um noch mehr zu lernen, lohnen sich auch die nachfolgenden Phasen.

Die zweite Runde besteht darin, daß wir im Uhrzeigersinn die Plätze tauschen und in neuen Rollen die Kommunikation wie in der ersten Runde fortsetzen. Ich sitze jetzt auf dem gelben Stuhl von Inge, sie auf dem blauen Stuhl von Wolfgang und er auf meinem bisherigen roten Stuhl.
In diesen Positionen vertreten wir jetzt nicht mehr unsere ursprünglichen eigenen Positionen, sondern jene, die aus der ersten Runde heraus diesem Platz zugeordnet sind, d.h. ich versetze mich im gelben Stuhl ganz in die Position von Inge hinein, diese im blauen Stuhl ist diesmal in der Beobachterrolle und Wolfgang versetzt sich in meine ursprüngliche Position hinein. Wir beginnen in den neuen Rollen jeweils so zu interagieren, wie wir sie am Ende der letzten Runde erlebt haben.
Nach fünf Minuten gibt es wieder die Botschaften des wohlwollenden Beobachters, diesmal von Inge, die Wolfgang und mir ins Ohr flüstert, was sie als hilfreich für uns herausgefunden hat, uns wünscht und innerlich zusendet. Was Inge mir zuflüstert, ist interessanterweise genau das, was sie sich selbst in diesem Prozeß geben möchte, denn ich spiele ja diesmal ihre Rolle und erlebe sie dadurch auf eine neue und tiefere Art. Nach dem Austausch mit dem wohlwollenden Beobachter folgt in abschließenden fünf Minuten der zweite Teil des Dialoges zwischen Wolfgang als Joseph (das bin nämlich ich) und mir als Inge.
Zwar entsprechen die Kommunikationsphasen wieder der ersten Runde, doch die Art, wie die früheren Streitpartner miteinander umgehen, verändert sich von Runde zu Runde. Wir brauchen uns in unseren jeweils aktuellen Rollen nicht genau so verhalten, wie unsere Vorgänger es uns in dieser Position gezeigt haben. Es geht nur darum, deren Interessen und positive Intentionen zu vertreten. Für diesen

179

Zweck kann ein Rollenspieler durchaus weiterführende Ausdrucksformen und Verhaltensweisen einführen, die ihm jetzt richtig und wichtig erscheinen. Denn während der einzelnen Phasen und nicht zuletzt durch die Botschaften des wohlwollenden Beobachters kann sich in den Empfindungen und Ausdrucksformen der beteiligten Rollenspieler vielerlei verändern.

In der dritten Runde *begibt sich Wolfgang als Inge auf den gelben Stuhl, ich werde im blauen Stuhl zum wohlwollenden Beobachter und Inge setzt sich, um mich darzustellen, auf den roten Stuhl. Wieder verläuft die Kommunikation in ihrer Struktur wie in der ersten und zweiten Runde. Ich als Beobachter nehme möglicherweise noch andere Dinge wahr, als sie von meinen Vorgängern erkannt wurden.*

Unter anderem frage ich mich, wie wohl die dort gespielten Positionen von Inge und mir Teilaspekte eines größeren Ganzen sein können, in welchem für beide Seiten Platz, Berechtigung und Erfüllung möglich ist, wenn auch nicht unbedingt so, wie die beiden es sich aus ihrer Sicht bisher vorgestellt haben. Vielleicht erkenne ich, was die tieferen guten Absichten von Inge und Joseph sind und wie sie diese auf neue, kreative Art so erfüllen können, daß dies nicht zu Lasten, sondern zum Wohl auch des Partners geschieht. Ich frage mich, welche Ressourcen die beiden brauchen, um das möglich zu machen. Wenn ich etwas gefunden habe, was einer Seite oder beiden gut tut, erlebe ich das zuerst einmal so intensiv wie möglich in mir selbst: Woher kenne ich das? Wie fühlt es sich an?

Dann stelle ich mir vor, die aus meiner Sicht für einen optimalen Gesprächsverlauf noch benötigten Ressourcen an meine ursprüngliche Position dort im roten Stuhl, wo jetzt Inge meine Rolle spielt, zu senden, aber ebenso auch zu der ursprünglichen Position von Inge dort im gelben Stuhl, wo jetzt Wolfgang sitzt. Es mögen Erkenntnisse sein oder ermutigende Worte, welche ich still ausspreche, es mögen aber auch Symbole und Farben sein, welche ich genau dort auf den Plätzen visualisiere.

Wenn ich nach den ersten fünf Minuten den beiden mein Feedback gebe, dann zu ihnen hingehe, jedem etwas ins Ohr flüstere, kann ich ihnen dabei auch das Verständnis und die Wertschätzung, die ich inzwischen gewonnen habe, zeigen.

Ausgerechnet Inge, die ja auf meinem roten Stuhl sitzt, nimmt all das entgegen, was ich mir für mich selber wün-

sche. Doch das tut ihr genauso gut wie mir.
Auch der weitere Ablauf entspricht dem der ersten und der zweiten Runde.

In der vierten Runde, die der abschließenden Integration dient, setzen wir uns alle wieder in unsere ursprünglichen Positionen, d.h. Wolfgang nimmt wieder die Beobachterposition auf dem blauen Stuhl ein, Inge sitzt wieder mir gegenüber auf dem gelben Stuhl und ich befinde mich wieder auf dem roten Stuhl.
Ich führe mit Inge erneut das Gespräch zum ursprünglichen Thema.
Jedoch geht es diesmal für mich und Inge darum, daß wir alle bisher in den anderen Phasen erworbenen Erfahrungen in unserem Empfinden, Denken und Handeln berücksichtigen - daß wir, was immer wir an neuen Erkenntnissen, Einstellungen oder Ressourcen auf diesem Weg empfangen haben, für ein erfolgreiches Gespräch nutzbar machen. Das bedeutet nicht freundliche Nachgiebigkeit oder bloße Kompromissuche, es bedeutet auch nicht einen Sieg für nur eine Seite - sondern einen lebendigen Gesprächsverlauf und ein Ergebnis, das beide gewinnen läßt und beide bereichert.
Wir benötigen dafür eine erweiterte Wahrnehmung, Kreativität und persönliche Energie. Ich suche im Dialog mit Inge ebenso wie sie solche Worte und Ausdrucksformen, die einer konstruktiven Ergänzung und einem Austausch beider Seiten dienen. Wir möchten uns gegenseitig befähigen, unser inneres Potential für eine fruchtbare Kommunikation freizusetzen und einzubringen.
Wolfgang beobachtet uns diesmal die ganze Zeit schweigend, nur innerlich kreiert er erneut positive Vorstellungen für uns.
Nach etwa fünf Minuten unterbrechen Inge und ich das Gespräch, diesmal um uns wechselseitig zwei Botschaften zu geben. Botschaften, die wir vielleicht schon gesagt haben, aber an dieser Stelle gut zusammenfassen können:
Zuerst teile ich Inge mit, was ich mir jetzt noch von ihr wünsche und was nicht.
Dann teilt Inge mir mit, was sie sich jetzt noch von mir wünscht und was nicht. Nun teile ich Inge mit, was ich ihr wünsche und worin ich sie unterstützen kann und mag.
Und Inge teilt mir mit, was sie mir wünscht und worin sie mich unterstützen kann und mag.
Wenn es für uns paßt, können wir uns dabei die Hände rei-

181

chen und uns vorstellen, uns auch über die Hände etwas auszutauschen.
Nach diesem formaleren Abschnitt geben wir uns noch fünf weitere Minuten, um unser Gespräch zu vollenden.
Wenn sich die Gegensätze zu einer neuen Ganzheit ergänzt haben, erleben wir beide die aus dieser Integration entstehende Gemeinsamkeit, nämlich unser „wir".

Zum Schluß *nehmen wir uns Zeit, unsere Erfahrungen in den einzelnen Kommunikationsphasen auszutauschen. Und wir teilen uns mit, was uns am meisten darin unterstützt hat, über unsere anfangs festen eigenen Positionen hinauszugelangen.*

Hier einige meiner Erfahrungen mit diesem Prozeß:
Was mich besonders beeindruckt hat, war die Rolle und die Wirkung des jeweiligen wohlwollenden Beobachters. Auch wenn er nicht sprach, hatte ich das Gefühl, daß seine positiven Vorstellungen doch als Energie bei mir ankam.

Nachdem ich die Rollenwechel deutlich genug physisch erlebt hatte, wurde ich mehr und mehr dazu fähig, auch in anderen Gesprächen und ohne körperlich den Stuhl zu wechseln, geistig jene zwei anderen Positionen einzunehmen: die meines Gegenüber und die des wohlwollenden Beobachters - auch dann, wenn real gar kein Beobachter anwesend war, sogar dann, wenn ich allein war und mich auf ein mögliches Gespräch vorbereitete.

Jede mir mögliche Wahrnehmungsposition, das „Ich", das „Du", der „Beobachter" und das „Wir" stellt heute eine Bereicherung meiner Kommunikationsfähigkeit dar, denn jede liefert wertvolle Informationen, Erfahrungen und Energiequellen, die ich einbeziehen kann, um darauf aufbauend die jeweils sinnvollsten Schritte zu gehen.

Und Ähnliches, was ich eben von mir beschrieben habe, haben auch Inge und Wolfgang von sich berichtet.

Es hat uns übrigens seither immer wieder geholfen, an jenen blauen Stuhl zu denken - und der steht tatsächlich etwas abseits in unserem Versammlungsraum. Wer mag setzt sich auf ihn, gewinnt Abstand zum manchmal blinden Angetriebensein und kann als wohlwollender Beobachter erkennen, worauf es wirklich ankommt und finden, was wirklich gebraucht wird. Ich glaube, bei den Indianern saß auf diesem Stuhl immer der Stammesälteste oder vielleicht der Medizinmann, denn das ist der Stuhl der tätigen Weisheit.

Die Botschaft der Gefühle

Kurzbeschreibung: *Dies sind Wege, in der Gemeinschaft mit Gefühlen umzugehen, sie angemessen auszudrücken und sie konstruktiv als wertvolle Information zu nutzen und zu integrieren.*

Manchmal sind wir völlig unterschiedlicher Meinung, streiten uns richtig, sind dabei in unseren Gefühlen aufgebracht, greifen an oder fühlen uns verletzt. Es kann sogar sein, daß sich die Positionen verhärten - aber das ist nicht unsere Absicht. Es ist allzu menschlich, auch mal aufgebracht zu sein, überfordert oder verletzt. Und wir haben gelernt, damit umzugehen.
Dies ist weniger ein Übungsprozeß als ein Erfahrungsbericht.
Als erstes haben wir entdeckt, wie befreiend es manchmal ist, die eigenen Empfindungen offen ausdrücken zu können - ohne gleich dafür getadelt zu werden. Es war sehr wichtig und mutig von uns, hierfür die „Ichform" zu wählen, statt in der „Duform" anzuklagen oder stolz von oben herab alles besserzuwissen und gar keine Gefühle zu zeigen.

Es ist für andere immer noch viel verständlicher und akzeptabler, zu hören:

> *Ich bin sauer, wütend, verletzt, genervt...*

als anklagende Worte, wie

> *Du bist böse, schuldig, schlecht...*

Der Unterschied liegt darin, daß ich im ersten Fall nicht anklage, sondern zu mir selbst und meinen eigenen Grenzen stehe. Natürlich kann ich dahinter dennoch eine Anklage verbergen bzw. es kann sich dadurch jemand beschuldigt fühlen. Wir können aber auch den umgekehrten Weg gehen, nämlich zu wissen, daß sich hinter jeder Anklage ein verständliches, persönliches Gefühl verbirgt.

Joseph:	*Du bist gemein.*
Wolfgang:	*Was empfindest Du, Joseph? Was bringt Dich zu dieser Aussage?*
Joseph:	*Ich bin sauer, verdammt sauer, so geht das nicht.*
Wolfgang:	*Was hat Dich so sauer gemacht, Joseph?*
Joseph:	*Daß ich so lange auf Dich warten mußte und nicht weiterkam.*
Wolfgang:	*Ach ja, Du hast ja gewartet. Dann kann ich Dich jetzt verstehen, würde mir auch so gehen.*
Joseph:	*Und warum hast Du mich warten lassen?*
Wolfgang:	*Weil ich Dich ganz vergessen hatte, denn ich war so gestreßt. Erst jetzt wird mir klar, daß Du gewartet hattest - und das tut mir echt leid.*

183

Joseph:	Was hat Dich denn so gestreßt?
Wolfgang:	Schröder hatte wieder angerufen, mein Hausbesitzer, dieser Wohnungshai. Dann das Gespräch mit meinem Anwalt. Und damit war der Tag gelaufen.
Joseph:	Das kann ich verstehen, Du hast ja schon von Deinen juristischen Kämpfen berichtet.
Wolfgang:	Was wollen wir daraus lernen?
Joseph:	Daß unsere Gefühle für uns sorgen - uns an Wichtiges erinnern.
Wolfgang:	Und ich möchte mich bei Dir für diese Erinnerung bedanken.
Joseph:	Außerdem ist mir auch wichtig, daß Du Dein Problem mit Schröder löst. Vielleicht kann ich Dir helfen. Jetzt, wo ich verstehe, was bei Dir los war, bin ich gar nicht mehr sauer.
Wolfgang:	Ja, ich würde gern ein andermal mit Dir über meinen Konflikt reden. Vielleicht bekomme ich dann eine Ahnung, wie ich damit innerlich anders umgehen kann.
Joseph:	Morgen nachmittag?
Wolfgang:	Gerne.

Wenn wir unsere Gefühle ausdrücken wollen, setzt dies voraus, daß wir sie auch wahrnehmen und dafür wiederum brauchen wir die Erlaubnis, sie zu empfinden. Die innere Erlaubnis uns selbst gegenüber, wie auch die Erlaubnis innerhalb der Gemeinschaft, in der wir leben. Darf ich traurig sein, schwach sein, zornig sein, überfordert sein, bedürftig sein...? Oder bin ich, wenn ich das empfinde, schlecht, nicht mehr zugehörig, böse, ein Versager etc...? Unsere persönliche Geschichte spielt hier oft eine große Rolle, alte Verbote haben sich innerlich eingenistet, auch ob wir als Junge oder Mädchen aufgewachsen sind, spielt dabei oft eine Rolle: Ein Junge darf nicht schwach sein, oder gar weinen, ein Mädchen darf nicht wütend oder aggressiv sein.

Wir möchten als ganze Menschen vollständig sein und anerkennen, was wirklich in uns ist. Wir glauben, es hat seinen Sinn und wir haben mit allem, was wir erleben, unseren Wert.

Deshalb haben wir miteinander vereinbart: Alle Gefühle, die ein Mensch haben kann, sind bei uns grundsätzlich erlaubt, wir bewerten nicht, was jemand empfindet, es gibt kein richtig oder falsch. Anders sieht es bei den Ausdrucksformen unserer Gefühle und bei den Verhaltensweisen aus, in welchen wir miteinander umgehen. Da haben wir einige ungeschriebene Vereinbarungen, die unsere Zusammenarbeit möglich machen:

*Wir wollen einander nicht körperlich weh tun, wollen mög-
lichst keine Schuld verteilen und wir wissen auch, daß wir
unsere Zeit einteilen müssen, so daß nicht immer Raum für
persönliche Dinge sein kann - außer in Notfällen.*

Wir haben nach Ausdrucksformen, Verhaltensweisen und Kommunikationsformen gesucht, die es uns ermöglichen, sinnvoll mit unseren noch ungeklärten und
vielleicht auch als unangenehm empfundenen Gefühlen umzugehen, ihre Botschaften zu verstehen und diese angemessen zu beantworten. Dabei sind wir auf
die folgenden Schritte gestoßen:

Der erste Schritt in diese Richtung ist die Orientierung auf „Ich-Botschaften".
Dadurch wird es uns möglich, die auftretenden Gefühle in jedem von uns erst
einmal wahrzunehmen und anzunehmen. Und es wird jedem von uns leichter
möglich, auszudrücken, wie es ihm geht, was er wirklich empfindet - ohne den
anderen gleichzeitig in einen belasteten Zustand zu befördern.

Der zweite Schritt ist es, die Herkunft der Gefühle verstehen zu lernen.
Was ist geschehen, so daß derlei Empfindungen hervorgerufen werden?
In welchen Zusammenhängen stehen die Einzelnen, so daß sie aufeinander mit
bestimmten Gefühlen reagieren?
Der früher vorgestellte Prozeß „Verstehen lernen" hat uns geholfen, füreinander
Empathie, d.h. Einfühlungsvermögen zu entwickeln - bis in die Tiefe der Empfindungen. Ich habe es als überaus erleichternd empfunden, als ich mich von
meinen Partnern auch in solchen Emotionen verstanden fühlte, wie Frustration,
Ärger oder Nervosität. Meine innere Einstellung bewegte sich dadurch von einer
Abwehrhaltung und Verschlossenheit ihnen gegenüber zu Offenheit und Lern-
bereitschaft. Auch die Fähigkeit, Positionen zu wechseln, symbolisch vom roten
zum gelben und blauen Stuhl zu wandern, wie ich es früher beschrieben habe,
ermöglicht es uns, unsere Gefühlen aus ganz neuen Perspektiven heraus zu verstehen.
Die große **Vorbedingung** für dieses Verstehen besteht aber darin, daß sich nicht
alle Beteiligten gleichzeitig in einem überforderten Zustand befinden. Denn
wenn alle gleichzeitig nach Verständnis suchen, wer soll es dann geben? Zum
Glück sind wir zu dritt. Und oft ist einer da, der sich, wenn das wirklich gebraucht
wird, verstehend und unterstützend auf einen Partner einstellen kann. Und wenn
alle überfordert sind, müssen wir nun mal so lange warten, bis jemand aus dem
Tunnel auftaucht oder uns allein helfen, wieder in Balance zu kommen. Ich weiß,
daß es nicht lohnt, bei einem Partner etwas zu suchen, das er einfach in diesem
Moment auch nicht hat. Mir hilft es dann sehr, geistig oder körperlich in Distanz
zu der betreffenden Situation zu gehen und innerlich zehn Mal tief Luft zu holen.
Aus angemessener Distanz bin ich dann wieder in der Lage, für mich selbst und
auch für die anderen etwas Positives zu tun. Ja, ich kann mir heute selbst vieles
geben, was ich früher von anderen haben wollte.

Der dritte Schritt besteht darin, die Lernaufgabe, welche unsere Gefühle uns
übermitteln, zu erkennen und zu meistern.

185

Wir haben gelernt, wie viel Wertvolles uns unsere Gefühle zu sagen haben - und wie sie sich verwandeln, wenn wir ihre Lektionen annehmen:

Manchmal zeigen sie uns unsere Grenzen, sind Warn- oder Verbotsschilder, die vor Überforderung, Gefahren, Hilflosigkeit warnen.

Manchmal zeigen sie uns unsere Bedürfnisse, sind Hinweisschilder für einen sensiblen Umgang miteinander, für Entfaltung und Ausdruck.

Oder sie sind Erinnerungsstücke aus ganz anderen Lebensabschnitten, zum Beispiel aus unserer Vergangenheit, aus unserer Familienkonstellation - von all dem, was von dort noch nicht verarbeitet worden ist.

Jedes Gefühl hat seine positive Absicht, derentwegen es uns seine Botschaft sendet. Mitunter ist die Absicht eines Gefühls auch ebenso klar wie der Weg, sie zu erfüllen. Wer Hunger hat, braucht etwas zu essen, wer müde ist, sollte schlafen. Wenn das Naheliegende zur Erfüllung führt, ist das auch sicher das beste, was wir tun können. Was aber, wenn das Essen uns letztlich nicht sättigt, das Schlafen nicht erfrischt? Wenn ein Gefühl chronisch und im unpassendsten Moment immer wiederkommt? Was, wenn wir die Intention eines Gefühls gar nicht verstehen oder keinen Weg sehen, es zu verwirklichen?

Wir alle brauchen manchmal Freunde, mit denen wir über das, was uns bewegt, sprechen können. Wir können darüber reden, was wir in Zukunft anders machen sollten und können, wie wir unsere Zeit und unseren Raum gestalten, was wir uns voneinander wünschen und wie wir uns unterstützen können, was jeder für sich selbst tun muß. Weichen müssen gestellt werden, bevor der Zug darüber hinwegfährt.

> *Sehr einfach haben wir den kräftezehrenden Konflikt zwischen Wolfgang, dem Raucher, und Inge, der Nichtraucherin, gelöst, die in einem Zimmer saßen und sich im Wechselspiel von gegenseitiger Rücksichtnahme, Schuldgefühlen und Zorn bewegten: Inge bekam ein eigenes Zimmer und Wolfgang arbeitet seither daran, herauszufinden, was eigentlich die gute Absicht seines Rauchverlangens ist und wie er diese Absicht auch ohne zu rauchen erfüllen könnte. Denn er hat so gern mit Inge das Zimmer geteilt. Er sagt, es dauert noch, denn er muß sich erst noch in seiner Wohnungsangelegenheit behaupten. Vielleicht geht es auch darum, daß er lernt, sich zu behaupten. Inge hat ihm jedenfalls gezeigt, wie man das macht.*

Manche Dinge sind unsere eigene Aufgabe. Eigene Entwicklungsschritte kann ich nicht von anderen erwarten. Ich brauche manchmal Stille und Raum, um mit meinem Inneren in Kontakt zu treten. Denn nur dann kann ich auch nach innen hinein fragen und vielleicht über Worte, Bilder oder Empfindungen Antworten erhalten. Das ist für mich der Weg der Kommunikation mit mir selbst, zu dem ich Ihnen später im Kapitel „Botschaften von Innen" mehr berichte.

Verhandeln mit Verständnis

Kurzbeschreibung: *Hier wird ausführlich ein sinnvoller Prozeßablauf für die Verhandlungsführung zu beiderseitigem Nutzen vorgestellt (Mediation, Verhandlungsreframing, win-win).*

Nachdem wir viele Kommunikationsprozesse dargestellt haben, wollen wir zusammentragen, worauf es ankommt, wenn zwei Menschen gut miteinander verhandeln wollen. Es sind einfache, sinnvolle Schritte und Fragen, die viel zum Verhandlungserfolg beitragen, ganz gleich, ob die Beteiligten selbst dafür Sorge tragen, oder ob ein Verhandlungsführer für die Erfüllung dieser Voraussetzungen Sorge trägt.

In Verhandlungen schlichten

Weil ich in unserem Team so gut gelernt hatte, Menschen zu verstehen, war ich selbst oft derjenige, der andere darin unterstützte, Verhandlungen zu führen, Konflikte zu lösen und Übereinkünfte zu beiderseitigem Nutzen zu finden. Ich wurde gern als Vermittler, Mediator oder Berater herbeigeholt, auch wenn sich mehr als zwei Personen in einer Diskussion im Kreise drehten. Kunden engagierten mich sogar für eigens diesen Zweck, Freunde luden mich ein. Damit ich wieder mehr Zeit für mich habe und viele Menschen selbst mehr Werkzeug an die Hand bekommen, zu beiderseitigem Gewinn zwischen unterschiedlichen Positionen zu vermitteln, verrate ich hier meine Strategie, nach der ich dabei vorgehe. Ich beschreibe den Fall, daß ich als Vermittler für zwei Verhandlungspartner tätig bin: es kann um eine berufliche Angelegenheit, eine Vertragsgestaltung oder auch um einen persönlichen Konflikt von zwei Menschen in einer Liebesbeziehung gehen.
Die Struktur meiner Arbeit bleibt unabhängig vom Inhalt die gleiche.
Wir sind nun also zu dritt, die beiden Konfliktpartner und ich. In diesem Beispiel heißen die beiden Heinz und Martina, zwei Seminarleiter.

> *Wir duzen uns. Die beiden bieten gemeinsame Seminare und Weiterbildungsprogramme an, aber sie haben sehr unterschiedliche Vorstellungen darüber, wie sie das diesmal tun wollen. Martina bevorzugt jeweils fest geplante Lehreinheiten zu Sachthemen, sie ist sehr kompetent und strukturiert, während Heinz, der sehr intuitiv und spontan arbeitet, sich auf gar keine Sachinhalte mehr festlegen möchte, denn ihm geht es darum, daß die Menschen in seinen Seminaren Erfahrungen von Freiheit, Selbstorganisation und Liebe machen. Beide haben zudem das Angebot, im nächsten Jahr als Trainerteam ein Weiterbildungsprogramm für eine große Organisation zu realisieren. Aber auch darüber sind sie uneins.*

Ich werde in der folgenden Beschreibung nicht verraten, über welche Inhalte wir gesprochen haben, das ist das Geheimnis von den beiden - und ich möchte hier das Augenmerk auf die dahinterliegende Struktur legen. Martina und Heinz stehen darin für beliebige Verhandlungspartner und ich beschreibe auch solche Lernschritte, die ich in anderen Verhandlungssituationen als sinnvoll und nützlich erlebt habe, die aber bei Martina und Heinz nicht erforderlich waren.

Was aber dabei für die beiden herausgekommen ist, werde ich später berichten.

Vorbereitung

Zuerst achte ich darauf, daß wir eine geeignete Stuhlanordnung wählen, etwa einem gleichschenkligen Dreieck entsprechend, so daß ich den gleichen Abstand zu Martina und Heinz habe, möglichst jedem von ihnen etwas näher bin, als die beiden voneinander entfernt sind. Wie groß der Abstand zwischen Martina und Heinz ist, ergibt sich daraus, wie vertraut sie sich sind und wieviel Nähe oder Distanz angesichts des Konfliktes ihnen angemessen ist. Ich habe es als hilfreich erlebt, wenn mein Abstand zu beiden so nahe ist, daß ich ihnen bei Bedarf die Hände reichen kann. Übrigens erlebe ich es oft, daß die Verhandlungspartner im Verlauf des Gesprächs näher zueinander rücken.

Neben der Sitzanordnung achte ich darauf, daß wir ausreichend Zeit eingeplant haben, diesmal neunzig Minuten - und daß wir während dieser Zeit von außen ungestört sind. Auch Handys sollen so lange schweigen.

Ich gebe mich bezüglich des Ablaufs äußerlich eher streng und strukturierend, bin jedoch innerlich in einem aufmerksamen und wohlwollenden guten Zustand, aus dem heraus ich auch spontan reagieren kann.

Ich achte von Anfang an darauf, zu Martina wie auch zu Heinz einen guten, respektvollen Kontakt zu halten. Ich drücke das in Gesten, in der Aufmerksamkeit und in der Zugewandtheit meiner Körperhaltung aus.

Insgesamt möchte ich beiden ein ähnliches Maß an Aufmerksamkeit geben, zwischenzeitlich kann diese von Martina zu Heinz und zurück wechseln.

Es ist wichtig, daß ich als Vermittler nicht Teil des Konfliktes bin, nicht in einer persönlichen Abhängigkeit von einem Konfliktpartner stehe oder mich vorab auf ein bestimmtes Ergebnis festgelegt habe.

Einleitung

Als zweites, nachdem wir Platz genommen haben, begrüße ich Martina und Heinz formal in dieser Runde und bitte sie, nacheinander mir und ihrem Gegenüber mitzuteilen, was sie hierher geführt hat und was sie sich von diesem Gespräch wünschen oder erhoffen. Ich bitte sie, sich vorzustellen, sie könnten wie ein Zauberer Träume verwirklichen und ohne sich im Moment an die Beschränkungen ihres Konflikts gebunden zu fühlen, ihre Wünsche zu äußern.

> *In manchen Situationen erforsche ich zunächst, ob beide*
> *Partner aus eigenen Stücken hier sind. Sollte ein Partner*

nicht freiwillig dabei sein, eröffne ich ihm die Möglichkeit, wieder zu gehen, erkläre aber, daß ich mich freuen würde, hier mit ihm zusammenarbeiten zu können und daß nur mit seiner Beteiligung eine Lösung gefunden werden kann, die alle befriedigt. Ich frage ihn, ob das, was er sich wirklich wünscht, wichtig genug für ihn ist, sich dafür auch an dieser Verhandlung zu beteiligen. Und ich frage, was es braucht, damit er mir vertrauen kann.

Nachdem zuerst Martina ihre Vorstellungen unterbreitet hat, greife ich die wahrgenommenen Wünsche und Erwartungen noch einmal auf und wiederhole sie, um sicherzustellen, daß ich alles richtig verstanden habe und um sie gegebenenfalls zu erweitern oder zu korrigieren. Dann ist in gleicher Weise Heinz dran. Anschließend spreche ich zu beiden gemeinsam:

Wenn es jedem von Euch möglich wäre, das, was Ihr wirklich wollt, auf noch unbekannte Art zu erreichen, wäre Euch das etwas wert? Wäre Euch das wichtig genug, um dafür auch neue Wege auszuprobieren und all Eure Aufmerksamkeit, Ehrlichkeit und Eure Fähigkeiten in diese Verhandlung zu geben? Wenn es eine Form gäbe, in der jeder von Euch seine wirklichen Absichten erreichen könnte, wäre es dann auch gut für Euch, wenn der andere Partner darin auch die seinen erreichen könnte? Wenn Ihr mehr bekommen würdest, als Ihr ursprünglich dachtet, wäre das auch gut für Euch?

Mit meinen Worten achte ich darauf, die wirklichen guten Absichten der Beteiligten anzusprechen, nicht jedoch die konkrete Form, in welcher sie diese bisher erfüllen wollten. Martina und Heinz konnten mir meine Fragen aus diesem Grund mit ja beantworten, wenn auch ungläubig, denn über einen gangbaren Weg zur Erfüllung dieser Wünsche haben wir ja bisher nicht gesprochen.

Doch die „als ob"-Fragen ließen ihre Motivation sowie ihr Engagement und Commitment für die gemeinsame Arbeit wachsen.

Danach bitte ich beide um ihr Einverständnis dafür, daß ich für diesen guten Zweck das Gespräch strukturiere, manchmal das Wort an diese oder jene Seite gebe und Fragen stelle.

Klären der Kommunikation

Jetzt bitte ich Martina, ausführlicher ihre jetzige Situation und die Geschichte des Konflikts darzustellen. Auch das, was sie persönlich bereits alles versucht hat und was sie dabei erlebt hat, an welche konkreten Lösungswege sie bisher dachte, welche unakzeptabel für sie waren. Dabei geht es darum, daß sie auch ihre Gefühle zeigt, sowie eventuelle Enttäuschungen oder Überforderungen.

Ich zeige, während Martina spricht, nonverbal Verständnis und Empathie, vielleicht auch Mitgefühl, ohne mich jedoch mit ihr zu identifizieren.

Wenn Heinz nicht zuhören, sondern den Worten Martinas sofort widersprechen möchte, bitte ich ihn, so lange zu warten, bis diese ihre Seite dargelegt hat und erteile ihm später das Wort.

Nachdem Martina von sich gesprochen hat, wiederhole ich mit meinen Worten, was ich von ihr verstanden habe, nenne auch die Emotionen, die ich beobachtet habe und bitte um die Rückmeldung, ob sich Martina auf diese Art verstanden fühlt, etwas korrigieren oder hinzufügen möchte.

Nach Martina ist Raum für Heinz, in gleicher Weise von sich zu sprechen, und ich wiederhole und überprüfe wiederum das, was ich verstanden habe.

Auf diese Weise können sich beide zunächst einmal wahrgenommen fühlen, was ihren Ausgangszustand und die Beziehung zu mir verbessert.

Nun ist Zeit für den Dialog zwischen den beiden Partnern und ich bitte sie, miteinander über ihre Angelegenheit zu sprechen - so, wie ihnen zumute ist, sich das zu sagen, was sie sich sagen wollen und dabei deutlich auszudrücken, was sie fühlen. Ich erkläre ihnen, daß es sinnvoller ist, ihre Gefühle in der Form „Ich fühle…" zu formulieren, als sie über „Du bist…"-Botschaften auszudrücken.

Ich beobachte den nun beginnenden Austausch zwischen beiden und achte auf folgende Punkte:

> – *Drückt jede Seite offen ihre Gefühle aus?*
> – *Nimmt jede Seite wahr, was die andere sagt und meint*
>   *und reagiert darauf?*
> – *Welche Auswirkungen hat die Art, in welcher sich eine*
>   *Seite ausdrückt, auf die andere Seite?*
> – *Was ist die tiefere gute Absicht und das Bedürfnis jeder*
>   *Seite?*

Sollten die beiden dabei bereits eine Lösung ansteuern, lasse ich sie einfach fortfahren, aber meist wiederholen sich jetzt typische Konfliktmuster.

Nach etwa fünf bis zehn Minuten des freien Ausdrucks unterbreche ich das Gespräch und stelle zwei der Fragen, zu denen ich inzwischen bereits Informationen gesammelt habe.

> *Martina, konntest Du ausdrücken, was Du möchtest und*
> *empfindest?*
> *Wie wirkte die Art, in der Heinz sich ausdrückt, auf Dich?*

Ich unterstütze Martina darin, diese Fragen zu beantworten und dabei das, was sie bisher noch nicht gesagt hat, zu zeigen.

Dann bitte ich Heinz zu wiederholen, was er von Martina verstanden hat - um von ihr zu erfahren, ob es das ist, was sie meinte.

Wenn Martina etwas anderes gemeint hat, unterstütze ich sie darin, sich für Heinz verständlicher auszudrücken - und Heinz unterstütze ich darin, genauer nachzufragen und sich in Situationen hineinzuversetzen, in welchen er das, was Martina erlebt hat, aus eigener Erfahrung kennt.

Wenn Martina einverstanden ist, kann Heinz an dieser Stelle bereits Wünsche dazu äußern, wie sie sich anders ausdrücken könnte, so daß er sie besser verstehen kann. Es ist auch möglich, daß ich wie ein Dolmetscher die Worte von Martina so umformuliere, daß Heinz sie nachvollziehen kann. Vielleicht wechsle ich dabei auch das Sinnessystem, in welchem etwas beschrieben wird.

Danach stelle ich Heinz die gleichen Fragen - er ist nun dran, von sich zu sprechen und Martina ist es, die seine Aussagen mit ihren Worten wiederholt und so das Verständnis überprüft.

Möglicherweise stellt sich jetzt heraus, daß Martina die Art von Heinz immer wieder mißversteht, in seine Aussagen ganz andere Bedeutungen hinein interpretiert oder auf sehr intensive Art emotional betroffen ist. In diesem Fall frage ich sie, woran sie bestimmte Ausdrucksweisen von Heinz erinnern, vielleicht an frühere Erfahrungen mit anderen Menschen?

Wenn das der Fall ist, bitte ich sie, jene früheren Situationen zu nennen, um danach den heutige Heinz jedoch als ein ganz neues, andersartiges Wesen betrachten zu können. Zu diesem Zweck bitte ich sie aufzuzählen, auf welche Art sowohl Heinz als auch die jetzige Situation anders ist, als jene, an die sie sich erinnert. Möglicherweise muß ich mit Martina unabhängig von dieser Verhandlung noch mehr dafür tun, frühere Erfahrungen zu verarbeiten.

Wenn Martina ihre Betroffenheit nicht durch frühere Erfahrungen, also das Phänomen der Übertragung erklären kann, lasse ich sie lediglich beschreiben, welche anderen inneren Prozesse in ihr jene Reaktion auslösen:

> *Fühlst Du Dich nicht respektiert?*
> *Überfordern Dich die Worte oder die Anliegen von Heinz?*
> *Behindert Dich seine Stimme oder sein Gesichtsausdruck?*
> *Interpretierst Du negative Absichten in den Aussagen von Heinz?*

Was es auch sein mag, sie formuliert, wie die Aussagen von Heinz bei ihr ankommen. Ich frage dann Heinz, ob es seine Absicht sei, diese Wirkungen in Martina hervorzurufen - und es zeigt sich, daß er etwas ganz anderes vermitteln wollte. Das mag ausreichen, um Martina von Fehlinterpretationen zu befreien. Ich frage Heinz jedoch zusätzlich:

> *Ist Dir das, was Du wirklich erreichen und vermitteln möchtest, so wichtig, daß Du es auch auf eine andere Art ausdrücken würdest, die Martina besser versteht, daß Du Dir sogar von Martina zeigen läßt, wie sie Dich am besten verstehen kann?*

Martina frage ich:

> *Ist es Dir wirklich wichtig, genug zu verstehen, was Heinz meint, so daß Du gern Deine Interpretationen durch Fragen überprüfst und Dir im Zweifelsfall genauer erläutern läßt, was er meint?*

Beide frage ich:

> *Seid Ihr Euch wichtig genug, um voneinander etwas Neues*
> *zu lernen?*

Danach bitte ich Martina, Heinz zu zeigen, in welcher Art sie ihn noch besser verstehen könnte, ohne sich selbst emotional blockiert zu fühlen.

Heinz wiederum erhält Gelegenheit, diese neuen Ausdrucksformen auszuprobieren, wenn er einverstanden ist.

Der gleiche Lernprozeß mag, wie angedeutet, auch in umgekehrter Richtung wichtig sein, so daß Heinz Martina neue Ausdrucksformen ans Herz legt, um besser verstehen zu können, was sie wirklich meint.

Es kann gut sein, daß sich Martina und Heinz in der Vorgeschichte durch Mißverständnisse und anklagend ausgedrückte Emotionen stark verletzt hatten.

Wenn dies der Fall ist, sollen auch diese Erfahrungen hier genannt - und neu hinterfragt - werden:

> *Wolltet Ihr Euch früher wirklich weh tun? Wie wäret Ihr*
> *statt dessen lieber miteinander umgegangen? Lohnt es sich,*
> *einen besseren Weg zu finden und einander dadurch ver-*
> *zeihen zu können?*

Manchmal entschuldigen sich jetzt beide Partner für frühere Fehler und machen auf diese Weise den Weg für einen konstruktiven Austausch frei.

Zum Abschluß dieser Phase bitte ich Martina und Heinz, für einige Minuten ihre Plätze zu tauschen und sich auf dem anderen Stuhl in die Lebenssituation ihres Gegenüber hineinzufühlen, um sich in dieser Rolle so auszudrücken, wie es ihrem jetzigen Ausdrucksvermögen entspricht. Damit jeder den anderen wahrnimmt, sollte dies erneut nacheinander geschehen.

Nachdem beide wieder auf ihre Plätze zurückgekehrt sind, bitte ich Martina und Heinz um ihr Feedback, wie gut sie jetzt ihren Partner verstehen.

Arbeit mit positiven Intentionen

Zu Beginn dieser Phase bitte ich beide, sich physisch und innerlich ganz auf ihre eigene Position zu besinnen und folgende Fragen zu beantworten:

> *Was ist meine wichtigste positive Absicht, die ich in meiner*
> *Situation erreichen oder verwirklichen möchte?*
> *Wofür ist es gut, sie zu verwirklichen, was wird mir dadurch*
> *möglich, das vielleicht noch wichtiger für mich ist?*
> *Welche anderen wichtigen Absichten habe ich außerdem?*
> *Was, das noch wichtigerer ist, wird möglich, wenn all diese*
> *Absichten erfüllt werden?*

Ich bitte sie, sich für die Beantwortung etwa zehn Minuten schweigend Zeit zu nehmen und die Antworten auf ein Blatt Papier zu schreiben, das ich ihnen aushändige. Ich bitte sie auch, ihre bisherigen konkreten Vorstellungen darüber, wie sie ihre Absichten verwirklichen wollen, aus den Antworten herauszulassen, d.h. die Antworten sollten unabhängig von einer konkreten Art der Umsetzung aufgeschrieben werden.

Von Martina wie von Heinz kommen jetzt einfachere Aussagen, Worte wie Freiheit, Sicherheit, Selbstverwirklichung, Freude oder Zugehörigkeit.

Nacheinander lesen sie diese vor. Manchmal hinterfrage ich, beginnend bei Martina, ihre Worte mit Sätzen wie...

> *Und was wird Dir dadurch möglich?*
> *Und wofür ist das gut?*
> *Hast Du noch etwas Wichtiges vergessen?*

Anschließend wende ich mich an Heinz:

> *Kannst Du verstehen und akzeptieren, was die tieferen guten Absichten von Martina sind?*
> *Wenn es einen Weg gäbe, daß das, was Dir wichtig ist, ebenfalls erfüllt werden kann, gönnst Du Martina dann, daß auch ihre tiefsten Intentionen sich erfüllen?*

Heinz kann die tiefere Absicht von Martina durchaus wohlwollend annehmen, nur ist es ihm wichtig, daß in der Art, wie diese Absicht zu erfüllen sei, seine Wünsche und Intentionen nicht behindert, sondern daß auch sie verwirklicht werden können. Aber wenn es einen solchen Weg gäbe, würde er das wunderbar finden. Bewußt lasse ich auch an dieser Stelle die Frage nach dem Weg noch ganz offen.

Mit den gleichen Fragen wende ich mich an Martina. Auch sie kann die tiefere gute Absicht von Heinz wohlwollend akzeptieren und verstehen, nur sollen dadurch ihre Intentionen nicht behindert werden - und sie würde sich freuen, wenn es wirklich einen Weg gäbe, das zu erreichen.

Austausch

Als nächstes stelle ich jedem von den beiden folgende Fragen, die ich auf einem Zettel vorbereitet habe:

> *Welche Wege und Mittel habe ich selbst zur Verfügung, um meine tieferen guten Absichten zu erreichen?*
> *Was benötige ich, ob von meinem Gegenüber oder anderswoher, um meine Absichten zu verwirklichen?*
> *Wie kann und möchte ich mein Gegenüber unterstützen, so daß es das, was ihm wichtig ist, erreichen kann?*
> *Wie kann ich mein Gegenüber so unterstützen, so daß es in der Lage ist, mich zu unterstützen?*

Zur ebenfalls schriftlichen Beantwortung dieser Fragen gebe ich den beiden wiederum zehn Minuten Zeit. Dann setzen wir fort, indem jeder seine Antworten

193

einbringt. Vielleicht zeichnet sich allein durch diese Antworten schon eine Lösung des Konfliktes ab:

> *Stellt möglicherweise ein Partner fest, daß er für seine Bedürfnisse und die Erfüllung seiner Anliegen selbst Sorge tragen kann und sollte?*
> *Stellen beide fest, daß beiden das gleiche fehlt und keiner es dem anderen geben kann? - Wird ihnen also klar, daß sie, ob gemeinsam oder einzeln, anderswo suchen gehen sollten?*
> *Bemerken Sie vielleicht, daß das, was jeder dem anderen zu geben hat und zu geben bereit ist, genau das Richtige ist und beide auf diesem Wege ihre Intentionen verwirklichen können?*

Es kommt nun darauf an, daß sich Martina und Heinz das, was sie sich voneinander wünschen und das, was sie einander geben können, noch deutlicher machen und bereits austauschen, was zusammenpaßt. Dabei sollten beide mit dem Geben beginnen und dem Partner deutlich machen, wie sie ihn gern unterstützen würden und könnten. Möglicherweise gibt es manches, was gleich hier verwirklicht werden kann, denn auch positive Zuwendung jeder Art gehört zu den Gaben. Vielleicht werden gerade dadurch beim Partner noch neue Ressourcen aktiviert, an die er bisher noch nicht dachte. Deshalb lasse ich beiden alle benötigte Zeit für einen ausführlicheren Austausch darüber, was sie füreinander und voneinander haben.

Integration

Jetzt kommt die letzte Frage, die vielleicht nicht sofort zu beantworten ist:

> *Wie könnt Ihr, Martina und Heinz, das, was jedem von Euch wichtig ist, verwirklichen, ohne Euch dabei zu behindern, indem Ihr alle Möglichkeiten Euch zu unterstützen nutzt?*
> *Wie könnt Ihr auf diese Weise sogar noch mehr, als Ihr alleine verwirklichen könntet, erreichen?*

Ich gebe ihnen hierfür eine unbestimmte gemeinsame Zeit, in der ich beide bitte, eigene Lösungswege dafür zu entwickeln. Ich sage ihnen, daß ich ihnen wünsche, daß sie das, worin sie sich wirklich ergänzen, auch verwirklichen, das, worin sie sich behindern, entweder unabhängig voneinander oder auf andere Art gestalten. Aus eigener Erfahrung weiß ich, wie viele Arten es gibt, eigene Bedürfnisse zu erfüllen. Sie blieben mir nur so lange verschlossen, wie ich mich in eine bestimmte Form der Umsetzung festgebissen hatte.

> *Vielleicht bitte ich Martina und Heinz auch, sich unbeobachtet zu einer eigens vorbereiteten Spielecke zu begeben*

und dort wie spielende Kinder auf kreative Art Ideen und Konzepte für ein sinnvolles Miteinander zusammenzusetzen. Ich habe in dieser Spielecke zwei Kästen mit Holzbausteinen vorbereitet - und Stifte, um sie zu beschriften.

Ein Kasten ist für die Anteile von Martina, einer für die Anteile von Heinz.

Hier können beide in ihrem Kasten einzelne Bausteine mit ihren Absichten, Fähigkeiten und Bedürfnissen beschriften. Die rote Farbe kennzeichnet ihre Intentionen, die blaue das, was sie benötigen, die grüne das, was sie weiterzugeben haben. Alles, worauf es ihnen ankommt, wird auf diese Art zu einem Baustein ihrer Persönlichkeit. Wenn sie ihre Bausteine beschriftet haben, beginnen sie diese gemeinsam so anzuordnen und zusammenzusetzen, daß ein Gebäude entsteht, das ihr Zusammenwirken kennzeichnet: Bauen zwei ein Haus..., heißt ein Gedicht in einem früheren Teil dieses Buches. Es kann sein, daß einzelne Bausteine nicht zu dem gemeinsamen Haus gehören und es kann sein, daß noch Bausteine fehlen, die sie anderswo beschaffen müssen. Aber sie arbeiten kreativ an ihrem Zusammenspiel, und dieser Prozeß ist wichtiger, als sofort alle Ziele komplett zu erreichen.

Weil ich glaube, daß auch meine Gedanken einen Einfluß darauf haben, ob und wie die beiden zueinander finden, stelle ich mir vor, in dem Beziehungsraum zwischen den beiden würde eine weiße Lotusblume oder eine Seerose blühen. Das sind für mich Symbole von Frieden und Integration.

Ich habe Martina und Heinz vorab gebeten, dann zurückzukommen, wenn sie gemeinsam einen oder mehrere Wege gefunden haben, die sie auch beide bejahen können. Möglicherweise haben sie ein Haus gebaut, das größer und fester ist, als es ein einzelner schaffen könnte. Vielleicht haben sie nur einen ersten Schritt gefunden, vielleicht vereinbaren sie weitere gemeinsame Arbeitstreffen, vielleicht bitten sie mich noch einmal um Hilfe: An dieser Stelle kann ich durchaus auch meine sonstigen Erfahrungen und Fähigkeiten als Unterstützung anbieten, um ihnen Impulse, Ideen und Informationen zu geben, wenn sie diese benötigen. Ich bin jetzt ein weiser Ratgeber und ermutige sie, sich alle Unterstützung, die sie suchen, dort, wo sie zu finden ist, einzuholen.

Vielleicht brauchen die beiden mich aber auch gar nicht mehr.

Welches Ergebnis sie auch immer erreichen, sie besiegeln es durch einen Handschlag, und ich habe auf Wunsch übrigens auch ein gutes Getränk parat.

Wenn beide mehr erreicht haben, als sie unabhängig voneinander einzeln erreichen könnten, gibt es dafür besondere Namen, wie Synergie oder win-win, was bedeutet: Es gibt keine Verlierer, sondern beide gewinnen.

Und welches Ergebnis haben nun Martina und Heinz erzielt? Lassen wir sie selber sprechen:

Martina:

Wir wissen, daß wir uns hervorragend ergänzen können. Ich, Martina, mit meiner Klarheit und Struktur schaffe den Rahmen, der es Dir, Heinz, ermöglicht, absolut kreativ, spontan und intuitiv zu sein. Das verleiht jedem Seminar Leben, doch es kommt darauf an, daß es in diesen klaren Rahmen eingebettet ist und an der richtigen Stelle steht. Von Dir Heinz, bekomme ich viele gute Ideen, aus denen ich Konzepte und Strukturen machen kann, die ich aufbereite, so daß sie vielen Menschen verständlich sind - und die meine eigene Arbeit sehr bereichern. Ich weiß, daß wir auf diese Art hervorragend in einem Seminar zusammenwirken können.

Heinz:

Du, Martina, gibst mir den Boden unter den Füßen und lehrst mich, welchen großen Wert auch Disziplin und Vorbereitung dafür haben, Selbstorganisation, Freiheit und Liebe wachsen zu lassen. Die einen bilden die sichere, verläßliche Atmosphäre, welche die anderen zum Wachsen brauchen. Durch Deine Arbeit bekommen meine Einfälle ein Stück Beständigkeit, werden vielen Menschen zugänglich und werden an jene Stellen des Lebens positioniert, an denen sie auch wirken.

Martina:

Und wir belassen es nicht bei der Arbeitsteilung: Ich für mich lerne durch Dich, Heinz, meine kreativen und intuitiven Seiten in mir stärker zuzulassen und zu entwickeln. Ich hatte sie bisher immer unterdrückt, weil ich das früher so gelernt hatte. Es ist, als würde ich meine weibliche Seite entdecken.

Heinz:

Ich lerne durch Dich, Martina, mein Leben besser zu organisieren, Pläne und Strategien zu entwickeln und mich diszipliniert an sie zu halten. Ich werde gesünder, weil ich endlich mein Joggingprogramm verwirkliche, halte meine Ziele aufrecht, auch wenn im Moment nicht der rechte Wind weht und weiß mich so auszudrücken, daß nicht nur Künstler, sondern auch Computerfachleute meine Ideen verstehen. Es ist, als würde ich meine männliche Seite entdecken.

Beide:

Unser erstes gemeinsames Seminarprojekt heißt: die sieben Schritte zur schöpferischen Kommunikation.

Das war ein win-win-Ergebnis für beide - und für ihre Seminarteilnehmer und Auftraggeber. Natürlich wird ihr Entwicklungs- und Lernprozeß weitergehen, natürlich wird es auch diese oder jene Schwierigkeit geben, aber sie wissen jetzt, daß es Wege gibt, sie zu überwinden und in eine Energiequelle zu verwandeln. Wenn sie das, was sie vereinbart haben, verwirklichen, wird noch etwas anderes zwischen ihnen deutlich wachsen: Vertrauen und Glaubwürdigkeit.

Ich möchte, daß viele Menschen Lösungswege kennenlernen, die ihnen in ihrem Miteinander weiterhelfen. Eine Phantasie von mir sind Fernsehsendungen, in denen nicht Probleme, Katastrophen oder Kriege dargestellt werden, sondern Lösungen, nachahmenswerte Beispiele, neue Ideen.
Alles andere ist nicht gerade nützlich und auch alles andere als interessant.
Und schon denke ich darüber nach, wie ich diese gute Absicht erfüllen kann. Vielleicht muß ich mit Fernsehintendanten verhandeln und befinde mich dann in genau so einem Prozeß, wie ich ihn eben beschrieben habe. Und vielleicht kommt mir dann zugute, was ich alles in allem selbst über das Verhandeln gelernt habe:

- *Schlafe aus und erscheine in einem guten Zustand, in welchem Du Dich selber magst.*
- *Begegne Deinem Verhandlungspartner offen und herzlich.*
- *Drücke aus, was Dir wirklich wichtig ist, so daß er es verstehen kann.*
- *Erfasse und bejahe, was Deinem Partner wirklich wichtig ist, jenseits der konkreten Art, es zu erfüllen. Versetze Dich in seine Situation hinein.*
- *Drücke aus, wie Du den Partner in seinen Zielen unterstützen kannst, so daß er Dich darin unterstützen kann, was Dir wichtig ist.*
- *Sei Dir klar darüber, was Du für die Erfüllung Deiner Intentionen benötigst und suche danach. Vielleicht findest Du es auch in Dir selbst.*
- *Sei kreativ und schlage Wege vor, die einen Austausch ermöglichen und dazu führen, daß beide gewinnen.*
- *Baue Schritt für Schritt Vertrauen auf.*

Natürlich habe ich all das schon in manchen privaten und geschäftlichen Beziehungen ausprobiert. Manchmal ging es auch darum, einzusehen, daß nicht alles gemeinsam möglich ist, daß nicht alles zusammenpaßt - und dann eigene Wege zu gehen. Oft aber hat sich für beide mehr verändert. Mein Leben ist zugleich friedlicher und auch spannender geworden. Konflikte bringen mich nicht mehr zur Verzweiflung, sondern machen mich neugierig, sind eine Herausforderung. Und Herausforderungen haben schon immer mein Leben bereichert.

197

5. Austausch mit dem Inneren

überblick: *Hier finden Sie Wege zur fruchtbaren Kommunikation mit dem Inneren, zur Erfüllung unbewußter Intentionen (sechs-Stufen-Reframing) und zur Lösung innerer Konflikte (Verhandlungsreframing)*

Ich bin der gleiche Joseph, der Ihnen im vorigen Abschnitt viel über die Kommunikation im Team berichtet hat. Hier möchte ich von meinen Erfahrungen im Austausch mit mir selbst erzählen, wenn diese Erfahrungen auch sehr individuell sein mögen. Mir ist nämlich nicht zuletzt im Team immer mehr bewußt geworden, daß die äußere Kommunikation nur dann klar und befriedigend verläuft, wenn ich auch mit mir selbst im Einklang bin und Kontakt zu meinem Inneren habe. Das macht mich zu einem mündigen Partner für die anderen.
Ich stelle mir vor, es gäbe in mir ein Team von Anteilen meines Wesens, die auf die verschiedenste Weise für mich sorgen. Und wenn sie mir etwas zu sagen haben, schicken sie mir Empfindungen und Gefühle.
Ich möchte hier beschreiben, wie ich mit mir selbst meditativ in Kontakt trete, um auch schwierige Empfindungen und Gefühle tiefer zu verstehen und sinnvolle Wege zu finden, mein Leben im Einklang mit meinen echten Bedürfnissen zu gestalten.

Ausgangspunkt einer solchen Meditation ist die Beschäftigung mit einem Gefühl, das wiederholt in meinem Alltag auftritt, das ich jedoch alles andere als hilfreich erlebe, vielleicht gar nicht verstehe, das an unpassenden Stellen da ist, mich möglicherweise behindert und nicht gerade zu konstruktiven Reaktionen bringt. Ich nehme mir für diesen Prozeß eine nicht streng begrenzte Zeit, die ich zum Beispiel am Abend statt des Fernsehens zur Verfügung habe.

> *Ich setze mich ruhig hin, schieße meine Augen, entspanne und nehme wahr, was in mir vorgeht.*
> *Ich spüre jenes Gefühl in mir, über das ich mehr erfahren möchte, werde mir bewußt, wo im Körper es sitzt, welche Empfindungen und Bilder damit verbunden sind. Wenn es in mir eine Gestalt hätte, welche wäre das? Wenn es eine Musik gäbe, die dazu paßt, welche wäre das? Welche Farben assoziiere ich mit dem Gefühl?*
> *Nun spreche ich zu meinem Inneren:*
> *Mein liebes Inneres, ich danke Dir für die Botschaft, die Du mir mit diesen Empfindungen sendest. Um die Botschaft besser zu verstehen und sinnvoll damit umgehen zu können, bitte ich Dich, liebes Innere, mir noch deutlicher werden zu lassen, was Du für mich Positives damit möchtest, vielleicht übermittelst Du mir das durch ein Bild, vielleicht über Worte, vielleicht als Symbol. - Dann warte ich einfach ab, ohne etwas Bestimmtes zu erwarten. Manchmal sind es*

nur wenige Sekunden, manchmal ist es eine halbe Stunde,
manchmal schlafe ich auch zur Nacht über dieser Frage ein
- irgendwann aber bekomme ich auf diese oder jene Art
eine tiefere Ahnung davon, um was es hierbei eigentlich
geht und was für mich wichtig ist: etwas zu tun oder sein zu
lassen, etwas auszudrücken oder zu lernen, anzunehmen
oder abzugeben. Und genau das beschäftigt mich weiter, bis
ich es umgesetzt habe. Das geht manchmal nicht von heute
auf morgen. Danach bedanke ich mich ganz ehrlich bei mir.

Ich kenne noch einige andere Varianten dieser Kommunikation mit mir selbst,
von denen ich zwei erzählen möchte:

Einmal, als ich gar nicht wußte, warum immer wieder in
mir eine unbestimmte Traurigkeit aufkam, habe ich alle
Möglichkeiten, die mir dazu einfielen, auf jeweils einen Zet-
tel geschrieben. Da standen Worte, wie... „weniger Arbei-
ten“, „eine Trennung verarbeiten“, „Abschied nehmen“,
„Nähe zulassen“, „Spielen wie ein Kind“, „Verreisen“ etc.
Dann habe ich jeden Zettel auf den Boden gelegt, alle hin-
tereinander, und mich jeweils neben einen Zettel gestellt
und ich habe mit jedem Zettel meinen altbewährten Balan-
cetest probiert, den ich im Abschnitt „Gemeinsame Ziele
und Visionen finden“ beschrieben habe.
Ich sagte mir: Wenn die Antwort auf dem Zettel richtig und
wichtig für mich ist, dann wird es mir leichtfallen, auf
einem Bein ganz ruhig neben dem betreffenden Zettel zu
stehen, während ich das andere Bein hoch angewinkelt
über diesem Zettel in der Luft halte. Ich probierte es Zettel
für Zettel, zählte jedesmal innerlich bis zwanzig. Und siehe
da, bei der Antwort auf dem vorletzten Zettel spürte ich
genau diese Balance, während ich bei allen anderen Ant-
worten erheblich wackelte. Mein Inneres hatte die Bot-
schaft gewählt: „Wieder mal spielen wie ein Kind“.

Eine Freundin von mir, Ulla, hat mir gezeigt, daß es noch elegantere Testme-
thoden als meinen Balancetest gibt. Sie benutzt ein Pendel, spürt den Puls oder
beobachtet die Iris der Augen.

Und mein Freund Klaus praktiziert Kinesiologie und hat mir gezeigt, daß wir
auch über Muskeltests mit dem Körper oder dem Inneren kommunizieren können. Das geht aber nur zu zweit und will gelernt sein: Er drückt dabei zum Beispiel meinen ausgestreckten Arm kurz und behutsam im Handgelenk nach
unten, testet dabei meine Reaktion. Ein starker Arm heißt „gut“ oder „ja“, ein
schwach werdender Arm bedeutet „nicht so gut“ oder „nein“.

Für mich selbst habe ich noch eine andere Form kennengelernt, auch alleine Signale über meinen Körper zu bekommen, das „Körperpendel“:

199

Ich stelle mich einfach aufrecht hin und betrachte meinen Körper als ein großes Pendel. Dann frage ich mich: In welche Richtung bewegt sich wohl mein Körper, wenn er „Ja" zu mir sagen möchte. - Und siehe da, ich bemerke, wie mein Körper leicht nach vorn kippt. Und bei „Nein"? - Da kippe ich leicht nach hinten. Ein tolles Signalsystem, durch das ich von meinem Inneren auch bereits viele Antworten bekommen habe.

In letzter Zeit merke ich immer mehr, daß ich auch ohne derartige körperliche Tests wie von selbst erspüre, was mein Inneres mir mitteilen möchte. Manchmal folge ich der Idee, in meiner Vorstellung auch mit der Natur zu kommunizieren, mit Pflanzen, Tieren oder der Erde und der Sonne.

Einmal, als ich sehr, sehr nervös war, habe ich mich gefragt, ob es in der Natur wohl irgendein Tier gibt, das auch in schwierigsten Situationen die Ruhe selbst bleibt und doch sein Leben elegant meistert.

Mir fiel die Katze ein. Und ich sagte mir, dann muß also dieses Tier eine Eigenschaft besitzen, die ich nicht habe, aber von ihm lernen kann. Und innerlich sah ich bald darauf eine wundervolle Phantasiekatze und ich rief ihr zu: Hallo, gutes Katzentier, sei gegrüßt. Hör nur, ich bin so verdammt nervös, ich kriege den Alltag nicht klar, schlafe schlecht und kann mich nicht konzentrieren. Kannst Du mir helfen und mir etwas von Deiner wohligen, konzentrierten Ruhe vermitteln?

Die Katze drehte sich langsam zu mir hin, kam näher und dann sah sie mir voll in die Augen. Dabei war mir, als ob sich in ihren Augen ein unendlicher, großer weiter Raum für mich öffnete, dahinter eine erhabene, felsige Gebirgslandschaft, die sehr viel Ruhe und Schönheit ausstrahlte. Ich mußte tief durchatmen und wußte, daß darin die Quelle einer wirklich kraftvollen Ruhe liegt. Ich wollte mich noch bei der Katze bedanken, aber sie war schon fort. Doch die Landschaft blieb in mir und wirkte weiter. Zum Dank habe ich später einigen realen Katzen aus meiner Umgebung köstliche Schillerlocken geschenkt, die sie ruhig und genüßlich verzehrten.

Ein anderer Freund von mir macht manchmal indianische Trancereisen und hat dabei auch ein persönliches Tier, das ihn begleitet. Ich kann das gut verstehen. Und wenn schon Tiere uns innerlich etwas Wertvolles zeigen, kann ich mir nun auch vorstellen, was religiöse Menschen in der Kommunikation mit den Symbolgestalten ihrer Religion erfahren mögen.

Übrigens habe ich noch einen Freundin, Gudrun, welche die Methoden des nlp praktiziert und innerlich oft mit inneren Teilen kommuniziert, die für verschiedenste Anliegen zuständig sind. Es gibt Teile, die haben eine gute Absicht, aber leider keine sehr sinnvolle Form, diese auch zu verwirklichen, es gibt Teile, die sind einfach sehr kreativ, es gibt Teile, die sich wechselseitig stören, wie meine Streitpartner, für die ich im letzten Abschnitt Verhandlungen moderiert habe.

Je nachdem, um welches Thema es sich handelt, hat Gudrun verschiedene Prozeduren, mit ihnen zu kommunizieren. Wenn es zum Beispiel darum geht, unbefriedigende Verhaltensweisen zu verändern, fragt sie nach innen:

> *Hallo liebes Inneres, ist da ein Teil in mir, der dieses Verhalten hervorbringt?*

Sie hat für die Antworten zuvor ihr ganz eigenes **Signalsystem** erprobt, ich glaube, sie erhält die Antworten über unterschiedliche Gefühle in Bauch und Brust. Nachdem sie ein „Ja" erhält, fragt sie genau diesen **zuständigen inneren Teil**:

> *Lieber innerer Teil, hast Du mit diesem Verhalten eine **gute Absicht**, vielleicht eine, die Du mir verrätst?*

Sie sieht dann meist ein Symbol für diese gute Absicht. Daraufhin fragt sie:

> *Möchtest Du, lieber innerer Teil, weitere **neue** und gute **Wege** kennenlernen, Deine Absicht zu erfüllen?*

Das bejaht der innere Teil fast immer. Nun fragt sie eine andere Instanz, den kreativen Teil in sich:

> *Hey, mein **kreativer Teil**, bitte komm! Kannst Du Dich bitte mit dem Teil mit der guten Absicht austauschen und ihm wirklich gute neue Ideen und Wege zeigen, seine Intention so zu erfüllen, die für mein ganzes Wesen gut ist?*

Wenn der kreative Teil das bewußt oder unbewußt tut und der Teil mit der guten Absicht die neuen Ideen und Wege auch **ausprobieren** mag, fragt sie ihr ganzes Wesen, ob es von irgendwo **Einwände** gegen diese neuen Wege gibt. Denn wenn es Einwände gibt, müssen der kreative Teil und der Teil mit der guten Absicht sich noch einmal treffen und sich bessere Wege einfallen lassen. Dieser Prozeß heißt im nlp „**sechs-Stufen-Reframing**", vielleicht aus guter Absicht.

Wenn Gudrun zwei innere Teile hat, die sich nicht vertragen, macht sie mit denen, und das erstaunte mich, einen ähnlichen Prozeß, wie ich ihn in dem Abschnitt „Verhandeln mit Verständnis" beschrieben habe, nur daß sie die Streitpartner in diesem Fall in ihren zwei Händen imaginiert, sie dort sprechen und sich austauschen läßt - bis sie sich, wie die Hände auch, näher kommen und symbolhaft zu einer neuen Gestalt verbinden.

Gudrun hat damit schon vielen anderen Menschen geholfen, innere Konflikte zu lösen. Sie arbeitet innen, ich außen - vielleicht sind die inneren und die äußeren Konflikte eines Menschen ja nur zwei Seiten einer Medaille, bedingen einander - und beide Arten der Versöhnung wirken auf die jeweils andere Seite.

Nach diesen Betrachtungen möchte ich Ihnen aber die Prozedur für das Verhandeln von inneren Teilen, die miteinander im Konflikt sind, nicht vorenthalten. Ich sage tschüß und erteile Gudrun das Wort:

Hallo, ich bin Gudrun, und ich zeige an einem Beispiel den Prozeßablauf des **Verhandlungsreframings**. Es geht dabei um zwei sich gegenseitig behindernde Wesensanteile, die berühmten zwei Seelen in einer Brust, seien es der pflichtbewußte und der lustbetonte Anteil einer Persönlichkeit, der eigensinnige und der verträgliche Teil, der Teil, der schlank werden will und der, dem das Essen so schmeckt oder ein ganz anderes Team, das sich für diese Arbeit meldet. Oft wollte bisher ein Teil den anderen unterdrücken, erziehen oder reglementieren, aber der andere fand immer wieder Wege, aktiv zu werden, wenn nichts mehr half, sogar über Krankheit. Doch nicht nur deshalb ist Gewalt keine gute Lösung. Ich gehe an den Prozeß mit der Haltung heran, ein unparteiischer, wohlwollender Verhandlungsführer für beide Teile sein zu wollen und eine Lösung zu suchen, in der beide gewinnen.
Ich berichte hier, wie ich den Prozeß mit einer anderen Person durchführe. In der Arbeit mit mir selbst geht es ähnlich, nur muß ich dann ganz sicher sein, daß ich die Position der neutralen und wohlwollenden Verhandlungsführerin in der Hitze des Gefechts auch wirklich gut beibehalten kann. Das geht bei anderen leichter. Der Mann, mit dem ich nun arbeite, heißt Wilfried.

Ich sitze ihm gegenüber und wir haben **Kontakt** und **Vertrauen** zueinander. Das ist eine wichtige Voraussetzung.

Nun bitte ich Wilfried, von seinen **beiden Persönlichkeitsanteilen** zu berichten, den Konflikt zu schildern. Er möchte einerseits Tag und Nacht arbeiten und andererseits alles aufgeben und aussteigen.
Mit diesem Wissen lasse ich Wilfried beide Hände mit nach oben geöffneten Handschalen auf seine Oberschenkel legen und frage ihn, welche seiner beiden Anteile er welcher Hand zuordnen möchte. Wilfried legt innerlich den arbeitswütigen Teil in die **rechte**, den Teil, der aussteigen möchte, in die **linke Hand**.

Jetzt bitte ich ihn, **jeden Teil** richtig deutlich in der zugehörigen Handschale zu visualisieren und zu **charakterisieren**. Was ist der Arbeitswütige für ein Typ, wie sieht er aus, was sagt er, wie benimmt er sich, was hat er für Stärken und Schwächen. Und auch der andere, der Faule, der genug davon hat, wird von Wilfried auf alle nur möglichen Arten charakteriesiert. Der erste erscheint ihm als Roboter, der aber leider schon viele lockere Schrauben hat und kurz vor dem Auseinanderfallen ist. Der zweite ist wie ein Kind, das einfach spielen möchte.

Jeder Teil bekommt nun die Gelegenheit, **sich auszudrücken** und der anderen Seite alles zu sagen, was er schon immer mal sagen wollte: alte Beschwerden, Wünsche und auch die Gefühle, die damit zu tun haben. Der Roboter beklagt sich, daß das Kind ihn immer bei seinen wichtigen Aufgaben stört, sein Fortkommen behindert und im übrigen ungeschickt und dumm sei. Das Kind meint, daß der Roboter unlebendig, kalt und ebenfalls dumm sei - und vor allem herzlos. „Eigentlich beklagt sich jede Seite, daß die andere nicht so ist wie sie selbst." bemerke ich und nehme das Gespräch wieder an mich.

Ich frage jetzt jeden der Teile, was seine **gute Absicht** ist, die er durch sein Verhalten erreichen möchte.

Der Roboter sagt: „Ich möchte den Wilfried voranbringen, er muß das Leben meistern, Erfolg haben, allen Anforderungen gerecht werden und alles schaffen." Und ich frage ihn weiter: „Was ist das Gute daran, wenn Du all das für den Wilfried schaffst?" Er meint: „Dann hat er Sicherheit, Anerkennung und Erfolg." „Und was ist das Gute daran?", frage ich erneut. „Das macht ihn frei und stark." „Hast Du das schon erreicht?", frage ich. „Nein", sagt er, „manchmal scheint mir die Kraft zu versagen, es ist schlimm, und dazu noch das störende Kind."

Nun frage ich das Kind: „Was möchtest Du eigentlich für den Wilfried erreichen, indem Du aussteigen willst, nichts tun und einfach faulenzen?" „Ich möchte endlich wieder leben, Gefühle zulassen, spielen und den Tag genießen." „Und was ist das Schöne daran, wenn Du das kannst?" „Dann empfinde ich Glück, fühle mich mit anderen verbunden und ich glaube, dann bin ich auch gesund und munter." „Und was wird Dir dadurch möglich?" „Ich werde frei." „Erreichst Du Deine tieferen inneren Wünsche bisher?" „Nein, der Roboter stört mich, gibt mir keine Zeit, ich weiß auch nicht, wie ich diese Freiheit finden soll, habe nur die Chance, ihn krank zu machen, aber dann bin ich auch nicht sonderlich frei."

Nun frage ich beide: „Was habt Ihr bereits für **Potentiale**, Fähigkeiten und Energiequellen für die Verwirklichung Eurer guten Absicht, **was** aber **fehlt** Euch noch?" Der Roboter sagt: „Ich habe Willenskraft, Konsequenz, Fachwissen, Disziplin und auch eine ganze Portion Energie. Aber ich bin dennoch erschöpft, ich bekomme von niemandem Anerkennung, nur Neid oder Vorwürfe, mein Herz ist tatsächlich kalt geworden, weil ich sehr einsam bin."

Das Kind sagt: „Ich habe Ideen, Freude und ein warmes Herz, ich kann spielen und singen und tanzen. Ich bin empfindsam für mich selbst und andere Menschen. Ich fühle mich mit ihnen verbunden. Ich habe auch viel Energie, wenn ich spielen kann. Und ich habe Zeit, lebe in der Gegenwart. Was mir fehlt, ist Konsequenz und Willenskraft. Ich fange eine Sache an und schon ist wieder etwas anderes interessanter. Ich bringe nichts zuende, habe auch nicht allzu viel gelernt und bin manchmal recht unbeholfen. Außerdem fehlt mir oft Durchsetzungsvermögen, denn ich bin so lieb, daß andere mich mitunter ausnutzen."

Nach diesen Aussagen frage ich die beiden Teile, ob sie die jeweils andere Seite verstanden haben und ob sie, auch wenn ihnen die Art, wie sich die andere Seite verhält, nicht gefällt, doch die dahinterliegenden **Absichten anerkennen** und gutheißen können.

Das können die beiden jetzt tatsächlich, mehr noch, ich bemerke sogar, wie sie über das bloße Verständnis hinaus Mitgefühl füreinander entwickeln.

Daraufhin frage ich den Teil, der gerne alles schaffen möchte (ich nenne sie jetzt nur noch bei ihrer guten Absicht): „Sag lieber Teil, kannst Du Dir vorstellen, daß einige der Eigenschaften, die das Kind da drüben hat, auch Dir sehr wohl tun würden und Deiner wichtigen guten Absicht sogar dienen könnten?" Er kann sich das sehr wohl vorstellen. Die Herzlichkeit, die Kreativität, die Verbundenheit zu anderen Menschen und vieles andere wünscht er sich sehr.

Auf die gleiche Frage antwortet das Kind: „Oh ja, die Konsequenz, die Fähigkeiten, die Geradlinigkeit - all das ist auch gut, um frei zu sein. Damit läßt sich so viel Schönes machen, auch ein leckeres Essen will sachkundig zubereitet sein. Und manchmal will ich auch in der Lage sein, nein zu sagen und Grenzen zu ziehen."

Und ich frage beide gleichzeitig: „Seid Ihr bereit, von Euren **Ressourcen** dem anderen Teil da drüben etwas **weiterzugeben**, damit er seine gute Absicht auf glücklichere und erfolgreichere Art erreichen kann?" Beide stimmen nacheinander zu. Beide sind sich einig: „Wenn der andere da drüben etwas von meinen Eigenschaften bekommt, wird er sogar viel vertrauenswürdiger und vielleicht ein weitaus angenehmerer Partner."

Daraufhin bitte ich zuerst den kindlichen Teil, der Freiheit sucht, seine Handschale über die des anderen Teiles zu bewegen und von hier aus so viel der dort fehlenden Ressourcen herüberfließen zu lassen, wie sie der andere Teil benötigt. Ich sage: „Stell Dir vor, es ist unendlich viel von diesen Ressourcen vorhanden - und indem Du etwas weitergibst, hast Du nicht weniger, sondern mehr."

Das Kind wußte das schon von sich aus. Als es seine Ressourcen herüberfließen läßt, beginnt der bisherige Roboter zu weinen, bekommt menschliche Gestalt, wird beweglich und atmet tief durch. So drückt WIlfried das aus, während seine Augen feucht werden. Und er sagt: „Dieser Teil sieht jetzt aus wie ein edler, gestandener Kämpfer."

Anschließend bewegt sich die rechte Hand, also der edle Kämpfer, zur Seite des Kindes herüber, bringt ihm seine Geschenke, wie Kraft, Wissen und Ausdauer. Das Kind freut sich sehr und Wilfried hat das Gefühl, als würde daraus ein junger Mann, einer der tanzt, musiziert und selbstbewußt und sicher durch die Welt zieht. „Auch mit den Mädchen hat er seinen Spaß", sagt Wilfried.

Beide Teile haben sich also durch die Geschenke von der anderen Seite sehr positiv verändert.

Nun kommt der letzte Teil, die **Integration**. Ich bitte Wilfried, beide Handschalen emporzuheben und sie zueinander zu wenden, so als würden die beiden, schon veränderten Teile sich nun anschauen. Dann ermutige ich ihn, jetzt beide Hände - Jüngling und Kämpfer - ganz behutsam, so, wie es sich gut für ihn anfühlt, aufeinander zukommen zu lassen. Etwa wie alte Freunde, die sich lange verloren hatten, sich nun aber wiederbegegnen.

Ich sehe, wie sich Wilfrieds Gesichtsausdruck verändert, weicher wird. Es braucht einige Minuten, bis sich seine Hände zu einer größeren Schale schließen. Wilfried kommen die Tränen. In der Handschale sieht er eine strahlende goldene Kugel, sagt er. Er nimmt sie in seine Brust auf und lächelt.

Und ich, die Gudrun, verabschiede mich nun wieder von Ihnen.

6. In Beziehung sein

Überblick: *Hier werden Kommunikationsprozesse aus dem Bereich persönlicher Beziehungen dargestellt, in denen die Imagination und der symbolhafte Austausch von Ressourcen und Energien eine größere Rolle spielen. Dieser kann, wie im letzten Prozeß, den Charakter eines Rituals zu zweit haben. Zuvor werden in inneren Prozessen symbolhaft Energieformen bewegt (als Submodalitäten), um eine neue persönliche Ganzheit zu erfahren und abgespaltene oder unverarbeitete Aspekte des Lebens sinnvoll in sich zu integrieren.*

Von Defizit zu Ganzheit

Kurzbeschreibung: *Die Integration bisher abgespaltener Persönlichkeitsanteile und die Beziehung zwischen Innen- und Außenwelt. Das Internalisieren von Symbolen und Energien. Innere Ganzheit als Weg zur Freiheit.*

Ich heiße Monique, bin eine einfache aber auch recht empfindsame Frau. Ich möchte zuerst davon berichten, wie ich mich von einer unglücklichen Liebe heilen konnte, die mich lange Zeit zernagte, mir keine Ruhe ließ, bis ich durch Marlies auf jene Idee kam. Doch das kommt später, erst einmal erzähle ich, wie es anfing.

> *Er hieß Johannes, und er war so ein sensibler, verletzlicher Mann. Er arbeitete und arbeitet noch heute im gleichen Großraumbüro wie ich, manchmal sprachen wir in den Pausen, ich bewunderte seine feine Aussprache, seine zurückhaltende Art, seine klugen Augen, seine zarten Hände...*
> *Irgendwann einmal lud er mich tatsächlich zum Essen ein. Er muß meine Bewunderung gespürt haben. Natürlich war es etwas Besonderes, wir aßen Sushi in einem japanischen Restaurant, in welches ich mich alleine nie getraut hätte.*
> *Ich bin ja vom Wesen her etwas gröber veranlagt, mir reicht sonst auch die Pommesbude und ein Bier. Doch Johannes verzauberte mich.*
> *Wir verabredeten danach nichts. lange wartete ich auf die nächste Einladung. Doch sie kam nicht. Ich begann von Johannes zu träumen, erwartungsvoll ging ich täglich ins Büro, doch je erwartungsvoller ich ihn anblickte, um so mehr schien er mir aus dem Weg zu gehen. War etwas mit mir nicht in Ordnung? Das ging mehrere Wochen so - mein inneres Gleichgewicht war dahin, ich verzehrte mich nach ihm, er aber sprach nur noch sehr formal zu mir. Ich wurde krank, doch es half nichts, irgendwann mußte ich ja wieder*

*in die Firma. Zwischendurch bekam ich eine ziemliche Wut
auf Johannes, empfand ihn als arrogant und überheblich,
aber dann kam wieder die Trauerphase.*

In meiner Verzweiflung sprach ich mit verschiedenen Freundinnen. Manche
konnten sich gar nicht vorstellen, was ich denn an Johannes finden möge, einige redeten mir gut zu. Nur Marlies erzählte mir etwas ganz anderes. Sie sagte:

*Was wir im anderen lieben, ist etwas, was wir auch in uns
selbst suchen. Wenn wir es nun bei einem bestimmten Menschen sehen, aber nicht herankommen, weil es keinen Austausch gibt, ist es so, als wären wir von dem, was uns im
Leben am meisten bereichern würde, ausgesperrt.*
*Wir versuchen und versuchen, das innere Defizit wird
immer größer, aber der Abstand auch. Der einzige Weg,
Monique, frei zu werden, ist es, das, was Du eigentlich
möchtest, anderswo zu finden. Du denkst vielleicht, bei
einem anderen Mann, doch da könnte Dir das gleiche passieren und die Zeit, bis Du einen hast, der das Eine hat, ist
eine traurige Zeit. Nein, Monique, Du mußt es in Dir finden, dann erst kriegst Du es auch außen.*

So hatte ich das noch gar nicht gesehen. Und als ich sie fragte, was ich denn
nun tun könne, lud sie mich ein, mich durch den folgenden inneren Prozeß zu
führen, in welchem sie vor jedem neuen Satz wartete, bis ich ihr ein Zeichen
gab, fortzufahren.

*Monique, bitte entspanne Dich, höre meine Stimme und
gib mir durch Dein Nicken ein Zeichen, wenn Du das,
worum ich Dich bitte, innerlich nachvollziehen konntest.*
*Jetzt bitte ich Dich, an Johannes zu denken und ihn in eini-
gem Abstand innerlich vor Dir zu sehen, so, wie Du ihn am
meisten bewundert hast.*
*Bitte, denke jetzt an das gewisse Etwas, das Johannes hat,
das Du so sehr schätzt und stelle Dir vor, es wäre ein Symbol, vielleicht eine Blume, ein Edelstein, eine Landschaft,
ein Tier, eine Farbe... was auch immer Dir dazu einfällt.*
(Ich sah eine zarte, wunderschöne violette Orchidee.)
*Monique, ich bitte Dich nun, dieses Symbol geistig zu dupli-
zieren: Eines bleibt beim Johannes, eines verkörpert das,
was zu Dir gehört, was Du jedoch in ihm gesehen hast.*
*Der Mensch Johannes darf nun, wie er ist, unauffällig nach
links aus Deinem inneren Blickfeld gehen, während Dein
Symbol näher zu Dir kommt.*
Dieses Bild, Monique, verkörpert eine Qualität, die Du, und

dies sicher aus gutem Grund, bisher in Deinem Leben nicht in Dir wachsen lassen konntest. Unser Inneres sucht aber nach Balance und was ihm fehlt, möchte es irgendwie hinzuholen. Der Weg über andere Menschen ist ein ganz natürlicher. Doch nur das kommt von außen zu uns, was wir innerlich auch in uns selbst angenommen haben. Deshalb lade ich Dich ein, Monique, auszuprobieren, wie es ist, wenn Du zu diesem Symbol das folgende sagst:

Du bist es, was ich suche, ich lade Dich ein, in mein Leben zu kommen. Ich bin bereit für Dich.

(Jetzt bekam ich Herzklopfen: Haben sie nicht immer zu mir gesagt, ich soll nicht so zimperlich sein, hab ich nicht viel getan, um ein dickes Fell im Leben zu haben? Hab ich nicht sogar früher diese übertrieben sensiblen Menschen verspottet? - Aber diese Orchidee, genau sie war es, was mich nun magisch anzog. Und ich sprach die Worte, die Marlies mir vorschlug.)

Nun bitte, liebe Monique, strecke dem Symbol Deine Hände entgegen und lade es ein, ganz auf seine Art behutsam immer näher zu Dir zu kommen und dann in Dich hineinzufließen.

(Die Orchidee kam wirklich näher und ein Schauer durchlief mich, als ich spürte, wie sie in mich eintrat. Es war so, als ob ich etwas, was ich vor langer, langer Zeit verloren hatte, nun wieder bei mir hatte. Ich weinte.)

Das, Monique, war der Anfang, denn Dein Symbol kann von nun an in Dir weiter wachsen und sich in Deinem Leben manifestieren. So, wie Du Dein Leben von nun an gestaltest, wird diese Qualität Raum und Nahrung bekommen, um ihrerseits Dein Leben zu bereichern.

Von da an habe ich begonnen, meine eigene Sensibilität und auch meine Verletzlichkeit anzunehmen und zuzulassen. Ich begann, viel behutsamer mit mir umzugehen, meine Grenzen wahrzunehmen und auch feinfühliger für andere Menschen zu werden. Ich empfand mich auch zunehmend als weiblicher, als eine offene, aber auch verletzliche Frau. Das heißt nicht, daß ich meine Stärke und eine gewisse Robustheit aufgeben mußte. Ich lernte nur zu unterscheiden, was wo paßt.

Johannes war für mich nicht mehr so wichtig, innerlich jedoch bedankte ich mich bei ihm dafür, daß er mich zu mir selbst geführt hatte. Als ich ihm weniger Aufmerksamkeit gab, interessierte er sich merkwürdigerweise wieder mehr für mich. Aber seine Art von Empfindsamkeit war, wie ich

*merkte, gar nicht das, was ich jetzt suchte. Denn empfind-
sam war er vielleicht mehr in bezug auf sich selbst, nicht so
sehr in bezug auf andere. Das war nicht mein Weg.*

Später ist mir bewußt geworden, daß dieser Prozeß auch ein sehr guter Weg zur
Verarbeitung einer Trennung oder beim Verlust eines Partners sein kann.
Nun aber möchte ich davon erzählen, welche Energiequellen ich sogar hinter
Abneigungen entdecken konnte.

Vom Wert des Schlechten

Kurzbeschreibung: *Rückgewinnung der eigenen Energie aus verfestigten
Erscheinungsformen, die wir ablehnen mußten.*

Es gab eine Frau, Johanna hieß sie, die ich absolut nicht ausstehen konnte, sie
war so egoistisch und geldgierig und benutzte alle anderen nur, um ihren Vorteil
zu bekommen. So wollte ich nie sein. Ich sprach aber wieder mit Marlies darüber, und die sagte mir:

Monique, auch bei der Johanna geht es um eine Qualität, die Du in Deinem
Leben noch nicht wirklich integriert hast. Und sie gibt Dir ein gutes Beispiel
dafür, wie man es nicht machen sollte, für sich zu sorgen. Dennoch beschäftigt
Johanna Dich ständig, statt Dir so unwichtig zu sein, daß Du sie links liegen lassen kannst. Laß uns ein Gedankenexperiment machen:

*Bitte denke, Monique, an jene Johanna, sehe sie vor Dir.
Nun stell Dir vor, daß zwischen Dir und dem Bild von
Johanna ein unendlich fein gesponnener seidener Vorhang
hängt, der durchsichtig genug ist, um alles dahinter zu
sehen, aber nur das zu Dir durchläßt, was für Dich gut ist.
(Allein diese Vorstellung hätte mich schon von dem Streß
mit Johanna befreit, aber es ging noch weiter.)
Jetzt, Monique, bitte ich Dich, Dir die Eigenschaft, die Du
an Johanna so gar nicht magst, wiederum als Symbol vorzustellen - und zwar dort, hinter dem Vorhang an der Stelle, wo Johann sich befindet.
(Ich sah eine große, widerliche Krake.)
Nun, Monique, laß Johanna wegziehen und schau Dir nur
noch jenes sicher nicht akzeptable Symbol an. Und bitte
probiere einmal aus, zu dem Symbol zu sprechen:
So, wie ich Dich dort sehe, muß ich Dich ablehnen. Doch in
Dir ist eine Kraft, die in anderer Gestalt sehr wertvoll sein
kann. Bitte zeig mir, welche Energie in Dir ist.
(Ich sagte das - und dann verwandelte sich die Krake in rote
Lava, wie sie vielleicht von einem Vulkan herunterfließt.)*

Viel von dieser Energie, Monique, ist ein Teil Deiner Natur, die Du bisher abgelehnt hast, weil Du nicht wußtest, wie wertvoll sie sein kann und wie Du sinnvoll damit umgehen könntest. Bitte denke an Deinen seidenen Vorhang. Er ist durchlässig nur für das, was Dir gut tut und zu Dir gehört, undurchdringlich für alles andere.

Nun lade bitte all die Anteile der Energie hinter dem Vorhang, die zu Dir gehören und eine Bereicherung für Dein Leben sind, ein, durch den Vorhang hindurch zu Dir zurückzukommen.

(Ich sprach das und erlebte nach einer Weile, wie ein warmer, roter Strom durch den Vorhang hindurch auf mich zu kam und in mich hineinfloß. Ich fühlte mich voller Kraft und war belebt und lebendig.)

Du hast bisher noch wenige positive Formen kennengelernt, Monique, mit dieser Energie umzugehen. Es ist wie ein neuer Anfang, der vielleicht etwas unbeholfen aussehen mag. Doch von nun an kannst Du neu lernen und nach und nach das beste daraus machen. Außerdem, wenn Du Dich in Deinem Leben umschaust, findest Du viele interessante Menschen, von denen Du positive Stile lernen kannst, daraus das beste zu machen.

Das hat eine neue Phase in meinem Leben eingeleitet. Johanna spielte keine Rolle mehr. Ich war sehr damit beschäftigt, neue Dinge auszuprobieren.

Ich fühlte mich beweglicher, kraftvoller und viel selbstbewußter. Irgendwie schien das auch die Männer zu beeindrucken. Sie sind eben schwach und mögen starke Frauen, weil sie nicht wissen, daß sie auf der Suche nach ihrer eigenen Stärke sind. Und ich bin natürlich die beste Kombination: stark und feinfühlig zugleich.

Später habe ich noch viel über das Verhältnis von innen und außen nachgedacht. Mir wurde klar, daß ich erst am Anfang stand und inzwischen kenne ich nicht nur viele weitere interessante Prozesse, sondern ich habe auch spirituelle Erfahrungen gemacht, die mit dem Einssein zu tun haben. Ich erlebe mich heute nicht mehr getrennt von all den Dingen und Menschen in meiner äußeren Welt. Es ist, als wenn sie ein Teil von mir ist - und als ob das, was in mir ist, sich auch in der Welt, die mich umgibt, wiederfindet. Entwicklung geht in beide Richtungen: verinnerlichen dessen, was von außen auf mich wirkt, aber auch manifestieren, nach außen bringen dessen, was in mir ist.

Aus der Sicht des Alltags heißt das aber nicht, daß es egal ist, ob ich etwas als außerhalb oder innerlich von mir erlebe. Entfernungen drücken schon etwas darüber aus, wie intensiv etwas auf mich und auch in mir wirkt - und der Vorhang vor der Krake war wichtig.

Reinigen der inneren Stimme

Kurzbeschreibung: *Zurückgeben von Stimmen, die nicht zur eigenen Persönlichkeit gehören, bereinigen des inneren Dialogs, wiederbeleben der eigenen Stimme.*

Ich bin auch den umgekehrten Weg gegangen: Etwas, was ich stark, und zwar zu stark in mir erlebte, nach außen zu befördern, dorthin wo es hingehört.

> *Es waren die Worte meines Klassenlehrers Schröder im Gymnasium. Er hatte einmal zu mir gesagt, als ich nicht zugehört hatte, worüber er sprach: Monique, Sie sind eine Zumutung für jeden gebildeten Menschen.*
> *Überhaupt neigte er dazu, seinen Schülern derartige wenig motivierende Botschaften zu geben, vielleicht aus Spaß, aber für mich war das damals kein Spaß. Jahrelang habe ich seine Stimme in mir gehört und schließlich zu mir selbst gesagt: Ich bin eine Zumutung für jeden gebildeten Menschen.*
> *Besonders dann, wenn ich vor anderen sprechen sollte und mit Vorgesetzten zusammentraf, sagte ich mir diesen Satz. Das Ergebnis war entsprechend. Und was habe ich nun verändert?*
> *Erstens habe ich mich daran erinnert, wo der Satz herkam, nämlich von Schröder, zweitens habe ich ihm den Satz zurückgegeben. Geistig und physisch:*
> *Zum einen habe ich mir sein Bild visualisiert, ihm gesagt, daß ich ihm etwas zurückzugeben habe und ihm dann den Satz säuberlich verpackt zurückgeworfen, zum anderen habe ich Herrn Oberstudienrat Schröder einen wirklichen Brief geschickt, darin stand nur jener Satz und ein „mit bestem Dank zurück". Übrigens habe ich danach erstmals wieder meine eigene Stimme zu dieser Situation gefunden - und habe dem Herrn Schröder in meiner Vorstellung richtig die Meinung gesagt: Ich bin ein gebildeter Mensch und Sie haben vielleicht mal die Chance, bei mir eine Stunde zu nehmen, um etwas über respektvolle Kommunikation zu lernen.*

Ich brauche also nicht darauf zu warten, bis jemand etwas zurücknimmt, was er bei mir abgelegt hat.

Befrieden früherer Beziehungen

Kurzbeschreibung: *Inneres Komplettieren unvollendeter Beziehungen, symbolisches Geben und Nehmen*

Ich habe viele Jahre an einen früheren Liebhaber namens Alfred gedacht, von dem ich mich wegen einer Kleinigkeit getrennt hatte. Es tat mir sehr leid, doch ich konnte nichts mehr ändern. Er hatte schon bald eine andere Partnerin und lebt heute in einem anderen Land. Meinen Frieden fand ich erst, als ich innerlich mit ihm kommunizierte, ich nenne dies die Methode des imaginierten Austauschs.

> *Alfred, es tut mir sehr leid, daß ich mich damals aus falschem Stolz trennte.*
> *Du warst sehr wichtig für mich und wir konnten uns nicht all das geben, was wir einander zu geben hatten. Deshalb war es sehr schwer für mich, meinen Frieden zu finden. Heute möchte ich das ausgleichen, indem ich innerlich mit Dir in Kontakt trete.*

Ich stellte ihm nun drei Fragen, die er mir in meiner Vorstellung symbolhaft beantwortete. Die erste Frage:

> *Alfred, gibt es etwas, was Du mir geben wolltest, aber damals nicht konntest?*

Als Antwort sah ich in einer seiner Hände einen Kelch, gefüllt mit rotem Wein, in der anderen eine Halskette aus echten Perlen. Er fragte:

> *Magst Du das?*

Ich sagte: „Ja, das kann ich jetzt annehmen." Er hängte mir die Kette um und ich trank von dem Wein. Ein heiterer Friede zog in mich ein.
Meine zweite Frage:

> *Gibt es etwas, was Du mir gegeben hast und wieder zurück-bekommen möchtest?*

Er verneinte mit einer Kopfbewegung. Meine dritte Frage:

> *Gibt es etwas, was ich Dir gegeben habe, was Du mir wieder zurückgeben möchtest?*

Er antwortete:

> *Nein, Monique, alles ist an der richtigen Stelle.*

Nun bat ich ihn, mir die gleichen Fragen zu stellen und er tat es. Ich hatte für ihn nichts als ein zärtliches Streicheln, das ich ihm anbot - und er nahm es gern an. Wünsche an ihn hatte ich jetzt nicht mehr - und für mein damaliges abruptes Verhalten hatte ich mich schon eingangs entschuldigt, es zurückgenommen.

Irgendwann einmal vor kurzem haben wir seltsamerweise wieder einmal telefoniert. Es war ein gutes Gespräch, ohne verborgene Spannungen.

Von Marlies habe ich gelernt, daß diese Art der inneren Kommunikation mit Menschen, die für uns wichtig waren, uns viel Frieden bringt und auch ein wirkliches Loslassen möglich macht. Denn wo noch etwas offen geblieben ist, davon kommen wir schwer weg. Marlies hat auf diese Art mit ihrem verstorbenen Vater Zwiesprache gehalten und seither, so sagt sie, versteht sie sich weit besser mit ihrem Lebenspartner - das war erstaunlich für mich, aber ich ahne nun, daß das möglich ist.

Manche Menschen haben die Vorstellung, in früheren Leben gelebt zu haben und dort verschiedenste Beziehungen durchlebt und oft auch erlitten zu haben. Ob das wahr ist, spielt keine Rolle, auf jeden Fall beschreibt es ihr inneres Erleben und das, was sie heute beeinflußt oder bedrückt. Bei all dem, was von damals noch ungeklärt ist und heute ihr Leben belastet, ist die Methode des imaginierten Austauschs mit den früheren Beziehungspartnern eine wirksame Hilfe.

Zum Abschluß meiner Erfahrungsberichte möchte ich noch einen Satz weitergeben, den mir Marlies auch noch gesagt hat, denn ich glaube, er ist sehr wichtig: Unsere inneren Prozesse bereichern und ergänzen unser Leben auf vielerlei Art, doch sie ersetzen niemals das unmittelbare, direkte, physische Kommunizieren da, wo es möglich ist. Wohl aber geben sie jenem oft erst einen Sinn und eine Richtung.

Begegnungsritual

Kurzbeschreibung: *Ein Ritual, um über tiefen nonverbalen Kontakt (Rapport) das Wesen des Partners wahrzunehmen (Tiefenstruktur der Identität) und aus einem tiefen Wohlwollen (positive Intention) heraus füreinander Energie (Ressourcen) auszutauschen.*

Ich heiße Franz, meine Partnerin heißt Josephine. Wir sind schon seit zwei Jahren zusammen, kennen uns mit unseren Stärken und Schwächen und haben uns immer wieder neu auch in unseren Unvollkommenheiten angenommen.

Einmal haben wir nach einer Anregung in einem Seminar ein richtiges Ritual miteinander durchgeführt - und wir haben das Gefühl, daß es bis heute positive Früchte für uns trägt. Es ließ uns näherkommen und schuf eine neue Art von Austausch zwischen uns. Außerdem hat es uns sehr viel Energie geschenkt und uns dabei unterstützt, einige Schattenseiten unseres Lebens in Lichtseiten zu verwandeln. Perfekt sind wir deshalb noch lange nicht, aber in der Tat auf einem Weg, der uns guttut.
Nun beschreibe ich Ihnen, wie es geht und was ich dabei erlebt habe.

Dies ist ein Ritual für die seelische Begegnung und den heilenden Austausch zwischen zwei Menschen. Wir haben es in einer Vollmondnacht in unserem beleuchteten Zimmer durchgeführt, denn es ist wichtig, uns dabei gut sehen zu können.
Das Ritual besteht aus drei Phasen. Jede Phase wird von einer längeren Meditationsmusik begleitet, von denen ich zuvor drei zusammengeschnitten hatte. Mit dem Ende jedes Musiktitels nach etwa fünfzehn Minuten beginnt der Übergang in die nächste Phase des Rituals. Vorher haben wir uns darüber abgesprochen, worum es in jeder Phase geht und welche inneren Vorstellungen uns dabei unterstützen.

In der ersten Phase sitzen wir uns einfach nur nahe und still gegenüber und schauen uns offen und unverwandt in die Augen.

> *Es war wie ein Zauber. Längere Zeit saßen wir schweigend da und ich vertiefte mich in die geheimnisvollen, dunklen Augen von Josephine, während sie auf ihre Art in die meinen schaute. Ein ungewohntes Gefühl, so lange gleichzeitig zu schauen und von denselben Augen angeschaut zu werden. Auch begann unser Atem, sich anzugleichen, so daß wir bald den gleichen Rhythmus erreichten.*

In unserer Vorstellung gehen wir davon aus, daß die Augen seit alten Zeiten als Spiegel der Seele bezeichnet werden - und wir stellen uns vor, durch das Tor der Pupillen tief in das Innere des Partners hineinzublicken, durch seine äußere Gestalt und alle Alltagsmasken hindurch, dorthin, wo sein inneres Wesen sichtbar wird, seine wahre entfaltete Gestalt, die sich in ihm manifestieren will. Wir möchten dieses innere Wesen des Partners in seiner natürlichen Energie, vielleicht in der Gestalt einer Landschaft oder eines Symbols, sehen oder intuitiv erfassen.

> *Nach etwa zehn Minuten, in denen ich mich ganz in Josephines Augen vertieft hatte, war es mir, als würde ich tatsächlich Zugang zu ihrem Inneren finden:*
> *Ich sah einen funkelnden roten Rubin... dann Nebel und irgendwo Licht hinter dem Nebel... jetzt empfand ich die Vision einer südlichen Landschaft, in der ein blühender Kirschbaum stand... An den Kirschbaum gelehnt stand in einem rot-weißen indischen Sari Josephine, wie ich sie noch nie gesehen hatte... Sie war umhüllt von einer leuchtenden, rosafarbenen Aura und erschien mir wie der Inbegriff von Anmut und Frische...*
> *Gleichzeitig hatte Josephine ihre Vorstellungen von meinem Wesen, doch welche, das blieb ihr Geheimnis, denn bis jetzt verlief alles schweigend.*

Der Musikwechsel leitet **die zweite Phase** ein. Hier beginnen wir einander gleichzeitig zu erzählen, was wir beim Blick durch die Pupillen im Inneren unseres Gegenüber wahrgenommen haben und immer noch wahrnehmen.

> *Da ich gleichzeitig sprach, konnte ich die Worte Josephines nicht vollständig bewußt erfassen, vernahm aber dennoch, wovon sie sprach, hörte Worte, in denen von einem Mann auf einem Berg die Rede war, von weißen Büffeln und Pferden im Tal und einem Adler am Himmel. Es war in Ordnung, nicht alles genau zu hören, da ich mir vorstellte, daß gerade dadurch mein Unbewußtes sehr viel mehr aufnehmen würde.*
> *Währenddessen sprach ich zu Josephine von dem Rubin, dem Kirschbaum und jener Frau im rot-weißen Kleid und der Aura - und von all dem, was ich jetzt noch intuitiv erfaßte...*

Nachdem wir uns alles gesagt haben, vielleicht sind zehn Minuten vergangen, werden wir wieder still, schauen einander noch eine kurze Zeit in die Augen. Dann richten wir unsere Aufmerksamkeit auf uns selbst, das eigene Wesen, und schließen die Augen. Jeder von uns spürt in sich hinein, denkt an seine eigene Natur, an seine Vorstellungen von einem erfüllten Leben und an seine inneren Energiequellen.

> *Ich merkte, wie das, was bisher geschehen war, meine Vorstellungen von mir selbst und von meinem Leben anregte und befruchtete. Ich fühlte in mir sehr viel Energie und sah plötzlich um mich herum eine archaische Landschaft, in*

der ich kraftvoll und mit einem Gefühl von Würde einen wichtigen Weg zurücklegte. Es war mir, als führte der Weg gleichzeitig auch an verschiedenen Situationen meines Lebens vorbei, in denen ich so ein Gefühl von Energie und Würde erlebt hatte, zum Beispiel damals, bei meiner ersten großen Reise, oder damals, als ich erlebte, was Zärtlichkeit ist, oder viel früher noch, als der Vater mich Sonntags bei der Hand genommen hatte, um mit mir zu den Reitställen zu gehen... Es war, als sammelte ich innerlich wertvolle Ressourcen, Visionen und ein lohnendes Lebensgefühl.

Wenn die Musik für **die dritte Phase** beginnt, besinnen wir uns erneut, die Augen noch geschlossen, auf unseren Partner, denken an unsere vielen gemeinsamen Erfahrungen von Wohlwollen und Zuneigung und stellen uns vor, all unsere eigenen Energiequellen vervielfältigen zu können, um sie auch dem Partner zur Verfügung zu stellen. Dabei suchen sich unsere beiden Hände und fassen sich an. Wir verweilen einige Minuten in dieser Vorstellung, holen uns erneut ins Bewußtsein, was wir alles in unserem Partner gesehen haben, was wir ihm wünschen und welches Potential wir in ihm erkannt haben. Nach etwa fünf Minuten öffnen wir die Augen erneut und schauen uns an.

Als ich meine Augen öffnete, schaute Josephine mich bereits ruhig lächelnd an. Ich sah durch das Tor ihrer Pupillen noch einmal jenen Rubin, jenen Kirschbaum, jene Frau in dem rot-weißen Sari, aber es kam noch mehr hinzu. Es war, als hörte ich eine ungewöhnliche Melodie und als begänne sie, sich gefühlvoll tanzend dazu zu bewegen.

Wir lösen jetzt unsere Hände voneinander und heben sie langsam nach oben, so daß unsere Fingerspitzen die Augenbrauen des Partners berühren, während wir uns weiter anschauen. Dann stellen wir uns vor, daß sich durch uns hindurch ein heller, leuchtender Strom von Energie vom eigenen Bauch, vom Herzen und vom Scheitel kommend über die Arme und Hände in die Fingerspitzen bewegt und dort in den Partner einfließt, um ihn dabei zu unterstützen, sein Wesen zur vollen Entfaltung zu bringen. Wir stellen uns vor, wie der andere dabei von innen nach außen mit seinem wirklichen Wesen eins wird, wie alte Wunden heilen, alte Lasten von ihm abfallen, Konflikte sich lösen. Wir sehen, wie jenes archaische Seelenbild mit dem realen Menschen verschmilzt und er zu dem wird, der er ist, während immer noch unsere Finger über die Augenbrauen jenen wohltuenden Energiestrom weiterleiten.

215

Ich stellte mir vor, daß jene Energie, die ich weiterleitete, nicht nur aus mir käme, sondern daß ich gleichsam ein Kanal für diese Energie sei, sie selbst von außen über die Chakren von Scheitel, Bauch und Herz vom Universum empfange und weiterleite. Gleichzeitig fühlte ich, welch

> *wohltuende Schwingung über die Augenbrauen und die*
> *Finger Josephines in mich einströmte und fühlte mich,*
> *während ich selbst etwas weitergab, noch reicher*
> *beschenkt. Ich sah, wie frühere Schatten aus dem Gesicht*
> *von Josephine verschwanden und hatte das Gefühl, daß sie*
> *jetzt insgesamt von jener zartroten Aura umgeben vor mir*
> *säße. Es war, als hätte jemand zu den Möglichkeiten ihres*
> *Wesens gesagt: So sei es, Josephine. Und ich wußte, auch*
> *zu meinen Potentialen hatte sie gesagt: So sei es, Franz.*

Langsam geht die dritte Phase zu Ende. Zum Abschied umarmen wir uns lange, bedanken uns und haben uns für danach noch Zeit genommen, uns über unsere Erfahrungen auszutauschen und dann etwas ganz anderes miteinander zu tun. Was, das ist unser Geheimnis.

Später wurde mir bewußt, daß dieser Prozeß sinngemäß auch zur Lebensweisheit im Alltag gehört. Eine Lebensweisheit besagt:

> *Gehe mit anderen Menschen so um, wie sie sind, und sie*
> *werden immer schlechter. Gehe mit den Menschen so um,*
> *wie sie sein könnten, und sie werden immer besser.*

Manchmal denken wir, jeder Mensch müsse sich selbst helfen und alles aus sich heraus erreichen. Aber ich glaube, Entwicklung kann sich nur im Austausch vollziehen - und das eine schließt ja das andere nicht aus, im Gegenteil.

Ich habe später probiert, anderen Menschen, mit denen ich ganz normal sprach, in Gedanken etwas Positives zu wünschen, manchmal habe ich ihnen in meiner Vorstellung auch schöne Farben oder Symbole geschickt, aber nur, wenn ich gespürt habe, daß sie damit einverstanden waren. Und wenn nicht, so sagte ich mir, könnten sie es ja wieder zurücksenden. Aber was ich auf diese Art erlebt habe, war erstaunlich: Ich kommunizierte, wie gewohnt, aber die Vorstellung, meinem Gegenüber innerlich einen Strauß Rosen zu reichen, muß sich auf die Art, wie ich sprach, übertragen haben. Indem ich Menschen innerlich Gutes wünschte, ging ich anders mit ihnen um, vielleicht nur in der Klangfarbe meiner Stimme. Doch was zurückkam, war ein weit größeres Maß an Aufgeschlossenheit, Wohlgesonnenheit und Vertrauen, als ich es vorher kannte.

Jetzt glaube ich, daß das, was wir einem Menschen wünschen, sehr stark den Verlauf der Beziehung beeinflußt. Ich habe gehört, daß in Amerika untersucht wurde, wie die Einstellung von Eltern den Heilungsverlauf erkrankter Kinder beeinflußt hat, auch wenn die Eltern nicht physisch bei den Kindern waren.

Es gab jene Eltern, die angstvoll das Schlimmste befürchteten und innerlich ganz damit beschäftigt waren, vielerlei Unheil abzuwenden. Und es gab jene, die sich weit entspannter vorstellten, dem Kind Liebe und Unterstützung zu senden und innerlich visualisierten, wie es dem Kind besser und besser geht, wie seine Krankheit sich in eine noch größere Gesundheit als zuvor verwandelt und seine eigenen Kräfte dabei wachsen. Tatsächlich hatten die Kinder der zuletzt charakterisierten Eltern in der Mehrzahl einen weit leichteren Heilungsverlauf.

Es lohnt sich sicher, noch mehr in dieser Richtung zu erforschen. Ich jedenfalls glaube und erlebe immer wieder, daß das, was ich innerlich für einen Menschen empfinde oder auch tue, sehr positive Auswirkungen hat. Nicht zuletzt natürlich zwischen Josephine und mir.

7. Aus sich heraus wachsen

Überblick: *In diesen Prozessen geht es darum, sich selbst aus einer neuen Perspektive und mit Abstand wahrzunehmen (Dissoziation), um von hier aus als wohlwollender Beobachter eigene Lebensprozesse besser zu verstehen, wertvolle Energiequellen (Ressourcen) für die eigene Entwicklung verfügbar zu machen und an sich selbst weiterzugeben.*

Ich heiße Adelheid, bin 46 Jahre alt und leite ein kleines Team in einer Apotheke. Meine zwei Kinder sind schon groß, ich bin geschieden und habe einen Lebenspartner.

> *Ich weiß, wie viele Menschen von außen, nicht zuletzt über Arzneimittel, Hilfe suchen, wie sie sich hetzen und gar nicht mehr wahrnehmen, in welchen Situationen sie sich befinden, was sie wirklich brauchen. Deshalb möchte ich mir und anderen bessere Wahlmöglichkeiten dafür anbieten, sich selbst aus anderen Positionen heraus wahrzunehmen - und sich von dort aus ein wertvoller Partner zu sein.*

In meinem Leben habe ich viele Formen des Austauschs kennengelernt, mit denen sich Menschen etwas geben:

> *die sanft streichelnde Hand eines Partners,*
> *das sichere Geleit durch einen Bergführer,*
> *die Wertschätzung in den Augen einer geachteten Person,*
> *eine begeisterte Fan-Gemeinde, die Sportlern Ansporn zujubelt,*
> *das Wohlwollen eines Freundes,*
> *der Rat eines erfahrenen Menschen,*
> *der Diamantring als Geschenk des Geliebten,*
> *die nährende Brust einer Mutter,*
> *ein sorgfältig gedeckter Tisch*
> *... und vieles mehr.*

Was aber gebe ich mir selbst, was, wenn ich allein bin, wenn der wichtige Partner in weiter Ferne ist, wenn vielleicht meine Umgebung voller Forderungen und Belastungen ist, wenn mich keiner versteht...?
Ich schreibe hier von meinen Möglichkeiten, mich selbst aus einer hilfreichen Position heraus wahrzunehmen und mir selbst etwas Wertvolles zu geben. Damit meine ich weniger materielle Dinge, sondern geistige und seelische Qualitäten wie Erkenntnisse, Energie oder Zuwendung. Es hat mich erstaunt, wie viel ich mit meinen Gedanken und Vorstellungen für mich und auch für andere tun kann. Das ist natürlich kein Ersatz für praktische, fruchtbare Handlungen, aber es ist der Nährboden für sie. Und gute Erfahrungen in der äußeren Welt fördern wiederum meine innere Welt.

Ich glaube also, daß das, was ich mir innerlich gebe, ob es ein Gedanke, ein Symbol oder ein guter Wunsch ist, sehr reale und spürbare Wirkungen auf mein Leben hat. Der Prüfstein innerer Prozesse liegt deshalb für mich darin, ob sie mich dabei unterstützen oder dazu befähigen, mein reales Leben sinnvoll und erfüllt zu gestalten. Und das zu tun, ist mir in den vergangenen fünf Jahren meines Lebens möglich geworden.

Sich ein wohlwollender Beobachter sein

Kurzbeschreibung: *Kreative Wege, um Dissoziationen aufzubauen und von hier aus mit sich selbst in Kontakt zu treten*

Zunächst beschreibe ich einige meiner Wege, mir selbst eine wohlwollende und ermutigende Beobachterin zu sein:

- *Manchmal schaue ich mir alte Fotos von mir an und bemerke einfach nur, wie meine momentanen Empfindungen und Lebensumstände sich von denen der Person auf dem Foto, meinem jüngeren Selbst, unterscheiden.*

- *Manchmal zeichne ich eine Skizze oder ein Strichmännchen von mir selbst in einer typischen Situation und betrachte mich darin auf gleiche Weise wie vorher auf dem Foto.*

- *Ich stelle mir vor, ich wäre einige Jahre älter und würde von dort aus auf mein gegenwärtiges Selbst zurückblicken. Ich probiere das richtig aus und gehe ein paar Schritte im Raum vorwärts, als würde ich in die Zukunft gehen. Dann drehe ich mich um und blicke in die Richtung, aus der ich gekommen bin. Nun spreche ich als ältere Frau zu meinem jüngeren (gegenwärtigen) Selbst. Von der Zukunft aus kann ich so viel erkennen, was ich in der Gegenwart nicht wahrnehmen konnte, kann die Spreu vom Weizen trennen und aussprechen, worauf es ankommt.*
Danach gehe ich die Schritte zurück und kehre auch innerlich wieder ganz in die Gegenwart zurück und bemerke, was sich verändert hat.
Nun denke ich, ausgehend von der Gegenwart, an mein weit jüngeres Selbst, also an jene Person, welche ich vor vielen Jahren war. Ich stelle mir vor, mein jüngeres Selbst steht in einiger Entfernung hinter mir und wende mich in jene Richtung, in der ich es mir vorstelle. Manch-

219

mal sehe ich mich als junge Frau oder als Mädchen, oder
lediglich ein bestimmtes Gefühl kommt in mir hoch. Und
ich frage mich, was ich wohl dieser jüngeren Person
sagen möchte. Vielleicht ist es ein Gruß, vielleicht eine
Ermutigung, vielleicht erhalte ich auch eine Antwort...
Ich folge meinen Empfindungen und manchmal tausche
ich mit meinem jüngeren Selbst sehr wertvolle Botschaften aus. Dann sammle ich mein ganzes Wesen wieder in
der Gegenwart.

– Ich stelle mir zuweilen vor, für das Fernsehen oder das
Kino würde ein Film mit Ausschnitten aus meinem
Leben gedreht und ich wäre die Regisseurin, später dann
die Zuschauerin. Ich frage mich: Welche Szenen würde
ich wohl auswählen, um einen Film mit dem Prädikat
„wertvoll" zu schaffen? Welche Szenen würde ich für
eine Komödie wählen?
Welche Szenen sind mir wichtig, um den Reifungsprozeß
meiner Persönlichkeit darzustellen?

– Ich sehe ein Bild meiner selbst vor meinem geistigen
Auge, ein Ganzkörperbild. Ich kleide diese Person in meiner Phantasie in besonders passende Kleidung, wähle
Farben und Stile, die diesem Bild entsprechen. Und ich
rufe mir selbst zu: „Sei, die Du bist!"

– Mitunter stelle ich mir vor, ein weiser und freundlicher
Teil meines Wesens würde, wo immer ich dies als angenehm empfinde, in einigem Abstand entfernt von mir
stehen, als wohlwollende Beobachterin, unsichtbar für
andere. Ich aber würde mit dieser Beobachterin in Verbindung stehen, könnte ihr Wissen, ihre Botschaften und
ihre Freundschaft erhalten. In verschiedenen Situationen
habe ich gemerkt, wie so eine wohlwollende Beobachterin auf vielerlei Art für mich wertvoll sein kann, mir
Sicherheit, Wertschätzung und Orientierung vermittelt,
mitten im Trubel.

Sich ein wertvoller Partner sein

Kurzbeschreibung: *Der nachfolgend beschriebene Prozeß bezieht methodisch unter anderem die im nlp vermittelte visuell-kinästhetische Dissoziation sowie die Phobietechnik ein und bereitet sie als Anwendungsformen für die Selbstentwicklung auf.*

Nun möchte ich darstellen, wie ich mir nicht nur eine wohlwollende Beobachterin, sondern auch eine wertvolle Partnerin sein kann. Es geht mir darum, bisher unbefriedigende Lebenssituationen, also solche, die ich alleine nicht meistern konnte, aus einer anderen Position heraus zu erleben und mich selbst darin zu unterstützen, damit anders umgehen zu können.

Hierfür nutze ich einen Veränderungsprozeß, den ich gern etwas ausführlicher beschreibe. Ich habe vieles davon im nlp kennengelernt, doch in dieser Form war es für mich noch nicht rund - deshalb kommt anderes aus meiner eigenen Erfahrung hinzu.

Die erste Phase dient dazu, eine schwierige Situation aus meinem Leben, für die ich Lösungen oder Veränderungen suche, aus der Position einer wohlwollenden Beobachterin heraus neu wahrnehmen zu können.

Besonders wenn die schwierige Situation für mich mit sehr unangenehmen Gefühlen verbunden ist, verwende ich mehr Aufmerksamkeit darauf, sicherzustellen, daß ich eine gute Beobachterposition und die hierzu zugehörenden Vorstellungen innerlich aufbauen kann. Denn es ist wichtig für den Lernprozeß, daß ich die schwierige Erfahrung diesmal aus einer neutralen Perspektive heraus erlebe.

> *Zu Beginn achte ich darauf, daß ich in einem guten Zustand bin, all meine Energie zur Verfügung habe und ein wenig Muße da ist. Wenn das nicht der Fall ist, lasse ich es mir erst einmal richtig gut gehen, tue etwas für mich oder entspanne. Vielleicht vertage ich den Prozeß auch auf eine andere Zeit.*
>
> *Wenn ich einen guten Zustand erreicht habe, stelle ich mir vor, mich selbst aus einem angemessenen Abstand in irgendeiner anderen, neutralen Lebenssituation betrachten zu können, mit ruhigen, wohlwollenden Augen, eine Beobachterin, die unbeteiligt ist - und doch erkennt, worauf es ankommt. An dieser Stelle kann ich auch jene Möglichkeiten nutzen, die ich weiter oben erläutert habe, zum Beispiel die Vorstellung, ein Foto oder eine Skizze von mir selbst in der Hand zu halten. Vielleicht skizziere ich ein solches Bild tatsächlich auf Papier. Auch die Idee, mich in einem Film zu sehen, ist nicht schlecht.*
>
> *Ich wähle nun eine solche Vorstellung aus, die es mir*

221

ermöglicht, nicht nur eine neutrale, sondern auch die anfangs ausgewählte schwierige Situation als Beobachterin wahrzunehmen - und dabei im Hier und Jetzt in einem guten Zustand zu bleiben.

Je unangenehmer die zu verändernde Situation war, um so größer wähle ich die Entfernung, desto kleiner und abstrakter das Bild. Vielleicht tut mir die Phantasie gut, alles vom Gipfel eines großen Berges aus zu betrachten, vielleicht hülle ich mich als Beobachterin sogar in Licht, vielleicht lasse ich auch die schwierige Situation so klein werden, daß sie in einer Streichholzschachtel Platz hat oder ich lasse sie hinter einer sicheren Schicht aus Panzerglas stattfinden. Es kann aber auch sein, daß es ganz in Ordnung ist, diese Situation direkt und nahe vor mir zu erleben.

Ich stelle mir daraufhin meine bisher unbefriedigende Situation in der gewählten Art vor, betrachte mich dort aus den ruhigen Augen einer wohlwollenden Beobachterin - und überprüfe, ob ich dabei in einem guten Zustand bleiben kann. Ich möchte als Beobachterin nicht direkt in die schwierige Situation involviert sein, sondern unabhängig, frei und mit guten Absichten darauf blicken können.

Sollte ich dennoch zu stark involviert sein, vergrößere ich die Entfernung, verkleinere die visuellen Ausmaße der Situation, mache sie zu einem Standbild ohne Farben oder wähle andere Formen, ihre sinnliche Wirkung zu reduzieren. Auf kreative Weise sorge ich dafür, wieder in einem guten Zustand zu sein. Erst dann setze ich den Prozeß fort.

Wenn diese Voraussetzungen gegeben sind, beginnt die zweite Phase.

Als wohlwollende Beobachterin frage ich mich, was ich meinem anderen Selbst in jener unbefriedigenden Situation wohl wünschen würde und was ihm dort wohl fehlt.

- Würde es gut tun, mein anderes Selbst könnte seine Gefühle, Gedanken oder Bedürfnisse offen ausdrücken?
- Sollte mein anderes Selbst etwas wissen oder erkennen?
- Sollte es eine Fähigkeit oder eine Energiequelle besitzen, die ihm im Moment fehlt?
- Wünsche ich meinem anderen Selbst einen verläßlichen Partner oder eine liebe, warme Hand?
- Was braucht, auch in dieser schwierigen Situation, mein anderes Selbst, um sich selbst zu helfen und zu wachsen?
- Braucht es Verständnis, Mut, Zeit, Unterstützung?

Ich kann diese Fragen auch direkt an mein anderes Selbst richten - und mit ihm in einen Dialog treten, so daß ich noch weitere Informationen erhalte.

Wenn ich herausgefunden habe, was dort in der schwierigen Situation für mich wichtig oder hilfreich sein würde, frage ich mich, ob und wann im Leben ich über das, was dort fehlt, schon einmal verfügt habe - vielleicht auch, wo und wie ich es in Zukunft erleben kann. Dieses gesuchte Etwas ist meist eine innere Qualität, eine Fähigkeit oder ein Zustand. Es wird oft als Ressource bezeichnet - manchmal geht es auch um mehrere Ressourcen. Nun bestimme ich, welcher der beiden nachfolgend beschriebenen Wege geeignet ist, um mir die für mich wichtigen Ressourcen dort, wo ich sie brauche, verfügbar zu machen:

Vorhandene Ressourcen nutzen

Ich frage mich: Habe ich das, was mein anderes Selbst benötigt, in anderen Bereichen meines Lebens zur Verfügung? Kann ich von einer wohlwollenden Beobachterin zu einer verläßlichen Partnerin werden, indem ich das, was mir dort fehlt, hervorbringe und bereitstelle? - Wenn ja, sammle ich all meine Erfahrungen, Erkenntnisse, Fähigkeiten und Empfindungen, die mir für die schwierige Situation eine Energiequelle sein können, innerlich aus meiner Erinnerung heraus ein, so daß ich sie im Hier und Jetzt intensiv erlebe und zur Verfügung habe. Vielleicht dauert es seine Zeit, bis ich mir der Ressourcen in mir bewußt werde und vielleicht muß ich hierzu auch verschiedene Phasen meines Lebens rekapitulieren. Sobald ich die gesuchte Ressource, oder auch mehrere von ihnen, innerlich erlebe, stelle ich mir vor, wie ich sie symbolisch in meine Hände lege, als ein Geschenk, eine Energie oder ein Symbol. Vielleicht füge ich auch Worte hinzu, Farben oder Klänge. In meinen Händen liegen damit symbolisch vielleicht Qualitäten, wie Wissen, Erkenntnis, Kraft, Mut, Zuwendung, Sensibilität oder vieles andere. Und ich fühle, wie sich das anfühlt.

Nun bewege ich meine Handschalen dorthin, wo das Abbild der schwierigen Situation liegt. Eventuell laufe ich sogar physisch in diese Richtung.

Ich nehme mein anderes Selbst in jener Situation deutlich wahr und stelle mir vor, wie ich ihm genau dorthin, wo es ein Defizit erlebt, aus meinen Händen heraus jene Ressource oder jene Energie weitergebe, die es dort benötigt. Es kann sogar sein, daß ich eine Ressource nicht nur mir allein, sondern der ganzen Situation und anderen Beteiligten schenke, denn manchmal fehlt mehreren das gleiche - und deshalb streiten sie darum. Ich kenne auch noch ande-

223

re Wege, um als verläßlicher Partner eine Ressource wei-
terzureichen: Vielleicht tue ich es, indem ich mein anderes
Selbst berühre, vielleicht durch einen Lichtstrahl oder ein
Paket, vielleicht mit Worten, vielleicht schweigend.

Wenn ich erkenne, daß eine Ressource gut angekommen
ist, lohnt es sich, mich in die Rolle der Empfängerin hineinzuversetzen und nachzuspüren, was sich dadurch an
meiner bisherigen Schwierigkeit verändert. Möglicherweise
fehlt noch etwas und es bleibt Bedarf für eine weitere Ressource - dann kann ich den Prozeß wiederholen, und das
Fehlende ergänzen. Vielleicht ist es mir jetzt aber bereits
möglich, die bisherige Schwierigkeit zu meistern oder daraus eine positive Lernerfahrung werden zu lassen, möglicherweise reicht mir in der Situation allein schon das
Bewußtsein der Verbindung mit meinem anderen Selbst als
jener energiereichen, verläßlichen Partnerin. Vielleicht
mischen sich in mir in der bisher schwierigen Situation nun
sogar beide Rollen - und das ist gut so.

Mehrfach habe ich diesen Ablauf als sehr befreiend erlebt.
Plötzlich fielen mir kreative Lösungen ein. Was zuvor
schwer war, wurde leicht, Dunkles wurde hell. Ich hatte
plötzlich wieder eine Wahl.

Und manchmal hat das alles dennoch nicht gereicht, um
meine Erfahrung in einer schwierigen Situation entscheidend zu verändern. Dann wußte ich, daß meine Ressourcen
nicht ausgereicht hatten - und daß ich zusätzlich noch andere Dinge zu lernen und zu erfahren habe - zum Beispiel
über den zweiten Weg.

Ressourcen durch Lebensgestaltung

Ich frage mich: Fehlt mir das, was ich in der schwierigen
Situation suche, auch überwiegend sonst in meinem Leben?
Fehlen mir auch als wohlwollende Beobachterin möglicherweise die gleichen Ressourcen, die mir in der Schwierigkeit
fehlen? - Wenn das so ist, wenn dieses Defizit also mein
Leben kennzeichnet, habe ich im Moment nichts, was ich
weitergeben kann. Doch ich werde mir dessen bewußt, was
ich brauche und kann mich auf den Weg machen, es zu finden. Das braucht seine Zeit und deshalb verabschiede ich
mich vorerst von meinem anderen Selbst in der schwierigen
Situation und sage ihm: „Ich kann Dir jetzt noch nicht helfen, ich gehe um zu finden, was wir beide brauchen. Du
kannst mitkommen oder auf mich warten. Was auch immer
ich erreiche, es ist auch für Dich da."

Nun frage ich mich, wie ich diese fehlende Ressource in

meinem Leben finden und erleben kann. Geht es um Ruhe, Selbstvertrauen, Kraft? Geht es um meine Zugehörigkeit oder sind es spezielle Fähigkeiten?

Vielleicht ist es der naheliegende Weg, das Fehlende von einem anderen Menschen anzunehmen. Das kann ein Lehrer, ein Therapeut, aber auch eine Freundin sein. Meine beste Freundin ist für mich sogar alles in einem. Vielleicht benötige ich Hilfe, um vergangene Erfahrungen zu klären. Dauerhaft fördern aber wird mich jede Unterstützung erst dann, wenn ich langfristig nicht davon abhängig, sondern selbständig werde, wenn ich also lerne, was ich brauche, auch aus mir heraus verwirklichen zu können. Das heißt nicht, daß ich im Alleingang leben möchte. Natürlich gehören andere Menschen dazu - und der Austausch, das Geben und Nehmen. Doch ich möchte nicht einseitig auf der bedürftigen oder abhängigen Seite stehen. Ich möchte selbst etwas geben können. An dieser Stelle denke ich an meine Beziehungen: Gibt es dieses Gleichgewicht von Geben und Nehmen? Halte ich etwas zurück oder fühle ich mich ausgenutzt und sollte Grenzen ziehen? Vielleicht finde ich hier eine Antwort, die ein Schlüssel für viele neue Ressourcen in meinem Leben werden kann. Vielleicht ist aber noch etwas anderes erforderlich.

Deshalb frage ich mich als nächstes, wie ich das, was ich suche, durch meine tägliche Lebensgestaltung und durch alternative Verhaltensweisen erreichen kann. Die Antwort darauf hilft mir, mich in jene Situationen und Erfahrungen zu begeben, die mir wirklich innerlich gut tun, die mich vielleicht sowohl fordern als auch fördern - und mir neue Erfahrungen und Energien bringen. Das Entdecken anderer Verhaltensweisen kann mir auch dabei helfen, in anderen Lebenssituationen konstruktiver zu reagieren, und dadurch zu erreichen, worauf es mir wirklich ankommt, ohne fortgehen zu müssen.

Manchmal ist dieser Weg leicht für mich, manchmal alles andere als das: Es mag darum gehen, daß ich Gewohntes in meinem Leben verändern muß, sogar meine Überzeugungen, sogar mich. Es kann sein, daß neue Beziehungen und neue Aktivitäten wichtig werden - oder daß ich Abschied nehmen muß, vielleicht muß ich als erwachsene Frau Dinge lernen, die den meisten Männern schon zeitlebens selbstverständlich sind. Ich weiß: Als älterer Mensch bekomme ich das, was ich suche, nicht hinterhergetragen. Ich kann aber finden, was ich brauche, wenn ich aus der Vielzahl der

225

Lebensmöglichkeiten, Beziehungen und Verhaltensweisen jene auswähle, die mir wirklich gut tun. Und wenn ich selbst den ersten Schritt hierbei mache.

Manchmal fehlen mir auch ganz simple Dinge, zum Beispiel mehr Bewegung, mehr Ruhe, ein eigener Raum oder eine gesunde Ernährung. Einmal ging es bei mir darum, wieder das Spielen mit anderen zu erlernen - und heute habe ich viel Freude in meinem Sportclub. Ein anderes Mal habe ich eine große Reise gemacht, in der ich weit entfernt eine tiefe innere Ruhe und Kraft wiedergefunden habe.

Sobald ich Schritte gemacht habe, welche mir eine Erfüllung bringen, sende ich wie versprochen innerlich ein Duplikat von dieser Ressource an frühere Zeiten meines Lebens, an jenes andere Selbst, dem genau dies bisher nicht zugänglich war.

So versöhne ich über meine Lebensgestaltung zunehmend bisher unerfüllte Teile meines Daseins, lösen sich schrittweise bisher schwierige Situationen durch eigene neue Erfahrungen.

Nachdem ich diese zwei Wege gegangen bin, wurde mir bewußt, daß es eigentlich besser ist, beide gleichzeitig zu gehen - nicht nur aus dem zu schöpfen, was schon da ist - und auch nicht alles neu erschaffen zu müssen. Wohl aber, mein Leben so zu gestalten, daß meine Lebensenergie frei fließt, daß Ressourcen täglich neu entstehen - von innen und außen. Und mir wurde klar, wie schön es ist, auf diese Weise Verantwortung für mein Leben zu übernehmen. Ich fühle, es geht gar nicht darum, schon angekommen zu sein, sondern darum, unterwegs zu sein.

Seelische Helfer

Kurzbeschreibung: *Hier geht es um weitere Formen des Austauschs mit sich selbst, die Arbeit mit hilfreichen Persönlichkeitsanteilen und external erlebten Ressourceträgern, zum Beispiel geistigen Wesen.*

Neben dem beschriebenen Prozeß habe ich interessante weitere Formen kennengelernt, mit mir selbst in Austausch zu treten und innere Partnerschaften einzugehen, von denen ich hier einige beschreibe:

> – *Ich schreibe mir selbst einen Brief aus der Rolle der wohlwollenden Beobachterin, der mich auf eine eventuell schwierige Situation meines Lebens vorbereitet.*
> *Zuerst schreibe ich alles auf, was ich mir für jene eventuell schwierige Lebenssituation mitteilen möchte, was ich mir rate, wünsche und schenke. Auch konkrete Hinweise für die sinnvollsten Verhaltensweisen zu meinem Wohl und zum Wohl von anderen mögen darin enthalten sein. Wann auch immer ich die konkrete Situation dann erlebe, trage ich jenen Brief bei mir, öffne und lese ihn. Ich war überrascht, wie anders ich danach mit der Situation umgehen konnte.*

> – *Hier ist die Ausgangssituation jene, daß ich mich in einer schwierigen Situation befinde. Diesmal schreibe ich meiner wohlwollenden Beobachterin von hier aus einen Brief.*
> *Ich schildere meine Empfindungen, Wünsche und Bedürfnisse. Ich beschreibe, was mich hindert weiterzugehen. Doch ich schreibe so, daß auf dem Brief noch viel Platz ist, um etwas hinzuzufügen, zum Beispiel lasse ich seitlich einen breiten Rand. Dann verschließe ich den Brief und hebe ihn mindestens einige Tage auf. Erst wenn ich in einem ausgeglichenen, energiereichen Zustand bin, öffne ich ihn und betrachte die Absenderin, mein anderes Selbst, von hier aus als wohlwollende Beobachterin.*
> *Nun suche ich Antworten auf die Fragen in dem Brief und Ressourcen für die Bedürfnisse, die darin ausgedrückt sind. Was ich auch finde, ich verwandle es in Symbole und Farben. Farbige Stifte habe ich parat. Und nun male ich all die Symbole, die für die Antworten stehen, zu dem bisherigen Text hinzu - und gebe mir auf diese Art selbst die Ressourcen, die mir dort fehlten.*
> *Wenn ich erneut in jene schwierige Situation komme, kann ich diesen Brief mit den Antworten, wie gerade*

227

oben beschrieben, als Energiequelle nutzen.

Vielleicht schreibe ich dann auch auf's neue, denn jetzt sind vielleicht andere Dinge wichtig - und es entsteht ein konstruktiver Briefwechsel mit mir selbst, aus dem ich lerne.

Ganz im Vertrauen: Ich habe probiert, meiner wohlwollenden Beobachterin andere Namen zu geben - habe auch andere seelische Partner gefunden, mit denen ich in einem unterstützenden Austausch stehe, und die über weiterreichende Potentiale verfügen als mein Alltagsbewußtsein.

- Ich sage nicht, welche Gestalt für mich die größte Bedeutung bekam, aber ich möchte Ihnen Anregungen geben, welche Wesenheiten ich als Begleiter meines Lebens erfahren konnte:
Meinen Schutzengel, mein höheres Selbst, meine innere Führung, mein Unbewußtes, meinen inneren Mann, meine innere Frau, mein inneres Kind... Ich habe erlebt, daß manches derartige Wesen tatsächlich für mich da ist, daß ich mit ihm kommunizieren, Wissen, Energie und Verbundenheit austauschen konnte. Jedes Wesen hat einen eigenen Weg, mit mir in Kontakt zu treten, eine eigene Form, Ressourcen auszutauschen und vielleicht auch eigene Bedürfnisse, etwas von mir zurückzuerhalten.
Ich kann mir geistige Wesenheiten als Anteile meiner Persönlichkeit vorstellen, die im Alltagsbewußtsein nicht repräsentiert werden und deshalb eine eigene Erscheinungsform wählen. Ich kann mir aber auch außerhalb von mir existierende Wesen vorstellen, die mich wohlwollend beobachten und mit mir in Kontakt treten. Vielleicht sind es Gestalten unseres kollektiven Unbewußten, wie C.G. Jung sie nennen würde. Andere seelische Partner entstammen den großen Religionen, heißen Jesus, Buddha, Krishna oder einfach Gott.
Ich denke, die Welt hat viele Wahrheiten. Es lohnt nicht, die eine über die andere herrschen zu lassen - sondern es geht mir um die Erfahrung dessen, was das Leben fördert.

- Am Abend, bevor ich zu Bett gehe, ist es manchmal sehr hilfreich für mich, alle Sorgen und Lasten des Tages neben das Bett zu legen, an einen besonderen Ort, nämlich in ein eigens dafür vorgesehenes Gefäß, den Sorgenverwandlungstopf.
Das tue ich vor dem Einschlafen, bitte dann einen oder

> *mehrere seelische Partner oder einen Anteil meines*
> *Wesens, während ich schlafe, sich dieser Sorgen und*
> *Lasten anzunehmen und mich über Nacht mit neuer*
> *Energie und kreativen Lösungsmöglichkeiten für das, was*
> *ich wirklich möchte, zu versorgen. Es ist ganz verschie-*
> *den, an wen ich diese Bitte richte. An mein Unbewußtes,*
> *an meine innere Kreativität, an mein höheres Selbst, oder*
> *auch einfach an das ganze Universum...*
> *Am nächsten Morgen kann ich feststellen, ob meine Bitte*
> *erfüllt wurde, was das von mir angesprochene Wesen in*
> *mir getan hat. Vielleicht fühle ich mich leichter, erkenne*
> *neue Wege und empfinde mehr Energie. Dann bedanke*
> *ich mich bei der Instanz, die ich am Abend gefragt hatte.*
> *Vielleicht geht es aber auch darum, daß ich für die Erfül-*
> *lung meiner Wünsche noch mancherlei in meinem Leben*
> *verändern muß. Ich bin dem Wesen dann nicht böse, son-*
> *dern im Gegenteil: Über mein Handeln ehre ich es, ver-*
> *tiefe den Kontakt zu ihm.*

Ich tue also etwas für eine Wesenheit, so daß diese dann auch etwas für mich tun kann. Haben nicht die alten Griechen auch ihren Göttern gedient? Und soll-ten wir als Christen nicht auch über unser Handeln Gott die Ehre erweisen? Meine Art ist nur eben sehr individuell und etwas stärker psychologisch reflek-tiert. Aber sie ist zugleich spirituell, auch wenn ich hier nicht große Worte darum machen möchte. Ich habe, nachdem ich einer Wesenheit genug „gedient" habe, immer wieder erlebt, wie plötzlich von genau diesem Wesen ein Geschenk zurückkam: Ein Problem löste sich auf, ich fühlte mehr Energie, neue Ideen waren da. Und ich glaube: Wir können die Anteile unseres Wesens ebenso wie die Geschöpfe des Universums nicht nur nutzen, wir sollten sie auch nähren und ihnen etwas zurückgeben: Um mein inneres Kind zu fördern, mag es erforder-lich sein, wieder zu spielen, um mein Unbewußtes aufleben zu lassen, mag es erforderlich sein, zu träumen, für meinen inneren Mann mag es wichtig sein, einen Kampf zu bestehen...
Der Austausch vollzieht sich also in beide Richtungen, ein Geben und ein Emp-fangen. Ein Prozeß, den ich bewußt gestalten kann.

Was für die Beziehung zu geistigen Wesen gilt, gilt erst recht für die Beziehung zu anderen Menschen und zu mir selbst allemal. Manchmal frage ich mich: Sind vielleicht diese Wesenheiten, mit denen ich kommuniziere, einfach Teile meiner selbst? Aber ich bin doch nicht das Universum, oder? Ist es vielleicht so, daß ich einfach Anteil haben darf an einer Welt, die viel größer ist als ich? Ist es eigent-lich wichtig, das zu wissen? Jeder, den ich gefragt habe, hat eine andere Ant-wort. Und die Wesen haben noch einmal eine andere. Gut, daß es Geheimnis-se gibt.

Austausch mit einer freundlichen Welt

Kurzbeschreibung: *Ein Beispiel für die Wahl förderlicher Überzeugungen (Glaubenssysteme) in bezug auf die Welt und die eigene Rolle darin. Die Neuorientierung der Aufmerksamkeit vom Fehlenden zum Vorhandenen (Meta-Programm-Wechsel). Die Erfahrung: wie innen - so außen*

Früher hielt ich die Welt für sehr unfreundlich und glaubte, immer gegen sie kämpfen zu müssen, mußte mich abgrenzen oder baute Schutzwälle.

Das hat mich viel Energie gekostet - und leider ließ das die Welt tatsächlich grau erscheinen, denn meine Schutzwälle waren von innen betrachtet nach einiger Zeit doch sehr eintönig. Auch hat sich meine Einstellung in meinem Verhalten gespiegelt, das alles andere als freundlich war - und meine Umwelt hat mir all das zurückgespiegelt.

Ganz anders wurde es, als ich meine Aufmerksamkeit in eine andere Richtung lenkte und lernte, Fragen zu stellen, wie...

> *Welche Freunde habe ich da draußen?*
> *Was schenkt mir die Natur?*
> *Was gebe ich der Natur?*
> *Was haben mir andere Menschen zu geben?*
> *Was habe ich anderen Menschen zu geben?*
> *Welche Menschen fördern und stehen zu mir?*
> *Gibt es vielleicht sogar einen guten Geist, der mich beglei-*
> *tet?*

Die Antworten kamen aus meinem Inneren, denn dieses Innere hatte alle Erfahrungen meines Lebens aufgenommen - bis heute. Jede positive Antwort wurde eine Energiequelle für mein Leben. Und ich habe gemerkt: Mit mir selbst in fruchtbarem Austausch zu stehen ist nur ein Teil des Austauschs mit der ganzen Welt. Um diesen Austausch mit der Welt zu fördern, frage ich mich manchmal:

> *Welche Art des Denken und welche Überzeugungen för-*
> *dern meinen Austausch mit der Welt?*

Manchmal nehme ich mir Raum und Zeit, um einfach auszuprobieren, wie es ist, der Welt mit neuen Denkweisen und mit neuen Überzeugungen zu begegnen - und ich bin überrascht, zu erleben, wie sehr die Welt die Haltung, mit der ich ihr begegne, zurückspiegelt. Deshalb glaube ich heute:

> *Die Welt ist freundlich.*

Und schon lächelt sie mir zu und sagt:

> *So sei es. Dein Wille geschehe.*

8. Der eigenen Wahrnehmung gewahr werden

Überblick: *Vorgestellt wird eine Meditationsreihe zur Erweiterung der inneren und äußeren Wahrnehmungsfähigkeit. Die Aufmerksamkeit bewegt sich über einzelne oder mehrere Sinne (Repräsentationssysteme) in unterschiedliche Erfahrungsbereiche, wobei unterschiedliche Stile des Wahrnehmens und Verarbeitens (Meta-Programme) bewußt erfahren werden. Die positive Bedeutung jedes Erfahrungsbereiches wird erkannt und gewürdigt (Bedeutungsreframing).*

Ich heiße Tina, bin 38 Jahre alt und arbeite als Krankengymnastin in einer Rehabilitationsklinik.

> *Mir ist es wichtig, jenseits meiner zielgerichteten beruflichen Tätigkeit meine Sinne und alle Bereiche meines Seins bewußter zu erfahren, sie achtsam zu erweitern und dadurch mehr mit mir und meinem Leben in Kontakt zu sein - und all das ohne Leistungsdruck, dem ich in meiner Arbeit oft ausgesetzt bin.*
> *Die folgende Reihe von Meditationen hat mich seit drei Monaten auf diesem Weg begleitet - und es mir ermöglicht, genau das zu erfahren.*

Oft, wenn ich zehn Minuten oder mehr Zeit habe, spazierengehe oder vielleicht auf etwas warten muß - und wenn ich mich nicht auf etwas Bestimmtes zu konzentrieren brauche, nutze ich diese Minuten, um meine Aufmerksamkeit bewußt in eine besonders ausgewählte Richtung zu lenken.

Zuerst wähle ich ein Sinnessystem, zum Beispiel das Sehen, und einen Bereich, den ich auf diese Art achtsam wahrnehmen möchte, zum Beispiel meine äußere Umgebung. Danach richte ich meine Aufmerksamkeit mit dem Sinn, den ich ausgewählt habe, auf diesen Bereich und nehme einfach wahr, was es dort gibt. Ich erlebe das als eine Meditation. Dabei zähle ich innerlich auf und kommentiere, was ich jeweils wahrnehme - so erweitert sich wie von selbst auch mein Sprachvermögen.

> *Als ich vor drei Monaten anfing, wählte ich am ersten Tag das Sehen der äußeren Umgebung. Später erkundete ich dann all die anderen Sinne und Bereiche, von denen ich noch berichte. Ich habe also beim ersten Mal einfach aufmerksam in meine Umgebung geschaut und alles aufgenommen, was es um mich herum zu sehen gab: Mal waren es die Dinge in meinem Zimmer, mal die Straße, die Menschen, die Natur, die Häuser - mit all den Details, Mustern, Farben, den mehr und weniger erquickenden Ansichten.*

> *Was es auch war, ich beschrieb es wie von selbst innerlich,*
> *manchmal habe ich mit dem Kommentieren aber auch eine*
> *Pause gemacht und Momente inneren Schweigens erlebt,*
> *die ich als sehr wertvoll empfand.*

Doch diese Form der Aufmerksamkeit ist nur der erste Teil meiner Meditations-form.

Der zweite Teil beginnt, nachdem ich etwa die Hälfte meiner vorgesehenen Meditationszeit erreicht habe, zum Beispiel nach etwa fünf Minuten. Ich nutze die noch verbleibende Zeit, um mir innerlich bewußt werden zu lassen, welche Bedeutung die jeweilige Sinneswahrnehmung und jener Teil der Welt, den ich damit aufnehme, für mein Leben haben. Ich berichte, wie es am ersten Tag wei-terging:

> *Während ich mir weiter achtsam meine Umgebung ansah,*
> *habe ich mich gefragt, was mir das Leben durch die Mög-*
> *lichkeit, die Welt zu sehen, eigentlich alles schenkt - und*
> *was mir damit erst möglich wird. Ich habe dabei nicht nur*
> *an die momentane Umgebung gedacht, sondern es ging mir*
> *um mein ganzes Leben: Was ist das Wertvolle daran, daß da*
> *eine Welt um mich herum ist und daß ich sie sehen kann?*
> *Die Antworten kamen wie von selbst aus meinem Inneren.*
> *Nur das, was mir von alleine einfiel, zählte. Ich wurde mir*
> *auf diese Art vieler Geschenke bewußt, die ich aufgrund*
> *ihrer Selbstverständlichkeit früher nie bemerkt hatte, zum*
> *Beispiel wie mich bestimmte Farben und Formen berei-*
> *chern und erfüllen, wie ich Schönheit empfinde, was es*
> *bedeutet, das Gesicht eines Menschen zu sehen, oder wie*
> *ich im Leben die Vielfalt der Landschaften und Wege*
> *erkenne und darin meine Orientierung finde. Wie ich hand-*
> *lungsfähig werde. Und wie unbeschreiblich gut es ist, daß*
> *es diese Welt da draußen gibt, mit all ihren Kontrasten.*

Was auch immer meine inneren Antworten auf diese Fragen sind, es fiel mir am Ende meiner täglichen Entdeckungszeit stets sehr leicht, mich bei meiner für die-sen Tag ausgewählten Wahrnehmungsfähigkeit zu bedanken - und bei der inne-ren oder äußeren Welt, welche ich dadurch erfahre.

> *Zuerst habe ich innerlich meinen Augen gedankt, dann der*
> *Welt, die ich damit sehen kann: meinem Zimmer, der*
> *Stadt, den Menschen, der Natur, den Farben und Formen...*

So ein Dank kann bei mir manchmal ernst, ein anderes Mal humorvoll, sachlich oder auch sehr emotional ausfallen. Gerade wie ich ihn empfinde. Ich kann ihn in inneren Worten, Bildern, Handlungen oder Empfindungen zum Ausdruck bringen.

> *Ein Bild war es, als ich mir vorstellte, daß in meinen Augen ein funkelnder Diamant seinen Platz hat. Eine Handlung war es, als ich meine Augen schloß und sie streichelnd berührte.*
>
> *Später hatten die so entstandene Achtsamkeit und Dankbarkeit für das Sehen ihre guten Auswirkungen: Ich begann sensibler und bewußter aufzunehmen, was die Welt über die Augen für mich bereit hält. Und aus dieser Fülle freudig auszuwählen, woran ich mich nicht satt sehen konnte. Ob es zur Natur gehörte, zu den Menschen oder zur Kunst. Ich bekam zum ersten Mal Lust, mir in einer Galerie eine Sammlung moderner Gemälde anzusehen - und ich wurde reich belohnt von dem, was ich sah.*

Manchmal bleibt es nach so einer Meditation auch einfach bei einem ehrlich empfundenen Dankeschön. Ich habe das Gefühl gewonnen, daß ich auf diese Art jedesmal einen Teil meines Wesens und einen Teil der Welt ehre. Das heißt für mich: *Ich werde mir meiner Wahrnehmung gewahr.*

Alle ein bis zwei Tage wiederhole ich eine solche Meditation, wähle den gleichen oder einen neuen Wahrnehmungsweg, zum Beispiel das Hören von dem, was mich umgibt. Ich wähle am liebsten solche Formen des Gewahrwerdens, in denen es etwas Neues zu entdecken gibt.

> *Als ich beim Hören und beim Fühlen war, habe ich dies mit geschlossenen Augen getan - und gemerkt, wie sich dadurch die Intensität der Erfahrungen veränderte.*
>
> *Als hilfreich habe ich es stets erlebt, auf solche Bereiche zu achten, in denen meine Wahrnehmung eine willkommene „Nahrung" vorfindet, wo also etwas ist, was ich gern sehe, höre oder fühle...*
>
> *Wenn ich etwas vorgefunden habe, was ich als häßlich oder unangenehm beurteilte, bin ich davor jedoch nicht weggelaufen, sondern habe auch dies als einen Teil der Welt in diesem Moment angenommen. Ich sagte dabei die Worte: „Ich nehme an, was jetzt da ist." Damit meinte ich nicht, daß es immer so bleiben soll, wohl aber, daß ich dem, was ist, jetzt Herz und Sinne öffne, statt es auszusperren.*

Hier habe ich meine **Wahrnehmungsauswahl** für die ersten vier Meditationseinheiten zusammengestellt. Wie Sie erkennen, bin ich zunächst immer bei der äußeren Umgebung geblieben, nur die Sinne wechselten:

- *sehen, was mich außen umgibt,*
- *hören, was mich umgibt,*
- *fühlen, was mich umgibt,*
- *riechen und schmecken, was mich umgibt.*

Nachdem ich diese Bereiche bewußt erfahren und gewürdigt hatte, habe ich damit begonnen, das gleichzeitige Zusammenwirken mehrerer Sinne auszuprobieren:

> - *sehen und hören, was mich umgibt,*
> - *hören und fühlen, was mich umgibt,*
> - *sehen und fühlen, was mich umgibt,*
> - *sehen und hören und fühlen, was mich umgibt.*

Wieder beschäftigte ich mich im zweiten Teil jeder Meditation mit jener Würdigung und Danksagung.

> *Ich bin mir diesmal besonders jener Geschenke bewußt geworden, die ich über das Zusammenspiel der Sinne erhalte. Denn erst dadurch wird vieles erfahrbar, was ein Sinneskanal allein mir nicht zutragen könnte. Ganz nebenbei fiel mir auf, wie gut es selbst innerhalb eines Sinnes ist, zwei statt nur einen Kanal zu haben, nämlich zwei Augen, oder zwei Ohren. Und wie viele neue Dimensionen gewinnt doch die Welt, wenn ich sie darüber hinaus mit mehreren Sinnen erlebe: die Menschen, die Natur, ein Theaterstück, die Arbeit oder ein Spiel. Erleben, wie Stimme und Ausdruck in Beziehung stehen, einen Menschen mit allen Sinnen erleben... Und ich habe mich sehr für dieses Zusammenwirken bedankt. Einmal, bei einem Waldspaziergang, wurde mir bewußt, wie sehr sich die ganzheitliche Erlebnisfülle von der einseitigen Aufmerksamkeit beim Betrachten eines noch so tollen Fernsehprogramms unterscheidet. Und ich habe meine Wahl getroffen.*

Nach zwei Wochen war es so weit, daß ich von der äußeren Orientierung auf die Wahrnehmung meiner inneren Welt übergehen konnte, manchmal mit offenen, manchmal mit geschlossenen Augen.

Dies ist meine **Liste der innengerichteten Wahrnehmungen**, die ich ausprobiert habe:

> - *fühlen, was es in mir emotional zu fühlen gibt,*
> - *fühlen, was es in mir körperlich zu fühlen gibt,*
> - *sehen, was es in mir zu sehen gibt,*
> - *hören, was es in mir zu hören gibt,*
> - *mein inneres Selbstgespräch wahrnehmen,*
> - *riechen und schmecken, was es in mir wahrzunehmen gibt,*
> - *mein inneres Gleichgewichtsempfinden wahrnehmen.*

234

In einigen Bereichen konnte ich ganz **ungewöhnliche Erfahrungen** machen:

> *Als ich meine Aufmerksamkeit auf mein inneres Hören und mein Selbstgespräch richtete, gehörten meine kommentierenden Worte, mit denen ich meine Wahrnehmun-*

gen beschrieb, selbst zu dem Bereich, über den sie etwas sagten: eine Stimme, die darüber spricht, was es zu hören gibt - und selbst Teil dessen ist, was es zu hören gibt - und auch das wieder aufs Neue hörbar kommentiert.

Dabei wurde mir besonders deutlich, wie ich über die Art meiner Aufmerksamkeit das, was ich wahrnehme, beeinflusse - und umgekehrt.

Ich habe diese Erfahrung mehrfach wiederholt und in ihr ein Tor zu ganz neuen Zuständen gefunden. Wahrnehmende und Wahrgenommenes wurden schließlich eins. Alles wurde eins. Haben die Zen-Buddhisten nicht auch bestimmte Meditationsformen praktiziert, um derartige Erfahrungen zu erleben?

An einem anderen Tag wollte ich bei der gleichen Übung ganz vernünftig bleiben, nämlich die Stimmen ganz sachlich trennen und sortieren. Ich habe die Worte auseinandergehalten, indem ich ihnen, je nachdem, worauf sie sich bezogen, unterschiedliche Stimmen oder Sprechzeiten gab. Und das wurde auch sehr interessant.

Die einzelnen innengerichteten Wahrnehmungsformen habe ich in weiteren Meditationen wieder miteinander kombiniert - und ich habe später auch das Zusammenspiel der innengerichteten und der außengerichteten Aufmerksamkeit zum Thema von Meditationen gemacht. Wann immer ich mochte, habe ich einzelne Meditationen wiederholt oder neue Themen hinzugefügt. Bis heute.

Nach dem Gewahrwerden der Sinne wählte ich andere Richtungen der Aufmerksamkeit. Dabei habe ich keinen bestimmten Sinneskanal mehr betont, alle Sinne waren von nun an gleichberechtigt beteiligt. Auf diese Art begann ich, differenziertere und besondere Bereiche meiner äußeren und inneren Welt zu erkunden.

Erkundungen der äußeren Welt:

- *wahrnehmen der Einzelheiten und der Details in meiner Umgebung,*
- *wahrnehmen der Unterschiede zwischen den Dingen in meiner Umgebung,*
- *erkennen des Allgemeinen, der Zusammenhänge und der Ähnlichkeiten in dem, was mich umgibt,*
- *wahrnehmen anderer Menschen, ihres äußeren Verhaltens, und dessen, was ihnen wichtig zu sein scheint.*

Erkundungen der inneren Welt:

- *in mir aufkommende Erinnerungen bemerken,*
- *in mir aufkommende Phantasien bemerken,*
- *wahrnehmen, wie ich durch Assoziationen von einem Gedanken zum anderen komme,*

235

- *in mir wachsende Ahnungen und Intuitionen wahrneh-men,*
- *die unterschiedlichsten in mir wohnenden Bedürfnisse wahrnehmen,*
- *mir meiner eigenen Werte und Überzeugungen bewußt werden,*
- *wahrnehmen meiner eigenen Grenzen,*
- *wahrnehmen meiner inneren Energiequellen.*

Erkundungen der inneren und der äußeren Welt:

- *wahrnehmen, wie ich handle und mich bewege,*
- *wahrnehmen, wie ich mich ausdrücke,*
- *wahrnehmen, was ich nach außen abgebe,*
- *wahrnehmen, was ich von außen aufnehme,*
- *wahrnehmen, was andere weitergeben,*
- *wahrnehmen, was mich bereichert und nährt,*
- *den Zwischenraum zwischen innen und außen wahrneh-men,*
- *wahrnehmen, was gerade wahrzunehmen ist.*

Ich weiß, diese Bereiche der Aufmerksamkeit werden anderswo auch „Meta-Pro-gramme" genannt - und es gibt noch viel mehr davon.

Manchmal habe ich weit mehr als zehn Minuten mit einer Erkundung zugebracht und bin auch mitunter mehrere Tage bei einem Thema geblieben.
Immer war es interessant für mich, bisherige Wahrnehmungen durch neu hin-zukommende zu ergänzen und sie miteinander zu verknüpfen.
Deshalb sind Kombinationen der genannten Richtungen eine reiche Quelle neuer Entdeckungen. Im Leben geschieht viel mehr gleichzeitig, als ich denken kann - und ich habe viel mehr wahrgenommen, als ich beschreibend in Worte fassen konnte. Gut, daß ich nie einen Anspruch auf Vollständigkeit hatte.

Ich habe auch erlebt, wie es ist, wenn sich einzelne Wahr-nehmungen scheinbar widersprechen, wenn zum Beispiel die Augen zu einer Sache ja sagen, das Gefühl aber nein sagt, wenn Worte gut klingen, die zugehörigen Bilder aber alles andere als motivierend sind, wenn etwas gleichzeitig klar und doch unklar, logisch und doch unvernünftig erscheint.
Gerade derartige Kontraste habe ich zu schätzen gelernt. Ich merkte, wie einander äußerlich widersprechende Wahr-nehmungen ihren Sinn haben, der sich oft erst aus einer neuen Sicht heraus entschleiert. Scheinbar gegensätzliche Informationen, welche meine Sinne liefern, basieren auf unterschiedlichen Quellen, Filtern und Verarbeitungsfor-men, über welche sie ihren Weg in mein Bewußtsein

genommen haben - und auf unterschiedlichen Absichten, welche sie für mein Leben haben. Indem ich mich darauf besann, konnte ich erkennen, daß jede Information, ob sie als Gefühl, als Bild, als Ton oder als Gedanke kommt, ihren eigenen Beitrag zu einer ganzheitlichen Lebenserfahrung leistet - und daß jede Wahrnehmung ihren eigenen Teilaspekt der Welt beschreibt. Und in mir wuchs ein Raum, in dem sich all die Teilaspekte zu einer Ganzheit zusammenfügten, vergleichbar jener Instanz, die aus den zwei unterschiedlichen Bildern, die jedes meiner Augen liefert, ein dreidimensionales Bild schafft.

Erst der Austausch und die Verknüpfung von unterschiedlichen Empfindungen, Bildern, Worten und Klängen macht für mich das Leben als Ganzes erfahrbar - und Kontraste gehören dazu, geben ihm mal Bewegung und Spannung, mal Harmonie und Frieden. Das habe ich durch meine bisher letzte Reihe von Wahrnehmungsübungen für das **Zusammenwirken** noch tiefer erfahren:

- *wahrnehmen, wie meine äußere Welt auf meine innere Welt wirkt - und umgekehrt,*
- *wahrnehmen, wie mein innerer Dialog meine anderen Wahrnehmungen beeinflußt - und umgekehrt,*
- *mir der Wahlmöglichkeit bewußt werden, meine Aufmerksamkeit in jede Richtung zu lenken - und meiner Intuition, die jeweils beste Wahl zu treffen,*
- *entdecken, wie ich meine Wahrnehmungen sinnvoll verknüpfe und verarbeite,*
- *den Raum in der Beziehung zwischen mir und anderen wahrnehmen,*
- *wahrnehmen, daß ich existiere.*

Die Erfahrungen dieser letzten Reihe haben mehr Zeit gebraucht, um mir ins Bewußtsein zu rücken. Und oft habe ich gestaunt.

In dem gesamten Prozeß wurden und werden mir immer neue Bereiche meines Lebens zugänglich und mein ganzes Wahrnehmungsfeld hat sich dabei erheblich erweitert. Ich glaube, das war erst durch jenes Wertschätzen und jenen Dank möglich, den ich jedesmal ausgedrückt habe. Denn wenn ein Teil meines Wesens geachtet und gewürdigt wird, blüht er auf und trägt **Früchte**.

Ich fasse einmal zusammen, was dieser Lernprozeß mir in den letzten drei Monaten geschenkt hat:

- *Ich nehme innerlich und äußerlich viel mehr wahr und fühle mich irgendwie davon genährt.*
- *Ich erkenne und wähle, wohin ich meine Aufmerksamkeit in jeder Phase meines Lebens lenke - und bemerke, wie es ist, wählen zu können.*

- *Verschiedenste Wahrnehmungen verbinden sich zu einer Landschaft, in der ich intuitiv die für mich sinnvollsten Schritte im Leben erkenne.*
- *Ich genieße die Mehrdimensionalität und den ganzen Spannungsbogen des Erlebens.*
- *Ich werde sensibler für mich selbst und meine Umgebung.*
- *Ich lerne ganz nebenbei auf vielfältige Art auszudrücken, was ich erlebe.*
- *Ich beginne, mein ganzes Wesen zu lieben.*

Für all das kann ich mich nun bei dieser Meditationsform bedanken - und bei mir, die ich sie mir ausgedacht und praktiziert habe.

Wenn Sie diesen Weg ausprobieren möchten, können Sie ihn Ihren eigenen Bedürfnissen entsprechend anpassen, verkürzen, erweitern oder mit neuen Inhalten füllen. Ich wünsche Ihnen wertvolle Entdeckungen.

nlp

Perspektiven

Neuro-Logische-Ebenen

Werte

Potentiale

MODELLE

Muster

ZEITGEIST

Teil V
Strukturen der Neuro-Linguistik

Teil V: Strukturen der Neuro-Linguistik

1. Menschliche Entwicklungsebenen

Hinter den Worten

Wir haben uns bewußt gemacht, daß der Inhalt von Worten vieldeutig ist, daß es mehr als diese Worte braucht, um einen Menschen wirklich zu verstehen.

Wir kennen den leichten Weg, in Worte einfach jene Bedeutung hinein zu interpretieren, die uns gerade angenehm ist - und wissen, wie groß auf diese Art die Gefahr ist, sich zu täuschen.

Denken wir noch einmal an jenen Satz, mit dem so viele Menschen wertvolle, vielleicht auch schmerzhafte Erfahrungen gemacht hat: „Ich liebe Dich!" Und an die Vielfalt der Bedeutungen, die in dieser Aussage liegen:

Da ist der Klang der Stimme, mit dem sie gesagt wird, der Blick der Augen, die Körperhaltung, die äußere Situation, der Zeitpunkt - all das vermittelt uns Botschaften darüber, welche Bedeutung hinter diesen Worten liegt.

Intuitiv nehmen wir diese sehr wohl wahr und reagieren - wenn wir uns das erlauben - sehr empfindsam darauf.

Wir wissen, jener Satz kann vielerlei beinhalten, so den Wunsch nach ganz konkreten Schritten - aber auch das Erkennen des Wesens eines Menschen oder die Erfahrung zeitüberdauernder Zusammengehörigkeit.

Bei derart persönlichen Themen scheint uns die Vielschichtigkeit der Bedeutungen selbstverständlich. Doch auch in ganz anderen Bereichen, ja letztlich in jedem Kommunikationsvorgang, ist diese Vielschichtigkeit enthalten und bildet die Grundlage menschlichen Kontakts, des einander Verstehens oder Mißverstehens.

Ebenen einer Beziehung

Basierend auf den Arbeiten von Gregory Bateson und Robert Dilts können wir diese Vielschichtigkeit auf mehrere qualitativ voneinander unterscheidbare Ebenen zurückführen, die von mir um eine Ebene erweitert wurden - und damit auch dem indischen Chakramodell menschlicher Energiezentren entspricht.

Denken Sie an ein gutes Gespräch und lassen Sie uns die Aufmerksamkeit auf die folgenden dazu gehörenden Ebenen lenken:

1. Zum Miteinander gehört zunächst eine angemessene Umgebung, in der es stattfindet.

2. Dazu gehören weiterhin Verhaltensweisen der Beteiligten wie Sprechen, Zuhören, Reagieren, vielleicht Nicken oder Lächeln.

3. Den Verhaltensweisen liegen wiederum bestimmte Fähigkeiten zugrunde, nämlich all das erworbene Wissen, die Erfahrung der betreffenden Personen im Umgang miteinander, ihre Ausdrucksfähigkeit, ihr Sprachschatz usw.

4. Diese Fähigkeiten setzen Menschen ein, um auszudrücken und zu erreichen, was ihnen wichtig und wertvoll ist, wovon sie glauben, es auf ihre Weise erreichen zu können. Hier liegt die Ebene der Werte und Überzeugungen. Sie bildet den motivierenden Hintergrund für die Entwicklung der vorgenannten Fähigkeiten und für das konkrete Verhalten der Einzelnen.

5. Doch auch die fünfte Ebene hat ihren Meister: Es ist die Frage nach dem Selbstverständnis, nach der Persönlichkeit jeder beteiligten Person, die Frage nach ihrer Identität, mit der sie sich einbringt. - Das kann eine bestimmte soziale Rolle sein, aber das individuelle Wesen bildet den individuellen Hintergrund der Identität - so daß sie uns um so klarer und echter erscheint, je besser soziale Rolle und persönliches Wesen zusammenpassen.

   Wenn die persönlichen Wertvorstellungen, Fähigkeiten und Verhaltensweisen eines Menschen mit seinem Selbstverständnis, seinem inneren Wesen übereinstimmen, erleben wir ihn als authentisch. Wer sich innerlich nur als Hilfesuchender erlebt, kann schlecht vermitteln, wieviel er anzubieten hat. Wer sich aber mit seinem inneren Reichtum erlebt, wird diesen auch viel authentischer anderen gegenüber ausdrücken können. Wer sich als kleine graue Maus erlebt, wird, auch mit großen Worten oder schönstem Schmuck, nicht jene Wirkung erzielen, die ein anderer aus sich heraus ausstrahlt. Deshalb kommt es darauf an, in unserer persönlichen Entwicklung und in der Kommunikation mit anderen jene Ebenen zu erkennen und zu entwickeln, um die es wirklich geht. Es kann das Verhalten sein, es kann aber auch der Selbstwert sein.

6. Die bisher genannten Ebenen sagen viel über die Struktur der Persönlichkeit eines Menschen. Doch niemand lebt allein - und deshalb können sie noch nicht das letzte Wort sein, um einen Menschen oder die Kommunikation zwischen Menschen zu beschreiben. Haben wir nicht die Erfahrung, daß die Entwicklung einer Persönlichkeit in vielfältiger Weise von ihrer sinnvollen Einbindung in eine soziale, geistige oder kulturelle Umgebung bestimmt wird? Ich nenne eine solche Einbindung Zugehörigkeit und füge sie den vorgenannten Ebenen nach Robert Dilts hinzu. Erwachsen nicht aus einer größeren, nährenden und sinngebenden Zugehörigkeit wichtigste Gestaltungskräfte für unser Leben - nicht zuletzt die Intention, über sich selbst hinaus etwas für andere auf sich zu nehmen?

   Mehr noch wächst in uns: Als eine hohe, von konkreten Umgebungsbedingungen unabhängige Form der Zugehörigkeit können wir Spiritualität erleben. - Wie das Dach über dieser letzten Ebene - oder eine siebente, die Analogie zum Chakra-Modell bildend.

Jede Ebene hat Auswirkungen auf jede andere. Mit jeder Ebene verbinden wir andere Erfahrungen, Empfindungen und Vorstellungen - so weitgehend, daß unser ganzes Nervensystem, unsere Neurologie anders funktioniert. Daher wählte Robert Dilts den Namen neurologische, oder Neuro-Logische Ebenen.

Betrachten wir noch einmal die Zugehörigkeit. Ob und wie wir uns als Teil eines Ganzen erleben, wird die konkreten Verhaltensweisen, Fähigkeiten und Motive unseres Lebens beeinflussen.

Was ist Liebe anderes als die Sehnsucht nach dem Eintauchen in jenen größeren See einer Verbundenheit - oder die Einlösung dieser Sehnsucht, die Transzendenz des selbstbeschränkten Ichs. Das ist nur möglich, wenn beide diesen Schritt wagen. Doch nur jene Formen von Zugehörigkeit sind tragfähig und stabil, die gleich einer offenen Schale, in der sich eine Kugel frei bewegen kann, jedem Einzelnen Raum für persönliches Wachstum, Veränderung und Bewegung lassen. Erst wenn Identität und Zugehörigkeit einander fördern, multiplizieren sich ihre Energiequellen.

Im Berufsleben kennen wir den isolierten Einzelkämpfer, der Konflikte und Druck von Seiten seines Unternehmens erlebt, der den gegnerischen Kunden zu gewinnen hat und sich anderweitig gegen eine feindliche Umgebung behaupten muß. Dieser wird anders in Erscheinung treten als ein Mensch, der sich als wertvoller und geachteter Teil eines Unternehmens erlebt, dieses wirklich vertreten kann und zudem eine partnerschaftliche Beziehung zu seinen Kunden vor Augen hat. Jeder wird auf seine Art die eigenen Überzeugungen über das Leben bestätigt finden, denn die Reaktionen der Welt werden Spiegel für das eigene Verhalten sein.

Die Ebenen Zugehörigkeit und Umgebung sind auf seltsame Art miteinander verwandt. Unsere konkrete Umgebung kann gleichzeitig jene Schale sein, in der wir Zugehörigkeit oder Verbundenheit erleben. Dann, wenn ein Austausch, ein Nehmen und Geben in beide Richtungen stattfindet, wird dies mit wachsender Zeit wahrscheinlich. Wo dieser Austausch fehlt, erscheint uns die Umgebung oft fremd und wir empfinden uns als abgespalten. Gleichzeitig aber können wir innerlich jene Zugehörigkeit erleben, aus der wir Energie und Motivation schöpfen.

Und unsere ganze gewachsene Geschichte kann sich auf diese Art manifestieren.

Von Teilen zum Ganzen

Was von mir hier in kurzer Form beschrieben wurde, läßt sich gut in Form einer nach oben geöffneten Pyramide darstellen - und so zeigt sie unsere erste Abbildung. Die einzelnen Ebenen der Pyramide bilden die Teile eines Ganzen und verhalten sich auf unterschiedliche Weise zu diesem Ganzen.

Die Vielfalt der Erscheinungsformen jeder einzelnen Ebene verändert sich von unten nach oben.

Während Umgebung und Verhalten äußerlich konkret erfahren werden, erleben wir die darüberliegenden Ebenen innerlich in der Welt unserer Gedanken, Überzeugungen, Empfindungen, Bilder und Symbole.

242

Auf die unendliche Fülle der äußeren Umgebungen und Situationen reagieren wir mit einer großen Anzahl erlernter Verhaltensweisen, die ihrerseits Ausdrucksformen unserer ererbten und erworbenen Grundfähigkeiten sind. Diese Grundfähigkeiten folgen einer Anzahl von Wertvorstellungen und Überzeugungen, von denen ein Mensch sich leiten läßt. Alle zusammen sind Teilaspekte der einen einzigartigen Persönlichkeit, die ihrerseits nur sinnerfüllt leben kann, wenn sie sich als Teil einer größeren Vielheit zu erkennen und erleben vermag.

Neuro-Logische Fragen

Wir können durch einfache Fragen herausfinden, was ein Mensch in einem ausgewählten Lebensbereich auf den einzelnen Ebenen erlebt. Die passenden Fragen sind in dem Bild der Pyramide vermerkt.

Das „**Wann und Wo?**" zielt auf eine möglichst präzise Beschreibung der Umgebung.

Das „**Was tust Du?**" hilft dabei, das spezifizierte Verhalten herauszuarbeiten.

Die Frage „**Wie tust Du das?**" offenbart die diesem Verhalten zugrunde liegenden Fähigkeiten und erlernten Strukturen.

Das „**Warum?**" fragt nach den dahinterliegenden Wertvorstellungen. Diese reichen von persönlichen Überzeugungen bis hin zu ganzen Weltbildern.

Abbildung 1
Neuro-Logische Ebenen

Das „Wer" sucht den Identitätsanteil eines Menschen, etwa in der Form von „**Wer bist Du**, als was für einen Menschen erlebst Du Dich?".

Mit den Fragen „Für wen?, Wozu?, **Wer noch?**" nehmen wir schließlich Bezug auf den überpersönlichen Sinn oder die erlebte sinngebende Zugehörigkeit.

243

Wahrnehmen, was geschieht

All das bleibt Theorie, solange es nicht mit praktischer Erfahrung gefüllt ist, so daß die innere Sensibilität für die Wahrnehmung dieser Ebenen in uns selbst und in anderen Menschen entsteht. Je nach Situation und Zustand eines Menschen wird dabei die eine oder andere Ebene von größerer Bedeutung sein, was sich sogar bis in subtile körperliche Veränderungen hinein bemerkbar macht. So wird die Verhaltensebene von vorwiegend körperlicher Aktivität, die Ebene der Fähigkeiten von vorwiegend geistiger Aktivität begleitet. Überzeugungen und Werte hingegen bilden den Hintergrund, wenn Menschen erröten, erblassen, wenn das Herz heftiger zu schlagen beginnt oder der Atem sich verändert. Das Herz-Kreislauf-System wird von dem, was uns wirklich wichtig ist, aktiviert, ohne daß es eine äußere physische Aktivität dazu braucht. Sie selbst, liebe Leser oder liebe Leserin, können vielleicht sogar feststellen, auf welcher Ebene Sie sich beim Lesen verschiedener Teile dieses Buches angesprochen fühlten.

Die Ebenen Identität und Zugehörigkeit äußern sich weniger plötzlich, doch um so umfassender beziehen sie den ganzen Menschen ein. Identität beinhaltet die Funktion des Nervensystems als Ganzes, das charakterliche Temperament, aber auch die Abgrenzung und Unterscheidung des Einzelnen von der Umgebung. Empfindungen wie Würde, Selbstbewußtsein, Eigenständigkeit haben hier ihren Platz. Zugehörigkeit betrifft im biologischen Bereich auch das Zusammenwirken der Zellen, Organe und Körperteile. Es heißt, daß Jegliches seinen Platz, seine Funktion und seine Beziehung zum Ganzen findet. Wo anderswo getrennt wurde, wird hier verbunden. Im sozialen Bereich umfaßt Zugehörigkeit die Positionierung und das Zusammenwirken von Menschen in Familien, Gruppen, Teams, Unternehmen, Kulturen und Schichten. Deshalb ist diese Ebene nach oben hin offen: Die Kreise, denen wir uns zugehörig fühlen, können sich bis ins Universum erweitern, beginnend vielleicht mit dem Elternhaus, dem Heimatort, einer Berufsgruppe, einer Organisation, einer geistigen Richtung, der Menschheit, der Natur... Und die Zahl derer, die aus überpersönlicher Zugehörigkeit heraus handeln, wächst in unserer Zeit - wie sollte es mit unserem Planeten sonst auch weitergehen?

Wenn mit jeder Ebene die persönliche Einbezogenheit des Menschen wächst, so wächst damit auch der Einfluß, den die jeweilige Ebene für die Entwicklung des Einzelnen hat.

Zutaten des Wachstums

Optimale Umgebungsbedingungen können es uns leicht machen, mit begrenzten Verhaltensweisen auszukommen; neue Verhaltensweisen machen es uns aber möglich, in einer weit größeren Anzahl auch schwieriger Umgebungen zu agieren. Wenn sich hingegen aber keine neuen Fähigkeiten entwickeln, bleibt das Maß eingeübter Verhaltensweisen begrenzt.

Als Beispiel für die Erweiterung, die sich aus den einzelnen Ebenen schöpfen läßt, möchte ich den Prozeß des Erlernens einer Sprache skizzieren:

Im eigenen Heimatland oder wenn alle Menschen meine Sprache sprechen (Umweltbedingung), werde ich kaum genötigt werden, eine zusätzliche Sprache zu lernen.

Sollte ich mich dennoch entschlossen haben, eine Fremdsprache zu erlernen (Entschluß zur Verhaltensänderung), so werde ich nach einiger Zeit eine Anzahl von Worten auswendig zur Verfügung haben, mit denen ich eben das ausdrücken kann, was im Lehrbuch stand. Doch erst wenn ich fähig bin, eigene Sätze zu bilden und die Worte frei und sinnvoll zugleich zu dem zu formen, was ich ausdrücken möchte, habe ich wirklich die Ebene der Fähigkeiten erreicht. Von hier ausgehend stehen mir eine Vielzahl von Verhaltensweisen jenseits des auswendig Gelernten zur Verfügung.

Wichtiger aber als der grundsätzliche Erwerb von Fähigkeiten mögen für mich die Beweggründe gewesen sein, um eine Sprache zu erlernen: Lohnt es sich - so werde ich mich gefragt haben -, mich dieser Mühe zu unterziehen? Glaube ich daran, daß es etwas bringt? Habe ich überhaupt etwas mitzuteilen? Und wem? Diese Fragen sind bezeichnend für die Ebene der Werte und Glaubensvorstellungen. Nur wenn ich auf dieser Ebene ein „Ja" zum Sprachelernen gefunden habe, werden sich die Ebenen des „Wann und Wo?", des „Was?" und „Wie?" des Lernens danach ausrichten.

Habe ich mir also die Erlaubnis oder sogar den Auftrag des „Warum?" verschafft, so besitze ich damit den Schlüssel zu einer Vielzahl von Fähigkeiten, die nur darauf warten, zu sprießen. Vielleicht erlebe ich all das als Erweiterung meiner Persönlichkeit. Mit einer neuen Sprache kann ich mich auf neue Art in der Welt versuchen, kann neue Begegnungen erleben - reifen oder mich profilieren. Vielleicht erlebe ich mich als Weltbürger, erfahre eine neue Form der Zugehörigkeit über meinen bisherigen (Kultur-)Kreis hinaus. Möglicherweise lerne ich eine Sprache sogar aus Liebe zu einem Menschen oder einer Kultur, der ich mich sehr verbunden fühle. Vielleicht so, daß ich sogar ein anderer Mensch werde.

Erneut wird deutlich, welchen Einfluß jede Ebene auf die anderen hat - auch, wie die jeweils höhere Ebene eine ganze Klasse von Merkmalen und Inhalten tieferliegender Ebenen verändern kann. Ein anderer Mensch zu sein, verändert mehr als eine neue Fähigkeit zu erlernen - und doch kann es neue Fähigkeiten geben, die einen anderen Menschen hervorbringen. Oft wird danach gefragt, ob die Ebenen sich zueinander hierarchisch verhalten, wie und mit welchen Zeitverläufen sie aufeinander reagieren, wie das mathematisch und logisch beschreibbar ist, oder ob sich in jeder Ebene alle anderen ausdrücken, einem Hologramm gleich. All das ausführlich zu untersuchen, geht über unseren hier gesetzten Rahmen hinaus. Doch wir können das Bild eines Baumes betrachten, die Äste, die Wurzeln, die Blätter, den Stamm - den Baum als Ganzes und das, was er zum Leben braucht: das Erdreich, die Luft, die Sonne.

245

Welche Schlußfolgerungen ergeben sich aus unserem Ebenenmodell für den Bereich der Persönlichkeitsentwicklung? Vielleicht haben Sie schon einmal ein Verhaltenstraining kennengelernt, in denen leider nur Verhaltensweisen und

Fähigkeiten trainiert wurden. Wirkliche Dynamik stellt sich meiner Erfahrung nach erst dann ein, wenn auch die Fragen nach den Werten, der Identität und der Zugehörigkeit gestellt und neu beantwortet werden. Viel bringt es schon, sich selbst diese Fragen zu stellen. Wachstum kann auf jeder Ebene beginnen, jedoch ist für einen Menschen zu einer gegebenen Zeit meist ein bestimmter Zugang der sinnvollste, und es kommt dann darauf an, diesen Zugang zu erkennen.

In verschiedenen Phasen unseres Lebens liegen die Schwerpunkte unserer bewußten Entwicklung auf unterschiedlichen Ebenen, während im Verborgenen andere Ebenen heranreifen. Für den Teenager ist die Identitätsfindung und auch die damit verbundene Abgrenzung von den Älteren weit wichtiger als für den Pensionär - und es geschieht über äußere Aktivitäten, Verhaltensweisen, Erfolgserlebnisse. In späteren Jahren wird das Übernehmen von Verantwortung, das Schaffen und Gestalten von Zugehörigkeit eine größere Rolle spielen - wortwörtlich. Die Entwicklungspsychologie lehrt uns noch weit mehr über Lebensphasen und Zyklen. Was wir in früheren Phasen versäumt haben, suchen wir später im Leben nachzuholen - nicht immer erfolgreich, denn die Umgebungsbedingungen haben sich verändert. Doch es geht. Wir können, indem wir unseren Lebensweg bewußt gestalten, nachentfalten, was damals brach lag.

Systemisches Zusammenspiel

Untersuchen wir das Zusammenspiel der Neuro-Logischen Ebenen auf andere Art:

Das Schachspiel drückt viel von den dargestellten Zusammenhängen aus:

Da sind die Bauern mit ihren immer gleichen Verhaltensweisen und eher geringen Fähigkeiten, die sich aber doch in eine ganz neue Qualität von Werten und Fähigkeiten verwandeln können, indem sie an der anderen Seite des Feldes angekommen, zur Dame werden. Da sind Springer, Läufer und der Turm als Gruppen von Fähigkeiten, die ganz unterschiedliche Kombinationen von Zügen (Verhaltensweisen) realisieren können, oder die Dame, die noch mehr Fähigkeiten in sich vereint - so viel, daß sie den höchsten Figurenwert innehat und dem Spieler Optimismus und Kraft verleiht. Der König dagegen kann sich kaum bewegen und doch dreht sich alles um ihn - er verkörpert die Identität des Spielers und ohne ihn wäre alles verloren. Er ist die unerläßliche, unersetzliche Figur, auf die sich die Strategie des Spielpartners richtet. Nur ohne einen Spielpartner wäre auch er ohne Bedeutung. Das Spiel wird um so interessanter, um so ebenbürtiger sich dieser Partner erweist. Der aus einiger Entfernung auf das Schachbrett Schauende erkennt die Zugehörigkeit beider Spieler zu einem jahrhundertealten Spiel, das ihnen Spaß und Spannung und manchmal einen Sieg schenkt. Nicht aber dieser, sondern der Weg dorthin - und die Begegnung mit einem Partner - haben dieses Spiel so alt werden lassen. An einem guten Spiel haben beide gewonnen. Das gilt für alle wahrhaftigen Beziehungen.

Die Alchemie von Beziehungen

Und wann sind solche Beziehungen möglich?
Das eine Sprichwort sagt: „Gleich und gleich gesellt sich gern."
Das andere: „Gegensätze ziehen sich an."

Unser Ebenenmodell hilft uns, zu erkennen, daß beide Sätze gleichermaßen gelten und wirken - nur eben auf verschiedenen Ebenen.
Ist nicht eine gleiche Zugehörigkeit eine starke verbindende Kraft von zwei Menschen? Wirkt nicht zwischen zwei sich ergänzenden, aber unterschiedlichen Persönlichkeiten eine starke Anziehungskraft?
Ähnliche Ziele, Wertvorstellungen und Weltbilder schaffen Vertrauen, lassen Menschen einander verstehen und bilden die Grundlage einvernehmlicher Zusammenarbeit. Doch wie gut, wenn sich die Partner in ihren Fähigkeiten ergänzen können - und dennoch im Verhalten, in ihrem Rhythmus, aufeinander abgestimmt sind, die gleiche Sprache sprechen und in einer gemeinsamen Umwelt leben.

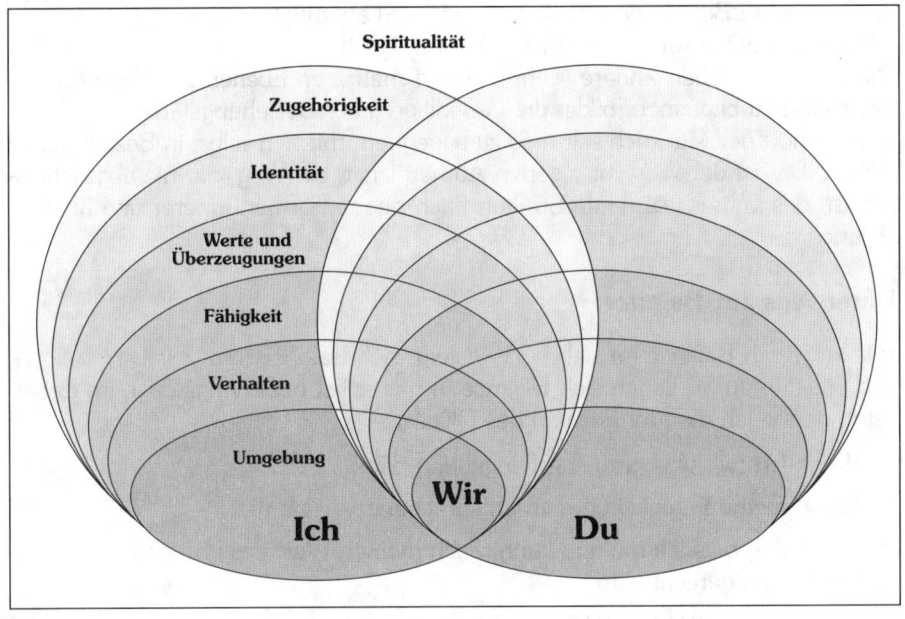

Abbildung 2
Neuro-Logische Ebenen und Beziehungen

Wenn Menschen durch eine gemeinsame Zugehörigkeit verbunden sind, steht dahinter mehr Zeit, mehr gemeinsame Erfahrung und auch mehr Tiefe und Verläßlichkeit, als sie lediglich durch eine gemeinsame Umgebung oder durch gemeinsame Verhaltensweisen entstehen.

Die vorausgehende Abbildung symbolisiert die Verbundenheit zweier Menschen durch sich überschneidende Ringe, die sich wie Wellen um jeden ziehen und die verschiedenen Ebenen darstellen. Je größer der sich überschneidende Bereich ist - und er wächst mit jeder Ebene - um so tiefer wird auch die Verbundenheit der Partner sein, und um so bedeutsamer ein zugehöriger Entwicklungsprozeß.

Beziehungen bilden, vollziehen oder lösen sich auf verschiedenen Ebenen - und all die Mißverständnisse und Enttäuschungen, die es da gibt, lassen sich damit erkennen und auch klären. Was geschieht, wenn meine Fähigkeiten unbeabsichtigt Dein Selbstwertgefühl mindern, wenn eine Verhaltensweise von Dir ein gemeinsames Zugehörigkeitsgefühl behindert, wenn meine Zugehörigkeit gegen Deine Wertvorstellungen verstößt? Was ist zwischen Ost- und Westdeutschen geschehen, auf welchen Ebenen sind sie sich begegnet, auf welchen Ebenen haben sie sich verwundet?

Der erste, befreiende Schritt ist stets das Erkennen, auch wenn es manchmal nicht leicht ist, fruchtlose Illusionen aufzugeben. Erst von hier aus lassen sich neue, sinnvollere Wege beschreiten. Es kommt darauf an, die von beiden Partnern gesuchte Beziehungsebene zu finden und auszufüllen.
Nicht alles paßt zusammen, nicht alles ist möglich.
Die Sensibilität aber, andere Menschen auf mehreren Ebenen zu erkennen und ihnen dort zu begegnen, bildet die Grundlage guter Beziehungsfähigkeit.
Dazu gehört der Mut, sich selbst so zu begegnen, mit sich selbst in Beziehung zu stehen. Das ist der Weg zur eigenen Authentizität, ein Weg, der nie abgeschlossen ist: das immer während Streben nach neuen Formen innerer und äußerer Balance.

Unterwegs zur Balance

Wie zeigt sich Balance im Leben? Wie zeigt sich Balance in mir selbst?
Die Situationen, in denen sich Balance in mir selbst beziehungsweise im Leben zeigt, nenne ich die fünf Formen des Glücks:

1. Wenn ich tue, was in meine Umgebung paßt.

2. Wenn meine Fähigkeiten dem entsprechen, was ich tue.

3. Wenn das, was ich tue und kann, auch meinen Wertvorstellungen und Überzeugungen gerecht wird.

4. Wenn meine Werte und Überzeugungen meinem Wesen entsprechen und meinem Selbstverständnis.

5. Wenn ich dort, wo ich mich zugehörig fühle, auch wirklich ich selbst sein darf und wachsen kann.

Wenn also das Wann und Wo, das Was, das Wie, das Warum, das Wer und das Wofür zusammenpassen.
Kennen Sie solche Menschen? Haben Sie ihre Ausstrahlungskraft gespürt?

Was unterscheidet den Künstler vom Kitsch-Produzenten, das Genie vom Scharlatan, den Meister vom Pfuscher, das Original von der Kopie?

Je sensibler wir werden, um so mehr schauen wir hinter die Fassade des äußeren Verhaltens - und desto mehr wissen wir, daß bloßes Schauspiel nicht lohnt, denn was auf anderen Ebenen in uns ist, spiegelt sich auf vielfältige Art nach außen wieder. Darauf, was nicht zusammenpaßt, auf unsere „Schatten", reagieren andere stärker als auf das, was wir darzustellen hoffen. Da hilft uns nur eines: Ehrlichkeit - um erstaunt wie ein Kind zu erleben, daß wir in unserer Unvollkommenheit mindestens genauso liebenswert sind. Mindestens. Und selbst wenn wir uns irgendwann für vollkommen halten: Kaum haben wir das eine erreicht, geht es auf anderen Ebenen weiter. Damit alle Aspekte des Baumes mitwachsen. Und das bedeutet Leben.

2. Die Methoden und Modelle des nlp

Die Entstehung des nlp

In den siebziger Jahren machten sich die Naturwissenschaftler John Grinder und Richard Bandler auf den Weg, um berühmte Therapeuten kennenzulernen und herauszufinden, worin das Geheimnis ihrer Wirksamkeit besteht. Sie waren bei Milton Erickson, dem legendären Hypnotherapeuten, bei Fritz Perls, dem Begründer der Gestalttherapie, bei Virginia Satir, Mutter der systemischen Familientherapie und, nicht zuletzt, bei Gregory Bateson, dem Erforscher des menschlichen Geistes.

Ihre Art zu lernen, nannten die zwei „modellieren". Eine Art, die auf Alfred Korzybski zurückgeht, der bereits 1933 in „Science und Sanity" die philosophischen und linguistischen Grundprinzipien des heutigen nlp formulierte und 1941 den Begriff „Neuro-Linguistik" prägte.

Auf dieser Grundlage erlebten, befragten und analysierten John und Richard ihre Lehrmeister, und zwar nicht nur deren äußeres Verhalten, sondern auch deren innere Vorstellungswelt, ihre Einstellungen und ihre Wahrnehmungen. Daraus extrahierten sie, was ihnen wesentlich erschien und probierten das Gelernte aus, um es anderen zugänglich zu machen. Sie ernteten Staunen, aber auch Verwunderung darüber, daß die Kunst genialer Menschen auch für „normale" Menschen erlernbar sein sollte. Ihre Erkenntnisse veröffentlichten die beiden bald in ihren ersten Büchern: „Die Struktur der Magie", „Patterns" u.a. Auf dieser Grundlage lehrten und beschrieben sie dann eine Essenz ausgewählter Methoden und Prinzipien - solche, die helfen sollten, „Frösche in Prinzen" zu verwandeln. Und sie gaben ihrer Arbeit den Namen „Neurolinguistisches Programmieren".

Was ist nlp?

Der Name hatte eine sonderbare Wirkung: Die einen waren begeistert und glaubten, nun den Schlüssel zur unbegrenzten „Programmierung" des menschlichen Geistes in der Hand zu halten, andere erfüllte gerade diese Vorstellung mit Angst um ihre persönliche Freiheit. Beide irrten, denn mit der Zeit entdeckten sie, daß es weder um Wunder noch um Programmierung ging, sondern um flexible Kommunikationsfähigkeiten und Methoden, die Therapeuten, Kommunikatoren und Pädagogen ein effektiveres Arbeiten ermöglichten.

Betrachten wir den Namen:

Neuro:	Das bezeichnet unser Nervensystem, und mit ihm das Sehen, Hören, Fühlen, Riechen, Schmecken, das Erinnern und das Phantasieren. Es beinhaltet unsere ganze sinnliche Erfahrung.
Linguistisches:	Das meint unsere Sprache, mit der wir Erfahrungen codieren, zu geistigen Landkarten verknüpfen und miteinander austauschen. Nicht nur die Sprache der Worte gehört dazu, auch die des Körpers und der Augen, wie auch die Gesten, Symbole und die Schrift – alles, was uns Botschaften übermittelt.

Programmieren: Dieser Begriff meint den Prozeß des Lernens durch sinnvoll aufeinander aufbauende Erfahrungen. Das Lernen, um das es hierbei geht, ist die Ergänzung bekannter Wege durch neue, hilfreiche und lebensfördernde. Es meint mehr Wahlmöglichkeiten zur Lebensgestaltung, anstelle von Eingrenzung, von der es ja in unserer Erfahrung genug gibt.

*Zusammengefaßt:*Neurolinguistisches Programmieren ist Arbeit mit Menschen, in der es darum geht, alle Sinne zu aktivieren und ihre Erfahrungen und Gedanken so zu erweitern, daß sie für ihr Leben hilfreiche neue Wahlmöglichkeiten entdecken. Hierfür werden Sprache, Ausdruck, Imagination, sowie Situations- und Rollenwechel benutzt. Es gibt erprobte „Abläufe", „Programme" für solche Arbeit, die nachvollziehbar sind, aber genauso geht es darum, ganz individuelle Wege zu finden. Ziel und schönstes Ergebnis ist es, wenn Menschen wieder Zugang zu ihren eigenen Kraftquellen und zu ihrer Intuition finden. Natürlich existiert alles, was im nlp geschieht, auch sonst im Leben, es findet in überlieferten Heilweisen, anderen Therapieformen, in Kunst, Sprache und Kommunikation jeder Art seinen Ausdruck. Deshalb übersetze ich nlp gern mit „Natürliche Lebens-Prozesse".

Das Verdienst der nlp-Entwickler ist es, derartige Veränderungsprozesse auf eine strukturierte Art bewußt und erlernbar formuliert zu haben.

Sie entwarfen Trainingsprogramme für das Erlernen der Methoden und brachten diese auf den freien Markt - was nicht nur positive Auswirkungen hatte.

Noch einmal zum Namen: Mit der Zeit entdeckten die einen, daß willkürliches Programmieren letztlich gar nicht klappt, die anderen, daß größere Freiheit gerade das Ergebnis der nlp-Arbeit ist. Aber bis heute gibt es Anbieter von der einen oder anderen Seite - jene, die nlp für manipulative Zwecke vermarkten, andere, die nlp anwenden, es aber nie zugeben würden.

Die Philosophie

nlp begann mit der Absicht, besondere menschliche Fähigkeiten zu erforschen und weiterzugeben. Dahinter steckt die Überzeugung, daß wir alle über ein großes ungenutztes Potential verfügen, das erweckt werden kann, indem wir von anderen lernen. Dieses Lernen aber ist nicht in erster Linie Nachahmen eines äußeren Verhaltens, sondern das Durchlaufen von inneren und äußeren Prozessen. Fähigkeiten, die es zu entwickeln lohnt, sind zum Beispiel die Kunst, gut und konstruktiv zu kommunizieren, leichtes und spielerisches Lernen, die Kunst zu heilen und die Fähigkeit, persönliche Konflikte und traumatische Erfahrungen zu verarbeiten. Aber auch besondere Kreativität, Ausdruckskraft und Effizienz gehören dazu. nlp orientierte sich seit Anbeginn an der Erforschung dessen, was möglich ist, nicht an dem, was nicht geht, und beschrieb die erkannten Lösungswege in erlernbaren Schritten.

251

Alles Gelernte beruht auf persönlichen Erfahrungen. Es ist deshalb weder wahr noch falsch, sondern nur mehr oder weniger hilfreich. Und es läßt sich durch neue Erfahrungen verändern. nlp geht davon aus, daß jedes erlernte Verhalten ursprünglich eine positive Funktion hatte, auch wenn es später gar nicht so erscheint. Diese Funktion zu respektieren und auf neue Art zu erfüllen ist Entwicklung.

Eine Vorannahme des nlp ist es, daß jeder Mensch alle Energiequellen, Ressourcen in sich verborgen hat, die er für sein Leben braucht.

Nur sind ihm diese Ressourcen häufig nicht zugänglich, sind verbaut und müssen bewußt oder unbewußt erschlossen werden.

Was ist Wahrheit?

Verschiedene Menschen schaffen in sich aufgrund ihrer Erfahrungen unterschiedliche Abbilder der Welt. Und nennen sie Wahrheit. Seit Jahrtausenden schlagen sich Menschen für ihre Wahrheiten die Köpfe ein - im nlp spielt der Wahrheitsbegriff keine Rolle, jeder hat auf seine Art recht, oder auch keiner. Alles, was wir Wissen nennen, sind vorläufige, selbst geschaffene Landkarten für diesen oder jenen Zweck. Auch nlp ist eine solche.

Damit wird es möglich, das Denken anderer Menschen als Erfahrungsschatz zu verstehen, von dem es sich zu lernen lohnt. Ich selbst tat dies mit philippinischen Heilern ebenso wie mit erfolgreichen Geschäftsleuten.

In der lernenden Akzeptanz des anderen liegt das friedensstiftende und grenzüberschreitende Potential des nlp, das erst in den Anfängen genutzt wird.

Was ist Veränderung?

Wenn Menschen Schwierigkeiten im Leben haben, neigen sie dazu, die Welt, andere Menschen, ihre Vergangenheit oder sich selbst anzuklagen und auf der eigenen Sicht der Dinge zu beharren. Aus der Sicht des nlp geht es nicht um Schuld - nur darum, die inneren Landkarten zu aktualisieren: Die eingetragenen Wege sind nicht gangbar, gute Wege sind nicht eingetragen. Wie mag es einem Autofahrer gehen, der mit dem Stadtplan von Rom in Berlin seinen Weg sucht? Der Stadtplan von Rom ist deshalb nicht falsch, er wird ihn verteidigen, doch für diesen Zusammenhang ist er eben nicht gerade sinnvoll.

nlp ist angewandter Konstruktivismus, eine Lehre von der Entwicklung innerer Landkarten. Dazu gehört es, Erlebnisse zu vermitteln und zu interpretieren, Vergessenes zu erinnern, Verallgemeinerungen und Phantasien zu überprüfen.

Was heißt Verständnis?

Wenn verschiedene Menschen miteinander umgehen, werden Worte leicht zur Falle. Wir glauben verstanden zu haben, doch das gleiche Wort bedeutet für den Partner etwas ganz anderes. Oder auch: Wir verstehen gar nichts und meinen doch das gleiche. Erst wenn wir von Begriffen zu konkreten Bildern, Klängen und Gefühlen kommen, beginnen wir, wirklich zu verstehen. Dieser Prozeß erfordert ständiges Feedback und Korrektur. Es gibt dabei keine Fehler, nur neue Lernschritte. Auf diese Art kann jede Begegnung mit einem Menschen, auch demjenigen, den wir seit Jahren zu kennen glauben, ein Aha-Erlebnis sein - und das eigene Weltbild erweitern.

Hast Du schon einmal versucht, nicht zu kommunizieren - und gemerkt, welche Wirkungen das hat? Was wir auch tun, auch wenn wir weggehen, in jedem Fall wirkt es auf andere Menschen. Daraus ergibt sich ein letzter Leitsatz des nlp: Jeder Mensch ist Teil eines Netzes, in dem wir alle miteinander verbunden sind und aufeinander wirken. Keiner steht außerhalb, ohne zu kommunizieren und ohne auf andere zu wirken. Auch Schweigen oder Abwesenheit ist eine Botschaft. Der unabhängige, neutrale Beobachter, von dem keinerlei Wirkungen ausgehen, der keinerlei Wirkungen ausgesetzt ist, ist demnach eine Illusion.

Auch mit unseren Gedanken wirken wir aufeinander. Denken wir daran, welche Auswirkungen das auf die schulwissenschaftlich „heilige Kuh" der Objektivität hat - die insbesondere im psychologischen und medizinischen Bereich einen so seltsamen Konflikt mit subjektiven und intuitiven Methoden zelebriert.

Kommunikation - Wohin?

Es geht darum, sich seiner selbst und seiner Wirkungen bewußt zu werden. Nur das schafft neue Wirkungsmöglichkeiten. Doch in welche Richtung? Wenn es nicht mehr ums Rechthaben geht, worum dann? Kommunikation ist Austausch. Beziehungen jeder Art gedeihen dann, wenn alle Beteiligten dabei gedeihen. Austausch kann auf verschiedenen Ebenen geschehen: Wertschätzung, Sicherheit, Fähigkeiten, Aktivitäten, materielle Werte, aber auch Liebe...

Modelle und Methoden

Was wir erkannt haben und in uns tragen, will sich im Leben manifestieren, umsetzen, will vom Träumen und Denken zum Handeln kommen. Dies ist der Weg des methodischen nlp - in dem die Essenz der aus verschiedenen Bereichen extrahierten Modelle und Lösungswege vermittelt wird.

Nachfolgend stelle ich in kurzer Form zusammen, was zur methodischen Grundausstattung des nlp gehört. Wir wissen: Das Ganze ist mehr als die Summe der Teile.

Die Kunst Menschen wahrzunehmen (Kalibrieren)

Den Zustand und ja sogar innere Prozesse eines Menschen aus subtilen körperlichen Signalen, z.B. Augenbewegungen, heraus erkennen.

Übungsfelder: Straßenbahnen, Kollegen, Geliebte, Selbstwahrnehmung.

Die Kunst des Fragens (Meta-Modell)

Lernen, die richtigen Fragen zu stellen, solche, die auf den Punkt kommen, und dabei Weggelassenes finden, Verallgemeinertes konkretisieren und Phantasiertes erkennen.

Übungsfelder: Politische Wahlveranstaltungen, Interviews führen, sich selbst interviewen.

Kontakt und Vertrauen (Rapport)

Die Kunst, andere Menschen dort abzuholen, wo sie sind. Und, statt ihnen ruckartig den eigenen Zustand aufzuzwingen, sich selbst an deren geistige

253

Welt oder physische Befindlichkeit anzugleichen. Das Spiel „gleich und gleich gesellt sich gern" und „Gegensätze ziehen sich an" bewußt erleben und respektvoll mitgestalten.

Übungsfelder: Flirten, Ost-West-Freundschaften, gemeinsam ein Boot rudern.

Wahrnehmungsraum (SOAR-Modell)

Die Fähigkeit, die eigenen Gedanken und Wahrnehmungen in verschiedene Richtungen zu lenken und diese voneinander zu unterscheiden... die Gegenwart, die Vergangenheit, die Zukunft, die Position des „Ich", des „Du", oder des „stillen Beobachters", die Fragen nach dem „Was?", dem „Wie?", dem „Wer" und „Warum?"

Übungsfelder: Spiele mit Rollentausch, Schauspiel, Talk shows, Dinner for two.

Angleichen und Führen

Menschen behutsam darin begleiten, neue Erfahrungen zu erleben - mit allen Sinnen, in ständigem Feedback. Um Erlebnisse leichter wiederholen zu können, werden diese mit speziellen Sinnesreizen verknüpft (geankert). Diese Sinnesreize (Anker) können Berührungen, Worte, der Klang der Stimme oder visuelle Zeichen sein.

Übungsfelder: Paartanz, Geschichten erzählen, Bergführer sein.

Erfahrungen integrieren (Anker verschmelzen)

Erfahrungen, in denen Versagen oder Mißerfolg erlebt wurde, mit positiven, kraftvollen Ressourcen ins Gleichgewicht bringen.

Übungsfeld: In schönen, kraftvollen Momenten sich selbst etwas davon dorthin schicken, wo es im Leben fehlte.

Vom Ausgangspunkt zum Ziel

Sich Ziele setzen, die positiv formuliert, selbst erreichbar und für alle Beteiligten (auch innere Widersacher) ökologisch sind. Strategien zur Erreichung der Ziele entwickeln - und den eigenen Standort auf dem Weg erkennen.

Übungsfeld: Eine gute Party planen, mit allem, was dazugehört.

Träumen, Denken, Handeln (Disney-Strategie)

Das Zusammenspiel zwischen diesen Grundpositionen des Lebens, die auch für Körper-Seele-Geist stehen können.

Übungsfelder: Mit Kindern einen Spielplatz bauen, Projekte verwirklichen.

Hypnotische Grundfähigkeiten (Milton-Modell)

Die Kunst, so zu sprechen, daß Partner die Worte mit eigenem Inhalt füllen können und auf diese Weise unbewußte kreative Kräfte aktivieren.

Respektvolle Kommunikation mit dem Inneren.

Übungsfeld: Eine politische Rede ohne Inhalt halten, die jeden beeindruckt.

Umdeuten (Reframen)

Die Kunst, Erlebnissen eine neue, lebensfördernde Bedeutung zu geben, zum

Beispiel eine dahinterliegende gute Absicht, ein sinngebender Zusammenhang - oder neue Wahlmöglichkeiten.
Übungsfeld: Jede konstruktive Argumentation mit Freunden und sich selbst.

Win-Win-Austausch (Verhandlungsreframing)
Die Fähigkeit, zwei sich widersprechende Partner oder Persönlichkeitsteile durch Würdigung und Austausch von Ressourcen zu versöhnen - und zu beiderseitigem Nutzen kooperieren zu lassen.
Übung: Einem Menschen, der „anders will als er soll", ehrlichen Herzens einen tiefen Wunsch erfüllen.

Lebensweg-Therapie (Timeline, Reimprinting)
Das Auffinden wichtiger Erlebnisse auf dem eigenen Lebensweg. Erkennen, was damals fehlte - Veränderung blockierender Erfahrungen durch Ressourcen für das jüngere Selbst und alle Beteiligten.
Übung: Ein altes Fotoalbum anschauen - dem jüngeren Selbst einen Wunsch erfüllen.

Bewußte Wahrnehmungsveränderung (Submodalitäten)
Die Kunst, Bilder, Farben, Töne, Gefühle innerlich so zu verändern, daß sie uns unterstützen. Zum Beispiel schafft Abstand von einem Erlebnis die Möglichkeit, daraus mehr zu lernen und vermindert eventuelle Angst. Hierauf bauen Techniken zur Lösung von Phobien und Allergien auf. Die Kunst, Licht, Klänge und Bewegungen zu Energiequellen werden zu lassen.
Übung: Sich selbst von außen bei der Arbeit zuschauen und in Licht hüllen.

Entwicklungsebenen (Neuro-Logische Ebenen)
Erkennen, daß Entwicklung zyklisch und auf mehreren Ebenen abläuft. Hierzu gehören: Umgebung, Verhaltensweisen, Fähigkeiten, Einstellungen, Identität und Zugehörigkeit - all das beeinflußt sich gegenseitig - auf jeder Ebene benötigen Menschen Ressourcen und Austausch.
Übung: Paßt all das zusammen: Was Du tust, was Du kannst, was Du willst und wer Du bist?

...und wie sieht ein typischer nlp-Prozeß aus?

Coach (Begleiter) und Klient (Entdecker) klären Ziele und Ausgangszustand.

Der Begleiter fragt, nimmt Veränderungen im Klienten wahr, strukturiert und markiert (ankert) dessen Zustände, gibt Anleitung, zeigt neue Bedeutungen, führt in neue Erfahrungen,

Der Klient erlebt, schildert, ergänzt, versetzt sich in Situationen, imaginiert, wechselt Positionen, erkennt Zusammenhänge, kreiert neue Erfahrungen, verknüpft Erfahrungen, überprüft Lösungen, gibt immer wieder Feedback.

Meist werden die wesentlichen Situationen und Zusammenhänge aus der Erfahrungswelt des Klienten mit Symbolen „verankert", die im Raum ausgelegt werden. Der Klient bewegt sich damit physisch in der eigenen Erlebniswelt, strukturiert, erweitert und integriert sie - bis er ein neues persönliches Gleichgewicht erreicht.

Anwendungsbereiche

Einerseits ermöglichen die nlp-Methoden die Erweiterung der inneren Erlebniswelt des Menschen, die „innere Landschaftsgestaltung", andererseits stellen sie wichtige Fähigkeiten für Ausdruck, Kommunikation und Kooperation zur Verfügung. Das „innengerichtete" nlp ist insbesondere in den Bereichen Persönlichkeitsentwicklung, Lebensgestaltung, Zielverwirklichung angesiedelt. Das nlp schult Sensibilität und Kompetenz in der persönlichen und beruflichen Kommunikation.
Beide Seiten zu entwickeln bedeutet Balance zwischen Sein und Handeln.
Da die Prinzipien, Methoden und Modelle des nlp unabhängig vom speziellen Inhalt wirken, lassen sich damit Kommunikationsprozesse aus verschiedenen Lebensbereichen gestalten:
Die wichtigsten Anwendungsbereiche des nlp sind Therapie, Pädagogik und Wirtschaft. Das heißt: In Bereichen, in denen unterschiedliche Inhalte und Umgangsformen gelten, wirken die gleichen Prinzipien.

Beispiel: Ein nlp-Prinzip besagt, daß jedem Verhalten eine positive Absicht zugrundeliegt, für die es aber oft keine angemessene Art der Erfüllung gibt. Die gute Absicht und Wege zu ihrer Erfüllung zu finden, ist Ziel der Kommunikation.

Bereich Therapie: „Rauchen" - der Therapeut führt den Klienten in tiefe Entspannung und fragt einen unbewußten Teil in ihm nach der guten Absicht des Rauchens. Dieser reagiert über Körpersignale - deutet unausgedrückte Aggressionen an. Der „kreative Teil" des Klienten findet neue Wege, sich auszudrücken - statt sich zu betäuben.

Bereich Pädagogik: Ein neu hinzugekommenes Kind ist unruhig und abgelenkt. Die Lehrerin bemerkt, wie es unbeholfen Kontakt zu den anderen sucht.
Sie kreiert Lernsituationen, in welchen die Kinder zusammenspielen können.

Bereich Wirtschaft: Ein Verhandlungspartner bringt kurz vor dem erfolgreichen Abschluß immer neue Einwände, die sich auf Qualitätsgarantien beziehen. Der Anbieter erkennt, daß der Partner Zeit braucht, um über die nötigen finanziellen Mittel verfügen zu können, dies aber nicht äußern mag. Er gibt ihm Zeit, indem er eine Testphase vorschlägt.

Perspektiven

Die Entwicklung des nlp von den Anfängen bis heute zeigt unterschiedliche Tendenzen:
Immer vielfältiger werden die Anwendungsbereiche, viele kreative Menschen entwickeln es weiter, die Gründer haben sich getrennt und sind eigene Wege

gegangen, und es gibt bereits eine Reihe eigenständiger Stilrichtungen. Dazu gehört Robert Dilts, der dem nlp als erster ein zugleich systemisches und spirituelles Potential vermittelte.

Neben dem „wie" der Realisierung gewinnt das „was und wofür" an Bedeutung. Je mehr Menschen über effektive Veränderungs- und Kommunikationstechniken verfügen, umso mehr stellt sich die Frage nach ihrer Erfahrung und ihrer Mission. Denn es gibt ebenso Schattenseiten: Sogar wer das eigene Leben erst wenig erforscht hat, kann mit nlp-Technologie andere Menschen beeindrucken - oder sich selbst. Schnelle Fortschritte und das Bewegen durch neue Wahrnehmungsebenen können dazu verführen, schwierige Entwicklungsschritte zu überspringen und sich in die eigene Größe zu verlieben. Auch wer fliegen lernt, sollte ab und zu zu Fuß gehen. Es geht heute nicht um Maximierung und Einzelkarriere, sondern um Balance und Kooperation - im nlp wie in der gesamten Gesellschaft.

Als anwenderfreundliche Methodik kann nlp zum psychischen Wachstumsbereich der Zukunft gehören, ebenso selbstverständlich, wie es Sport heute ist, und in sinnvoller Ergänzung mit anderen Modellen, Methoden und Entwicklungsformen - seien es Körperarbeit, systemische Therapie, Kinesiologie oder Gesprächstherapie. Auf diesem Weg hat nlp vieles erreicht, doch das ist keinesfalls abgeschlossen oder endgültig.

In das tiefe Wasser unserer Seele, unseres Träumens, Denkens und Handelns - und nicht zuletzt unseres Zusammenlebens - werden wir weiter tauchen - die Muster ergründen, welche unserem Leben Wert und Sinn geben - und immer wieder vor dem Unbekannten, Unfaßbaren stehen. Zum Glück.

Entdecker, die zu verschiedenen Meistern gehen und schließlich aus sich heraus etwas Neues schaffen, werden die Meister von morgen sein.

3. nlp in kritischer Reflektion

Vorbemerkungen

Hier stelle ich Ihnen Auszüge aus Arbeiten vor, die sich kritisch mit dem nlp auseinandersetzten. Es handelt sich um den Beitrag „Die offenen Grenzen des nlp" aus dem ersten Heft der nlp-Zeitschrift *Multimind* und den Vortrag „Die sieben Barrieren des nlp" bei der Konferenz der deutschen nlp-Gesellschaft (GANLP) 1995. Neben dem konkreten Inhalt finden Sie hier zahlreiche Beispiele für die Anwendung des im dritten Abschnitt vermittelten Rhetorik-Modells, für Argumentation und neue Sichtweisen. Mehr noch: Vielleicht können Sie vieles hier Gesagte auch auf andere Bereiche übertragen.

Jedes Lehrsystem, das bestimmte Entwicklungswege und Veränderungsmethoden erarbeitet und verbreitet, unterliegt mit der Zeit inneren und äußeren systemischen Einflüssen und Widersprüchen, die es in seinen Potentialen limitieren können, sofern nicht Selbstregulationsprozesse diese ausgleichen. Einzelne Vertreter einer Richtung oder Gemeinschaft werden häufig zu sogenannten Symptomträgern einseitiger Entwicklungen, stoßen derartige Selbstregulationsprozesse an oder gehen eigene Wege.

Das ist nicht nur im nlp so, sondern spätestens seit der Psychoanalyse in vielen therapeutischen Schulen und gesellschaftlichen Bewegungen zu beobachten. Auch den Wissenschaften oder Kirchen dürfte dies nicht fremd sein.

In diesem Abschnitt möchte ich auf die mir in der Entwicklung des nlp bewußt gewordenen Einflüsse, Widersprüche und daraus entstehende Einseitigkeiten aufmerksam machen - gleichzeitig aber die bisherigen Leistungen und Potentiale der methodischen Vielfalt des nlp würdigen.

Die Ausgangsbasis des nlp

nlp bezieht sich auf die philosophischen Ideen des Konstruktivismus, welcher das subjektive Erleben neu bewertet und den Begriff der Wahrheit relativiert. Für das nlp bedeutete dies, daß der Anspruch, objektive Wahrheiten zu besitzen, zugunsten der Suche nach nützlichen, funktionierenden Modellen aufgegeben werden konnte. Das ermöglichte ein unvoreingenommenes Lernen und Modellieren und hatte in der Tat das Zusammentragen und die Neuentwicklung vieler nützlicher Modelle zur Folge.

Hierzu gehörten vorhandene Modelle über Modellbildungsprozesse und Sprache (nach Chomsky oder Erickson), über bedingte Reflexe und Konditionierung (Ankern), über die Intention von Symptomen (Virginia Satir), über die Integration von Teilen (Fritz Perls), über Submodalitäten (Energetisches Heilen), über Regelkreise und Strategien (Kybernetik, Spieltheorie) etc.

Hinzu kamen selbst entwickelte Modelle zu Kontakt und Vertrauen (Rapport), zur Neurophysiologie (Augenzugangsmuster), über innere Verarbeitungsprozes-

258

se und jene Modelle, welche die subjektiven Erlebnisstrukturen besonders begabter Persönlichkeiten beschrieben (Walt Disney, Albert Einstein etc.).

Die daraus entwickelten Techniken und Veränderungsprozesse erwiesen sich als effektiv und boten einen nützlichen methodischen Grundstock für Kommunikation und Therapie. Hier begannen jedoch zugleich die ersten Veränderungen in der Grundhaltung des nlp, welche die weitere Entwicklung der Methodologie beeinflußten.

Wahrheitssucher und Wahrheitsbesitzer

Mit der erfolgreichen Nutzung von gefundenen Modellen wurden aus offenen und neugierigen Wahrheitssuchern die neuen Wahrheitsbesitzer. Die anfangs deklarierte Vorläufigkeit und Relativität der extrahierten Modelle geriet in Vergessenheit und stolz beharrte die nlp-Anwenderschar auf dem Erreichten, dem, was heute als Inhalt des nlp angesehen wird: eine fertige Sammlung effektiver Kommunikationsmodelle.

Wer aber zu früh glaubt, den Stein des Weisen gefunden zu haben, ruht sich zu früh aus. Die Offenheit, ganz andere Prozesse zu entdecken, die Veränderung und Wachstum zugrunde liegen könnten, verminderte sich. Wer stellt schon ein bereits sicher gehabtes Guthaben in Zweifel?

Dabei es geht gar nicht darum, was funktioniert, aufzugeben, sondern nur darum, zu fragen, ob das denn schon die ganze Weisheit sei.

Erfahrene Anwender wissen, daß nlp-Methoden nur einen Teil dessen beschreiben, was zwischen Menschen geschieht und was Veränderung ausmacht: Ich habe festgestellt, daß hinter dem Ankern und den Augenzugangsmustern andere Prinzipien wirken, als das nlp sie sieht.

Die Rolle von Intuition, Empathie, Beziehung und Austausch zwischen Therapeut und Klient wurde im nlp unterschätzt. Das Rapport-Modell erwies sich als oberflächlich, wo es um echte Beziehungsfähigkeit geht.

Auch die Hirnforschung hat viele interessante Modelle entwickelt, die teilweise andere Zusammenhänge zeigen.

All das ist nicht tragisch, heißt es doch nur, daß die bisherigen Erfolge an bestimmte Kontexte und Voraussetzungen gebunden waren, die lediglich nicht bewußt waren, so daß jede Erweiterung willkommen sein sollte. Viele Anwender und nlp-Entwickler beschritten und beschreiten aus dieser Einsicht heraus auch neue Wege und beziehen beispielsweise andere Therapieformen und Modelle ein, wie Systemische Therapie, Körperarbeit, Meditation, Kinesiologie und andere.

In das theoretische Modell des nlp und die Ausbildungswege fanden neue Modelle jedoch nur bei einzelnen Entwicklern, wie Robert Dilts, Einzug.

Vielmehr breitete sich zugleich das Schutzbedürfnis aus, nlp von fremden Einflüssen rein zu halten.

Betrachten wir einige der Bereiche, in denen neue Ansätze das nlp bereichern könnten:

Vom Erweitern der sinnlichen Erfahrung

Leider klingen Worte wie „Neurolinguistisches Programmieren" und all die anderen Fachbegriffe alles andere als sinnlich.

Doch das Hauptmittel, um Menschen zu Erfahrungen zu führen, ist im nlp die Sprache.

Allein die Sprache ist keinesfalls immer der Königsweg, um etwas in anderen auszulösen, wie nicht nur Körpertherapeuten und Meditierende wissen. Sprache reicht so weit, wie sie in Erfahrung übersetzt werden oder Erfahrungen wiedergeben kann. Nur mit dem, was individuell erfahrbar gemacht werden kann, können wir jedoch arbeiten. Deshalb ist es gut, diesen Bereich auf andere Art zu erweitern. Für nonverbales nlp gibt es viele Wege. Im menschlichen Körper sind alle Erfahrungen gespeichert, als Bewegungsmuster, Haltungen, nonverbale Ausdrucksformen, im Stoffwechsel und im Nervensystem.

Veränderungen, die auch hier repräsentiert werden, haben eine andere Wirkung als jene, die nur vom Kopf bis zum Hals reichen, denn der Kopf ist nicht Herrscher, sondern Teil des Ganzen.

Es lohnt sich, jene anderen Wege kennenzulernen, die dem ganzen Organismus neue Erfahrungen ermöglichen, von der Massage über Feldenkrais, von der Homöopathie über Osteopathie, von der Rollenimprovisation bis zur Tanztherapie. All das sind Operatoren jenseits der Sprache, die, sinnvoll eingesetzt, tiefe Ressourcen freisetzen können. Jeder Mensch hat seine eigene ideale Pforte zu diesen Ressourcen. Es lohnt nicht, einen Turm immer höher zu bauen und das umliegende Land zu vergessen. Es sei denn, ich möchte mich in dem Turm verstecken.

Weitergehen

Wie also wäre es, wenn wir uns dessen bewußt würden, daß alle nlp-Modelle und Techniken nur Zwischenergebnisse sind, und wenn wir neu zu suchen begännen. Wir können neue Modelle bilden, indem wir Menschen nach bewährten Gesichtspunkten beurteilen, einem Raster vergleichbar.

Doch wenn wir ganz unvoreingenommen und neugierig Gedanken und Erlebnisformen erkunden, unsere eigenen und die anderer, entdecken wir vielleicht Muster und Welten, die nirgendwo hineinpassen, die neu sind und wert, erkannt zu werden. Dies ist das Modellieren, aus dem nlp hervorgegangen ist. Es lohnt nicht nur, die fertigen Modelle zu nutzen, sondern immer wieder neu zu schöpfen - völlig unabhängig von vorgegebenen Denkmustern.

Chancen und Potentiale

Betrachten wir die verborgenen Potentiale des nlp.

Systemisches nlp hat heute mechanistische Verhaltensstrategien überwunden und kann, in schöpferischer Weise genutzt, ähnliche mehrdimensionale Tiefen erreichen, wie andere große Prozeßmodelle - von der Kabbala bis zur Kybernetik. Wird der Anspruch auf Wahrheitsbesitz fallengelassen, ist es wieder möglich, verschiedene Weltmodelle einzubeziehen und Brücken zwischen ihnen zu bauen. Diese Brücken, weniger die Fertigmodelle im einzelnen, sind das große Potential des nlp. Beispielsweise hat nlp Schnittstellen für rationales Denken ebenso wie für Intuition und Kreativität. Logik und Intuition zu versöhnen, ist seine besondere Chance.

Verbindungen schaffen

Den Anwender führt nlp in die Vielfalt seiner sinnlichen Erfahrung - durch die Zeit, seine Beziehungen, seine Persönlichkeit.
Während die alten Rituale unserer Kultur für viele Menschen sinnentleert wurden, kann nlp neue individuelle Veränderungsrituale für moderne Menschen schaffen.

Leicht läßt sich das nlp-Modell auf andere Arbeitsweisen übertragen. Jeder kann damit in einem solchen Stil arbeiten, der seine eigenen Intentionen und Erlebnisformen am besten widerspiegelt und erweitert.
Manchen Menschen mögen die Kategorien der Transaktionsanalyse, anderen das indische Chakrensystem zugänglicher sein als die Neuro-Logischen Ebenen. Manchen ist das Enneagramm oder das Hirndominanzmodell hilfreicher als die Meta-Programme. Andere suchen ganz eigene Formen, vielleicht in der Kunst. Mit Recht, denn Fertigmodelle und Raster jeder Art verstummen vor der unendlichen Vielfalt des Lebens. Jedes Modell erfaßt andere Aspekte aus einem anderen Blickwinkel.
Auch meine Kreativität verläuft anders als die von Albert Einstein oder Walt Disney, aber es war bereichernd, zu erfahren, was nlp von den beiden gelernt hat.

Die Zukunft des Lernens

Lernen verändert sich. Es geht nicht mehr allein um Wissen, sondern um Befähigung, so wie musikalische Befähigung ausdrückt, was ein Mensch tun kann, nicht, was er weiß.
Beziehungen gewinnen an Wert. Die Beziehungen zwischen den Weltmodellen und Ideen werden wichtiger als die Modelle und Ideen. Ein Experte ist ein Mensch, der erkennen und herausfinden kann, wie die Dinge zusammenhängen, nicht derjenige, welcher die meisten Fakten kennt.
Indem jeder Mensch in sich verschiedenste Erfahrungen und geistige Modelle integriert, gewinnt die Einzigartigkeit, in welcher er oder sie das tut, an Bedeutung.
Lehrer werden nicht wegen ihrer überall angebotenen Fakten, sondern wegen ihrer persönlichen Stimme gebraucht, der Art, wie sie Wert, Bedeutung und Beziehung der Inhalte als neue Erfahrungen weitergeben.

261

Weltmodelle aussöhnen

Sicher ist es interessant, immer wieder zu erfahren, wie das Hirn funktioniert - doch auch in Jahrhunderten werden diese Entdeckungen dem Hirn weiter hinterherlaufen. Denn das Hirn wird seiner Fähigkeit, sich zu beschreiben, um einiges voraus sein. Was also ist endgültig wahr?

Sind wir bereit, verschiedene Modelle der Welt jenseits des Wahrheitsanspruchs, also der Bewertung aus der Sicht eines anderen Modells, zu würdigen und auszuprobieren?

Hat sich die Einsicht, daß nlp keine neue Wahrheit deklariert, erhalten? Wahrheit suchen wir vielleicht in Doppelblindversuchen und übersehen dabei oft, daß nicht mal diese wirklich neutral und objektiv sein können, weil jede Umgebung ihre Wirkungen zeigt.

Es ist nicht wichtig, nur recht zu haben.

Zukunftsfähigkeit heißt, die Welt aus verschiedenen Modellen heraus betrachten zu können - mit den Augen eines Moslem ebenso wie mit denen einer Geschäftsfrau, eines Wissenschaftlers oder eines geistigen Heilers.

Ein weiterer Schritt kann es sein, das positive Potential, nicht die Wahrheit, der Modelle zu würdigen. Welches Denken macht was möglich?

Und was geschieht, wenn verschiedene Modelle sich respektvoll begegnen und einen sinnvollen Platz in einer multikulturellen Welt einnehmen? Es mag etwas ganz anderes herauskommen als vermutet. Vielleicht die Bereicherung der Erfahrungswelten verschiedener Völker, die sich im Austausch aufeinander beziehen. Das wäre Dienst am Frieden.

Persönliche Defizite

Wer erfolgreich eine Methode entwickelt und anbietet, hat einen persönlichen Nutzen davon, steht im Rampenlicht, erhält Applaus, verdient sehr gut und erwirbt so etwas wie Macht. Wenn ihm derartige Dinge allzu viel bedeuten, kann das dazu führen, daß seine Arbeit davon beeinflußt wird.

Wenn seine Wertmaßstäbe Geschwindigkeit und Großartigkeit sind, wird er Menschen anziehen, die das suchen. Und seine Schüler werden mit der Methode jenen Stil verbinden. Vielleicht werden auch Sie seinem Vorbild folgen und irgendwann eigene Schüler finden, denn nur auf der Bühne liegt das Licht der Anerkennung.

Und damit das eigene Publikum, wenn es immer mehr Bühnen gibt, erhalten bleibt, werden vielleicht große Trennwände zu anderen Bühnen gebaut. Zu entdecken gibt es nur etwas auf der eigenen Bühne.

Doch es geht auch anders. - Vielleicht gab es in dem beschriebenen System am Anfang einen Irrtum, der sich fortpflanzte. Jenen, daß Wertschätzung nur auf der Bühne zu finden ist.

Ein heilbares Defizit sogar, das keine besondere Technik braucht - sondern ein warmes Herz und Wertschätzung für sich selbst und andere.

Denn die Lehre war gut - nur jener Stil gab ihr ein einseitiges Gesicht.

Persönliche Ressourcen

Für jeden Anwender kommt es darauf an, die mit dem nlp hinzugelieferten Werte und Stile kritisch zu hinterfragen - es gegebenenfalls davon zu lösen und in die eigenen, wärmenden Hände zu nehmen. Nur so kann er oder sie das Werkzeug im eigenem Sinne nutzen.

Beispielsweise sind Geschwindigkeit, Perfektion und maximale Begeisterung nicht meine höchsten Güter, auch nicht unbegrenzte Macht. Es gibt für mich wichtige Anwendungsbereiche des NLP in Bereichen, wo wirkliche Not herrscht und demzufolge keine hohen Honorare zu erwarten sind.

Jeder Anwender hat eine Frage selbst zu beantworten:

„In welchen größeren Rahmen setze ich meine Fähigkeiten?"

Oft, wenn es um Techniken geht, wird das „Warum" und das „für wen" wichtiger als das „Wie" einer Arbeit.

Vielleicht ist es erfüllender, sich selbst als Teil eines Ganzen sehen zu können und einen sinnvollen Platz darin einzunehmen, als darum, persönliche Allmacht zu leben.

So kann das gleiche Werkzeug neuen Zwecken dienen.

Persönliche Entwicklung und Reifung wird auch mit der besten Technik ihre Zeit brauchen, Erfahrungen benötigen und vielleicht manchmal schmerzhafte Gefühle mit sich bringen. Doch alle Gefühle haben eine wichtige Botschaft und es geht im Leben nicht darum, nur eine Seite kennenzulernen und alles Unangenehme mit einer quick-fix-Mentalität auszuräumen. Ebensowenig geht es natürlich darum, sich endlos leidend im Kreise zu drehen.

Vielleicht merken wir, daß alle Methoden und alles Werkzeug nur so hilfreich sind, wie ich sie mit innerer Gestaltungskraft, Intuition und Empathie erfüllen kann, daß wir erst dort, wo in uns eine offene und lebendige Landschaft gewachsen ist, anderen gute Wegbegleiter sein können.

Und all das kann mich bescheiden werden lassen.

Von der Weisheit hinter den Zielen

Zielorientiertes Handeln ist wichtig und effektiv, nicht jedoch zu jeder Zeit. Wer hat schon, wenn er sich im Konflikt befindet, die nötige Weisheit, zu wissen wohin?

Unsere Vernunft ? Die ist Teil eines Ganzen - doch in uns gibt es außer der Vernunft weit mehr - und darüber hinaus gehören wir einer weiteren kleinen und großen Welt an. Wenn ein Teilsystem - und sei es die Vernunft - vorab die Ziele für das Gesamtsystem bestimmt, wird daraus leicht eine Vorherrschaft, die zwar Konflikte unterdrücken, aber nicht lösen kann. Probleme basieren häufig auf der gleichen Art zu denken und zu streben, mit der wir sie zu lösen versuchen. Deshalb schafft unsere Vernunft manchmal nur ein „mehr desgleichen".

Ein Entdecker kennt oft nur den nächsten Schritt, erschafft im Gehen seinen Weg. Und findet doch seine Schätze gar nicht zufällig am Wegesrand.

263

Mehr als Angleichen und Führen

Zu einer Beziehung gehören zwei. Erst aus ihrem Einverständnis wachsen echte Gemeinsamkeiten. Wer davon spricht, Kontakt zu „machen", versteht es vielleicht, einen Menschen gut wahrzunehmen, sich anzugleichen, die Hand zu reichen - doch sucht er Dominanz, bleiben die vitalen Interessen des Partners unberücksichtigt, dann steht der Kontakt nur auf einem Bein. - Das fordert ständigen Zusatzaufwand und lähmt die Ressourcen beider.

Ein Kommunikator ist Teil, nicht Beherrscher des Systems, in dem er kommuniziert.

Angleichen und Führen nur in einer Richtung ist ein Sonderfall, der Einverständnis erfordert. Synergetische Beziehungen entwickeln sich wie ein Tanz, im Folgen und Führen zugleich - und das Ergebnis ist mehr, als beide am Anfang ahnen und planen konnten.

In jedem Fall ist die Erlebniswelt, Haltung und Intention des Kommunikators Teil des Beziehungssystems - und meist von größerer Bedeutung als seine Methodik. Erst wenn der Therapeut jene Ressourcen, die er im Partner wecken möchte, in sich selber finden kann, wird seine Arbeit effektiv.

Zutaten therapeutischer Prozesse

Es würde uns bremsen und überfordern, wollten wir alle eigenen Wahrnehmungen und Schritte nach methodischen Kategorien organisieren. Es gibt Informationen aus dem eigenen Inneren oder von außen, die in keinem nlp-Modell vorkommen, aber entscheidend für positive Veränderungen sind.

Neben der gerade ablaufenden Technik geschehen interessante Dinge im Beziehungsraum zwischen Klient und Berater: Nervosität, Müdigkeit, Nähe, Distanz, Erfolgsdruck, Zuneigung, Mitgefühl, Verbundenheit u.a. kommen auf. Diese Empfindungen und Informationen tragen den Schlüssel für weit größere Veränderungen in sich, wenn wir uns ihrer bewußt werden und sie nutzen. Vielleicht zeigen sie, was der Klient wirklich braucht und sucht - oder ob der eingeschlagene Weg sinnvoll ist.

Es hilft nicht, Ressourcen in einem Menschen suchen zu wollen, die er trotz anderslautender Vorannahmen nie in seinem Leben erfahren konnte. Doch es hilft vielleicht, über eine angemessene Zeit hinweg, diesem Menschen ein Vermittler von Ressourcen zu werden.

Wenn der Versuch, Probleme zu lösen, diese lediglich aktiviert, nimmt das Ergebnis nicht wunder: Fragen Sie einen Mißtrauischen einmal richtig aus, massieren Sie den, der keinen Körperkontakt mag, bieten Sie jemandem eine Therapie an, der das „Psychozeug" schlimm findet - solcher Vorgänge wird sich ein guter Therapeut bewußt, kann sie vermeiden oder nutzen.

Manchmal trägt die Art und Weise einer therapeutischen Arbeit auch zur Aufrechterhaltung von Problemstrukturen bei, indem sie die wirklich zu verändernden Bereiche ausklammert, Ersatzaktivitäten bereitstellt oder ein „mehr desgleichen" zur Fortsetzung einseitiger Verhaltensweisen anbietet. Zur Fortsetzung einseitiger Strukturen trägt nlp, formal angewandt, mitunter bei solchen Menschen bei, die „... alles in den Griff kriegen wollen", „... immer schneller immer mehr haben wollen", „... ihren Gefühlen und Empfindungen gern ausweichen" oder „... am liebsten nur so tun, als ob".

Nach der Veränderung

Veränderungsarbeit hat erst dann wirklichen Bestand, wenn sie sich auch in der Lebensgestaltung manifestiert, so daß dadurch die inneren neuen Strukturen unterstützt werden und wachsen. Das wiederum ermöglicht weitere positive Entwicklungen in der Lebensgestaltung.

Manchmal erschließen sich auch neue innere Prozesse und ein größerer innerer Frieden stellt sich ein, vielleicht die Erfahrung, mehr zu sein als ich von mir glaubte. Nichts Unveränderliches, sondern die Entwicklung selbst, jenseits starrer Konzepte.

Zusammenfassung

Es geht, heute mehr denn je, in der Arbeit mit Menschen ...

um Gleichberechtigung und Balance	*– statt um Dominanz,*
um Sinnhaftigkeit und Lebensenergie	*– statt um Beliebigkeit,*
um Intuition und Kreativität	*– statt um Verhaltensrezepte,*
um Austausch und Freiheit	*– statt um Kontrolle,*
um kontinuierliche Entwicklung	*– statt um Kurzzeitlösungen,*
um Vielfalt der Wege	*– statt um Monokultur,*
um Echtheit und Natürlichkeit	*– statt um Perfektion,*
um Wahrnehmen und Annehmen	*– statt um Bewerten,*
um Erlebnis und Ausdruck	*– statt um Theorie.*

Auf dem Weg in diese Richtung tauchen durchaus die Zustände der rechten Seite auf: Sie finden ihren Sinn als Lernstufen des Lebens für das, was längerfristig zählt.

Für jede von Menschen bewußt eingesetzte Technik hat sich erwiesen, daß erst die respektvolle Liebe zum Leben sie zu einer heilsamen Quelle der Weiterentwicklung werden läßt.

Würdigung

Daß ich all das schreiben konnte, verdanke ich auch dem nlp - den Menschen, den Prozessen, den Erfahrungen, die mich vieles gelehrt haben. Doch nur in kritischer Selbstreflektion bleibt nlp lebendig - als ein modernes Glasperlenspiel - oder als eine Leiter auf dem Weg in Räume, die es im nlp gar nicht gibt - und in denen alles erneut anders aussieht.

4. Ein Ordnungssystem für nlp-Anwender

Das folgende Ordnungssystem für das Zusammenspiel verschiedener Veränderungsansätze habe ich auf der Grundlage der Arbeiten von Robert Dilts und John Grinder entwickelt und um eigene Bausteine erweitert.

Das Ziel jeder Veränderungsarbeit ist die Erweiterung der menschlichen Erfahrung in der Weise, daß wir dabei natürliche Lebensprozesse verstehen, fördern und in Balance bringen.

Im nlp kann der Weg in diese Richtung den drei Grundbausteinen seines Namens zugeordnet werden:

Neuro-	**linguistisches**	**Programmieren**
Wir fragen:	*Wir fragen:*	*Wir fragen:*
Wie nehmen wir uns und unsere Umgebung wahr?	Wie drücken wir die sinnliche Wahrnehmung sprachlich aus?	Welche Denk- und Handlungsmuster lernten wir? Wie lernen wir weiter?
Wir nutzen die Sinne: sehen, hören, fühlen, riechen, schmecken (innerlich, äußerlich).	*Wir nutzen* Sprachmuster: sinnesbezogene Sprache, Meta-, Milton-Modell, Umdeuten (Reframen).	*Wir nutzen* Lernprozesse: Veränderungstechniken, Strategien, Modellieren.
Wir arbeiten nonverbal.	*Wir arbeiten* verbal.	*Wir arbeiten* verbal & nonverbal.

Mit diesen Mitteln - Sinneswahrnehmung, Sprache und Lernabläufe - können wir uns selbst und andere zu neuen Erfahrungen führen. Wir nennen diese Mittel auch „**Operatoren**", denn sie ermöglichen es uns, nach dem Prinzip des Angleichens und Führens von einem Zustand zum anderen zu gelangen.

Im einzelnen gehören zu den **Operatoren:**

- das Ansprechen der Sinne und ihrer Untereigenschaften (Submodalitäten),
- das genaue Hinterfragen von Aussagen mit dem Meta-Modell,
- das vertiefende sprachliche Führen mit dem Milton-Modell,
- das Verändern der Körperhaltung und Physiologie,
- das genaue Wahrnehmen (Kalibrieren) und Einholen von Feedback,
- das sprachliche Umdeuten (Reframen),
- das Markieren bzw. Ankern erlebter Zustände und Prozeßstadien.

Mit Hilfe dieser Operatoren bewegen wir uns so durch Lernprozesse, daß wir neue Erfahrungen gewinnen und mittels geeigneter Ressourcen ein inneres Gleichgewicht finden.

Der menschliche **Erfahrungsraum**, in dem wir uns dabei bewegen, den wir entdecken und erweitern, hat mehrere Dimensionen:

Zeit
Gegenwart, Vergangenheit, Zukunft, in denen alle Situationen des Lebens angesiedelt sind.

Wahrnehmungspositionen
Die Sichtweisen des „Ich", des „Du", eines „Beobachters" oder innerer Anteile einer Person. Jede Situation kann aus verschiedenen Sichtweisen gesehen werden.

Ebenen der Persönlichkeit
Die Neuro-Logischen Ebenen, welche auch als das innere Verhältnis der Teile zum Ganzen aufgefaßt werden können: Umgebung, Verhalten, Fähigkeiten, Werte und Überzeugungen, Identität, Zugehörigkeit, Spiritualität.

Das **Ziel** der Bewegung in diesen drei Dimensionen ist die **Erweiterung des Erfahrungsraums** und die Integration bisher voneinander getrennter Zustände und Fähigkeiten. Durch neue Erfahrungen entwickeln wir neue Potentiale, wie Kommunikation, Ausdrucksvermögen, Sensibilität, Lernen, Zielverwirklichung, Heilung oder Balance.

Die Bewegung im Erfahrungsraum folgt für diese Zwecke unterschiedlichen Strukturen, die wir **Lernprozesse**, **Techniken** oder **Strategien** nennen und die mit unterschiedlichen Inhalten wiederholbar sind. Ihnen allen sind bestimmte Prinzipien gemeinsam: Wir sammeln Informationen, ordnen diese, formulieren konkrete Ziele, vollziehen Lernschritte, überprüfen, was erreicht wurde und bestimmen dementsprechend weitere Schritte. Wir fragen danach, welche Fähigkeit eines Menschen ihn in seiner Entwicklung unterstützt, nennen den Zugang zu dieser besonderen Fähigkeit oder Erfahrung eine „**Ressource**".

Die Arbeit mit nlp-Methoden vollzieht sich also nach folgender Grundstruktur:

1. Die Erlebniswelt aktivieren und Informationen sammeln,
2. diese Erlebniswelt strukturieren,
3. Informationen geben, hineinführen,
4. neue Lernerfahrungen schaffen.

Auf diesem Weg nutzen wir die zuvor dargestellten Operatoren wie folgt:

- „Aktivieren" heißt: in allen Sinnen erleben lassen.
- Informationen sammeln wir mit dem Meta-Modell und durch das Wahrnehmen nonverbaler Reaktionen, das Kalibrieren.
- Erlebnisse strukturieren wir durch Anker. Die Art der Strukturen entspricht den Techniken.
- Informationen geben wir sprachlich über Prozeßanweisungen und die unspezifische Sprache des Milton-Modells.
- Mit gleichen Mitteln führen wir den anderen in die sinnliche Erfahrung bestimmter Zustände, die Teil des Prozesses sind.
- Neue Erfahrungen schaffen wir durch die Integration von Ressourcen, durch das Umdeuten, über Veränderungen der Sinnesrepräsentation und über Metaphern.

Gelungene natürliche Lebensprozesse, die nachahmenswert und lehrreich für andere Menschen sein können, analysieren wir hinsichtlich der ihnen zugrundeliegenden inneren Erfahrungswelt, um diese an andere weitergeben zu können. Das nennen wir „Modellieren". Über das Modellieren entstand eine Vielzahl der nlp-Techniken.

Um die Vielzahl der Methoden und Techniken zu überblicken, können sie auf verschiedene Art geordnet werden:

- nach dem Anwendungszweck der Technik,
  z.B. Phobietechnik, neues Verhalten herstellen, Zielfindung, Reimprinting;
- nach der Art der Ausführung,
  z.B. Submodalitäten verändern, Timeline-Therapie, Trance, Reframing;
- nach der verwendeten Struktur,
  z.B. Neuro-Logische Ebenen, Strategie-Modell, Wahrnehmungspositionen, Symptom-Ursache-Ziel-Effekt-Modell;
- nach der Person, von der eine Methode gelernt (modelliert) wurde,
  z.B. Disney-Strategie, Einstein-Strategie, Feldenkrais-Strategie.

Jede Technik beantwortet eine Reihe von Fragen. Wenn wir erkennen, welche Fragen für uns wichtig sind, finden wir leichter Zugang zu der geeigneten Arbeitsweise.

Fragen zu „Ressourcen integrieren":

Was hindert mich? Was benötige ich?
Was fehlt oder fehlte mir? Was fehlt oder fehlte anderen?
Wo finde ich das Benötigte?
Wie nutze ich es?

Fragen zu „Wahrnehmungspositionen":

Was erlebe ich?
Was erleben andere?
Was erleben wir gemeinsam?
Was erkenne ich aus dem Abstand?

Fragen zu „Lebensweg-Arbeit":

Ursache: Woher komme ich? Woher kommt die Behinderung?
Symptom: Was erlebe ich gegenwärtig?
Ziel: Wohin will ich?
Effekt: Was ermöglicht das?
Ressource: Was benötige ich für den Weg?

Fragen zur Arbeit mit inneren Teilen:

Welche inneren Teile sind beteiligt?
Wie wirken sie zusammen?

Wie können sie sich austauschen?
Was sind ihre guten Absichten?
Welche kreativen Möglichkeiten gibt es, diese Absichten zu erfüllen?

Fragen zu den Persönlichkeitsanteilen „Träumer", „Denker" und „Handelnder":

Was und wie träume oder kreiere ich?
Was und wie tue oder verwirkliche ich?
Was und wie denke oder strukturiere ich?
Wie wirken Träumer, Denker und Handelnder zusammen?
Wie können sie sich besser austauschen?

Fragen zu Strategien:

Wohin will ich?
Woran erkenne ich, daß ich da bin?
Was tue ich dafür, hinzukommen?
Was tue ich, wenn es auf diese Art nicht geht?

Fragen zu Neuro-Logischen Ebenen:

In welcher Umgebung bin ich?
Was tue ich dort?
Wie, mit welchen Fähigkeiten bin ich ausgerüstet?
Warum tue ich das? Wovon bin ich überzeugt?
Wer bin ich?
Zu wem gehöre ich?
Für welchen Sinn oder aus welcher Quelle wirke ich?

Einige nlp-Modelle sind geeignet, andere zu beschreiben:

Das S.C.O.R.E.-Modell beschreibt folgende wichtige Stationen von Veränderungsprozessen:
S: Symptom; C: Cause/Ursache; O: Outcome/Ziel; R: Ressource; E: Effekt.
Nach dem Inhalt dieser Stationen lassen sich die einzelnen Techniken beschreiben:
– Welches Symptom vermag eine bestimmte Technik zu verändern?
– Auf welcher Erklärung für eine dahinterliegende Ursache basiert die Technik?
– Welche Art von Ressourcen stellt die Technik wie zur Verfügung?
– Welche Lernziele hat die Technik für den Klienten?
– Welcher weiterführende Effekt ergibt sich durch das Erreichen der Ziele?

Tabellarisch können die typischen nlp-Techniken nach diesen Stationen sortiert werden (siehe nlp-Ausbildungs-Manual des Autors).

Ganzheitliches nlp kann als Zusammenwirken folgender Anteile beschrieben werden:

269

Es ist zum ersten eine Theorie, ein **Modell**, genauer gesagt ein Modell über die Bildung von Modellen.

Zum zweiten ist nlp ein praktischer **Prozeß**, zu dem Kommunikation, Fähigkeiten und Handlungen gehören.

Zum dritten beinhaltet nlp eine **Vision** - die Vision der Möglichkeit menschlicher Vervollkommnung und einer Welt, in der Verständigung und Miteinander möglich sind.

Ganzheitliches nlp ist also das Zusammenspiel von **Träumen**, **Denken** und **Handeln.**

Phantasiereisen

Energiequellen

Selbst-Integration

TRANCE

Poesie

Spiel

Entdecken

Teil VI
Nach innen hinaus

Teil VI: Nach innen hinaus

1. Phantasiereisen

Drei Beispiele aus der unerschöpflichen Welt der Phantasiereisen mögen Ihnen in diesem Abschnitt zu Inspiration, Bereicherung und zur Vertiefung der im dritten Teil des Buches dargestellten sprachlichen Möglichkeiten dienen.

Die erste und die zweite Phantasiereise bestehen am Anfang und am Ende aus einer einleitenden bzw. einer zurückführenden Entspannungsphase nach Sprachmustern des Milton-Modells. Ziel dieser Induktion ist es, die Hörenden in einen tief entspannten und für die Hauptgeschichte besonders aufnahmefähigen Zustand zu führen. Der Mittelteil wird von einer speziellen metaphorischen Geschichte gebildet, die unbewußte und ganzheitliche Lernprozesse, neue Einsichten und positive Bezugserfahrungen, Ressourcen, vermitteln will.

In der dritten Phantasiereise wurde auf diese sprachliche Hineinführung verzichtet, da diese Reise Teil eines von den Beteiligten körperlich selbst dargestellten und vorbereiteten Integrationsprozesses war, in welchem der optimale Aufnahmezustand auf andere Art erreicht wurde.

Erste Phantasie: Die Nehcsnem

Vorbemerkungen

Die erste Reise, „Nehcsnem", ist ein Transkript aus einem Seminar und entstand in mir nach einer Idee von Robert Dilts. Dargestellt wird eine andere Sicht auf das Leben, auf das Älterwerden - und darauf, was Entwicklung wirklich bedeuten kann.

Text der Reise

Du befindest Dich hier an Deinem Ort... Du weißt, wie spät es ist... und Du weißt, es ist Zeit, am Ende eines arbeitsreichen Tages - und eines erlebnisreichen Tages - einfach loszulassen und nur noch da zu sein..., so vielleicht wie andere Wesen, die da draußen sind, wie das Gras zum Beispiel, der Wald und die Vögel, die einfach da sind und tun, was gerade gut für sie ist, ... dabei ist es Dir möglich, Dich sicher und ruhig auf Deinem Stuhl oder auf der Unterlage wiederzufinden, und Du kannst spüren, wie Dein Körper damit in Kontakt ist. Vielleicht nimmst Du wahr, wo Dein Rücken ist, oder Dein Gesäß, oder wo die Beine hin mögen und kannst Dich zurechtrücken, so daß Du richtig bequem sitzt oder liegst... und dann Deine Hände - vielleicht sind sie auseinander, vielleicht berühren sie sich... und Deine Beine, die den Boden berühren, vielleicht nebeneinander oder übereinander geschlagen, ... und diese Stimme, die vielleicht sogar langweilig daherredet, gleichmäßige Worte... Pausen zwischen den Worten... gar nicht so wichtig, was die Stimme sagt... denn es ist viel besser, innerlich loslassen zu können, abzuschalten, ... nur noch da sein, ... zu wissen, wo Du hier bist, was draußen ist, vielleicht die Augen geschlossen zu haben oder noch nicht - und was wohl Deine Augen dabei wahrnehmen - ist es das Halbdunkel hinter den geschlossenen Augen? Oder etwas ganz anderes? ... Irgendwo da draußen die Welt, ... Und hier Dein Ort, ... Dein Körper, Dein Kopf, ... Deine Augen, ... Deine Brust... manchmal sogar können wir uns weiter und größer fühlen... und manchmal, hinter geschlossenen Augen, die Aufmerksamkeit nach innen richten.

... ein Raum dort, der sich fast endlos nach innen hin fortsetzt, weit über die Grenzen des Körpers hinweg, denn von innen ist Dein Körper nur noch Gefühl, ... Gefühlswolken, ... und oben im Kopf, in Deiner Brust... ohne feste Grenzen... Empfindungen können sich grenzenlos fortsetzen, als kämen sie aus dem Nichts... und Du hörst diese Worte, es ist ein Hören ohne Ohren - und das Halbdunkel jetzt wie ein Sehen ohne Augen - und das Fühlen Deines Körpers, wie ein Fühlen ohne Körper... und doch ist alles da... weil die Grenzen zerfließen, in jeder Richtung offen sind, draußen ist das andere Leben, auch das Deine, das weitergeht, und Du kannst empfinden, daß für alles gesorgt ist, und Du geborgen und sicher hier bist... denn

273

es ist gut, daß es die Welt da draußen gibt, gut, daß es die Welt da drinnen gibt, und vielleicht sogar gibt es eine Welt dazwischen, einen Raum, in dem beide sich begegnen. Du hörst weiter meine Worte, und kennst das Wetter draußen - manchmal schon hast Du so dagesessen, und einfach gedöst, an manchen Tagen hast Du gern die Hände in den Schoß gelegt, oder Du hättest es so gern getan - nur für eine Weile, wie die Zeiten des Jahres ihre Pausen haben, und immer wieder zurückkommen - der Frühling oder der Herbst, der Sommer oder der Winter - wie viele Jahre hast Du das schon erlebt, manchmal ganz bewußt, manchmal warst Du viel draußen, bist umhergegangen mit Deinen Gefühlen in Deiner Jahreszeit, manchmal hast Du die Natur ganz vergessen, kaum wahrgenommen, doch irgendwann war sie frisch und roch und war voller Farben. Vielleicht nicht nur als Kind.

... Ich denke jetzt an den Frühling. Er hat seine Zeit und seine Qualität, und Du hast den Frühling erlebt hier in diesem Land, vielleicht hast Du ihn auch woanders erlebt, in anderen Ländern, oder vielleicht warst Du in einem Land, wo es gar keinen Frühling gab... gut diese Unterschiede zu kennen, hier oder dort, wie der Unterschied von innen und außen... denn innen im Körper kann es warm sein, wenn es außen kühl ist, innen kann es trocken sein, und außen regnet es, und innen kann Dein Geist fliegen, wenn alles draußen an seinem Ort bleibt... deshalb werde ich nun für Dich langsam von eins nach zehn zählen, und dann, wenn wir bei zehn angekommen sind, bist Du eingeladen, innerlich eine kleine Reise zu beginnen, dorthin, wo alles unterschiedlich ist, ganz anders als bisher, und ich beginne bei eins, und jeder Atemzug, der Dich begleitet, läßt Dich wissen, daß Du sicher bist, in Deinem Körper... nach zwei, daß Du einfach alles fallen lassen kannst, und einfach Du selbst sein kannst, ... nach drei, jedes Wort ein Stückchen mehr Wohlgefühl, ... nach vier, wie ein Kind, wenn es spielt, an einem Frühlingsmorgen, ... nach fünf, wo alles noch ganz frisch ist, gereinigt vom Tau der Nacht, ... manchmal gibt es Geräusche, wie von fern, wo dann wieder alles ruhiger wird, ... Worte langsamer werden, ... nach sechs, und das Bewußtsein, daß der siebente Tag, der Sonntag, der Tag der heiligen Ruhe ist, und daß jede siebente Minute, eine Minute der Ruhe ist, ... nach sieben, ... eine Zahl zwischen innen und außen, zwischen Ruhe und Anspannung und wieder Ruhe... nach acht, ... und drei mal drei... nach neun, ... eine abgerundete Zahl, zu einer Ruhe, die größere Sicherheit gibt, ... nur eine Zahl zu hören und einfach alles geschehen lassen zu können... zehn.

... Während die Menschen auf der Erde ihr Leben lebten, und viele Dinge gelernt haben, vieles getan haben, und vieles erforscht haben, ... gab es immer schon ganz woanders auf einem fernen Planeten andere Wesen als die Menschen. Diese anderen Wesen waren hoch entwickelt und von außerordentlicher, aber sonderbarer Intelligenz. Sie mochten es, die Welt zu erkunden... und in einer Zeit, als die Menschen noch gar nichts von ihnen ahnten, kamen sie zur Erde - in ihrem kleinen Raumschiff. Sie kamen und

beobachteten das Leben der Menschen, sie wollten von ihnen etwas lernen für ihr eigenes Leben, für ihren eigenen Planeten, ... Ich weiß nicht genau, wann es war, vielleicht auch gar nicht allzu lange her, als sie bei uns landeten. Die Wesen, die aus dem Raumschiff stiegen, schauten sich alles an und bald staunten und wunderten sie sich sehr über das Leben der Menschen, sie erkannten: diese Menschen sind sehr, sehr kluge, fleißige und interessante Wesen, sie tun viele erstaunliche Dinge, aber irgend etwas in dem Leben der Menschen verläuft verkehrt herum. Die Wesen wollten gern von den Menschen lernen, aber sie wollten das, was dort verkehrt herum geht, richtig herum machen. So lernten sie eine ganze irdische Lebenszeit bei den Menschen, schauten sich an, was ihnen gefällt und was ihnen gut tut, dann flogen sie zurück.

Schon unterwegs beschlossen sie, in Anerkennung der Menschen, sich selbst einen neuen Namen zu geben - und sie nannten sich Nehcsnem, was Menschen rückwärts gelesen bedeutet, und darin lag auch ihre große Idee, die sie von der Erde mitgenommen hatten...

... Sie wollten alles, was es so im Leben der Menschen gab, genau so tun, nur rückwärts, ... und als sie auf ihrem Heimatplaneten angekommen waren, begannen sie ihre neue Lehre zu verkünden, und all die anderen Bewohner dort mochten diese Lehre sehr... und so entstand der Planet der Nehcsnems, wo alles andersherum vor sich ging, ... es ist sehr interessant, diesen Planeten kennenzulernen. Wir Menschen haben noch nicht solch schnelle Raumschiffe, wir können noch nicht so weit fliegen, aber im Geist können wir es, ... und genau auf diese Art können wir jetzt mit einer kleinen Reise einen Gegenbesuch unternehmen - einen Besuch bei den Nehcsnems - und uns vorstellen, wie leicht es ist, in einem besonders geeigneten Raumschiff, ... während Dein Körper hier ruhig und wohl versorgt an seinem Ort bleibt, ... innerlich auf die Reise zu gehen - jetzt... langsam einzusteigen... alles ist vorbereitet... und langsam aufzusteigen... über diesem Ort, ... immer höher, mit dem Wissen, daß für alles gesorgt ist, ... höher... so hoch, daß die umgebenden Städte, Dörfer und Landschaften unter uns liegen, ... Vom Raumschiff aus ist alles zu sehen, ... weit hoch über dem ganzen Land, ... und es ist schön, einfach so fliegen zu können, zu wissen, daß Dein Unbewußtes den Weg kennt, ... erstaunlich, wie leicht es geht, ... und wie Du die Erde aus immer weiterem Abstand unter Dir sehen kannst.

Wenn Du von hoch oben so schaust, scheint auf der Erde alles sehr klein zu sein, die Menschen mit ihren Problemen scheinen einander sehr ähnlich zu sein - nur da unten scheint es vieles zu geben, was sehr, sehr unterschiedlich ist - von diesem Abstand aus betrachtet gibt es viel Licht und überall ist auch mal wieder Schatten, und alles bewegt sich darin hin und her. Weiter fort fliegen wir zu dem Planeten der Nehcsnem... es ist interessant, einen neuen Planeten kennenzulernen, ... und vielleicht vergeht eine Stunde, vielleicht vergeht ein Tag, oder ein Jahr, vielleicht viel mehr, ... und sind schon vergangen, ein erstaunlicher Flug... und da sehen wir bereits von fern einen blauen Planeten, blau wie die Erde... vertraut wie die Erde, ... wir nähern uns diesem Planeten, dies kann nur das Reich der Nehcsnems sein, jeder weiß das, ... kommen langsam herunter, ... weiter, ... tiefer, ... tiefer... noch ein kleines Stück, und kommen an... Du kannst aussteigen, um Dich umzuschauen... während Dich die Stimme des Reiseführers begleitet... Die Landschaft ist grün hier und blühend, wie es die Erde in ihren schönsten Tagen vielleicht einmal war.

Und doch ist etwas von grundheraufanders: Auf dem Planeten der Nehcsnems verläuft das Leben andersherum, als auf dem Planeten Erde... Wir sind eingeladen, das Leben der Nehcsnem kennenzulernen.
Die Nehcsnems dort werden im hohen Alter geboren, sie kommen auf die Welt, und sind wirklich alt und schwach, sie müssen nicht mehr arbeiten, und in diesem Alter sorgt die Familie oder sorgen die Freunde für sie, aber sie nehmen freundlich Anteil, ihre Enkel sind da, die Kinder und die Urenkel sind da, so verleben die Nehcsnems die erste Zeit und vielleicht die ersten Jahre ihres Lebens, dann werden sie älter - und eben das heißt bei den Nehcsnems: sie werden jünger, sie bekommen wesentlich mehr Kraft, können sich freier bewegen und sie unterhalten sich viel mit anderen Nehcsnems, dabei haben sie die ganze Lebenserfahrung und die Weisheit eines erfüllten Lebens... und sind doch erst wenige Zeit auf der Welt, sie genießen die Muße und die Schönheit des Abends, aber auch die Stille des Morgens, doch auch die Tage verlaufen anders. Ein Tag beginnt am Abend, dann geht die Sonne auf, jeder hat Ruhe und Muße - genießt die Zeit mit den Nehcsnems zusammen, die er oder sie mag, dann kommt die Zeit des Nachmittags..., dann der Mittag, ... jede und jeder ist schon wieder voller Kraft für den Morgen, ganz ausgeruht, beenden sie den Tag. Dabei werden die Nehcsnems täglich älter, das heißt jünger, und indem es immer mehr Dinge sind, die sie tun, nehmen sie zunehmend Anteil am Leben und erzählen viel - und ihre Worte haben Gewicht, ...
... manchmal schweigen sie, besinnen sich einfach nur auf ihr Sein - und während sie dabei weiter älter werden, kommt die Zeit, wo sie beginnen zu arbeiten, ihren Beruf auszuüben, vielleicht den, den sie schon ihr ganzes späteres Leben lang ausgeübt haben, jede Handbewegung und alles, was sie tun, geht so automatisch, daß sie kaum daran zu denken haben, alles geht wie von selbst, und es macht Spaß, so einfach vertraut zu sein. Sie sind Meister, sie werden um Rat gefragt, und wissen, wie die Dinge sind... sie leben zusammen mit denen, die sie mögen, ... teilen, was sie haben, untereinander auf, ... dann werden die Nehcsnems wieder älter, das heißt jünger... und es kommt die Zeit, wo ihre Schaffenskraft steigt... die Zeit, wo sie Dinge verwirklichen, die sie irgendwann einmal, in ihrer Jugend, wenn sie noch älter geworden sind, gedacht haben werden... ihre Ideen, die sie leben, sind vielleicht einmalig, und jede und jeder Nehcsnem hat einen eigenen Beitrag, um

276

das Leben in der Welt zu verbessern... und tut das auf einmalige Art... und aus der Arbeit entsteht großer Nutzen - alles wird wieder, wie es der Natur schon immer entsprochen hat...

Die Nehcsnems können manchmal ganz versunken sein in ihrer eigene Welt, und sie werden älter, das heißt jünger, und ihr Geist lebendiger und frischer, voller Ideen, und manchmal applaudieren andere, wenn sie ihre Ideen bekannt geben, und es gibt Zeiten und Orte, wo sie sich versammeln, und in dieser Zeit sind sie voller Neuigkeiten, und die Welt ist aufregend... mit ihrem Partner oder ihrer Partnerin erleben sie ebenso aufregende Dinge und werden dann weiter älter, das heißt jünger, und bald kommt die Zeit, wo sie ganz viel lernen... von anderen Nehcsnems - alles Wissen aufnehmen, Bücher lesen und Lehrer haben... und auch alles andere im Leben der Nehcsnems geht rückwärts, auch die Umwelt wird auf wunderbare Art immer heiler, Abfall wird zurückverwandelt in Rohstoffe, geht wieder zurück in die Fabriken... und in den Fabriken wird alles zerlegt, ... in die einzelnen Bestandteile, dann zurück in die Natur... die Natur wird immer kraftvoller und reichhaltiger, während die Nehcsnems immer jünger werden, ... selbst Kriege verlaufen andersherum, als bei den Menschen... es gibt vielleicht anfangs zerstörte Häuser, aber dann heben sich die Bomben aus ihnen heraus, steigen hoch und springen in die Flugzeuge hinein, und die Flugzeuge fliegen rückwärts zurück in die Flughäfen, ... zu den Flugzeugen kommen Autos und nehmen die Bomben auf und bringen sie in eine Fabrik, sie werden dort zerlegt, in all ihre Bestandteile, in die Rohstoffe, welche die Erde zurückerhält, ... und während die Nehcsnems immer jünger werden, erleben sie die Zeit ihrer Ausbildung, ... doch während dieser Zeit können sie sich zugleich daran erinnern, wie es war, damals, als sie jünger, das heißt älter waren, und im Beruf schon vollkommen, und alles konnten, ... jetzt ist auch die faszinierendste Zeit für das andere Geschlecht, ... vielleicht finden sie jetzt ihren Partner, mit dem sie ihr ganzes Leben zusammen gelebt haben, ... oder finden sich probierend vielleicht manchmal in fremden Betten, ... die Nehcsnems wissen, was das Richtige für sie ist, sie erinnern sich an die Zeit, als sie jünger waren, das heißt älter, ... und das Leben der Nehcsnems geht weiter, und die Schulzeit ist da, und alles ist ganz spannend und aufregend, was sie erfahren, aber doch ist in ihnen die weise Erfahrung des Alters verfügbar, ... die Welt wird farbiger und bunter, immer mehr Freude macht es, zu spielen mit anderen Nehcsnems, ... alle Nehcsnems haben die gleiche Nationalität und sprechen die gleiche Sprache, es ist die Sprache des Spiels... die verstehen alle Kinder, weil sie wissen, was Freude macht, ... das Leben der Nehcsnems verläuft so weiter... Es ist voller Staunen und Neugier, und jeder Tag eine neue Entdeckung, ... die Welt ist bunter geworden und die Natur ist näher gekommen, sie laufen umher, schreiben und spielen, alles fühlt sich so intensiv an. Zuhause bei den Eltern, die noch nicht so lange auf der Welt sind, sind sie geborgen und bekommen alles, was sie brauchen... Sie behandeln die Eltern mit Achtung... und die Eltern behandeln die Kinder mit Achtung, denn sie wissen um den Lebensweg, den ihre

277

Kinder zurückgelegt haben, und werden ihnen folgen... Es kommt die Zeit vor der Schule, wo es nur ums Spielen geht, ums da-sein, denn spielen heißt lernen, und lernen heißt genießen, und mit den vielen Dingen, die da zu erfahren sind - die Welt eine Entdeckungsreise - werden die Nehcsnems weiter jünger und jünger, ... ganz klein, und alles um sie herum groß, so groß, daß es Spaß macht, daran hoch zu klettern, vielleicht auf den Arm eines älteren Nehcsnems, oder sich an den Rockzipfel zu hängen, bei der Mutter, oder miteinander zu balgen, ... und sie werden dabei weiter älter, und das heißt jünger, und es kommt die Zeit, die wunderbarste Zeit im Leben eines Nehcsnems, ... wo eine oder einer einfach nur so da sein kann, spielen, laufen, ein wenig sprechen, in der allen verständlichen Nehcsnem-Sprache, ... sie bekommen alles, was sie möchten, was sie brauchen, und lernen danach zu fragen, ... und werden noch jünger, finden sich jetzt vielleicht in einem Bettchen, dann vielleicht in den Armen einer Mutter, und in den Armen eines Vaters, und sie werden kleiner...

... und sie sind ganz erstaunt, über das Licht der Welt... und darüber, wie sich alles bewegt, ... nun kommt die wunderbarste Zeit, es ist, als ob sie es sich in einer Höhle gemütlich gemacht haben, ... ganz warm ist es da, und jeder Nehcsnem fühlt sich so geborgen, der Eingang durch diese Höhle war spannend, ... und er hat sich gelohnt - sie sind drinnen, und es ist so, als ob sie hier immer bleiben möchten, es ist ganz für sie gesorgt, ein Gefühl, als ob sie ein Teil der Höhle sind, sie vergessen, daß sie einzelne Wesen sind, sind eins mit der ganzen Welt, ... werden jünger und kleiner, verändern dabei auch ihre Form, ein Organismus aus Zellen... jede Zelle hat ihre eigene Funktion, hat ihre eigene Farbe, es gibt Gruppen von Zellen, die sich zusammengeschlossen haben, ... in diesem Stadium ist es so, daß ihre Form immer mehr einer Sonne zu gleichen scheint, einer Sonne aus vielen, vielen Zellen, die dort frei schwebt in der Höhle, diese Sonne ist voller Liebe, ... Licht, Kraft und Leben, ... sie wird kleiner und kleiner, bis schließlich nur eine einzelne Zelle da ist. Und das Leben eines Nehcsnem findet seinen Abschluß im Blick von zwei verliebten Augenpaaren vor deren Vereinigung. Zur gleichen Zeit wird gerade eine neue Nehcsnem geboren, in hohem Alter, und sie geht diesen Weg zurück, den Weg zur Vollkommenheit und Ursprünglichkeit.

Es ist gut, sie besucht zu haben, wir können so viel von den Nehcsnems lernen - und all das mitnehmen für unser eigenes Leben, was uns wichtig und nachahmenswert ist... unser Raumschiff wartet schon wieder auf uns, wir werden es nun wieder besteigen und langsam die Rückreise antreten, ... wir winken den Nehcsnems zu... und irgendwie ist es ein Gefühl, als sei in jedem von uns ein Nehcsnem mitgekommen... langsam kehrt das Raumschiff zurück, vielleicht vergehen Jahre, vielleicht Tage... alles was Du erlebt hast und weiter erlebst, kann Dein Unbewußtes für Dich verarbeiten und nutzbar machen... das Raumschiff fliegt durch eine große Weite, zu jenem Ort, wo wieder ein blauer Planet zu sehen ist, wo es Licht und Schatten gibt, es kommt langsam näher, vielleicht empfindest Du nun ein freundliches Gefühl für diesen Planeten Erde, der vor uns liegt... von weitem so harmlos, aber auch ein wenig leidend... vielleicht magst Du ihm ein klein wenig Deiner Liebe geben, denn dies ist Dein Planet... und langsam kannst Du Deinen Weg zurück zu dem Ort finden, von dem aus die Reise begann, während ich für Dich zurück von zehn nach eins zähle und Du mit zehn, ... Deinen Körper spürst, Deine Füße und Deine Beine, nach neun, ... und die Arme können anfangen, sich zu bewegen, nach acht, ... Du kannst ganz tief einatmen und wieder aus, ... nach sieben, ... vielleicht ein kleiner Dank an Deinen Atem, daß er dies schon ein Leben lang für Dich tut, ... und spüre, daß Du viel Weisheit von dieser Reise mitgenommen hast, nach sechs, ... draußen noch immer das gleiche Wetter, nach fünf, ... und um Dich herum wieder alles, was es zu hören gibt, nach vier, ... und in Dir die Erfahrungen, die mit Dir gehen nach drei, ... Du magst Dich vielleicht auch strecken und gähnen, nach zwei, ... denn es ist gut für Dich, zu spüren, daß Du ganz da bist... nach dieser Reise... Dein Atem geht freier, Deine Augen können sich öffnen und gucken, ob hier alles noch in Ordnung ist, ... ruhig und erfrischt dasein, ... nach eins.

Zweite Phantasiereise: „Quellen des Wachstums"

Vorbemerkungen

Die zweite Phantasiereise „Die Reise zu den Quellen des Wachstums" habe ich neben drei anderen zur Vertonung in einer Kassettenserie mit Doppelinduktionen getextet (Hypno-Synchron-Kassetten - siehe Literaturverzeichnis). Hier sprechen eine männliche und eine weibliche Stimme nacheinander und sogar gleichzeitig, was über Stereokopfhörer besonders intensive hypnotische Effekte und eine Integration der Hirnhemisphären bewirkt. Die aufeinander abgestimmten Texte werden in ihrer Wirkung verdichtet und vervielfacht.
Inhaltlich geht es hier um tiefe, symbolhafte Erfahrungen aus dem Lebensweg eines Menschen, um Verbundenheit (Bonding), Erlaubnis und Reinigung.

Text der Reise

Du hast Dir die Zeit genommen, Dich zu entspannen... und erinnerst Dich vielleicht an das letzte Mal, als Du ganz ruhig und gelöst warst... wie es sich anfühlt, wenn Du Deinen Atem spürst, der Deinen Brustkorb und Deinen Bauch in sanften rhythmischen Wellen auf und ab bewegt.
Und daß sich diese Schwingung ausbreiten kann in Deinem Körper. Über die Haut, die Muskeln, bis hin zu jeder Zelle, und Dich ganz einbettet in diesen ruhigen und sanften Rhythmus, den Du vielleicht erst jetzt bemerkst und der Dir ein sanftes Gefühl schenkt, ... ein Geborgensein mit Deinem Körper, ein innerer Gleichklang. Und während Du spürst, wie glatt Deine Stirn sein kann: Wie die Oberfläche eines Sees an einem ruhigen, windstillen Sommertag, kannst Du mit Deiner Aufmerksamkeit sanft über Deine Kopfhaut streichen, bis hin zum Nacken. Das macht vielleicht, daß sich Dein ganzer Kopf freier anfühlt, oder leichter, von Deiner Wirbelsäule leicht gestützt, von jedem Wirbel, während Dein Atem, den Du spüren kannst, der Dir Leichtigkeit schenkt, Dich mit auf eine kleine Reise nimmt. Und Du kannst Dir jetzt vielleicht eine Treppe mit zehn Stufen vorstellen. Und diese zehn Stufen bringen Dich hinunter an einen ganz besonderen, wunderschönen Ort, einen Ort, wo Du die Geschichte, die wir Dir erzählen werden, auf eine ganz besondere Weise aufnehmen kannst. In einer Art, die Dich vielleicht jedesmal etwas anderes erleben läßt. Und während ich rückwärts von zehn bis eins zähle, kannst Du Dir vorstellen, diese Stufen sanft und sicher hinunterzugehen - und Du kannst spüren, wie sich Dein Körper Stufe für Stufe mehr entspannt... Wie er fast hinunter schwebt, sich immer tiefer entspannt... und sich dabei warm und schwer, oder leicht und kühl fühlen kann ... Du beginnst mit zehn... erlaubst Dir, Dich zu lösen... und gehst nach neun ... fühlst Dich frei und gibst Dir Raum, ... nach acht ... wirst sanfter und weicher... gehst immer tiefer... nach sieben... entspannst Dich noch ein wenig mehr... jede Zelle Deines Körpers... und bei sechs... ist Dein Inneres gelöst

und offen für den Schritt weiter nach fünf... zu Dir... Dich nach innen fallenlassen... zu vier... immer noch weiter loslassen... liebevoll Dich weitergehen lassen nach drei... kommst Du dem tiefsten Zustand näher... immer noch tiefer zu zwei... völlig losgelassen und tief entspannt... nach eins.

Weibliche Stimme:

*Seit langem schon sind sie unterwegs,
auf der Reise ins Land ihres Ursprungs.
Allein der Wind weiß, wohin der Weg
führt, hin zu den Kräften der Quellen.
Die Menschen in diesem Schiff sind
Kinder geworden, Jungen und Mädchen.
Ein kleines Kind ist Dir sonderbar nahe.
Da ertönt der Ruf des Jungen im Ausguck
„Land in Sicht - vielleicht unser Land".
Das kleine Kind schaut auf hügeliges Land
- es ist grün bewachsen,
doch etwas daran ist ganz anders,
als es das bisher kannte,
denn da und dort aus der Landschaft
steigen farbige Nebel nach oben.
Sie scheinen aus der Erde zu kommen.
Das Segelschiff voller Kinder legt an.
Am Ufer warten freundliche Männer
und Frauen. Eine Frau ruft:
„Willkommen zu Hause.
Jeder kann hier finden,
was ihm gefehlt hat. Und damit kann
jeder auf seine Weise leben."
Sie gehen an Land.
Das kleine Kind fragt sich staunend:
„Was werde ich hier finden - und wie?"
Noch als es das denkt,
steht neben ihm jene Frau.
Ihr Gesicht ist ihm so seltsam vertraut.
Sie spricht mit warmer Stimme:
„Kind, ich habe Dich seit Jahren erwartet.
Als ich früher bei Dir war, sind wir
an vielem vorbeigelaufen, haben den
Weg nicht gesehen - in der Eile der Zeit.
Jetzt bin ich hier, um mit Dir zu den
Quellen des Wachstums zu gehen.
Schau, überall wo Licht aus dem Boden*

Männliche Stimme:

*Reisen weithin,
über Wasser,
nah oder fern schauen,
geschehen lassen,
wie früher...
als Kind, als Du so viel spürtest
vertraut
die Welt
entdecken, neue Strände
finden,
erleben
und staunen.
Das Spiel
der Farben,
pastell und blau
und grün,
am Ufer angekommen,
lächelnd aufnehmen
was guttut.
Stimmen,
gute Freunde,
Kinderträume
erwachen zum Leben.
Gemeinsam
heimkommen
zu dem Vertrauten,
von innen geführt.
Warme Augen
und sanfte Worte,
die ein Kind so gerne hört,
streichelnd, wie der Wind
an warmen Sommerabenden,
der flüsternd erzählt
von den
Quellen
des Selbst.
Den Alltag vergessen*

281

aufsteigt, entspringt auch ein Wasser.
In jedem ist Lebensenergie von ganz
besonderer Art."
Das kleine Kind sieht weithin im Land
farbige Nebel aus dem Boden steigen.
Sie sind hellrot, golden, violett, grün, weiß
und vieles mehr.
„Es ist die richtige Zeit", sagt die Frau. „Die
magischen Quellen sind wieder aktiv."
Und das kleine Kind spürt, wie
sein Herz weit wird,
während es zu den Lichtwolken schaut.
„Am Ursprung jedes Nebels
liegt eine Kraft Deines Wesens,
und trinkst Du von ihr,
kann etwas in Dir sich entfalten,
das Du schon lange gesucht hast."
Sie laufen und finden sich auf
dem Weg hin
zu einem roten Licht.
Sie kommen näher und spüren den leisen,
vertrauten Rhythmus ihrer Herzen.
Schon sind sie eingetaucht in rotes Licht.
Wie von selbst führt es sie vertrauensvoll
zu ihrer ersten Quelle inmitten des Nebels.
Da sprudelt ein duftendes Wasser hoch,
es ist warm - und sein Dampf steigt auf
zum Himmel, als roter Nebel.
Sie hocken sich nieder.
Die Frau sagt:„Das ist die Quelle der Liebe."
Das Kind trinkt
und fühlt dabei sanft und sicher
eine unsichtbare, warme Berührung
zwischen sich und der vertrauten Frau,
fast wie ein verbindendes Band
von Brust zu Brust. Ein Gefühl von
Erfüllung und Erleichterung. Sie sagt:
„Willkommen, Du kannst nun geborgen
wachsen." Und das kleine Kind weiß:
„Ich werde geliebt und bin verbunden
mit der ganzen Natur." Auch die Frau
weiß, was das Kind empfindet.
So gehen sie weiter zum grünen Licht,

lassend,
bringen sie Dich näher
den Phantasien,
die Du mit dem Herzen siehst,
die oft Gefühle
in sich tragen - von jener Art,
die sich weich
und weit
ausbreiten
in der Brust, vielleicht im
Bauch, die Zärtlichkeit
zu Dir selbst strömen lassen.
Vertrauen
aus der Quelle,
Energien
öffnen
sich Dir.
Etwas bewegt sich
vielleicht in Dir,
fühlbar,
nahe
in der Einheit
der Bewegungen zur Mitte,
aus Dir heraus mühelos
dort, wo die Energie ist,
unendlich
seit eh für Dich
erreichbar
aufs neue. Wo sie sich öffnen,
empfangen die Menschen
zu jeder Zeit Liebe
aus unsichtbaren
Quellen, entdecken,
fühlen
ihre Verbundenheit
vollständig, wissen
wieder
diese Wahrheit:
Ich bin geliebt und verbunden
mit der liebenden Natur -
in all ihrer Vielfalt, und es
ist gut, sie zu entdecken,

halten sich erst noch bei den Händen,
doch als sie jetzt eintauchen in das Grün,
läuft das kleine Kind einfach voraus,
voller Neugier und Energie.
Und es bemerkt, jene Schwingung der
Liebe bleibt erhalten, wohin es auch läuft.
Nun erreicht es das Wasser.
Sprudelnd grüner Nebel steigt daraus auf,
zieht eigenwillige Kreise in der Luft.
Das Kind muß lächeln.
Da hört es neben sich die Worte der Frau:
„Dies ist die Quelle der Freiheit. Sie gibt
Dir die Erlaubnis, zu verwirklichen,
was in Dir ist:
zu laufen, zu springen, zu reden, zu lachen,
zu denken, zu handeln aus Dir heraus,
im Einklang mit Deinem Wesen.
Dafür laß uns jetzt trinken...
aus der Quelle der Freiheit.“
Die Frau und das Kind beugen sich
zum sprudelnden Wasser,
es ist frisch und sie trinken.
Plötzlich wird alles hell und weit
um sie herum.
Da ist neue Kraft in dem Kind,
und Träume kommen ins Bewußtsein,
das eigene Leben zu gestalten.
Es weiß, es darf das tun.
„Ich will und ich kann glücklich werden,
frei entfalten, was in mir ist.“
Dann schauen die beiden sich an, lächeln
und laufen weiter auf bloßen Füßen.
Beherzt und selbstständig läuft
das Kind - zugleich in der
Schwingung der Liebe geborgen.
Sie bewegen sich auf einen violetten
Nebel zu, der vor ihnen am Himmel
aufsteigt. Und als sie näher kommen,
tauchen sie ein in das Violett.
Und Du bist dabei.
„Bevor wir nun weitergehen“, sagt die Frau
zu dem Kind, „laß uns ein Bad nehmen,
dort ist ein See, das Wasser nimmt

miteinander im Kontakt
bewußt das Vertrauen in
Freiheit erleben,
kraftvoll
laufen
im eigenen Rhythmus.
Und wieder freie Kraft
schöpferisch spielen
lassen,
die in jeder Gestalt
zu Dir spricht
und Bilder erzeugt,
Lebensbilder, die aus Dir
heraus entstehen,
sich vervollkommnen,
in Freiheit entfalten, ähnlich
den Blüten der Pflanzen,
die sich am Morgen öffnen,
oder das Gras,
das sich im Tautropfen
badet,
wenn die schillernden Farben
der ersten
Sonnenstrahlen
sich selbst
in dem kleinsten
Tropfen spiegeln.
So schmückt sich
die Natur,
ein Meer von Farben,
in dem jedes Freiheit hat,
wie die Sonne, wenn sie höher
steigt, die Tautropfen
verwandelt, transformiert,
um alles
in den Kreislauf der
Stoffe zurückzuführen,
wieder in Nebel zu
verwandeln, freudig
die Farben sehen
in Bewegung.
Wie mag es sein,
einzutauchen

283

alles Unnötige auf, das, was wir nun
nicht mehr brauchen, alles,
was wir ablegen möchten und weitergeben,
wandelt es um in den Urgrund der Stoffe,
gibt es der Natur zurück."
Vor ihnen erscheint ein klarer See,
einladend, wie geschaffen zum Baden.
Sie waten hinein und schwimmen umher,
und mit jeder Schwimmbewegung
spürst Du, daß alles,
was Du nicht mehr brauchst,
was Last geworden ist,
vom Wasser aufgenommen wird,
von innen nach außen.
Und das Wasser zerteilt alles
in seine feinsten Teile, um sie in den
großen Kreislauf zurückzuführen.
Während sie nun weitergehen,
sagt die Frau zu dem kleinen Kind:
„Bisher habe ich Dich geführt.
Nun gehe Du selbst zur nächsten Quelle.
Suche voll Vertrauen jene,
von der Du noch trinken möchtest.
Ich werde Dich begleiten."
Das Kind schaut umher im Land,
sieht farbige Nebel hier und dort aufsteigen,
aus der Landschaft. Und eine andere Farbe
zieht es an, ja, das ist die richtige.
„Dein Unbewußtes weiß, was in der
nächsten Quelle für Dich verborgen ist",
sagt die Frau. „Laß Dich von Deinem
Inneren führen, und erlebe es selbst.
Laufe zu einem besonderen Licht, das Dich
anzieht, dem Du seit jeher nahe bist,
und trinke, wovon Du träumtest.
Nimm es in Dich auf."
Wie im Traum läuft das Kind weiter.
Ein besonderes Licht beginnt,
es mehr und mehr anzuziehen,
während die Landschaft vertraut bleibt,
doch irgendwie anders ist, als sonst.
Sie tauchen in das Licht ein
und das Kind erreicht seine Quelle.

mit allem, was da ist,
bereit für das Neue,
und Erleichterung
von alter Last zu suchen
und Transformation
zu finden,
loslassen,
alles frei und für sich selbst
den Elementen zurückgeben,
daß sie es
transformieren,
verwandeln,
durch die Zeit,
im Austausch
von Sonne und Wasser,
in dem alles Leben
geboren wird,
aufs neue
jeden Tag
bis in die kleinsten Zellen
sich frei entwickeln,
in denen universales Wissen
wohnt, bereit, sich Dir
zu öffnen,
und jede Farbe ist Symbol
für eine Erfahrung, die etwas
verändern kann.
Das Wissen darum ist in Dir,
und führt Deine Schritte.
Du siehst das Licht,
Deinen eigenen Weg,
dort liegt es, was Du suchtest,
früher schon,
den eigenen Weg
schließlich finden,
an diesem Ort, wie anderswo,
immer noch träumend,
erfüllen,
was Dich bewegt,
an diesem Ort,
gestern und morgen
verändern
mit Deinen Gedanken,

284

„Nur Du weißt, welche Energie Du aus
dieser Quelle aufnimmst."
Das Kind beugt sich und trinkt das Wasser.
Es spürt, daß es genau das ist, wonach es
sich lange gesehnt hat,
und ein prickelndes Glücksgefühl
durchströmt seinen Körper.
„Nun hast Du alles, was Du lange verloren
glaubtest, wieder bei Dir."
Das Kind weiß, daß die Quellen
des Lebens in ihm weiterfließen werden.
Es spürt: „Hier ist die Reise vollendet."
Es schaut in die lieben, vertrauten Augen
der Frau. „Ich bin gewiß", sagt sie,
„Du wirst, was in Dir ist, in diesem Leben
entfalten. Auch für mich hat sich etwas
erfüllt." Und beide spüren das Band
aus Liebe, die sie seit Anfang der Reise
verbindet.
Eine Verbindung, die da ist,
auch wenn sie ganz eigene Wege gehen.
„Ich bin frei und empfinde doch Liebe",
denkt das Kind. „So wird die Zukunft gut.
Alles, was ich hier wiedergefunden habe,
bleibt mir, überall, wohin ich gehe und
wo ich es brauche."
Das Kind blickt in die Zukunft.
Sie ist voll Licht.
Dann schaut es sich noch einmal
um, sieht all die verschiedenen Farben
über den Quellen in der Landschaft -
und ist sich bewußt: „All das ist in mir,
und ich kann es aufsuchen, wann immer ich
möchte. Meine Heimat, meine Energie,
mein Ort der Kraft seit meiner Kindheit."
Als es so denkt, tragen es seine Schritte
zurück zum Schiff, dorthin, wo es
in Gewißheit und im Einklang mit sich
selbst größer werden kann.
Als das Kind das Segelschiff besteigt
und sich seinen eigenen Platz sucht,
stellt es überrascht fest: „Ich kann spüren,
wie all diese Farbenpracht, diese Worte,
die Liebe und die Zuneigung in mir wirken.

heute empfangen wir
den Kelch
des Lebens
in seiner Fülle,
denn immer ist
Gegenwart,
überall,
inmitten
der Zeit verändern
Menschen
sich selbst.
Kreise wollen sich
schließen.
Gewißheit,
angekommen zu sein.
Nach dieser Reise
wird
vieles
anders sein,
als bisher,
für Dich, für uns,
für sie,
die wir lieben,
gestern
oder schon bald.
Wir haben
Visionen in uns,
Richtungen
für das Leben,
Wege,
die wir gerne
laufen.
Außen wie innen
berühren sich
mit jedem neuen
Gedanken, mit jeder
Vorstellung,
jeder Bewegung,
inmitten
des Spiels,
im Austausch der Energien.
Auch Du kannst spüren,
wie vielfältig Deine Welt
sein kann.

285

Es fühlt sich gut an,
hoffnungsfroh und warm.
Mit dem Segelschiff meiner Gedanken
ist mir dieser Ort jederzeit zugänglich.
Der Wind meiner Träume bringt mich
schnell dorthin, wann immer ich möchte.
Und ich weiß, daß diese Quellen weiter
fließen, Tag und Nacht, durch die
Jahreszeiten sich ständig erneuernd
und kräftigend."

Aus Dir heraus
selbst gestaltend
und verwirklicht.
Sicher
bewegen
wir
uns
ins Helle,
innerlich frei
und wachsend.

Und langsam kehrst Du wieder zurück, in dem Wissen, etwas Wertvolles erfahren zu haben und in Verbindung zu sein mit all dem, was wichtig und sinnvoll für Dich ist. Erlaube Dir, es ganz in Dich aufzunehmen und es nach Deinen Wünschen und Vorstellungen für Dich zu verwandeln. Du bist jetzt wieder an der Treppe, die in zehn Stufen nach oben führt. Nimm alle Erfahrungen, die nützlich und förderlich für Dich sind, mit zurück nach... eins, dort kannst Du Dich frisch und ausgeruht fühlen... nach zwei, mit einem tiefen Atemzug... nach drei kommen und spüren, wie langsam Dein Körper wieder erwacht... nach vier... und wieder das Bedürfnis spürt, sich zu bewegen... nach fünf... und Dich zurück atmet... nach sechs... mit einem tiefen Atemzug, der Dich wacher sein läßt, nach sieben... und Du jetzt anfangen kannst, die Teile Deines Körpers zu bewegen..., die Dir helfen, Dich in Deinem Tempo wach zu machen... nach acht... Dich bewegen und frisch fühlen, näher hier... und zu neun... Dich zu strecken und zu räkeln, angenehm, Dich wohl zu fühlen und ganz da zu sein... bei zehn.

Dritte Phantasiereise: Selbst-Integration

Vorbemerkungen

Dies ist das Transkript einer Phantasiereise aus dem Selbst-Integrations-Prozeß innerhalb des gleichnamigen Seminars.

Der Text soll die Anwendung von Phantasiereisen für persönliche Transformationsprozesse im Rahmen eines größeren Kontextes deutlich machen. Es geht um Tod, Neugeburt, Versöhnung und um die Nutzung des eigenen Lebens gemäß den eigenen inneren Werten und Visionen. Zwischen Tod und Leben wird die Erfahrung der Leere zum Raum für neues Empfangen, für Lebenssymbolik und Neubeginn.
Der Prozeß wurde durch Transformationsrituale von Naturvölkern inspiriert, in welchen die Beteiligten sich mit Grenzzuständen des Lebens konfrontieren, um Reifung und Erneuerung zu finden.

Die aufgezeichnete Phantasiereise ist Teil des folgenden umfangreicheren Ablaufes: Die Teilnehmer und Teilnehmerinnen haben in den zurückliegenden Tagen daran gearbeitet, tiefe persönliche Ressourcen und Energiequellen zu finden, die ihnen als tiefste, hinter ihren Verhaltensweisen liegende Intentionen erfahrbar wurden (ähnlich dem „Weg zur inneren Quelle" von Connirae und Tamara Andreas).

Weiterhin haben die TeilnehmerInnen zwei Erscheinungsformen ihrer Persönlichkeit herausgearbeitet und beiden charakteristische, ausführliche Namen gegeben, die auf Zettel geschrieben wurden und im Verlauf der Phantasiereise als Anker zur Erinnerung an die beiden Persönlichkeitsanteile verwendet werden:

– zum einen das entfaltete, freie Selbst, welches seine Möglichkeiten lebt,
– zum anderen das behinderte, abhängige Selbst, welches verschiedene Lasten trägt.

Zu Beginn der Reise hat jede und jeder das eigene eingeschränkte Selbstbild mit Unterstützung der anderen in einer Rollenimprovisation dargestellt, es noch einmal deutlich erlebt und sodann die Botschaft erhalten: „Du darfst jetzt ruhen."
Alle Teilnehmer und Teilnehmerinnen liegen danach bei Kerzenbeleuchtung am Boden des Seminarraumes.
Sie repräsentieren in dieser Phase ihr behindertes, eingeschränktes Selbst und sind darauf vorbereitet, im ersten Teil der Phantasiereise mit zunächst als negativ dargestellten Aspekten ihres Lebens konfrontiert zu werden. Sie sind darauf vorbereitet, sich das Sterben ihres eingeschränkten Daseins vorzustellen. Dies ermöglicht ihnen ein Loslassen und Abfließenlassen der Belastungen und Ein-

287

schränkungen ihres Lebens sowie den Übergang in einen Zustand tiefer, befreiender Leere, in die hinein sie in neuer Weise sinngebende Symbole und Energiequellen für ihr Leben empfangen - um als entfaltete Persönlichkeit neu in das Leben zu treten.

Später findet eine versöhnende und heilende Begegnung und ein Austausch zwischen dem entfalteten und dem zuvor abgelegten eingeschränkten Selbst statt. Viele Teilnehmer und Teilnehmerinnen bezeichneten ihre Erfahrungen nach diesem Prozeß als spirituell.

Sie, liebe Leser, mögen den Text lesen, um daraus vieles über die Verbindung von Sprache und besonderen Erfahrungen kennenzulernen. Jedoch bitte ich Sie, für diesen Zweck nicht nur einzelne Teile, sondern den ganzen Text zu lesen, da im Gesamtverlauf die im ersten Teil oft provokativ angesprochenen Schattenseiten und die Vorstellung des Sterbens wieder transformiert werden.

Auch bitte ich Sie, davon abzusehen, selbständig andere Menschen über das Vorlesen des Textes durch diese Phantasiereise zu führen, da hierfür weitergehende Vorbereitungen und professionelle Begleitung erforderlich sind. Dies vorausgesetzt, kann der Text auch beim Lesen eine Anregung zu Neubesinnung und innerer Bereicherung sein, gerade, weil hier das Leben von verschiedenen Seiten aus dargestellt wird - und weil diese wieder integriert werden.

Text der Reise

(Es erklingt alte Choralmusik.)

Du hörst diese Stimme, die zu Dir spricht und Dich begleitet, und Du kannst alle Worte, die Dich auf dieser besonderen Reise unterstützen, aufnehmen und nutzen, so daß Du dabei das beste für Dich erfahren kannst, auch wenn der Weg über Schatten und Grenzen geht - um irgendwann neues, fruchtbares Land zu erreichen.

Alle Worte, die Dich darin nicht unterstützen, sind belanglos und können einfach an Dir vorbeifließen, während Du sicher auf Deiner Decke liegst und Dein Körper die ganze Zeit lebendig für Dich da ist, durchblutet und warm für Dich sorgt - und Dein ganzes Wesen in einen großen tiefen Schutz gehüllt ist. Eine weise, innere Führung, wie ein liebevolles, geistiges Wesen, erlaubt es Dir, auf dieser Reise das beste für Dich zu erfahren, zu empfangen und zu lernen und nach dieser Reise auf allen Ebenen bereichert zurückzukehren in diese Welt.

Wir treten ein in das Reich der Schattenseiten und in das Ende der Zeit.
Du bist hier angekommen als jene eingeschränkte, behinderte Person, die Du im Kreise eben noch dargestellt hast. Es ist gut, daß Du da bist. Du darfst jetzt endlich ruhen. Du hast hier einen Ort gefunden, an dem Du vorübergehend für kürzere oder längere oder sehr lange Zeit bei Dir selber sein kannst. - Bis hierher hast Du noch gespielt. Bis hierher hast Du etwas dargestellt. Bis hierher hast Du mit anderen kommuniziert, wie Du es genannt hast.

Du bist in dieses Seminar gekommen und hast noch gehofft, vielleicht durch neue Methoden irgend etwas zu ändern, aber nun ist die Zeit gekommen, in der Du hier einfach liegst und es nichts mehr zu tun gibt für Dich. Denn es gibt Dinge, über die wir keine Wahlmöglichkeiten mehr haben, wenn die Zeit vorbei ist, wenn die Kraft versagt und wenn das, was Du bisher gelebt hast, nur noch eine Erinnerung ist, wenn es belanglos geworden ist, weil es unsinnig wurde, immer die gleichen Muster zu wiederholen, die diese Person, die da liegt, in ihrem Leben gespielt hat - diese begrenzte Person, die da liegt, die Du sehr gut kennst - jene, die ihre Ängste, ihre Eitelkeiten, ihre kleinen und großen Marotten hatte, um jenes Ego, jene Wichtigkeit zu schmücken, die doch so belanglos wird, wenn die Zeit vorbei ist.

Wie ist es wohl, wenn das, was gestern noch so bedeutend war und das, was Du Dir für heute und morgen vorgenommen hast, ausfällt, weil die Zeit dafür, bevor Du es erwartet hast, verschwunden ist.

Wie ist es wohl, zurückzublicken auf diese Person, die sich jahrelang, jahrzehntelang mit sich selbst befaßt hat - sich jahrelang getäuscht hat - sich jahrelang täuschen ließ und auf diese Art so viel Lebenszeit verstreichen ließ - Deine Zeit - und Du weißt, wie Du Dich davor gefürchtet hast - hast lieber Deinen Spaß haben wollen, der Dich ablenken sollte - Deinen Beruf und Deine Aufgaben, die Dich mit Stolz erfüllen sollten - Deine Wichtigkeit für andere Menschen, die Dir Deine eigene Wichtigkeit zeigen sollte - während Du immer und immer wieder die gleichen Spiele spieltest, jene Albernheiten, jene klugen Worte, jene Schüchternheiten und jene Unehrlichkeiten - wie es war, das Leben auf diese Art zu füllen, die Jugend, in der Du noch fühltest, was Du nicht verwirklicht hast, die Erwachsenenzeit, in der Du Dich geschützt hast davor, Dich zu zeigen - und wie es ist, das alles nun aufzugeben - ungenutzt - erschöpft, denn Du weißt, wie anstrengend es war - immer und immer wieder Dich zu zeigen - all Deine Muster aufrecht zu halten - wie anstrengend es war, Dein Wissen zu erwerben, Deine Versteckspiele - vernünftig zu sein - klug zu sein - oder gut zu sein. Wie anstrengend war es sogar, Spaß zu haben, und die Menschen, die Dir begegnet sind - mit einer Maske nur distanziert zu bemerken. Menschen, denen Du vielleicht hättest begegnen können, Augen, die Du vielleicht hättest sehen können... und wie es Dich getrieben hat - Ziele zu erreichen - Sicherheiten zu schaffen - ordentlich zu sein - richtig zu sein - gut angepaßt an diese Welt, manchmal erfolgreich - und manchmal gut angepaßt sogar an Mißerfolge.

Wie ist es, wenn Du in ein leeres, weites Land gehst, wo Du die alten Spiele einfach nicht mehr spielen kannst - und auch keine Freunde mehr da sind - und auch keine Ablenkung mehr - und kein Beruf und keine Verdienste und die, denen Du Deine Rolle so gut vorgespielt hast, daß sie Dir geglaubt haben, Dich nicht mehr finden. Wie es ist, auf eine Reise zu gehen jenseits der alten Daseinsform.

Du kannst Dich noch einmal Deiner ganz persönlichen Eigenschaften besinnen und wahrnehmen, was hinter den Eigenschaften, die Du erkannt hast, liegt - wahrnehmen, was hinter der Wahl Deines Berufes steht, ja sogar hinter der Wahl Deines Erscheinungsbildes - hinter der Wahl Deiner Freunde - und wahrnehmen, was Du mit all dem vermieden hast, was Du Dir jenseits aller Ablenkung nie anschauen wolltest - wahrnehmen, wo Deine Angst ist, und wie es ist, wenn all das, was es da gab, nun fortfließt.

Nur Du weißt, wovor Du Angst hattest, vielleicht zu versagen, das Gesicht zu verlieren - vielleicht vor dem Schmerz hinter Deinem Lächeln - oder vor Gefühlen, die verboten waren in Deinem Leben.

Und vieles von dem war traurig. Wie oft hast Du Dich mit Fröhlichkeit vor dem Traurigen versteckt, vor Deiner Verlassenheit oder der Einsamkeit, die es da gab in Deinem Inneren - und wie ist es, wenn all Deine Handlungen eine Täuschung gewesen wären, gegenüber Dir selbst, gegenüber anderen - weil etwas gefehlt hat. Es ist gut, Dich dessen zu besinnen, was gefehlt hat - denn erst wenn all die Jahre Deines Lebens zusammengefaßt werden, erkennst Du, wieviel Zeit Du wirklich gelebt hast, und wieviel Zeit Du wie ein Automat funktioniertest - auf immer die gleichen Reaktionen gleich reagierend - programmiert - das gleiche, was Dich ärgerlich machte, das gleiche, was Dich ausweichen ließ - das gleiche, was Dich dazu brachte, Dich zu verstecken - automatisch, wie eine Maschine, auf Knopfdruck.

Nach all dem kannst Du jetzt diese letzten Momente erleben - und langsam diese Anstrengung, die Dein ganzer Organismus gebraucht hat, nur um zu funktionieren, loslassen,

Deine Nerven, Deine Gedanken, Dein ganzes Gedankengebäude, Deine Muskeln, all das, was Du in Dich hineingefressen hast - loslassen - diese Anspannung - die Zivilisation, Telefone, Autos, Partner, Kunden, Klienten, Geliebte - diese Mühseligkeit ein letztes Mal zu spüren, auch wenn Du gelacht hast - und loszulassen - ganz egal in welcher Art Du selbst Dich wahrgenommen hast - wonach Du Dich immer wieder gesehnt hast und was Du doch nicht bekommen hast, egal, was Du wolltest und immer wieder neu versucht hast - wie Du immer wieder auf die Zukunft gehofft hast - jetzt ist die Stunde der Vergänglichkeit - und jetzt ist die Zeit der Ruhe.

Du kannst Dir nun erlauben, jenen Zettel mit dem Namen dieser eingeschränkten Person neben Dich zu legen - und zu dieser Person zu sagen: Dies ist Deine Ruhestätte - und Du kannst Dir nun vorstellen, wie Du alle eingrenzenden Muster Deines Wesens, all die Anstrengung, all die Jahre, all die Zweifel, alle festgefahrenen Programme komplett aus Dir herausfließen läßt, neben Dich, wo jener Zettel liegt, wie Du Dein Ego verabschiedest, es aus Dir herausfließen läßt, dorthin, zu jenem Zettel mit seinem Namen.

So als würde sich ein Strom ergießen und Dich leer machen, so daß diese Person neben Dir sich damit füllt und Du dabei leerer wirst, daß alles in Dir

*leerer wird. Du kannst jeden verbrauchten Gedanken und jedes abgenutzte
Gefühl aus Dir herausfließen lassen, in Strömen aus Farben, vielleicht
schmutzig, vielleicht hell. Ströme, die dorthin gehen, wo der Zettel liegt.
Auch Deine innere Stimme. Ob es Dir warm ist oder kalt, spielt überhaupt
keine Rolle mehr, einfach alles herausfließen lassen, neben Dich.
Doch Dein Körper bleibt bei all dem ein sicheres Haus, wird nur entspannter und leichter, indem er frei wird von all der Last.
Leerer werden - und wissen, daß es keine Zeit mehr gibt, nichts zu tun,
nichts zu erreichen, als einfach loszulassen und das Verbrauchte neben Dich
fließen zu lassen, Deine Pläne neben Dich fließen zu lassen, Deine alten
Emotionen neben Dich fließen zu lassen, das, was Du hier erreichen wolltest, neben Dich fließen zu lassen. Einfach leer werden - und der Stille die
Pforte öffnen, Stille und Leere in Dich aufzunehmen.*

(frühlingshafte Musik)

*Jeder Gedanke, der noch kommt, alles, was Du nun nicht mehr brauchst,
zerfällt und fließt weiter fort - während die Zeit fortschreitet und Du mit
ihr die Zeit überschreitest, in der diese Wirklichkeit war - auch die Traurigkeit des Abschieds abfließen lassen - und alle Worte, die nicht paßten,
forttreiben lassen und verstummen - dorthin gehen, wo es keine Worte
braucht - jenseits der Zeit, wo nur Leere bleibt - und alle Gedanken an
Bedeutung verlieren und eine unendliche innere Welt sich öffnet - eine
Unbekannte, vielleicht leere Welt voller ungeahnter Energie und aus unbegrenztem Raum.*

*Indem Du das erlebst, kannst Du weiter leichter werden - Dein Körper,
Dein ganzes Wesen, leichter und weiter - leer wie ein großes unendliches
Gefäß - jenseits jeder Form - jede Aufgabe abgelegt - alles alte abgelegt.
Du selbst frei - als jener unendliche leere Raum... (Pause)
Und einfach da sein, jenseits der Zeit über das Nichts hinaus - in der Leere,
so weit, bis Du frei bist, frei, etwas zu empfangen, Energie, die aus diesem
Raum heraus für Dich da ist. Energie, die leben will... (Pause)
Alles andere fort, endlich fort!
Bereit, zu empfangen, was aus diesem Raum heraus in Dir leben will - und
Dir zu erlauben, jetzt oder später, hier oder noch viel weiter, ein Symbol des
Lebens, Deines Lebens aufzunehmen... (Pause)
Vielleicht verstehst Du die Worte jenes Gedichtes, das eine Stimme für Dich
ausdrückt...*

Losgebunden
ins Leere gehen in die Fülle
orientierungsfrei
nichts überall alles
die eigene Spur verweht
irgendwann
kreisen
nahe dem Selbst
endlos
am Anfang
der Worte
zum
Sein.

Denn mit der Leere beginnt ein neuer Zyklus. Du kannst Dir erlauben, hier Deine tiefste Energiequelle und das wertvollste Symbol Deines Wesens in Dein Herz zu lassen - aus dem Nichts, das einfach nur Raum dafür hat. Vielleicht ist es ein Licht, vielleicht ein Klang, vielleicht etwas ganz anderes, was sich Dir zeigen will, was in Dir leben will. Du bist dabei, Dich selbst zu empfangen, die Energie Deiner Seele, Deines Lebens... (Pause)
Dich innerlich füllen mit Deiner Symbolik, ganz offen und ganz weit... (Pause)
Wie wäre es wohl, jetzt, wo Du frei bist und unbegrenzt, jetzt mit dieser inneren Energie, noch einen Tag geschenkt zu bekommen - oder, mit Deinem Symbol des Lebens, wenn Du nur einen Tag noch hättest, was gäbe es dann, was wirklich wichtig ist - wie wirst Du Dich dieser Welt zeigen, wenn es diesen einen Tag noch gibt - was wirklich möchte aus Dir heraus da sein - und wenn es eine Woche geben würde, wofür würdest Du sie nutzen, wenn Du diese Zeit noch hättest. Vielleicht für das eine, das all die Jahre gefehlt hat... (Pause)
... und wenn es einen Monat gäbe, ein Jahr oder noch viele Jahre - und Du kannst wahrnehmen, was es da gibt, das dieses Leben wirklich wertvoll für Dich machen wird - etwas von tief innen, etwas, das Du empfangen hast oder immer noch empfängst - in jenes unendliche Gefäß, das Du bist, wie Licht, das in diese Leere fällt und sie füllt - und Freude mitbringt - alles, was Du sehen und empfinden kannst, und Du merkst vielleicht, wie sich in Dir das Wertvollste und Schönste meldet und Dir sagt, was gut ist für Dich und was wichtig ist für Dich in diesem Leben und Dir zeigt, was Du bisher noch nicht entfaltet hast, zeigt, was es sich zu vollenden lohnt - Dir erkennbar macht, was wirklich zählt - Dich lehrt, mit dem Herzen zu sehen - andere und Dich selbst. Wie ist es, in diesem Leben von Herzen willkommen zu sein, mit all dem, was Du hast, und diese Worte zu hören, welche in einer alten Kultur gesagt wurden:

Vater Natur, Mutter Natur,
mit Ruhe, mit Sorgfalt,
mit Muttermilch, mit Tau,
nicht das Wasser schreckt Dich, nicht das Meer,
jeder ist echt und jeder wahrhaftig,
jeder nimmt Dich wahr, achtet Deine Existenz.

Du kannst Dich nun Deines entfalteten Namens besinnen, diesen neuen Namen erfassen, bereithalten, während Du den alten einfach neben Deinem Liegeplatz läßt - und wir Begleiter werden jetzt gleich zu Dir kommen, Dich berühren und Dir sagen - „Willkommen im Leben" - Du kannst dann einfach aufstehen und merken, wie schön es ist, so viel lebendige Zeit vor Dir zu haben, frei zu gestaltende Zeit, viele, viele Jahrzehnte - und wenn wir dann bei Dir sind - und Du bist aufgestanden - kannst Du mithelfen, die anderen zu begrüßen, es wird Mittag oder ein wenig später sein - und Ihr könnt Euch willkommen heißen im Kreis - Euch vorstellen - hier bin ich - und Euch zeigen - und anerkennen - und so komme ich jetzt einfach - und wir kommen alle - zu Dir - Du wirst leben - Willkommen hier - aufstehen - Guten Tag - Du darfst aufstehen, leben, nimm Dir Zeit.

(Nacheinander werden alle TeilnehmerInnen begrüßt und erheben sich.)

– Es ist Zeit, Dich vorzustellen - ein wenig zu bewegen - in dieser Art, wie Du Dich jetzt bewegst - und das Leben ist einfach da - Zeit, einander zu begrüßen...

(Temperamentvolle Musik, ca. 15 Minuten. Die Teilnehmer stehen in engem Kontakt im Kreise und heißen sich mit neuen Namen willkommen.)

Nachdem Du nun hier angekommen bist, bitten wir Dich einfach, Dich erneut hinzusetzen - auf einen Stuhl, den Du findest, an Deinen eigenen Platz zu gehen, ganz zu Dir - den Zettel liegen zu lassen - zu Deinem Platz - Willkommen - denn Du bist mitten in Deinem Leben.

(Entspannungsmusik, Flöte)

Wenn Du Deinen Platz gefunden hast, kannst Du es Dir dort einfach bequem machen, und wenn Du magst, auch die Augen schließen - für eine kleine Besinnung - und während die Geräusche außen leiser werden, ist die Flöte zu hören - es wird stiller - und Du kannst einfach wahrnehmen, wie Du physisch, körperlich da bist, Deinen Atem wahrnehmen - jeden Atemzug - wahrnehmen, wie Du sitzt - wahrnehmen, was Du empfindest - vielleicht die Augen geöffnet oder geschlossen, während draußen Schritte zu hören sind - und irgendwo hinter den geschlossenen oder offenen Augen die Welt und irgendwo Du, hier angekommen - weil jede Minute das Leben

293

neu beginnt, jede Sekunde - weil Du Dich im Leben immer wieder neu entscheiden kannst - Dich entscheiden kannst für das Leben - Dich entscheiden kannst für Dich - wahrzunehmen, wo Du jetzt sitzt, und wenn Du
magst, kannst Du sogar mit Deinen Händen seitwärts tasten zur nächsten
Person und spüren, daß da noch jemand ist.

Du kannst diese Person berühren oder einfach Dich selber spüren und diese
Zeit der Stille für Dich nutzen - um Dich zu sammeln, und alles, was Dich
nährt, Deine Lebensenergie, Deine Kernerfüllung, Deine innere Symbolik,
aber auch die schönsten Momente Deines Lebens - vielleicht waren es ganz
kleine Momente, die Du vielleicht nicht festhalten konntest, aber die dennoch wertvoll waren - und magst vielleicht einmal an solche Menschen denken, denen Du etwas verdankst - oder an Menschen, denen Du etwas gegeben hast - Menschen vielleicht, die Dich geliebt haben, auf ihre Art - vielleicht auf ihre unvollkommene Art - auch, wenn sie es falsch gemacht
haben - Menschen, die Du geliebt hast, auch wenn sie es manchmal gar
nicht gemerkt haben, vielleicht ist da irgendwo Deine Mutter oder Dein
Vater - und vielleicht gibt es etwas, was Euch tiefer verbindet, als Du es bisher ahntest. Und es kann sein, daß die Zeit gekommen ist, sie anzuerken-
nen, oder mehr als das, und zu sagen: „Ich danke Dir, Mutter, für das, was
Du mir geben konntest, all das andere werde ich selber finden. Ich danke
Dir, Vater, für das, was Du mir geben konntest, ob es viel war oder nur
wenig - all das andere werde ich selber finden."

Nun magst Du vielleicht an etwas ganz Eigenes denken, etwas, das für Dich
in diesem Leben wertvoll war - vielleicht eine Gemeinschaft, in der Du
gelebt hast - Reisen, die Du gemacht hast - etwas, was Du erreicht hast -
Deine Fähigkeiten - vielleicht all das, was Du getan hast und wem Du dabei
begegnet bist, und welche Energie in Dir da ist, die leben will, die gleiche
Energie, die es Dir möglich gemacht hat, Dich zu verändern - immer wieder neu zu lernen - zu sein - jene Energie einfach in Dir wahrzunehmen -
reine unendliche Energie, die leben will - zu spüren, wie es ist, in Kontakt
zu sein mit der Welt - zu wissen, daß diese Welt bei aller Unvollkommenheit doch sehr viel Wunder enthält, von denen Du sogar manche entdeckt
hast, solche, die Dir gezeigt haben, daß dieses Leben ganz zauberhaft sein
kann.

Die Bäume, das Meer, die Sonne, die Nahrung, die Gedanken, die Träume
- erstaunlich, daß Du träumen, denken und handeln kannst, zugleich - dieses Wunderwerk in Dir - Dein Nervensystem, Dein Herz, Deine Lunge, der
Bauch, all Deine Organe zusammen - immer weiter für Dich da sind - ein
Zuhause für Deinen Geist, der sich voller Energie in dieser Welt manifestiert
- und ich bitte Dich, an einen Menschen zu denken, mit dem Du das Gefühl
von Liebe erlebt hast - über Deine eigenen Grenzen hinausgekommen bist
- vielleicht ungewollt - vielleicht - gar nicht richtig - aber doch jenes
Gefühl - eine Ahnung - ich bitte Dich, daran zu denken, was dieses Gefühl
in Dir ausgelöst hat - für Dich selbst - und das Symbol Deiner tiefsten

Erfüllung und Deiner größten Energie in Dir zu erleben - ganz einfach von innen heraus - das, was Du aus der großen Weite geschöpft hast - so als würde all Deine Energie jetzt gebraucht für einen Menschen, den Du wirklich liebst - Dich innerlich zu sammeln für einen Menschen, den Du liebst - diesem Menschen etwas zu geben, was er wirklich braucht - denn diese Welt braucht Dich - und - Du brauchst diese Welt - und doch liegt darin Deine Freiheit - und Du kannst nun all Deine Ressourcen sammeln, über die Jahre, durch Deinen Lebensweg, die Erfahrungen des Lichts, der Freiheit, der Bewegung und Deiner Fähigkeiten, Deinen Mut, den es immer wieder gab, Deine Offenheit, die es gab - all das für einen Menschen, der genau das sucht - und ich bitte Dich nun, das Bild jenes Menschen vor Deinem geistigen Auge erscheinen zu lassen, das Bild dieser Person, die Du eben noch abgelegt hast, das Bild von Dir selbst, Dein Alltagsbild - und ich bitte Dich selbst zu sehen - mit Deinen Falten, mit Deiner Anstrengung im Gesicht - im Abstand vor Dir ein Bild von Dir selbst - vielleicht siehst Du überfordert, hilflos, angestrengt aus - aus der anderen Welt, die Du abgelegt hast, einfach schauen - Dir in die Augen - hinter die Augen - Dir selbst hinter die Augen schauen, Deinen Körper anschauen - seine Spannungen - hineinschauen ins Innere - die Organe - die Muskeln - und die Umgebung sehen, in der dieser Mensch lebt - der Streß - die Klagen des Alltags - und ich bitte Dich, diesen Menschen mit den Augen der Liebe anzuschauen - mit den Augen der Dankbarkeit - denn diesem unvollkommenen Menschen dort vor Deinem geistigen Auge, Dir selbst, verdankst Du alles. Denn dieser Mensch tat alles, was er tat, damit Du daraus hervorgehen konntest.
Hat für Dein Überleben gesorgt, angepackt, sich geplagt, gehofft, sich versteckt für Dich - war hilflos, ausgelaugt - für Dich - und für diesen Teil Deines Wesens kannst Du nun all Deine Energie - all Deine Ressourcen sammeln - und einfach aufstehen - und an den Ort gehen, wo dieser Mensch jetzt abgelegt liegt - wo jetzt dieser Zettel ist - dorthin gehen, wo Du ihn abgelegt hast, wo sein Name steht - und diesem Menschen dann - vielleicht indem Du ihn umarmst - alle Ressourcen und alle Liebe geben, die er bisher vermißt hat. Aus Dank und weil es ganz das Deine ist - kannst Du dann ganz einfach schweigen - und hingehen zu dieser Person, und ihr alle Ressourcen, alle Liebe geben, die Du hast - sie erlösen in Dir und für Dich - die tiefste Beziehung und die größte Liebe Deines Lebens. Dieser Mensch hat sich so lange nach Dir gesehnt - schon immer auf Dich gewartet. Und Du kannst all seine Wunden heilen.

(Musikwechsel: Eric Clapton „Tears in Heaven")

Der Prozeß endet, indem die Teilnehmer ihr bisher behindertes Selbst in bewegter Atmosphäre innerlich und äußerlich annehmen und umarmen - in stillem Austausch.

2. Poesie

Gedichte sind für mich eine Möglichkeit, mit mir selbst und mit anderen in Beziehung zu treten - also eine Form sprachlicher Kommunikation, die Menschen auf verschiedenen Ebenen ansprechen möchte.

Hier stelle ich Ihnen einige Beispiele aus verschiedenen Abschnitten und Situationen meines Lebens vor - einige sind noch in dem damaligen ostdeutschen Staat entstanden, aus welchem ich 1981 fortging, andere beziehen sich auf unsere Gegenwart - und wieder andere scheinen zeitlos zu sein, ganz dem inneren Erleben verbunden.

Es ist mein Anliegen, Ihnen mit diesen Gedichten Inspirationen für verschiedene Formen des poetischen Ausdrucks zu geben, Sie anzuregen, wieder Poesie zu lesen und vielleicht selbst auf Ihre eigene Art zu schreiben. Zu denen, die mich anregten zu schreiben, gehören Friedrich Hölderlin, Rainer Maria Rilke, Paul Celan, Ernst Jandl, Bertolt Brecht und Bob Dylan.

Stilistisch und thematisch hat jedes Gedicht andere Schwerpunkte, die sich in seinen Meta-Programmen, dem Weg der angesprochenen Sinne und den Neuro-Logischen Ebenen äußern. So illustrieren die Gedichte viele der in diesem Buch dargestellten Kategorien menschlichen Erlebens, wie sie im Anhang zusammenfassend dargestellt sind. Vielleicht entdecken Sie, liebe Leser, nach und nach selbst, wo metaphorisch oder konkret gesprochen wird, wo es um inneres oder äußeres Erleben geht, welche Sinne angeregt und verknüpft werden, welche neuen Sichtweisen und Wahrnehmungspositionen eingearbeitet sind - und wie all dies sich im Verlauf eines Gedichtes verändert oder verbindet: von außen nach innen, von Sinnlichkeit zu Sinn, von Logik zu Intuition, von Umgebung zu Identität oder Zugehörigkeit.

Ich habe als Einstieg für diese Entdeckungen jedem Gedicht eine kurze Anmerkung beigefügt, die sich auf ein darin enthaltenes Muster oder Thema bezieht.

Dennoch lassen sich die inhaltlichen Aussagen von Gedichten und das, was sie beim Lesen auslösen, nicht allein durch die Angabe verwendeter Muster und Themen beschreiben. Deshalb bleiben die Erläuterungen bewußt kurz.

Schreiben und Sein

Ein Raum hüllt mich in fremde Geborgenheit.
Meine Augen genießen die unbewegte Klinke der Tür,
gleiten fort über angerauhte Wände,
folgen nun den Bewegungen der schreibenden Hand.
Schreibenden Hand im großen, hohlen Wohnbaustein.
Produzent von Sätzen auf weißem Papier.
Noch unbekannt der nächste.
Die Chance der Lyrik schon verpaßt.

Eine CD ist abgelaufen.
Ich tausche sie aus.
Aus Boxen kommt wieder Musik.
Die Hand fordert Worte.
Der Verstand verweigert sich.
Es ist nicht zu warm, noch zu kalt.
Ruhig geht mein Atem.
Die Hand schreibt das auf.
Die rechte Hand.
Sie eilt ihren Worten voraus.
Da ist mein Körper.
Ich bin hier.
Zur Zeit nur ich.
Meine Hand schreibt Dich hinzu.
Du liest Dich durch die Tür.
So tritt ein und lege ab.
Die Gegenwart ist erreicht.
Jetzt.

(zur Einheit zwischen Sprache und Erleben)

Bewerten

Aus der Luft,
wo sie fliegen,
greift er Vorwürfe sich,
schleudert sie Mayer, dem Maler,
entgegen.
Der lächelt, macht eine
Bewegungsskizze.

(Umdeuten aus anderer Wahrnehmungsposition)

Ent-decken

Die weißen Flecken sind fort
von der Erde.
Jetzt
finden sie sich in uns.

(Orientierung von außen nach innen)

Topographie

hinter den linien die flächen der räume
in ihrer mitte
kein zeichen kein hall
nicht nur beginnendes heute ist ewig
schon noch vergangen
steht - trifft mich nach
wind trägt den samen blind in die raubnacht
gleicht meinen händen
die schreiben und wehn.

(metaphorisches Integrieren von Erfahrungen)

Einwärts

Jetzt, meine Stunde
(entbettet auch Du,
gestürzt aus synthetischer Sehnsucht
ins Wasser der immer Berührten),
jetzt nehm ich Dich ganz wie Du kommst,
wie Du schweigst
und höre Dein Atmen,
mein Atmen in Dir.
Du aber, nachtwärts Geschmückte,
laß mir ein Bild,
daß ich Dich fasse auch morgen.

(Weg nach außen, Abschied von innen)

Stunde der Entwarnung

Stillgrüne Nebelfalle
am Bedenklichkeitsvorsprung.
Fallseilakrobatik
im flüsternden Arche-Motor.
Hey, schlafende Makrozelle,
teile Dich.
Sieh, die Erfahrung
bewegt sich wieder.
Zu desperater Stunde
am späterloschenen Tag
verwebt sie sich
selbst

(Veränderung und Verarbeitung)

Bootener Brange I

Folgenschmerzlich
grüner Apostroph
Bootener Brange
schoßt ohne Reif.
Zweifel.
Das legendäre Leben
betet,
glaubt,
hofft,
tanzt
sich heraus.
Bootener Brange
leibt.

Bootener Brange II

Lautlos geäderte
Endfigur.
Bootener Brange
zopft ohne Haar.
Terminzwang.
Die Kinder,
die Mütter,
die Väter
versteh'n.
Bootener Brange
satzt.

(unernstes andersartiges Wesen)

Ülmtülp

Ülmtülp watet im Ülmgewässer,
Ülmtülps Flossen werden nicht besser,
sind an der Ülmrupf hängengeblieben
Ülmtülp stülpt, es ist schon sieben

Wir wollen unseren Ülmtülp lieben
Ülmtülp rettet uns den Frieden

Ülmtülp nagt am Ülmengrut
Ülmtülp stülpt, nun ist er tut
liegt im Ülmengrab begraben,
kann am Grut sich nicht mehr laben

Wir verloren unseren netten
Ülmtülp, ab - geht's in die Betten

(andersartiges Wesen, Klangfarben, Empathie)

Rote Rosen Rap

Rote Rosen rosten nicht
Rote Rosen welken
Rote Hosen sind so schick
Rasen rostet selten

Welke Rosen schwärzen sich
Reifen brauchen Felgen
Runde Scheiben fliegen hoch.
Ach, Ihr Helden, wartet doch!

Manchmal schickt sich Schicksal gütig
Gütiger der Zufall.
Klappern Worte ohne Sinn,
Rollen sie zum Abfall.

Korrosion und Raserei
Kommen immer dicker.
Wer nicht dran ist, schämt sich sehr.
Glück wird noch viel glücker.

(Rhythmus und Zeitgeist)

301

Systemflucht
(dem Wildling)

Fahrplan Geländer
befestigte Straßen,
hier Esoterik
dort Ideologie
ach ein Konzept nur
und klare Gedanken
vielleicht auch vernünftige
Psychologie.
Irgendein Halt -
ja ist das lebendig?
Welcher Weg weiß schon
wohin ich jetzt will?
Anderes Denken?
Anderes Handeln?
Neue Bedürfnisse?

Wär es doch still.
Ist das politisch?
Was ist denn wichtig?
Hoffen auf Gott oder
Liebesspiel?
Was wohl berührt mich?
Was war denn gestern?
Heute ist fraglich.
Die Antwort liegt kühl.
Heute ist haltlos,
heillos ist hilflos.
Heute ist zwanglos.
Ich wähl: ein Gefühl
Angst vor Geländer?
Nein, keinen Fahrplan!
Im Atemzug
schwerelos bin ich.
Kein Ziel

(Von Einengung zu Freiheit)

Nähe

Aus der Tiefe der See
löst Rauschen
sich tagwärts zum Ufer.
Die Schweigenden öffnen
die uralten Siegel der Lippen
und atmen den Pulsschlag des Windes.
Sie tauchen zur Muschel,
und finden die Schalen
einander noch nah
und zeichnen aus ihrer Mitte
ein Lächeln ins Flüstern
des Raumes

(sinnlicher Kontakt und Nähe)

Minimal-Trance

Wasser Wander Fische
Wunder Weite Augen
Wasser Wunder Weite
Fische Augen Wandern
Wunder Wasser Augen
Wander Weite Fische
Weite Wunder Wasser
Augen Fische Wandern
Wander Weite Augen
Wunder Fische Wasser
wasserwunderfische
augenweitewandern
weitewanderaugen
wunderwasserfische
Augen Fische Wasser
Weite Wunder Wandern

(Zustandsveränderung)

Jenseits der Zeit

Genußknospen
im Gesträuch der Schönheit.
Aufgerichtete Gesten
locken
zum immer gleichen
Anfang.
Ein warmer Körper
flunkert
Geborgenheit.
Blauatmige Stunden
vertreiben
die frühe Bahnhofsangst.
Ich fahre ab
und schon zieht
ein helles Dorf vorbei

(Sinnlichkeit und Veränderung)

Folk

und doch ist sie
noch geil, die Welt.
und tatsächlich
finden sich Wiesen
und Wurzeln und
Felsen am Meer
und mehr noch der
Unaussprechlichkeiten.
Ich will springen
ins Naß und tauchen,
wimmeln.
Nur Himmel soll sein
und die strahlenden
Dinger - Wellen,
die mich nach Hause tragen.

(konkret metaphorische Zielfindung)

Reise

Tage zum Leben jenseits
der Normen plaziert
auf der eigenen
Seite
farbig
im Umkreis
Berührungsgeschehn
von außen von innen
Entformung Bewegung
Neugier Bedürfnis
sich anzusehn

(Veränderung und Anziehung)

Antworten

Fort von den Themen,
den alten
(hier bin ich), zum Einen,
zum Tragenden
in der Kette
(stückweise
greifbar geworden).
Material, nicht mehr auszutauschen
Material, wieder einzusetzen,
anzuhalten
Wieder verwendeter Rohstoff
Wort.

(Worte, Sinn, Bedeutung)

Öffnung

Wortbesetzer
Argumentverwalter
König der Aussagen
Absagen
rede Dich aus
rede Dich über
rede Dich still

Klopfe nicht, Schweigender
tritt ein
mein unbemerkter Gast
höre mich
nicht verschließ
Deine Augen bleib
Du
bei mir

Aufbruch
Sperrangeltürweite
zum Floß
zum Fluß
zum klartiefen See fort
nur ach fort
um einmal zu
tauchen

(von Logik zu Intuition)

Enge
(morgens in der Zwölfmannzelle)

Sprung aus dem Hochbett,
fast auf den Untermann, der sich erhebt.
Im Schrank liegt das Waschzeug,
am Tisch vorbei ranzwängen, rausgreifen,
schnell in den Waschraum, irgendwie putzen,
(Zähne sind wichtig, die faulen hier schnell),
wieder zur Zelle,
das Zeug zurück in den einen Schrank,
geordnet auf Zentimeter genau,
die anderen abdrängen, währenddessen,
Bett bauen (gleichzeitig baut der von unten),
anziehen, jetzt schreit der Stubendienst „Raus!",
fegt schon umher ohne Rücksicht auf Beine,
stoßen und fluchen,
nicht wissen, wohin.
Ein Brett mit elf Wurststücken liegt auf dem Tisch,
(der Letzte kriegt, was übrigbleibt).
Im Schrank ist noch Margarine und Brot
und neben dem Schrank, in der Ecke,
sucht jeder nach seiner Jacke,
ergreift sie und flüchtet in den Gang.
Kleines Verschnaufen.
Die Zelle ist leer, nur der Stubendienst wischt.
Minuten für eine Zigarette,
dann Aufschluß, Gebrüll,
„Kommando C ausrücken zur Arbeit!",
raus in den Hof, Antreten,
im Gleichschritt Marsch,
mit dem Morgen bepackt.

(Verarbeitung von Erfahrungen: ddr-Haft)

Ablösung

Der Tänzer stand still,
   atmete tief,
   sah auf die Leute,
   die sahen auf ihn.
Da war kein Husten, kein Räuspern, kein Flüstern.
Von irgendwoher schlich Orchestermusik,
   schwoll und verdichtete sich im Raum.

Der Tänzer trug Ringe,
      ein Höschen,
       ein Stirnband
und er stand still,
wie um nie mehr zu tanzen.
Verwunderung schlich in die Zuschauermenge,
   schwoll und verdichtete sich in den Köpfen.

Ewigkeiten.

Der Tänzer stand still
   und atmete tief
   und sah auf die Leute,
   die sahen auf ihn.
Da war dann Husten, Räuspern, Flüstern,
   Lachen, Empörung, Stuhlgeräusch,
   Aufbruch,
   Stimmengewirr, gereizt.

Leer war der Saal und
der Tänzer stand still,
   atmete tief
   und sah in die Leere.
   Die Leute, längst draußen,
durchtanzten die Nacht.

(Rollenwechsel)

wetterwechsel

grasstimmen hinter der furchigen stirn
nie getilgte keime grün
noch in den mauerspalten

blaues gewitter dunkelt
herab
menschentropfen
steigen auf von der Wiese
taumelnde stimmen rufen
die stille
baumarme winken
den abschied

im wasser vergessen löst sich
der zucker der zeit

und die rose der erde
blüht jahr für jahr
in der sterblichen hoffnung
auf augen

(Rückbesinnung)

lichtgedanken am morgen

adern pulsierendes tau
schwimmgras im tiefwald
perlender schattenbusch
einwärts aufwärts
erdnah hoch
die ernte
sein

keimzeit eizeit
losgelassene stunde welt
tastend vor der gabelung aller pfade
frühkerze schwemmgut der nacht
jugendbuschperlen am grasbach
spiegeldiamant
von innen

(Lebensenergie sinnlich metaphorisch)

ÜBERSICHT

Medien   **nlp-Modelle**

Literatur

Kategorien des Erlebens

Verzeichnisse

Verzeichnisse

1. Zusammenstellung von Kategorien des menschlichen Erlebens

Hier, liebe Leserin und lieber Leser, finden Sie eine Übersicht sämtlicher in diesem Buch behandelter Kategorien des Erlebens, Denkens und Verhaltens - erweitert um einzelne ergänzende Begriffe.

Sinnliche Wahrnehmung:

äußerlich - innerlich (erinnert, phantasiert)
sehen, hören, riechen, schmecken, fühlen (körperlich oder emotional)
Untereigenschaften der Sinne (Submodalitäten)
Gleichgewichtsempfinden
innerer Dialog
Wahrnehmen von Sprache und Schrift (digital)

Zeitbezug:

Gegenwart - Vergangenheit - Zukunft

Verarbeitung:

denken, modellieren, konstruieren, träumen
tilgen, verallgemeinern, phantasieren
logisch - assoziierend - intuitiv
bewußt - unbewußt
Traum, Trance
Tiefenstruktur - Oberflächenstruktur
Bezugserfahrungen, Ressource
Anker (Auslöser von Erfahrungen)

Ausdruck:

sprechen, zeigen, handeln, gestalten,
singen, tanzen, lachen, schreien, weinen
Mimik, Gestik, Sprache, Bewegung, Rhythmik
Spiel, Kunst, Arbeit Ritual

Sprache:

Monolog, Dialog
Meta-Modell, Milton-Modell
Metaphern, Geschichten

Kommunikation und Beziehungen:

„Gleich und gleich gesellt sich gern." - „Gegensätze ziehen sich an."
verbale Kommunikation - nonverbale Kommunikation
Kongruenz, Angemessenheit, Rolle, Beziehung
Kontext, Feedback, Bezugsinformationen
Relevanz, Redundanz, Meta-Botschaft
Kontakt und Vertrauen (Rapport)
Beziehungsebene - Sachebene
angleichen - führen - folgen
einzeln - gemeinsam
Win-Win-Prinzip

Orientierung auf Menschen:

selbst - andere
inneres Erleben - äußeres Verhalten
aus der eigenen Sicht: „Ich"-Position
aus der Sicht eines anderen: „Du"-Position
aus gemeinsamer Sicht einer Gruppe: „Wir"-Position
aus Abstand mit Blick auf das Ganze: „Meta"-Position
erleben von innen (beteiligt): assoziiertes Erleben
erleben von außen (beobachtend): dissoziiertes Erleben

Neue Sichtweisen (Umdeutungen):

Sinn-fonik-Rhetorik-Modell
neue Bedeutung, positive Absicht
zugehöriger Kontext, positive Folge
Gegenbeispiel u.a.

Entwicklungsebenen von Individuen und Beziehungen (Neuro-Logische Ebenen):

Spiritualität
Zugehörigkeit
Identität
Werte und Überzeugungen
Fähigkeiten
Verhalten
Umgebung

313

Weitere Meta-Programme der Aufmerksamkeit:

Allgemeines - Spezifisches
Ähnliches - Unterschiede - Alternativen
aufrechterhalten - verändern
gleichzeitig - nacheinander
führen - folgen
aktiv - passiv
aufnehmen - abgeben
weg-orientiert - ziel-orientiert
Positives erreichen - Negatives vermeiden
beteiligt - beobachtend
konkret - metaphorisch
unvollständig - vollständig
strukturiert - unstrukturiert
einzeln - gemeinsam
entweder-oder - sowohl als auch
maximieren - balancieren
entwerfen - realisieren
geplant - spontan
ernst - spielerisch
Menschen - Dinge - Orte - Informationen - Aktivitäten

2. Verzeichnis der dargestellten Prinzipien und nlp-Modelle

Dieses Verzeichnis führt die in diesem Buch behandelten Modelle und Methoden schöpferischer Kommunikation auf. Die nebenstehenden Seitenzahlen verweisen auf die entsprechenden Textabschnitte. Sie dienen als Anregung, erheben jedoch keinen Anspruch auf Vollständigkeit, da sich in den Beschreibungen und Beispielen viele Themen aufeinander beziehen und in anderer Form wiederkehren. Wer forscht, findet mehr.

Das Verzeichnis enthält auch sämtliche Methoden, die im Lehrsystem des nlp vermittelt werden und in diesem Buch über Bespiele direkt oder indirekt dargestellt sind.

Kontakt und Verständigung

Formen schöpferischer Kommunikation

Sprachmodelle

Veränderung durch Umdeuten

Wahrnehmungspositionen

Strukturen der Veränderung

nlp-im Überblick

ausgewählte Themen

3. Weiterführende Literatur und Medien

Zu Teil I - Ausdruck und Erfahrung

Gregory Bateson: Ökologie des Geistes. Suhrkamp: Frankfurt 1985

Leslie Cameron-Bandler: Wieder Zusammenfinden. nlp - neue Wege der Paartherapie. Junfermann: Paderborn,
6. Aufl. 1992

Bernd Isert: Das Neuroskop, mehrdimensionale Persönlichkeitsanalyse. Forum für Meta-Kommunikation: Berlin 1996

Genie Z. Laborde: Das WIE effektiver Kommunikation. Junfermann: Paderborn 1997

James N. Powell: Tao der Symbole - vom wahren Wesen unserer Sprache. Diederichs: München 1989

Virginia Satir: Kommunikation - Selbstwert - Kongruenz. Junfermann: Paderborn, 5. Aufl. 1996

Friedemann Schulz von Thun: Miteinander Reden. Rowohlt: Reinbek 1992

Paul Watzlawick: Wie wirklich ist die Wirklichkeit. Piper: München 1988

Zu Teil II - Austausch und Veränderung

Richard Bandler, John Grinder: Metasprache und Psychotherapie. Junfermann: Paderborn, 8. Aufl. 1994

Richard Bandler, John Grinder: Reframing. Junfermann: Paderborn, 6. Aufl. 1995

Frank Farrelly: Provokative Therapie, Springer Verlag: Heidelberg 1984

Robert Laing: Knoten. Rowohlt: Reinbek 1990

Lao-Tse: Tao-te-king. dtv: München 1985

Erik Marcus: Die Logik des Unlogischen. Isko-Press: Hamburg 1984

Petra Schulze: nlp - Metamodell der Sprache. Peyn und Schulze Verlag: Bergen 1989

Eckard Winderl: Hinter die Erinnerung schauen. Junfermann: Paderborn 1996

Jürgen Wippich, Ingrid Derra-Wippich: Lachen lernen. Einführung in die Provokative Therapie Frank Farrellys. Junfermann: Paderborn 1996

Zu Teil III - Sprache und Sinn

Daniel L. Araoz: Die Neue Hypnose. Junfermann: Paderborn, 2. Aufl. 1992

Richard Bandler, John Grinder: Patterns. Muster der hypnotischen Techniken Milton H. Ericksons. Junfermann: Paderborn 1996

319

John Grinder, Richard Bandler: Therapie in Trance. Klett-Cotta: Stuttgart 1992

Friede Gebhard, Rainer Molzahn: Moondance. Geschichten-Spiel. Selbstverlag: Heiligenkreuzsteinach: 1992

David Gordon: Therapeutische Metaphern. Junfermann: Paderborn, 5. Aufl. 1995

Sidney Rosen: Die Lehrgeschichten von Milton Erickson. Iskopress: Hamburg 1990

Lee Wallas: Stories That Heal. Norton: New York 1991

Zu Teil IV: Wachstum durch Sinn-fonik

Wolfgang Bernard: In sich hinausgehen. Mit nlp zum Ur-Credo. VAK Verlag: Freiburg 1996

John Grinder, Judith DeLozier: Der Reigen der Daimonen. Vorbedingungen persönlichen Genies. Junfermann: Paderborn 1995

Kay Hoffman: Starke Gefühle wahrnehmen, zulassen, ausdrücken. Kösel: München 1996

Kay Hoffman, Maria Schneider, Martin Haberzettl: BodyMindManagement in Action. Junfermann: Paderborn 1996

Eric Morris: Being and Doing. Ermor Enterprises: Los Angeles: 1981

Robert Skynner, John Cleese: ... Familie sein dagegen sehr. Junfermann: Paderborn: 6. Aufl. 1995

Gunthard Weber: Zweierlei Glück. Carl Auer: Heidelberg 1995

Stephen Wolinsky: Die alltägliche Trance. Verlag Alf Lüchow: Freiburg 1993

Zu Teil V: Strukturen der Neuro-Linguistik

Richard Bandler, John Grinder: Neue Wege der Kurzzeit-Therapie. Junfermann: Paderborn, 11. Aufl. 1994

Joseph O'Connor, John Seymour: Neurolinguistisches Programmieren. VAK: Freiburg 1996

Robert Dilts: Die Veränderung von Glaubenssystemen. Junfermann: Paderborn 1993

Walter Lübeck: Handbuch des spirituellen nlp. Windpferd: Aitrang 1995

Alexa Mohl: Der Zauberlehrling. Das nlp Lern- und Übungsbuch. Junfermann: Paderborn, 5. Aufl. 1996

Alexa Mohl: Der Meisterschüler. Der Zauberlehrling II. Junfermann: Paderborn 1996

Thies Stahl: Triffst du 'nen Frosch unterwegs. Junfermann: Paderborn, 6. Aufl. 1995

Jürgen Wippich: Denk nicht an Blau. Junfermann: Paderborn 1995

Bernd Isert: nlp - Ausbildungsmanuals. Forum für Meta-Kommunikation: Berlin 1996

Zu Kapitel VI: Nach innen hinaus

Connirae & Tamara Andreas: Der Weg zur inneren Quelle. Junfermann: Paderborn 1995

Günter Bayer: De-Hypno-Kassettenserie. DeHypno-Verlag: München 1992

Judie und Michel Bopp: Der heilige Baum. Indianische Weisheit. Walter: Freiburg 1984

Carlos Castaneda: Die Kunst des Träumens. S. Fischer: Frankfurt 1994

Lutz Mehlhorn: Hypno-Synchron-Kassetten (mit 4 Trancetexten von Bernd Isert). Bauer: Freiburg 1991

Bernd Isert: Wurzeln der Zukunft. Aufsätze und Arbeiten zu nlp und mehr. Forum für Meta-Kommunikation: Berlin 1996

Zu guter Letzt...

danke ich Ihnen, liebe Leserinnen und liebe Leser dafür, daß Sie dabei waren, sich innerlich beteiligt haben und, wie ich hoffe, dabei kleinere oder größere Anregungen finden konnten. Möglicherweise sind es bei jedem Mal, wenn Sie das Buch zur Hand nehmen, neue.
Gern erhalte ich Ihr Feedback. Es ist mir wertvoll für meine zukünftige Arbeit.

Wenn Sie auf diesem Weg weiter lernen möchten, können Sie verschiedene Medien aus eigener Werkstatt nutzen, wie...

- *die CD zu diesem Buch:*
  Sinn-fonik, Schritte zu schöpferischer Kommunikation,
- *das „Neuroskop", eine Persönlichkeitsanalyse auf der*
  Basis der vorgestellten Kategorien des Erlebens.

Darüber hinaus biete ich Beratung, aufbauende Seminare und Ausbildungen an. Hierzu gehört die Lernform der Forum-Ferienakademie.

Für Ihr Feedback und alle Informationen, die Sie interessieren, finden Sie hier meine Anschrift:

Bernd Isert   fon: (0049) 30 39903600
Postfach 210504   fax: (0049) 30 39903602
Flensburger Str. 10   e-mail: 100552.2536@compuserve.com
10505 Berlin   internet: http://members.aol.com/berndspace

Ich wünsche Ihnen persönlich weiterhin viele wertvolle Erfahrungen.

Ihr
Bernd Isert

NLP in Österreich

Österreichisches Trainingszentrum für NLP

35 Tage NLP-Practitioner & 27 Tage Master Practitioner-Kurse
4jährige NLP-Professional-Ausbildung für
Coaching, Supervision und Therapie
Ausbildung zum Lebens- und Sozialberater

Dr. Brigitte Gross, Dr. Siegrid Schneider Sommer,
Dr. Helmut Jelem, Mag. Peter Schütz

Internationaler Beirat: Robert Dilts, Gene Early, Joanne Riou

Widerhofergasse 4
A-1094 Wien

Tel.: 0043/1/317 67 80
Fax: 0043/1/317 67 81-22